2020

国家统计局河南调查总队　编

Compiled by Survey Office of the National Bureau of Statistics in Henan

图书在版编目（CIP）数据

河南调查年鉴. 2020 = Henan Survey Yearbook 2020 : 汉英对照 / 国家统计局河南调查总队编. -- 北京 : 中国统计出版社, 2020.11
ISBN 978-7-5037-9366-0

Ⅰ. ①河… Ⅱ. ①国… Ⅲ. ①统计资料－河南－2020－年鉴－汉、英 Ⅳ. ①C832.61-54

中国版本图书馆 CIP 数据核字（2020）第 219461 号

河南调查年鉴-2020

作　　者 / 国家统计局河南调查总队
责任编辑 / 郭　栋
封面设计 / 李雪燕
出版发行 / 中国统计出版社
通信地址 / 北京市丰台区西三环南路甲 6 号　邮政编码 /100073
电　　话 / 邮购（010）63376909　书店（010）68783171
网　　址 /http://www.zgtjcbs.com/
印　　刷 / 三河市双峰印刷装订有限公司
经　　销 / 新华书店
开　　本 /880mm×1230mm　1/16
字　　数 /800 千字
印　　张 /22　彩页 0.25 印张
版　　别 /2020 年 11 月第 1 版
版　　次 /2020 年 11 月第 1 次印刷
定　　价 /280.00 元

本书附同版本 CD-ROM 一张，光盘内容以书面文字为准。
如有印装差错，由本社发行部调换。

《河南调查年鉴－2020》
编委会和编辑人员

编者说明

一、《河南调查年鉴—2020》是一部全面反映河南省经济社会发展情况的抽样调查资料年刊。本书收录了全省和市、县（区）2019年经济和社会发展有关方面大量的调查统计数据，以及重要历史年份的全省主要调查统计数据。

二、本年鉴正文内容分为10个部分，即1. 综合；2. 农业；3. 畜牧业；4. 消费价格；5. 生产价格；6. 农产品价格；7. 人民生活；8. 县域经济；9. 城市经济；10. 全国及分省（区、市）指标。主要篇末附有《主要统计指标解释》。

三、资料中所使用的度量衡单位均采用国际统一标准计量单位。

四、本年鉴部分数据合计数或相对数，由于单位取舍不同产生的计算误差未作机械调整。

五、本年鉴各表中，有关对全表的注解均在该表上方，对表中部分指标的注解则在该表下方。凡带续表的资料，对部分指标的注解一律在最后续表的下方。

六、本年鉴表中的符号使用说明："空格"表示该项统计指标数据不详或无该项数据；"#"表示其中的主要项。

七、本年鉴的编辑出版，得到了国家统计局和河南省统计局的大力支持和帮助，值此出版之际，特致谢忱！

八、由于编者水平所限，加之编辑时间仓促，本年鉴中不当之处，敬请读者批评指正。

河南调查年鉴编辑部

二〇二〇年十月

目　　录

一、综　　合

二、农　　业

三、畜牧业

四、消费价格

五、生产价格

六、农产品价格

七、人民生活

八、县域经济

九、城市经济

十、全国及分省（区、市）指标

综　合

资料整理：赵亚卓

1-1　全省行政区划(2019年底)

单位：个

市	市	省辖市	县级市	县	市辖区	镇	乡	街道办事处	居民委员会	村民委员会
全　省	**39**	**17**	**22**	**83**	**53**	**1173**	**618**	**660**	**6083**	**45595**
郑州市	6	1	5	1	6	73	13	91	862	2222
开封市	1	1		4	5	34	45	38	420	2128
洛阳市	2	1	1	8	6	106	24	58	493	2703
平顶山市	3	1	2	4	4	53	33	57	248	2532
安阳市	2	1	1	4	4	66	23	46	264	3257
鹤壁市	1	1		2	3	14	5	25	210	779
新乡市	4	1	3	5	4	77	41	36	218	3561
焦作市	3	1	2	4	4	34	18	56	167	1826
濮阳市	1	1		5	1	42	33	14	124	2963
许昌市	3	1	2	2	2	60	16	27	871	1610
漯河市	1	1		2	3	37	9	6	77	1269
三门峡市	3	1	2	2	2	29	33	12	127	1270
南阳市	2	1	1	10	2	159	45	39	375	4515
商丘市	2	1	1	6	2	97	70	30	238	4542
信阳市	1	1		8	2	83	86	40	512	2855
周口市	2	1	1	7	2	101	67	38	382	4643
驻马店市	1	1		9	1	97	57	42	423	2467
济源市	1		1			11		5	72	453

1-2 各市、县(市、区)名称(2019年底)

市	县(市、区)数(个)	市辖县	市辖区	县级市
郑州市	12	中牟	中原区、二七区、管城回族区、金水区、上街区、惠济区	巩义市、荥阳市、新郑市、登封市、新密市
开封市	9	杞县、通许、尉氏、兰考	龙亭区、顺河回族区、鼓楼区、禹王台区、祥符区	
洛阳市	15	孟津、新安、栾川、嵩县、汝阳、宜阳、洛宁、伊川	老城区、西工区、瀍河回族区、涧西区、吉利区、洛龙区	偃师市
平顶山市	10	宝丰、叶县、鲁山、郏县	新华区、卫东区、湛河区、石龙区	汝州市、舞钢市
安阳市	9	安阳、汤阴、滑县、内黄	文峰区、北关区、殷都区、龙安区	林州市
鹤壁市	5	浚县、淇县	鹤山区、山城区、淇滨区	
新乡市	12	新乡、获嘉、原阳、延津、封丘	红旗区、卫滨区、凤泉区、牧野区	卫辉市、辉县市、长垣市
焦作市	10	修武、博爱、武陟、温县	解放区、中站区、马村区、山阳区	沁阳市、孟州市
濮阳市	6	清丰、南乐、范县、台前、濮阳	华龙区	
许昌市	6	鄢陵、襄城	魏都区、建安区	禹州市、长葛市
漯河市	5	舞阳、临颍	源汇区、郾城区、召陵区	
三门峡市	6	渑池、卢氏	湖滨区、陕州区	义马市、灵宝市
南阳市	13	南召、方城、西峡、镇平、内乡、淅川、社旗、唐河、新野、桐柏	卧龙区、宛城区	邓州市
商丘市	9	虞城、民权、宁陵、睢县、夏邑、柘城	梁园区、睢阳区	永城市
信阳市	10	息县、淮滨、潢川、光山、固始、商城、罗山、新县	浉河区、平桥区	
周口市	10	扶沟、西华、商水、太康、鹿邑、郸城、沈丘	川汇区、淮阳区	项城市
驻马店市	10	确山、泌阳、遂平、西平、上蔡、汝南、平舆、新蔡、正阳	驿城区	
济源市	1			济源市

1-3　河南省主要统计指标居全国位次

指　　标	2000年	2005年	2010年	2015年	2017年	2018年	2019年
生产总值	5	5	5	5	5	5	5
生产总值增速	14	5	21	13	11	11	10
居民消费价格指数	26	9	13	20	23	11	8
一般公共预算收入	9	8	9	8	8	8	8
一般公共预算支出	7	7	5	5	5	5	5
规模以上工业增加值增速	17	4	14	7	11	14	7
社会消费品零售总额	5	5	5	5	5	5	5
进出口总额	18	16	16	11	10	11	12
#出口	14	13	17	11	8	8	9
居民可支配收入				24	24	24	23
城镇				24	24	25	26
农村				17	17	15	16

1-4　河南省主要统计指标占全国比重

单位：%

指　　标	1952年	1978年	1990年	2000年	2010年	2015年	2017年	2018年	2019年
生产总值	5.3	4.4	5.0	5.0	5.6	5.4	5.4	5.3	5.5
第一产业	6.6	6.4	6.5	7.9	8.1	6.9	6.3	6.6	6.6
第二产业	5.8	4.0	4.3	5.0	6.7	6.4	6.3	6.0	6.1
第三产业	2.8	3.2	4.5	4.0	3.9	4.3	4.5	4.6	4.9
人均生产总值		60.3	65.6	68.6	79.6	78.4	78.2	77.6	79.5
一般公共预算收入	2.5	3.5	4.3	3.8	3.4	3.6	3.7	3.8	4.0
一般公共预算支出	1.0	4.7	4.3	4.3	4.6	4.5	4.7	4.9	5.0
粮食产量	6.3	6.9	7.4	8.9	9.9	9.8	9.9	10.1	10.1
社会消费品零售总额	3.9	4.6	3.8	4.8	5.1	5.2	5.4	5.4	5.5
进出口总额	0.1(1957年)	0.6	0.9	0.5	0.6	1.9	1.9	1.8	1.8
#出口	0.3(1957年)	1.0	1.4	0.6	0.7	1.9	2.1	2.2	2.2
居民可支配收入						78.0	77.7	77.8	77.8
城镇						82.0	81.2	81.2	80.7
农村						95.0	94.7	94.6	94.7

1—5 国民经济和社会发展

指　　标	1978年	2000年	2005年	2010年	2015年	2018年
人口与就业						
人口(万人)						
年底总人口	7067	9488	9768	10437	10722	10906
#城镇人口	963	2201	2994	4052	5023	5639
常住人口			9380	9405	9480	9605
就业(万人)						
年底就业人员	2807	5572	5662	6042	6636	6692
#在岗职工	420	718	681	723	1077	920
城镇登记失业人数	15.74	21.40	33.02	38.20	42.46	48.60
宏观经济						
国民核算						
生产总值(亿元)	162.92	5052.99	10243.47	22655.02	37084.10	49935.90
第一产业	64.86	1124.93	1844.04	3127.14	4015.56	4311.12
第二产业	69.45	2282.48	5202.27	12173.51	17947.86	22038.56
第三产业	28.61	1645.59	3197.16	7354.38	15120.68	23586.21
人均生产总值(元)	232	5450	10978	23984	39209	52114
固定资产投资(亿元)						
全社会固定资产投资						
#固定资产投资						
#工业投资						
#房地产开发投资						
#基础设施投资						
#民间投资						
对外贸易						
进出口总额(亿元)	1.99	188.36	626.54	1204.40	4600.19	5512.71
进口额	0.27	64.71	213.42	491.27	1916.16	1933.73
出口额	1.72	123.65	413.12	713.13	2684.03	3578.99
利用外资(万美元)						
实际利用外商直接投资	565(1985年)	53999	122960	624670	1608637	1790214
能源(万吨标准煤)						
能源生产总量	4434	6591	14522	17438	11173	9731
能源消费总量	3353	7919	14625	18964	22343	22659
财政(亿元)						
一般公共预算收入	33.73	246.47	537.65	1381.32	3016.05	3766.02
一般公共预算支出	27.67	445.53	1116.04	3416.14	6799.35	9217.73
物价总指数(以上年为100)						
居民消费价格总指数	100.1	99.2	102.1	103.5	101.3	102.3
商品零售价格总指数	100.1	98.5	101.7	103.7	99.8	102.9
农业生产资料价格总指数	97.9	99.6	107.9	103.1	100.3	104.3
人民生活						
居民可支配收入(元)				9520	17125	21964
城镇	315	4766	8668	15930	25576	31874
农村	105	1986	2871	5524	10853	13831
居民消费支出(元)					11835	15169
城镇	274	3831	6038	10838	17154	20989
农村	82	1316	1892	3682	7887	10392

总量和速度指标

2019年	2019年为以下各年%				年均增长速度(%)		
	1978年	2000年	2010年	2018年	1979—2019年	2001—2019年	2011—2019年
10952	155.0	115.4	104.9	100.4	1.1	0.8	0.5
5828	605.2	264.8	143.8	103.4	4.5	5.3	4.1
9640			102.5	100.4			0.3
6562	233.8	117.8	108.6	98.1	2.1	0.9	0.9
922	219.6	128.5	127.6	100.2	1.9	1.3	2.7
49.43	314.0	231.0	129.4	101.7	2.8	4.5	2.9
54259.20	6316.4	663.2	213.3	107.0	10.6	10.5	8.8
4635.40	868.8	235.5	140.9	102.3	5.4	4.6	3.9
23605.79	12184.2	856.1	214.9	107.5	12.4	12.0	8.9
26018.01	12366.8	694.7	238.1	107.4	12.5	10.7	10.1
56387.84	4602.9	639.0	209.4	106.5	9.8	10.3	8.6
		4031.9	355.7	108.1		24.0	15.0
		4381.4	287.8	102.0		24.7	10.0
		9004.6	331.7	98.9		28.4	15.0
		2055.1	521.4	118.5		21.4	24.9
		7969.7	342.7	103.2		28.7	13.4
5711.63	287016.6	3032.3	474.2	103.6	21.4	19.7	18.9
1956.99	724811.1	3024.2	398.4	101.2	24.2	19.7	16.6
3754.64	218293.0	3036.5	526.5	104.9	20.6	19.7	20.3
1872727		3468.1	299.8	104.6		20.5	13.0
10304	232.4	156.3	59.1	105.9	2.1	2.4	-5.7
22300	665.1	281.6	117.6	98.4	4.7	5.6	1.8
4041.89	11983.1	1639.9	292.6	107.3	12.4	15.9	12.7
10163.93	36732.7	2281.3	297.5	110.3	15.5	17.9	12.9
103.0							
102.4							
103.8							
23903			251.1	108.8			10.8
34201	10857.5	717.6	214.7	107.3	12.1	10.9	8.9
15164	14441.7	763.5	274.5	109.6	12.9	11.3	11.9
16332				107.7			
21972	8018.8	573.5	202.7	104.7	11.3	9.6	8.2
11546	14080.5	877.4	313.6	111.1	12.8	12.1	13.5

1-5 续表 1

指　　标	1978年	2000年	2005年	2010年	2015年	2018年
城市概况						
供水总量(万立方米)		191706	183436	179122	196709	216305
排水管道长度(公里)		6070	10201	14733	20467	25027
城市煤气、天然气家庭用量(万立方米)		30100	31384	63663	110929	157939
公共汽(电)车总数(标台)		12514	12514	18912	27355	37833
道路长度(公里)		4920	7090	9413	12318	14538
公园绿地面积(公顷)		6286	12644	18361	25201	31934
产　　业						
农林牧渔业						
主要农产品产量						
粮食(万吨)	2097.40	4101.50	4582.00	5581.82	6470.22	6648.91
棉花(万吨)	22.42	70.38	67.70	33.89	6.77	3.79
油料(万吨)	24.16	392.55	449.60	515.66	538.99	631.03
烟叶(万吨)	29.95	27.60	28.84	28.75	28.85	25.31
园林水果(万吨)	47.11	364.73	555.69	797.50	919.68	907.39
年底大牲畜存栏头数(万头)	515.03	1445.73	1508.80	719.19	411.70	377.01
年底生猪存栏头数(万头)	1724.90	3787.69	4439.00	4540.55	4361.95	4337.15
年底羊存栏只数(万只)	989.70	2961.40	3988.00	1895.40	1926.00	1734.07
肉类(万吨)	45.64	517.00	689.00	608.96	647.22	669.41
工业						
规模以上工业增加值增速(%)		11.6	23.3	19.0	8.6	7.2
建筑业						
建筑业总产值(亿元)		357.34	1066.15	4400.61	8047.65	11360.52
施工房屋面积(万平方米)		5308.29	10813.15	28677.13	53132.48	63789.69
竣工房屋面积(万平方米)		2629.33	4787.12	13156.03	18026.91	20624.12
交通运输、仓储、邮政业						
客运量(万人)	11177	83912	98099	167804	126812	112611
#铁路	4319	4727	5842	8399	13068	17095
公路	6781	79017	91920	158630	112535	93707
货运量(万吨)	18206	60678	78827	202470	192715	259461
#铁路	6722	10172	14806	14224	9802	10012
公路	11321	50133	62684	183291	172431	235183
邮电业务总量(亿元)	0.71	130.06	556.50	486.11	1317.28	4383.72

2019年	2019年为以下各年%				年均增长速度(%)		
	1978年	2000年	2010年	2018年	1979—2019年	2001—2019年	2011—2019年
221104		115.3	123.4	102.2		0.8	2.4
27932		460.2	189.6	111.6		8.4	7.4
216839		720.4	340.6	137.3		11.0	14.6
39149		312.8	207.0	103.5		6.2	8.4
15766		320.4	167.5	108.4		6.3	5.9
35361		562.6	192.6	110.7		9.5	7.6
6698.36	319.4	163.3	120.0	100.7	2.9	2.6	2.6
2.71	12.1	3.9	8.0	71.5	-5.0	-15.8	-30.3
645.45	2671.6	164.4	125.2	102.3	8.3	2.7	3.3
22.76	76.0	82.5	79.2	89.9	-0.7	-1.0	-3.3
950.74	2018.1	260.7	119.2	104.8	7.6	5.2	2.5
388.27	75.4	26.9	54.0	103.0	-0.7	-6.7	-8.4
3170.76	183.8	83.7	69.8	73.1	1.5	-0.9	-5.0
1898.81	191.9	64.1	100.2	109.5	1.6	-2.3	0.0
560.06	1227.1	108.3	92.0	83.7	6.3	0.4	-1.2
7.8							
12700.97		3554.3	288.6	111.8		20.7	12.5
64256.07		1210.5	224.1	100.7		14.0	9.4
20736.33		788.7	157.6	100.5		11.5	5.2
111458	2018.4	268.1	125.5	95.6	7.6	5.3	2.6
18278	423.2	386.7	217.6	113.0	3.6	7.4	9.0
91281	2882.8	247.4	114.9	92.4	8.5	4.9	1.6
218647	2367.4	709.1	251.6	122.5	8.0	10.9	10.8
10502	156.2	103.2	73.8	111.7	1.1	0.2	-3.3
190883	3617.3	816.9	268.3	122.4	9.1	11.7	11.6
6589.24	928061.4	5066.4	1355.5	150.3	25.0	22.9	33.6

1-5 续表 2

指 标	1978年	2000年	2005年	2010年	2015年	2018年
批发、零售业和旅游业						
接待旅游者人数(万人次)		32.50	60.05	146.84	268.29	321.73
旅游外汇收入(万美元)		12390	21604	49877	84948	103362
社会消费品零售总额(亿元)	71.79	1858.46	3362.58	7922.66	15475.80	21268.0
金融业(亿元)						
金融机构人民币年底存款余额	45.71	4753.41	10003.96	23148.83	47629.91	63867.63
金融机构人民币年底贷款余额	99.99	4356.94	7434.53	15871.32	31432.62	47834.76
科学研究、技术服务和地质勘查业						
R&D经费内部支出(亿元)		24.80	55.61	211.38	435.04	671.52
技术市场成交额(亿元)		21.16	26.37	27.69	45.56	149.74
三种专利授权量(项)		2766	3748	16539	47766	82318
教育						
专任教师数(万人)						
普通高等学校	0.54	2.02	4.63	7.75	9.80	11.54
普通中学	29.34	30.86	37.30	38.10	42.87	49.24
小学	42.88	45.93	47.55	49.04	47.21	50.02
在校学生数(万人)						
普通高等学校	2.73	26.24	85.19	145.67	176.69	214.08
普通中学	521.62	638.14	758.22	661.56	599.12	661.94
小学	1140.26	1130.63	986.84	1070.53	937.05	994.60
卫生、社会保障和社会福利业						
卫生机构床位数(万张)	10.20	19.86	21.40	32.76	48.96	60.85
#医院、卫生院	9.73	18.34	20.23	30.44	45.65	57.04
卫生技术人员数(万人)	11.44	26.84	28.92	37.28	51.96	62.13
#执业(助理)医师	4.38	11.11	11.11	15.48	19.86	23.55
文化、体育和娱乐业						
图书出版总印数(万册)		35077	27260	20150	23224	31068
期刊出版总印数(万册)		10721	9323	8524	8602	8351
报纸出版总印数(万份)		129104	197896	214158	204783	167782

注：1.本表价值量指标除邮电业务总量2001年以来为2000年不变价，1990—2000年按1990年不变价格计算，以前年度按1980年不变价格计算，其他价值量指标均按当年价格计算。生产总值、工业增加值、邮电业务总量发展(增长)速度均按可比价格计算(下同)。

2.2000年以后生产总值相关数据已按新的行业划分办法和第四次经济普查数据调整(下同)。

3.2000年以后财政收入为分税制后新口径数据，发展(增长)速度按可比口径计算。

2019年	2019年为以下各年%				年均增长速度(%)		
	1978年	2000年	2010年	2018年	1979—2019年	2001—2019年	2011—2019年
351.47		1081.4	239.4	109.2		13.3	10.2
130401		1052.5	261.4	126.2		13.2	11.3
23476.1	32701.1	1263.2	296.3	110.4	15.2	14.3	12.8
69508.66	152073.8	1462.3	300.3	108.8	19.6	15.2	13.0
55659.00	55662.2	1277.5	350.7	116.4	16.7	14.3	15.0
793.04		3197.4	375.2	118.1		20.0	15.8
234.07		1106.1	845.3	156.3		13.5	26.8
86247		3118.1	521.5	104.8		19.8	20.1
12.40	2296.3	613.9	160.0	107.5	7.9	10.0	5.4
52.04	177.4	168.6	136.6	105.7	1.4	2.8	3.5
51.03	119.0	111.1	104.1	102.0	0.4	0.6	0.4
231.97	8497.1	884.0	159.2	108.4	11.4	12.2	5.3
684.36	131.2	107.2	103.4	103.4	0.7	0.4	0.4
1012.48	88.8	89.6	94.6	101.8	-0.3	-0.6	-0.6
64.00	627.5	322.3	195.4	105.2	4.6	6.4	7.7
60.05	617.2	327.4	197.3	105.3	4.5	6.4	7.8
65.39	571.6	243.6	175.4	105.2	4.3	4.8	6.4
25.14	574.0	226.3	162.4	106.8	4.4	4.4	5.5
37473		106.8	186.0	120.6		0.3	7.1
7752		72.3	90.9	92.8		-1.7	-1.0
157481		122.0	73.5	93.9		1.1	-3.4

4.进出口总额2000年及以后年度为海关数，1978年为有关部门数。
5.2010年客货运输量为公路水路运输量专项调查数据，2015年、2019年客货运输量按交通部新统计方法测算(下同)。
6.从2013年起，国家统计局开展了城乡一体化住户收支与生活状况调查，2015年以后数据来源于此调查，与以前年份的调查范围、方法和口径有所不同。

1-6 国民经济和社会发展结构指标

单位：%

指　　标	2000年	2005年	2010年	2015年	2018年	2019年
人口						
城乡结构						
市镇	23.2	30.7	38.8	46.9	51.7	53.2
乡村	76.8	69.3	61.2	53.2	48.3	46.8
性别结构						
男	51.6	51.6	51.8	51.8	51.7	51.6
女	48.4	48.4	48.2	48.2	48.3	48.4
就业						
就业人员产业结构						
第一产业	64.0	55.4	44.9	39.0	35.4	34.7
第二产业	17.5	22.1	29.0	30.8	30.6	29.2
第三产业	18.5	22.5	26.1	30.2	34.0	36.0
国民核算						
生产总值产业结构						
第一产业	22.3	18.0	13.8	10.8	8.6	8.5
第二产业	45.2	50.8	53.7	48.4	44.1	43.5
第三产业	32.6	31.2	32.5	40.8	47.2	48.0
固定资产投资						
固定资产投资产业结构						
第一产业			4.4	4.2	4.6	3.7
第二产业			51.1	48.6	28.6	28.9
第三产业			44.5	47.1	66.8	67.4
重点行业占工业投资比重						
#五大主导产业				48.7	38.2	37.0
#传统产业				35.1	40.3	42.9
#高耗能工业				25.8	29.9	32.2
能源						
能源消费总量结构						
原煤	87.6	87.2	82.8	76.4	69.9	67.4
原油	9.6	8.7	9.3	13.3	15.3	15.7
天然气	1.7	2.2	3.4	5.2	5.8	6.1
一次电力及其他能源	1.1	1.9	4.5	5.1	9.0	10.7
财政						
一般公共预算收入结构						
#各项税收	79.1	68.0	73.6	69.7	70.5	70.3
一般公共预算支出结构						
#农林水事务	7.7	7.4	11.7	11.6	10.9	10.4
教科文卫	24.3	24.2	28.7	32.0	30.9	30.9
#科学技术	1.5	1.2	1.3	1.2	1.7	2.1

1-6 续表

单位：%

指　　标	2000年	2005年	2010年	2015年	2018年	2019年
生活						
城镇居民消费结构						
食品烟酒				28.1	25.7	25.3
衣着				10.5	8.1	7.8
居住				19.8	23.9	23.6
生活用品及服务				8.1	7.1	7.0
交通通信				10.9	12.0	12.2
教育文化娱乐				11.6	11.6	12.2
医疗保健				8.0	9.2	9.5
其他用品和服务				3.1	2.4	2.5
农村居民消费结构						
食品烟酒				29.2	26.7	26.2
衣着				8.3	7.1	7.1
居住				20.8	21.9	21.5
生活用品及服务				7.1	6.7	6.4
交通通信				12.3	12.4	11.9
教育文化娱乐				10.8	11.8	12.6
医疗保健				9.7	11.8	12.7
其他用品和服务				1.7	1.6	1.6
工业						
重点行业增加值比重						
#五大主导产业				44.0	45.2	45.5
#传统产业				45.3	46.6	46.7
#高技术产业				8.8	10.0	9.9
运输业						
货运量运输方式结构						
#铁　路	16.8	18.8	7.0	5.1	3.9	4.8
公　路	82.6	79.5	90.5	89.5	90.6	87.3
水　运	0.6	1.7	2.4	5.4	5.5	7.9
客运量运输方式结构						
#铁　路	5.6	6.0	5.0	10.3	15.2	16.4
公　路	94.2	93.7	94.5	88.7	83.2	81.9
水　运	0.1	0.1	0.2	0.2	0.3	0.3
批发零售贸易、住宿和餐饮业						
社会消费品零售总额结构						
批发零售和贸易业	90.8	89.6	88.0	88.3	88.3	88.2
住宿和餐饮业	9.2	10.4	12.0	11.7	11.7	11.8

1-7 国民经济和社会发展比例和效益指标

本表价值量指标均按当年价格计算。

指标	2000年	2010年	2015年	2018年	2019年
人口					
出生率(‰)	13.07	11.52	12.70	11.72	11.02
死亡率(‰)	5.93	6.57	7.05	6.80	6.84
自然增长率(‰)	7.14	4.95	5.65	4.92	4.18
就业					
城镇户均就业人口(人)	1.94	1.95	1.76	1.75	1.64
城镇登记失业率(%)	2.60	3.38	3.00	3.02	3.17
国民核算					
经济增长贡献率(%)					
第一产业	9.7	4.9	5.8	4.5	3.2
第二产业	61.2	65.3	50.0	43.1	50.9
第三产业	29.1	29.7	44.2	52.4	45.9
全社会劳动生产率(元/人·年)	9377	37787	56376	74204	81876
第一产业	3275	11419	15329	17741	19967
第二产业	24153	71024	88895	106159	119011
第三产业	16309	47663	77942	106101	112074
对外经济贸易和国际旅游					
进出口总额相当于生产总值比例(%)	3.7	5.3	12.4	11.0	10.5
境外每一来豫游客支出(美元)	381	340	317	321	371
能源					
能源生产弹性系数		0.21			0.84
能源消费弹性系数	0.77	0.69	0.14	0.29	
单位GDP能耗降低率(%)		-3.53	-6.57	-5.02	-7.98
单位GDP电耗降低率(%)		0.80	-8.98	0.29	-7.96
单位工业增加值能耗降低率(%)		-10.75	-11.54	-7.97	-14.13
财政					
一般公共预算收入占GDP比重(%)	4.9	6.1	8.1	7.5	7.4
家庭					
少儿抚养系数(%)		29.7	30.7	31.6	34.1
老年抚养系数(%)		11.8	13.9	15.6	20.6
生活					
城乡居民收入比例					
(农民人均可支配收入为1)	2.40	2.88	2.36	2.30	2.26

1-7 续表

指 标	2000年	2010年	2015年	2018年	2019年
农业					
主要农产品单产(千克/亩)					
粮食	303	372	394	406	416
棉花	60	64	70	69	53
油料	175	230	250	288	281
工业					
成本费用利润率(%)	4.5	10.2	7.2	8.6	7.7
资产负债率(%)	66.4	55.2	47.0	54.9	55.8
总资产贡献率(%)	8.6	22.4	13.9	12.3	11.0
产品销售率(%)	98.0	98.7	98.2	98.3	98.2
建筑业					
劳动生产率(元/人)		183639	287604	373130	403962
技术装备率(元/人)	5302	10173	13294	11893.97	10328
金融					
金融机构存款相当于					
生产总值比例(%)	94.1	102.2	128.4	127.9	128.1
金融机构存贷比(存款=100)	91.7	68.6	66.0	74.9	80.1
科技					
R&D经费投入强度(%)	0.5	0.93	1.17	1.34	1.46
教育					
九年义务教育巩固率(%)			94.0	94.6	95.5
高中阶段毛入学率(%)			90.3	91.2	91.6
高等教育毛入学率(%)			36.5	45.6	49.3
每万人拥有大学生(含研究生)(人)	28	149	228	279	303
卫生					
每万人拥有卫生机构院床位(张)	20.9	34.8	51.6	63.4	66.4
每万人拥有执业医师(人)	11.7	16.5	21.0	24.5	26.1

1-8 航空港主要经济指标

指 标	2018年		2019年	
	绝对数	增长速度(%)	绝对数	增长速度(%)
生产总值(亿元)	800.24	12.0	980.80	10.2
第一产业	9.10	-10.9	9.00	-6.7
第二产业	567.57	12.0	697.00	10.1
第三产业	223.58	13.6	274.80	11.5
规模以上工业增加值(亿元)		11.7		10.1
固定资产投资(亿元)		0.1		1.4
#民间投资		-29.9		172.8
#工业		-52.6		53.7
#房地产业		21.3		-26.6
社会消费品零售总额(亿元)	126.94	12.2	142.49	12.2
#限上企业(单位)消费品零售额	9.10	-18.8	8.01	-4.0
外商实际投资额(亿美元)	5.66	4.8	5.84	3.1
引进省外境内资金(亿元)	45.10	5.6	46.60	3.3
一般公共预算收入(亿元)	42.37	16.8	46.72	10.0
#税收收入	30.54	18.6	38.88	26.9
一般公共预算支出(亿元)	101.37	36.7	88.69	-12.5
民航旅客吞吐量(万人次)	2733.47	12.5	2912.93	6.6
民航货邮吞吐量(万吨)	51.49	2.4	52.20	1.4
航空运输飞行架次(万架次)	20.89	7.1	21.57	3.3

主要统计指标解释

行政区划　指国家对行政区域的划分。根据有关法规规定，我国的行政区域划分如下：(1) 全国分为省、自治区、直辖市；(2) 省、自治区分为自治州、县、自治县、市；(3) 自治州分为县、自治县、市；(4) 自治区、自治州、自治县都是民族自治的地方；县、自治县分为乡、民族乡、镇；(5) 直辖市和较大的市分为区、县；(6) 国家在必要时设立的特别行政区。

可比价格　指计算各种总量指标所采用的扣除了价格变动因素的价格，可进行不同时期总量指标的对比。按可比价格计算总量指标有两种方法：一种是直接用产品产量乘某一年的不变价格计算；另一种是用价格指数进行缩减。

不变价格　指以同类产品某年的平均价格作为固定价格，用于计算各年的产品价值。按不变价格计算的产品价值消除了价格变动因素，不同时期对比可以反映生产的发展速度。新中国成立后，随着工农业产品价格水平的变化，国家统计局先后五次制定了全国统一的工业产品不变价格和农业产品不变价格。从1952年到1957年使用1952年工（农）业产品不变价格，从1957年到1970年使用1957年不变价格，从1971年到1980年使用1970年不变价格，从1981年到1990年使用1980年不变价格，从1991年开始使用1990年不变价格。

平均增长速度　平均增长速度表明社会经济现象在一个较长的时期内逐期平均增长变化的程度，它不能根据各个环比增长速度直接求得，但与平均发展速度之间存在着一定的数量关系：平均增长速度＝平均发展速度－1。

平均发展速度是一种根据环比发展速度计算的序时平均数，由于各时期对比的基础不同，所以计算平均发展速度不能采用一般的序时平均数的计算方法，计算方法分为水平法和累计法。水平法，又称几何平均法，即将环比发展速度按连乘法用几何平均数公式计算。累计法，也称方程法，根据一段时期内各年发展水平总和与基期水平的关系，列出方程式计算平均发展速度。水平法着重考虑最后一年所达到的发展水平；累计法着重考虑整个时期累计发展水平的总量。

本《年鉴》内所列的平均增长速度，除固定资产投资用“累计法”计算外，其余均用“水平法”计算。从某年到某年平均增长速度的年份，均不包括基期年在内。如建国四十三年以来的平均增长速度是以1949年为基期计算的，则写为1950－1992年平均增长速度，其余类推。

国民经济行业分类　自2012年定期报表开始使用新的《国民经济行业分类》(GB/T4754－2011)。该分类是由国家统计局组织修订，国家质量监督检验检疫总局和中国国家标准化管理委员会于2011年4月29日发布。这次修订是在2002年分类标准的基础上，参照联合国《全部经济活动的国际标准产业分类》(ISIC/Rev.4) 进行的。修订后的《国民经济行业分类》(GB/T4754－2012) 共有门类20个，大类96个，中类432个，小类1094个。

农　业

资料整理：樊福顺

2-1 历年农业生产情况

年份	播种面积(千公顷)	#粮食	#棉花	#油料	粮食产量(万吨)	#小麦	棉花产量(万吨)	油料产量(万吨)	园林水果产量(万吨)
1978	10966.70	9123.30	612.00	465.33	2097.40	868.18	22.42	24.16	47.11
1979	10917.00	9066.70	555.33	632.67	2134.50	969.00	19.84	36.87	52.37
1980	10788.20	8858.90	626.67	710.00	2148.68	890.37	40.62	46.20	43.55
1981	11013.00	9029.30	641.33	744.67	2314.50	1083.50	35.50	55.99	52.30
1982	11076.00	8923.30	754.00	709.33	2217.10	1220.10	32.04	44.16	46.63
1983	11326.70	9286.70	794.00	607.33	2904.00	1455.75	63.24	51.52	58.67
1984	11432.70	8996.70	1162.00	579.33	2893.50	1653.00	86.89	52.50	41.01
1985	11685.30	9029.30	814.30	793.70	2710.53	1528.23	54.73	96.18	53.33
1986	11819.50	9372.20	619.33	921.33	2545.67	1567.90	39.86	98.99	61.23
1987	11952.90	9365.20	717.33	977.33	2948.41	1626.00	57.00	136.57	77.84
1988	11930.20	9053.80	916.03	952.84	2663.00	1520.95	63.71	96.17	74.81
1989	11999.40	9262.00	836.15	915.43	3149.44	1695.13	52.72	118.48	76.75
1990	11889.70	9316.10	823.00	876.40	3303.66	1639.86	67.61	152.29	63.92
1991	12001.90	9040.40	1193.20	896.00	3010.30	1554.28	94.77	127.62	63.67
1992	11936.30	8804.70	1247.90	908.60	3109.61	1650.67	65.85	133.63	87.79
1993	12068.00	8969.00	974.00	1075.00	3639.21	1922.13	66.01	204.50	125.12
1994	12087.70	8810.90	966.70	1242.00	3253.80	1798.42	62.81	225.00	170.54
1995	12136.80	8810.00	1000.10	1271.50	3466.50	1754.18	77.00	298.00	211.66
1996	12257.40	8965.30	933.30	1181.10	3839.90	2026.76	73.57	278.46	247.26
1997	12276.74	8879.90	868.30	1208.50	3894.66	2372.35	79.00	276.66	269.26
1998	12567.05	9101.98	800.00	1235.90	4009.61	2073.53	72.84	312.13	312.60
1999	12659.90	9032.30	733.30	1316.10	4253.25	2291.46	70.73	349.25	349.42
2000	13136.91	9029.60	779.33	1492.54	4101.50	2235.95	70.38	392.55	364.73
2001	13127.70	8822.79	858.20	1443.97	4119.88	2299.71	82.77	362.49	399.12
2002	13359.80	8975.10	793.10	1537.00	4209.98	2248.39	76.49	420.68	427.01
2003	13684.40	8923.30	926.67	1569.90	3569.47	2292.50	37.67	309.91	430.38
2004	13805.69	8970.07	951.80	1554.96	4260.00	2480.93	66.67	408.75	507.07
2005	13922.63	9153.41	781.47	1605.83	4582.00	2577.69	67.70	449.60	555.69
2006	13995.39	9455.80	748.20	1489.10	5112.30	2936.50	81.00	460.07	591.78
2007	14087.84	9528.52	653.16	1464.65	5252.92	2958.31	69.98	478.27	663.80
2008	14181.67	9746.87	527.62	1452.62	5405.80	3036.20	56.66	493.48	714.77
2009	14196.59	9890.62	436.53	1442.27	5506.87	3092.20	42.03	514.34	756.98
2010	14248.69	10027.00	354.23	1431.68	5581.82	3121.00	33.89	515.66	797.50
2011	14258.61	10244.43	280.57	1413.60	5733.92	3144.90	27.04	501.69	835.56
2012	14262.17	10434.56	169.40	1378.05	5898.38	3223.07	16.95	530.38	872.91
2013	14323.54	10697.43	114.96	1361.87	6023.80	3266.33	11.68	542.13	891.25
2014	14378.34	10944.97	88.11	1339.01	6133.60	3385.20	8.44	531.41	899.36
2015	14424.94	11126.30	64.34	1311.84	6470.22	3526.90	6.77	538.99	919.68
2016	14472.25	11219.55	50.03	1302.35	6498.01	3618.62	4.88	549.82	927.12
2017	14732.53	10915.13	40.00	1397.49	6524.25	3705.21	4.40	586.95	931.98
2018	14769.06	10906.08	36.68	1461.40	6648.91	3602.85	3.79	631.03	907.39
2019	14676.43	10734.54	33.80	1533.93	6695.36	3741.77	2.71	645.45	950.74

2-2　主要农作物播种面积

单位：千公顷

指　标	2000年	2005年	2010年	2015年	2016年	2017年	2018年	2019年
农作物总播种面积	**13136.91**	**13922.67**	**14320.79**	**14879.73**	**14902.72**	**14730.23**	**14769.06**	**14676.43**
粮食作物	**9029.60**	**9153.41**	**10027.00**	**11126.30**	**11219.55**	**10915.13**	**10906.08**	**10734.54**
夏收粮食	4997.97	5027.33	5390.69	5648.60	5730.24	5741.31	5770.11	5718.65
秋收粮食	4031.63	4126.08	4636.31	5477.70	5489.31	5173.82	5135.97	5015.89
谷物	7743.72	8093.85	9274.24	10498.94	10608.13	10412.61	10367.18	10193.87
稻谷	459.59	511.07	610.84	616.35	614.09	615.03	620.41	616.60
小麦	4922.33	4962.67	5364.56	5623.14	5704.91	5714.64	5739.85	5706.65
玉米	2201.33	2508.31	3233.50	4189.91	4210.46	3998.94	3918.96	3801.33
谷子	80.33	41.31	35.52	33.83	38.67	36.00	36.36	36.62
高粱	12.87	6.41	3.69	10.25	14.67	21.33	21.34	20.67
其他谷物	67.27	64.08	26.13	25.46	25.33	26.67	30.26	69.29
#大麦	67.27	54.03	26.13	25.46	25.33	26.67	30.26	12.00
豆类	683.43	616.53	487.56	370.35	366.40	389.85	424.00	428.00
大豆	564.73	533.58	444.78	343.56	341.06	345.17	385.55	394.67
绿豆	90.39	66.16	42.78	26.78	25.33	40.00	38.45	33.33
红薯	602.45	443.03	265.19	257.02	245.03	112.67	114.90	112.67
油料	**1492.54**	**1605.83**	**1431.68**	**1311.84**	**1302.35**	**1397.49**	**1461.40**	**1533.93**
花生	984.80	979.34	992.14	1023.96	1051.03	1151.93	1203.18	1223.11
油菜籽	248.30	407.79	298.04	186.58	162.19	155.69	145.02	171.51
棉花	**779.33**	**781.47**	**354.23**	**64.34**	**50.03**	**40.00**	**36.68**	**33.80**
麻类	**16.52**	**13.52**	**7.44**	**4.56**	**4.11**	**3.29**	**3.00**	**2.82**
糖料							**2.03**	**1.62**
烟叶	**166.35**	**132.27**	**122.15**	**114.27**	**109.21**	**103.95**	**94.88**	**86.50**
药材类	**60.55**	**174.20**	**121.87**	**113.58**	**99.81**	**112.19**	**132.44**	**153.59**
蔬菜（含菜用瓜）	**1189.20**	**1595.85**	**1720.13**	**1671.03**	**1682.12**	**1736.14**	**1721.09**	**1732.94**
瓜果类（果用瓜）	**305.39**	**333.61**	**326.01**	**292.69**	**312.36**	**318.24**	**307.69**	**308.60**
其他农作物	**92.23**	**127.72**	**206.86**	**178.51**	**120.77**	**103.80**	**103.77**	**88.09**
花卉			83.54	47.41	57.57	98.37	92.18	123.56

2-3 主要农作物播种面积构成

单位：%

指 标	2000年	2005年	2010年	2015年	2016年	2017年	2018年	2019年
农作物总播种面积	**100.0**	**100.0**	**100.0**	**100.0**	**100.0**	**100.0**	**100.0**	**100.0**
粮食作物	**68.7**	**65.7**	**70.4**	**77.1**	**77.5**	**74.1**	**73.8**	**73.1**
夏收粮食	38.0	36.1	37.8	39.2	39.6	39.0	39.1	39.0
秋收粮食	30.7	29.6	32.5	38.0	37.9	35.1	34.8	34.2
谷物	58.9	58.1	65.1	72.8	73.3	70.7	70.2	69.5
稻谷	3.5	3.7	4.3	4.3	4.2	4.2	4.2	4.2
小麦	37.5	35.6	37.6	39.0	39.4	38.8	38.9	38.9
玉米	16.8	18.0	22.7	29.0	29.1	27.1	26.5	25.9
谷子	0.6	0.3	0.2	0.2	0.3	0.2	0.2	0.2
高粱	0.1			0.1	0.1	0.1	0.1	0.1
其他谷物	0.5	0.5	0.2	0.2	0.2	0.2	0.2	0.5
#大麦	0.5	0.4	0.2	0.2	0.2	0.2	0.2	0.1
豆类	5.2	4.4	3.4	2.6	2.5	2.6	2.9	2.9
大豆	4.3	3.8	3.1	2.4	2.4	2.3	2.6	2.7
绿豆	0.7	0.5	0.3	0.2	0.2	0.3	0.3	0.2
红薯(按折粮薯类计算)	4.6	3.2	1.9	1.8	1.7	0.8	0.8	0.8
油料	**11.4**	**11.5**	**10.0**	**9.1**	**9.0**	**9.5**	**9.9**	**10.5**
花生	7.5	7.0	7.0	7.1	7.3	7.8	8.1	8.3
油菜籽	1.9	2.9	2.1	1.3	1.1	1.1	1.0	1.2
棉花	**5.9**	**5.6**	**2.5**	**0.4**	**0.3**	**0.3**	**0.2**	**0.2**
生麻	**0.1**	**0.1**	**0.1**					**0.0**
甘蔗								**0.0**
烟叶(未加工烟草)	**1.3**	**1.0**	**0.9**	**0.8**	**0.8**	**0.7**	**0.6**	**0.6**
药材类	**0.5**	**1.3**	**0.9**	**0.8**	**0.7**	**0.8**	**0.9**	**1.0**
蔬菜及食用菌	**9.1**	**11.5**	**12.1**	**11.6**	**11.6**	**11.8**	**11.7**	**11.8**
瓜果类(果用瓜)	**2.3**	**2.4**	**2.3**	**2.0**	**2.2**	**2.2**	**2.1**	**2.1**
其他农作物	**0.7**	**0.9**	**1.5**	**1.2**	**0.8**	**0.7**	**0.7**	**0.6**
花卉			0.6	0.3	0.4	0.7	0.6	

2-4 主要农作物产品产量

单位：万吨

指 标	2000年	2005年	2010年	2015年	2016年	2017年	2018年	2019年
粮食作物	**4101.50**	**4582.00**	**5581.82**	**6470.22**	**6498.01**	**6524.25**	**6648.91**	**6695.36**
夏收粮食	2268.05	2609.21	3129.48	3537.70	3628.32	3715.98	3613.70	3745.40
秋收粮食	1833.45	1972.79	2452.34	2932.52	2869.69	2808.27	3035.21	2949.96
谷物	3669.73	4277.48	5393.55	6331.75	6360.41	6382.89	6483.41	6528.85
稻谷	318.82	359.77	458.51	499.88	508.29	485.25	501.41	512.50
小麦	2235.95	2577.69	3121.00	3526.90	3617.72	3704.98	3602.85	3741.77
玉米	1074.97	1298.00	1795.31	2288.50	2216.29	2170.14	2351.38	2247.37
谷子	7.86	11.17	9.81	4.17	5.11	7.57	9.00	15.42
高粱	2.00	1.93	0.37	1.29	1.50	3.32	7.92	8.19
其他谷物	30.13	28.92	8.55	11.00	10.60	11.40	10.85	27.21
#大麦	30.13	28.18	8.55	11.00	10.60	11.40	10.85	3.60
豆类	140.13	74.44	88.93	48.84	49.00	53.36	101.70	102.00
大豆	115.78	58.07	83.91	46.75	46.90	50.36	95.57	98.21
绿豆	13.11	10.00	5.03	2.09	2.10	3.00	6.13	3.79
红薯(按折粮薯类计算)	291.64	230.08	99.34	89.63	88.60	88.00	63.80	64.51
油料	**392.55**	**449.60**	**515.66**	**538.99**	**549.82**	**586.95**	**631.03**	**645.45**
花生	335.88	338.30	429.64	477.12	494.27	529.81	572.44	576.72
油菜籽	33.76	87.71	67.40	46.21	40.90	42.08	38.97	44.25
棉花	**70.38**	**67.70**	**33.89**	**6.77**	**4.88**	**4.40**	**3.79**	**2.71**
麻类	**3.64**	**3.76**	**3.88**	**2.87**	**2.71**	**2.24**	**2.12**	**1.94**
糖料	**32.57**	**25.20**	**22.78**	**17.88**	**16.67**	**16.24**	**15.39**	**11.93**
烟叶(未加工烟草)		**28.84**	**28.75**	**28.85**	**28.26**	**26.70**	**25.31**	**22.76**
蔬菜及食用菌	**3981.78**	**5880.25**	**6760.21**	**6970.99**	**7238.18**	**7530.22**	**7260.67**	**7368.74**
瓜果类(果用瓜)	**1093.55**	**1286.47**	**1501.23**	**1519.94**	**1613.93**	**1670.46**	**1585.37**	**1638.92**

2-5 主要农作物单位面积产量

单位：公斤/公顷

指　　标	2000年	2005年	2010年	2015年	2016年	2017年	2018年	2019年
粮食作物	**4542**	**5006**	**5567**	**5815**	**5792**	**5977**	**6097**	**6237**
夏收粮食	4538	5190	5805	6263	6332	6472	6263	6549
秋收粮食	4548	4781	5289	5354	5228	5428	6242	5881
谷物	4739	5285	5816	6031	5996	6130	6254	6405
稻谷	6937	7040	7506	8110	8277	7890	8082	8312
小麦	4542	5194	5818	6272	6341	6483	6277	6557
玉米	4883	5175	5552	5462	5264	5427	6000	5912
谷子	978	2704	2761	1234	1322	2103	2475	4211
高粱	1554	3011	1011	1263	1023	1557	3711	3962
其他谷物	4479	4513	3272	4320	4184	4275	3586	3927
#大麦	4479	5216	3272	4320	4184	4275	3586	3000
豆类	2050	1207	1824	1319	1337	1369	2399	2383
大豆	2050	1088	1886	1361	1375	1459	2479	2488
绿豆	1450	1511	1175	779	829	750	1594	1137
红薯(按折粮薯类计算)	4841	5193	3746	3487	3616	7811	5553	5726
油料	**2630**	**2800**	**3602**	**4109**	**4222**	**4200**	**4318**	**4208**
花生	3411	3454	4330	4660	4703	4599	4758	4715
油菜籽	1360	2151	2261	2477	2522	2703	2687	2580
棉花	**903**	**866**	**957**	**1053**	**974**	**1100**	**1033**	**802**
麻类	**2203**	**2781**	**5215**	**6286**	**6600**	**6825**	**7082**	**6896**
糖料	**62635**	**53053**	**66633**	**68729**	**68866**	**70346**	**75833**	**73771**
烟叶（未加工烟草）	**1659**	**2180**	**2354**	**2525**	**2588**	**2568**	**2668**	**2631**
蔬菜及食用菌	**26641**	**36847**	**39301**	**41717**	**43030**	**43373**	**42186**	**42522**
瓜果类（果用瓜）	**35808**	**38562**	**46049**	**51929**	**51668**	**52491**	**51525**	**53108**

2-6　各市农作物播种面积和产量(2019年)

地　区	粮食作物			夏收粮食		
	播种面积(千公顷)	总产量(万吨)	公顷产量(公斤)	播种面积(千公顷)	总产量(万吨)	公顷产量(公斤)
省辖市						
郑州市	307.49	149.67	4867.48	156.74	75.72	4831.02
开封市	525.71	307.38	5847.05	304.34	190.88	6271.83
洛阳市	497.27	237.80	4782.13	239.59	110.53	4613.24
平顶山市	444.57	228.95	5149.95	220.07	119.18	5415.27
安阳市	565.95	376.06	6644.69	304.54	206.41	6777.94
鹤壁市	169.56	121.77	7181.53	89.76	65.29	7273.94
新乡市	716.93	476.02	6639.66	385.84	272.99	7075.26
焦作市	279.93	207.66	7418.14	150.00	115.22	7681.50
濮阳市	426.10	291.33	6837.08	232.80	166.92	7170.00
许昌市	448.53	297.69	6636.96	230.67	168.80	7317.84
漯河市	271.08	187.38	6912.26	146.00	110.60	7575.00
三门峡市	162.20	69.07	4258.58	76.67	32.78	4275.00
南阳市	1301.44	710.59	5460.05	728.85	425.81	5842.26
商丘市	1088.54	730.41	6709.97	601.60	441.42	7337.33
信阳市	822.87	560.38	6810.07	310.67	147.62	4751.64
周口市	1371.64	911.47	6645.11	733.60	550.51	7504.18
驻马店市	1292.63	808.89	6257.68	786.96	530.69	6743.54
济源市	42.98	23.35	5432.17	21.40	12.21	5703.27
省直管县						
巩义市	43.29	16.98	3922.31	22.67	8.37	3693.00
兰考县	100.75	57.60	5717.41	59.34	35.42	5969.73
汝州市	94.85	46.17	4867.18	47.93	24.68	5148.00
滑　县	206.59	161.52	7818.39	120.80	93.42	7733.08
长垣县	106.75	75.86	7105.68	56.00	43.18	7710.00
邓州市	217.47	122.48	5632.13	139.21	83.09	5968.68
永城市	210.07	134.54	6404.54	112.00	83.16	7425.00
固始县	152.00	111.67	7347.01	37.33	17.11	4584.27
鹿邑县	142.59	96.27	6751.75	72.93	54.02	7406.22
新蔡县	152.27	94.08	6178.51	86.80	57.98	6679.50

2-6 续表 1

地区	秋收粮食			谷物合计					
							稻谷		
	播种面积(千公顷)	总产量(万吨)	公顷产量(公斤)	播种面积(千公顷)	总产量(万吨)	公顷产量(公斤)	播种面积(千公顷)	总产量(万吨)	公顷产量(公斤)
省辖市									
郑州市	150.75	73.95	4905	292.91	141.87	4844	0.16	0.06	3800.00
开封市	221.37	116.51	5263	498.75	296.79	5951	6.69	5.31	7938.31
洛阳市	257.68	127.27	4939	433.76	209.26	4824	1.64	0.92	5627.35
平顶山市	224.50	109.78	4890	416.69	218.25	5238	1.35	0.68	5019.46
安阳市	261.41	169.64	6489	552.47	368.88	6677	0.12	0.10	8414.63
鹤壁市	79.80	56.48	7078	167.59	120.27	7176			
新乡市	331.10	203.03	6132	696.17	465.08	6681	20.16	13.00	6446.66
焦作市	129.93	92.44	7114	273.76	204.78	7480	4.22	3.66	8679.08
濮阳市	193.30	124.41	6436	396.13	278.56	7032	22.94	18.29	7970.40
许昌市	217.86	128.89	5916	380.75	270.54	7106			
漯河市	125.08	76.78	6139	226.28	172.98	7644			
三门峡市	85.53	36.30	4244	134.67	60.01	4456			
南阳市	572.59	284.78	4974	1220.88	679.05	5562	37.27	28.02	7517.14
商丘市	486.94	288.99	5935	1027.88	711.23	6919	0.28	0.26	9307.14
信阳市	512.20	412.76	8059	808.37	555.37	6870	477.55	395.09	8273.26
周口市	638.04	360.96	5657	1230.05	865.15	7033	0.15	0.14	9198.68
驻马店市	505.67	278.20	5502	1247.51	793.75	6363	27.17	18.19	6693.45
济源市	21.58	11.14	5163	40.90	22.63	5533	0.07	0.03	5205.00
省直管县									
巩义市	20.62	8.61	4174	41.88	16.37	3909	0.16	0.06	3800.00
兰考县	41.41	22.18	5356	96.85	55.28	5708	0.16	0.18	11685.90
汝州市	46.92	21.49	4580	92.00	44.83	4873			
滑县	85.78	68.10	7939	205.23	160.57	7824	0.09	0.09	9869.57
长垣县	50.75	32.68	6439	103.78	74.75	7203	2.05	1.00	4890.94
邓州市	78.26	39.39	5033	205.08	118.41	5774	1.93	1.24	6408.62
永城市	98.07	51.38	5239	170.33	124.51	7310			
固始县	114.67	94.56	8247	151.57	111.45	7353	110.93	92.33	8323.25
鹿邑县	69.65	42.26	6066	127.42	91.33	7168			
新蔡县	65.47	36.10	5514	148.75	93.28	6271	2.49	1.40	5622.99

2-6　续表 2

地　区	小麦			玉米		
	播种面积（千公顷）	总产量（万吨）	公顷产量（公斤）	播种面积（千公顷）	总产量（万吨）	公顷产量（公斤）
省辖市						
郑州市	156.74	75.72	4831	135.48	65.98	4870
开封市	304.33	190.87	6272	186.94	100.09	5354
洛阳市	239.10	110.48	4621	176.26	91.56	5195
平顶山市	219.93	119.16	5418	194.82	98.30	5046
安阳市	304.54	206.41	6778	241.62	160.95	6661
鹤壁市	89.74	65.29	7275	77.09	54.76	7103
新乡市	385.83	272.99	7075	289.36	178.84	6181
焦作市	150.00	115.22	7682	119.41	85.85	7189
濮阳市	232.80	166.92	7170	139.88	93.35	6674
许昌市	230.67	168.80	7318	149.34	101.32	6785
漯河市	146.00	110.60	7575	80.28	62.38	7770
三门峡市	76.67	32.78	4275	56.85	26.85	4722
南阳市	725.22	425.10	5862	449.35	221.42	4928
商丘市	599.96	440.97	7350	426.80	269.50	6314
信阳市	310.67	147.62	4752	20.15	12.67	6287
周口市	733.53	550.49	7505	496.14	314.46	6338
驻马店市	786.47	530.54	6746	433.27	244.73	5648
济源市	21.40	12.21	5703	19.33	10.36	5360
省直管县						
巩义市	22.67	8.37	3693	18.59	7.86	4231
兰考县	59.33	35.42	5970	37.31	19.65	5268
汝州市	47.93	24.68	5148	43.48	20.03	4608
滑县	120.80	93.42	7733	84.16	67.02	7963
长垣县	56.00	43.18	7710	45.46	30.50	6710
邓州市	138.18	82.85	5996	58.55	30.62	5229
永城市	112.00	83.16	7425	58.33	41.35	7089
固始县	37.33	17.11	4584	3.31	2.01	6079
鹿邑县	72.87	54.00	7411	54.41	37.30	6856
新蔡县	86.80	57.98	6680	59.46	33.90	5701

2-6 续表 3

地区	豆类合计			大豆		
	播种面积(千公顷)	总产量(万吨)	公顷产量(公斤)	播种面积(千公顷)	总产量(万吨)	公顷产量(公斤)
省辖市						
郑州市	6.21	1.16	1863	5.22	1.03	1965
开封市	13.36	2.72	2036	12.81	2.61	2040
洛阳市	30.32	7.04	2322	21.62	5.31	2455
平顶山市	14.98	4.15	2770	13.93	3.95	2837
安阳市	4.42	1.06	2388	3.97	0.98	2478
鹤壁市	0.46	0.09	2001	0.31	0.07	2296
新乡市	14.41	4.89	3391	14.33	4.87	3397
焦作市	4.11	1.27	3101	4.06	1.27	3114
濮阳市	23.55	6.42	2728	23.28	6.37	2738
许昌市	42.10	11.82	2809	41.97	11.79	2808
漯河市	39.53	10.86	2747	39.53	10.86	2747
三门峡市	20.89	4.68	2240	16.29	3.87	2375
南阳市	53.58	8.57	1599	40.30	6.58	1632
商丘市	52.40	14.03	2678	49.49	13.18	2664
信阳市	6.69	0.65	978	5.53	0.55	1001
周口市	111.50	28.10	2520	105.32	27.11	2574
驻马店市	26.90	4.71	1750	24.49	4.34	1774
济源市	1.59	0.45	2799	1.55	0.44	2829
省直管县						
巩义市	0.53	0.11	2002	0.37	0.08	2154
兰考县	1.57	0.48	3089	1.40	0.45	3193
汝州市	0.95	0.28	2906	0.67	0.21	3126
滑县	0.52	0.13	2449	0.49	0.12	2476
长垣县	2.60	0.81	3112	2.57	0.80	3114
邓州市	10.28	2.66	2586	7.86	2.10	2666
永城市	38.87	9.95	2560	38.67	9.92	2565
固始县	0.15	0.03	2152	0.15	0.03	2152
鹿邑县	14.13	3.84	2718	14.00	3.82	2729
新蔡县	2.29	0.25	1106	1.31	0.15	1112

2-6 续表 4

地 区	红薯			油料合计					
							花 生		
	播种面积（千公顷）	总产量（万吨）	公顷产量（公斤）	播种面积（千公顷）	总产量（万吨）	公顷产量（公斤）	播种面积（千公顷）	总产量（万吨）	公顷产量（公斤）
省辖市									
郑州市	8.37	6.64	7937	31.08	11.79	3792	25.59	10.89	4256
开封市	13.60	7.88	5794	110.16	51.46	4672	107.74	50.82	4717
洛阳市	33.19	21.50	6477	39.82	13.28	3336	26.52	10.13	3819
平顶山市	12.90	7.25	5621	38.39	12.58	3278	26.15	9.82	3757
安阳市	9.06	6.12	6760	55.75	23.79	4267	50.53	23.01	4553
鹤壁市	1.51	1.42	9355	14.37	4.48	3116	13.53	4.37	3233
新乡市	6.36	6.05	9518	78.27	34.13	4361	75.90	33.56	4422
焦作市	2.07	1.60	7749	25.84	13.52	5234	24.76	13.22	5337
濮阳市	6.43	6.35	9874	23.46	9.88	4212	23.12	9.80	4238
许昌市	25.68	15.32	5966	18.97	6.42	3387	12.56	4.79	3816
漯河市	5.26	3.54	6726	15.00	5.74	3831	11.89	5.07	4263
三门峡市	6.64	4.39	6604	13.04	3.23	2479	4.49	1.33	2952
南阳市	26.98	22.97	8514	378.21	168.13	4445	302.68	151.78	5014
商丘市	8.27	5.15	6231	78.59	39.65	5046	72.61	37.88	5216
信阳市	7.81	4.35	5566	163.33	54.19	3318	66.96	31.72	4737
周口市	30.09	18.22	6054	92.87	41.21	4437	66.85	35.43	5300
驻马店市	18.22	10.43	5726	356.06	151.71	4261	310.65	142.90	4600
济源市	0.49	0.27	5542	0.73	0.24	3258	0.54	0.21	3866
省直管县									
巩义市	0.88	0.50	5736	2.57	0.54	2106	1.29	0.36	2770
兰考县	2.33	1.84	7886	16.68	7.93	4751	16.37	7.85	4792
汝州市	1.90	1.06	5561	6.24	2.00	3202	3.71	1.52	4085
滑县	0.84	0.82	9794	25.14	11.60	4615	25.00	11.57	4627
长垣县	0.38	0.29	7792	9.41	3.80	4042	8.44	3.55	4208
邓州市	2.11	1.41	6690	61.72	28.89	4680	55.17	27.57	4997
永城市	0.87	0.08	900	1.88	0.79	4206	1.44	0.66	4583
固始县	0.28	0.19	6786	19.43	6.25	3215	8.50	3.45	4059
鹿邑县	1.04	1.10	10577	5.80	2.07	3569	3.95	1.64	4156
新蔡县	1.23	0.55	4443	27.36	9.70	3545	21.77	8.43	3873

2-6 续表 5

地区	油菜籽			棉花			烟叶(未加工烟草)		
	播种面积(千公顷)	总产量(万吨)	公顷产量(公斤)	播种面积(千公顷)	总产量(万吨)	公顷产量(公斤)	播种面积(千公顷)	总产量(万吨)	公顷产量(公斤)
省辖市									
郑州市	4.55	0.76	1672	1.16	0.12	1051	0.25	0.06	2421
开封市	2.02	0.56	2753	6.44	0.94	1461			
洛阳市	9.09	2.31	2540	2.74	0.34	1250	18.41	4.74	2578
平顶山市	9.93	2.36	2377	0.62	0.07	1105	10.80	2.80	2595
安阳市	3.78	0.55	1466	1.97	0.24	1224			
鹤壁市	0.60	0.08	1320	0.50	0.05	1068			
新乡市	2.17	0.54	2476	1.06	0.11	1086			
焦作市	0.41	0.08	2055	0.14	0.02	1723			
濮阳市	0.30	0.08	2548	0.97	0.13	1364			
许昌市	5.85	1.55	2644	0.80	0.08	1018	9.33	2.82	3023
漯河市	2.20	0.55	2511	0.24	0.03	1074	5.65	1.18	2085
三门峡市	4.46	0.98	2198	1.18	0.12	981	16.03	3.82	2383
南阳市	27.40	7.77	2836	1.66	0.23	1371	17.39	4.96	2853
商丘市	5.44	1.66	3057	3.73	0.50	1340	0.71	0.28	3976
信阳市	71.66	18.64	2601	0.77	0.08	1089	0.35	0.12	3426
周口市	5.07	1.36	2673	2.71	0.41	1500	2.46	0.78	3157
驻马店市	16.52	4.42	2674	0.45	0.05	1002	4.66	1.09	2341
济源市	0.07	0.01	1283	0.33	0.04	1096	0.47	0.10	2223
省直管县									
巩义市	1.00	0.15	1510	0.33	0.03	925			
兰考县	0.31	0.08	2612	1.05	0.20	1914			
汝州市	2.12	0.43	2045	0.27	0.03	1101	1.13	0.30	2638
滑县	0.10	0.02	2488	0.43	0.06	1296			
长垣县	0.96	0.25	2619	0.30	0.04	1199			
邓州市	2.36	0.69	2909	0.51	0.05	975	1.18	0.44	3703
永城市	0.40	0.12	3035	0.12	0.03	2647			
固始县	9.52	2.47	2597	0.07	0.01	1000			
鹿邑县	1.09	0.30	2713	0.09	0.01	1538	0.91	0.28	3121
新蔡县	2.05	0.48	2334	0.24	0.02	797			

2-6 续表 6

地　区	蔬菜及食用菌			瓜果类(果用瓜)		
	播种面积(千公顷)	总产量(万吨)	公顷产量(公斤)	播种面积(千公顷)	总产量(万吨)	公顷产量(公斤)
省辖市						
郑州市	55.32	213.17	38534	6.72	26.04	38760
开封市	170.87	809.93	47400	47.46	253.69	53455
洛阳市	67.60	281.82	41689	7.26	20.84	28701
平顶山市	48.36	232.87	48153	5.84	23.55	40330
安阳市	89.96	480.52	53416	12.95	79.67	61519
鹤壁市	11.21	42.90	38256	0.22	0.88	40882
新乡市	63.76	308.00	48305	4.43	23.30	52607
焦作市	33.59	194.14	57805	3.15	17.34	55025
濮阳市	59.12	253.44	42872	5.59	24.10	43141
许昌市	41.62	150.55	36174	3.04	12.06	39703
漯河市	62.75	192.48	30676	10.81	43.70	40424
三门峡市	32.63	123.44	37832	3.42	9.11	26622
南阳市	249.00	1127.21	45269	25.98	131.36	50568
商丘市	213.24	981.16	46013	45.22	297.66	65831
信阳市	142.47	437.21	30688	27.08	121.18	44748
周口市	265.22	1048.71	39542	77.87	434.03	55739
驻马店市	121.28	469.97	38751	21.49	120.14	55899
济源市	4.96	21.22	42819	0.09	0.27	30356
省直管县						
巩义市	1.63	5.18	31735	0.16	0.53	33416
兰考县	9.07	32.47	35788	2.67	11.90	44538
汝州市	7.24	33.44	46219	0.51	1.64	32124
滑　县	33.11	194.52	58755	5.42	34.02	62733
长垣县	10.49	58.32	55615	2.03	13.79	68043
邓州市	39.97	203.19	50829	4.58	22.95	50107
永城市	29.10	202.32	69518	5.97	72.66	121696
固始县	36.73	131.99	35934	6.84	36.44	53268
鹿邑县	30.76	118.98	38677	1.98	7.49	37769
新蔡县	13.29	49.60	37316	6.59	32.65	49586

2-7 茶叶、水果产量和面积

项　　目	2000年	2005年	2010年	2015年	2016年	2017年	2018年	2019年
面　　积								
茶园面积(千公顷)	20.68	33.09	65.15	114.00	118.29	115.76	115.67	114.64
果园面积(千公顷)	355.90	416.63	456.08	457.47	449.55	442.67	434.07	432.28
苹果园	206.97	165.78	178.22	171.48	157.84	147.39	129.06	119.29
梨园	30.87	39.23	47.36	54.94	54.81	55.49	63.36	65.53
葡萄园	16.75	26.17	29.96	36.41	38.05	36.94	39.04	41.99
猕猴桃园			9.20	10.99	11.16	11.34	12.00	13.33
桃园	29.11	60.22	74.00	74.04	78.87	82.42	88.23	90.34
柑桔园	4.88	10.05	10.85	11.60	11.60	11.34	8.53	4.47
其他果园	67.30	115.18	106.49	98.01	97.21	97.35	93.85	53.26
产　　量								
茶叶产量(吨)	9163	16902	42732	64855	68583	63954	63427	65271
园林水果产量(万吨)	364.73	555.69	797.50	919.68	927.12	931.98	907.39	950.74
苹果	238.90	300.62	410.39	453.19	442.42	434.53	402.74	408.79
梨	33.30	65.47	94.92	115.53	118.27	121.84	122.86	137.43
葡萄	20.83	41.26	48.49	64.00	68.54	70.29	76.96	83.22
鲜枣	17.78	26.81	39.30	32.63	33.00	29.91	25.23	18.30
柿	15.88	25.86	44.47	52.19	51.14	50.87	48.39	46.39
桃	26.63	60.10	101.57	118.89	127.26	133.58	141.42	154.6
柑桔	2.12	3.59	4.17	4.94	4.79	4.91	3.91	4.63
其他园林水果	9.29	31.98	54.20	78.30	81.69	86.06	85.86	17.27
食用坚果产量(万吨)				46.50	47.82	49.95	48.59	49.49
核桃				16.59	18.04	19.10	20.34	21.51
板栗				28.36	28.10	29.56	28.22	27.88

2-8　各市水果产量(2019年)

单位：万吨

地　区	水果总产量	#苹果	#梨	#葡萄	#枣	#柿	#桃
省辖市							
郑州市	25.59	3.45	2.16	4.30	3.96	1.01	2.96
开封市	48.31	22.99	3.96	3.99	0.41	1.35	14.93
洛阳市	85.32	44.73	5.58	10.12	0.95	7.27	7.92
平顶山市	23.64	0.98	3.46	9.14	0.14	1.44	5.89
安阳市	48.83	17.91	7.23	2.60	5.87	1.70	11.82
鹤壁市	3.79	1.03	1.06	0.47	0.17	0.31	0.74
新乡市	31.81	7.55	3.81	2.35	0.34	0.72	16.57
焦作市	14.59	2.61	2.20	1.54	0.13	1.02	6.21
濮阳市	28.39	14.48	5.24	1.45	0.61	0.16	3.37
许昌市	6.73	1.79	1.08	1.76	0.16	0.09	1.54
漯河市	9.50	0.26	1.62	5.16	0.02	0.10	2.12
三门峡市	250.66	196.90	6.18	7.92	2.48	15.83	15.11
南阳市	107.25	2.01	15.10	2.82	0.45	3.77	19.13
商丘市	179.57	82.38	58.96	17.84	0.21	2.68	14.94
信阳市	14.18	0.05	3.56	2.80	0.20	0.79	6.06
周口市	50.73	8.18	9.64	6.07	1.94	7.50	16.67
驻马店市	18.10	0.45	5.71	2.75	0.27	0.27	8.01
济源市	3.73	1.05	0.88	0.15	0.00	0.40	0.63
省直管县							
巩义市	2.91	0.58	0.34	0.74	0.01	0.14	0.23
兰考县	13.75	7.77	1.96	1.14	0.06	0.03	2.33
汝州市	4.36	0.41	0.29	0.66	0.08	0.93	1.29
滑　县	16.10	5.68	3.46	1.55	0.34	1.00	3.76
长垣县	1.58	0.19	0.17	0.65	0.27	0.00	0.29
邓州市	3.92	0.09	0.78	0.32	0.01	0.07	2.21
永城市	27.26	5.26	17.57	1.79	0.04	0.29	2.06
固始县	1.49		0.21	0.35	0.03	0.21	0.39
鹿邑县	1.24	0.49	0.09	0.25	0.01	0.01	0.39
新蔡县	2.05	0.44	1.00	0.28		0.02	0.30

2-9 各市果园面积(2019年)

单位：千公顷

地　区	果园总面积	#苹果园面积	#梨园面积	#葡萄园面积	#柑橘园面积	#猕猴桃园面积	#桃园面积
省辖市							
郑州市	20.03	2.01	1.24	3.66	0.00	0.07	2.37
开封市	17.76	8.32	1.41	1.50		0.01	5.13
洛阳市	42.80	15.21	2.64	4.62		0.31	4.28
平顶山市	15.66	0.87	3.10	2.50	0.02	0.12	4.07
安阳市	24.12	6.36	2.33	1.02		0.01	4.85
鹤壁市	1.86	0.32	0.23	0.10		0.00	0.66
新乡市	16.63	3.38	2.00	1.59	0.00	0.02	6.66
焦作市	6.73	1.03	0.85	0.67		0.12	2.68
濮阳市	10.77	3.88	2.04	0.56			2.09
许昌市	4.38	1.10	0.42	0.71		0.01	0.77
漯河市	3.11	0.09	0.62	1.35		0.13	0.65
三门峡市	64.68	46.65	1.63	2.65		0.08	5.02
南阳市	85.72	4.48	14.95	3.95	4.19	11.80	21.71
商丘市	53.44	21.55	14.30	6.42		0.14	9.12
信阳市	19.71	0.13	3.97	4.95	0.26	0.45	7.20
周口市	22.14	3.09	5.94	2.70		0.01	5.01
驻马店市	20.69	0.43	7.61	2.94		0.04	7.62
济源市	2.05	0.38	0.26	0.10		0.01	0.45
省直管县							
巩义市	1.60	0.22	0.15	0.29		0.00	0.11
兰考县	5.00	2.93	0.58	0.37			0.90
汝州市	4.19	0.43	0.27	0.45	0.01	0.02	0.92
滑　县	4.49	1.49	0.82	0.52		0.00	1.04
长垣县	1.48	0.10	0.16	0.33			0.16
邓州市	4.57	0.24	1.28	0.45	0.31	0.14	1.53
永城市	5.42	1.18	1.72	0.84		0.00	1.06
固始县	0.95	0.00	0.14	0.19	0.02	0.22	0.14
鹿邑县	0.57	0.24	0.05	0.16			0.12
新蔡县	2.90	0.42	1.43	0.34		0.01	0.65

2-10　林业生产情况

项　目	单　位	2000年	2005年	2010年	2015年	2016年	2017年	2018年	2019年
营林情况									
当年造林面积	千公顷	241.32	186.72	277.11	200.01	133.49	180.93	173.60	196.49
按造林方式分									
人工造林面积	千公顷	206.45	173.38	210.92	154.75	97.65	126.28	137.27	164.77
飞机播种造林面积	千公顷	34.87	13.34						13.34
按造林用途分									
用材林	千公顷	56.77	73.9	69.10	55.39	25.82	29.57	22.75	46.45
经济林	千公顷	69.10	39	37.12	37.37	18.01	22.36	28.20	27.58
防护林	千公顷	113.80	72.93	170.64	105.23	89.53	107.82	118.46	122.37
封山育林面积	千公顷	475.50	385.92	367.46	425.82	403.46	403.96	350.833	18.29
成林抚育面积	千公顷	694.80	959.92	951.21			300.75	301.93	303.04
竹木采伐									
木材	万立方米	306.00	55.94	149.67	228.88	273.99	246.03	258.36	256.03
竹材	万根	158.00	506.5	76.50	153.89	153.5	111.02	118.24	120.44

2-11 主要农产品产量与历史最高年份比较

指　　标	单位	2019年	建国以来历史最高年		2019年为建国以来最高的%
			年份	产量	
农产品					
粮食总产量	万吨	6695.36	2019	6695.36	100.0
夏收粮食	万吨	3745.40	2019	3745.40	100.0
#小麦	万吨	2949.96	2017	3705.21	79.6
秋收粮食	万吨	6528.85	2019	6528.85	100.0
#稻谷	万吨	512.50	2016	542.15	94.5
红薯	万吨	64.51	1973	478.50	13.5
玉米	万吨	2247.37	2018	2351.38	95.6
大豆	万吨	98.21	1981	154.00	63.8
棉花	万吨	2.71	1991	94.77	2.9
油料总产量	万吨	645.45	2019	645.45	100.0
油菜籽	万吨	44.25	2008	97.07	45.6
花生	万吨	576.72	2019	576.72	100.0
麻类	万吨	1.94	1985	43.85	4.4
烟叶(未加工烟草)	万吨	22.76	1988	51.98	43.8
茶叶	万吨	6.53	2016	6.86	95.2
水果总产量	万吨	950.74	2019	950.74	100.0
苹果	万吨	408.79	2015	449.65	90.9
梨	万吨	137.43	2019	137.43	100.0
葡萄	万吨	83.22	2019	83.22	100.0
鲜枣	万吨	18.30	2013	41.55	44.0
柿子	万吨	46.39	2013	54.63	84.9

2-12 历年农业生产条件

年 份	农用机械总动力(万千瓦)	农田有效灌溉面积(千公顷)	化肥施用折纯量(万吨)	农村用电量(亿千瓦小时)	农药施用实物量(万吨)	农用塑料薄膜使用量(万吨)
1979	1079.30	3636.00	60.05	14.59		
1980	1178.00	3536.23	72.52	17.23		
1981	1262.10	3388.00	81.90	20.85		
1982	1356.30	3265.33	105.50	22.76		
1983	1405.90	3210.00	130.67	23.50		
1984	1507.00	3278.67	140.16	25.83		
1985	1590.00	3189.97	143.58	28.33		
1986	1737.90	3212.71	148.73	33.30		
1987	1865.90	3250.07	135.58	37.29		
1988	2004.20	3358.76	150.57	40.81		
1989	2153.40	3438.00	184.25	45.20		
1990	2264.00	3550.09	213.18	46.93	3.31	2.75
1991	2330.40	3676.59	239.74	52.06	3.88	3.15
1992	2424.40	3779.72	251.13	59.58	4.76	3.45
1993	2624.00	3868.33	288.21	61.10	5.44	3.84
1994	2780.50	3931.30	292.47	70.54	6.53	4.87
1995	3115.40	4044.19	322.21	85.07	7.56	5.32
1996	4256.40	4191.05	345.33	103.66	8.33	6.17
1997	4337.90	4333.06	355.31	118.27	8.49	6.95
1998	4764.40	4513.86	382.80	121.21	9.10	7.49
1999	5342.90	4648.78	399.85	122.54	9.61	7.94
2000	5780.60	4725.31	420.71	125.80	9.55	9.19
2001	6078.70	4766.00	441.73	134.61	9.85	9.41
2002	6548.20	4802.36	468.83	141.36	10.20	9.86
2003	6953.20	4792.22	467.89	144.59	9.87	9.88
2004	7519.59	4808.31	493.16	157.69	10.12	10.16
2005	7934.23	4864.33	518.14	172.15	10.51	10.84
2006	8309.31	4918.80	540.43	188.81	11.16	11.84
2007	8718.71	4955.84	569.68	223.89	11.80	12.66
2008	9429.30	4989.20	601.68	237.36	11.91	13.07
2009	9817.90	5033.00	628.67	257.76	12.14	14.14
2010	10195.94	5081.00	655.15	269.41	12.49	14.70
2011	10515.80	5150.44	673.71	281.82	12.87	15.16
2012	10872.73	5205.63	684.43	290.03	12.83	15.52
2013	11150.00	4969.11	696.37	305.42	13.01	16.78
2014	11476.81	5101.74	705.75	313.23	12.99	16.35
2015	11710.08	5333.90	716.09	321.01	12.87	16.20
2016	9858.82	5360.30	735.24	317.23	14.37	16.31
2017	10038.32	5389.79	706.70	328.82	12.07	15.73
2018	10204.46	5408.31	692.79	330.59	11.36	15.28
2019	10356.97	6183.76	666.72	353.83	10.72	15.08

注：1.灌溉面积：2013年及以前年份的数据为农田有效灌溉面积。
2.农业机械总动力：2015年及以前数据中包含农用运输车和三轮运输车，从2016年开始，不再包含在内。

2-13 主要农业机械和农产品加工机械年末拥有量

指　　标	单位	2000年	2005年	2010年	2015年	2016年	2017年	2018年	2019年
农业机械总动力	**万千瓦**	**5780.60**	**7934.23**	**10195.94**	**11710.08**	**9858.82**	**10038.32**	**10204.46**	**10356.97**
柴油发动机动力	万千瓦	4859.20	6915.04	9029.20	10405.41	8547.35	8714.63	8877.21	9037.89
汽油发动机动力	万千瓦	107.90	66.19	56.29	71.71	71.54	74.31	86.49	89.10
电动发动机动力	万千瓦	812.40	950.50	1110.30	1232.96	1239.14	1248.55	1240.28	1229.44
大中型拖拉机(混合台)	万台	6.62	11.08	27.44	40.23	43.27	45.85	34.72	37.31
	万千瓦	216.80	366.33	969.55	1639.38	1816.21	1973.88	2034.81	2179.04
小型(包括手扶)拖拉机	万台	224.67	298.45	358.61	339.62	328.95	317.55	319.31	313.97
	万千瓦	2317.70	3119.77	3797.50	3704.77	3594.92	3495.43	3643.40	3627.48
大中型拖拉机配套农具	万部	11.87	23.99	64.26	94.83	100.74	105.20		
小型拖拉机配套农具	万部	357.32	534.67	666.42	661.37	640.70	628.69		
机引犁	万台	196.23	246.50	318.33	320.51	316.80	313.96	309.36	307.19
机引耙	万台	110.17	165.51	214.60	214.62	211.09	206.67	203.21	202.36
旋耕机	万台	4.08	8.20	18.38	26.33	27.91	29.63	32.14	33.67
节水灌溉机械	万套		16.09	17.37	21.56	21.83	21.91	22.71	23.04
农用水泵	万台	175.89	203.10	216.29	223.34	219.68	215.30	219.45	220.09
联合收割机	台	26900	71750	143760	241473	265476	278379	287671	294815
机动插秧机	部		100	1250	3978	5048	6799	8610	
机动割晒机	万台	28.38	23.34	8.28	5.80	5.34	5.14		
机动脱粒机	万台	79.15	70.39	55.73	54.59	54.08	52.71	51.75	50.50
谷物烘干机	台	100		646	1348	1790	2541	2986	3486
种子加工机械	台	110		643	1322	1335	1351	1585	1592
饲草料加工机械	万台	11.53	16.40	16.92	18.71	18.74	18.84	18.30	18.58
农产品加工动力机械	万台	67.76	73.95	80.24	85.57	85.45	85.54	85.21	85.48
	万千瓦	466.80	533.22	582.70	611.00	609.41	610.06	608.67	609.58
柴油机	万台	11.44	13.86	15.74	16.28	16.09	16.04	15.91	15.84
	万千瓦	118.70	144.71	156.71	154.84	152.27	151.01	150.66	150.21
电动机	万台	53.46	60.06	64.50	68.98	68.90	69.03	68.98	69.20
	万千瓦	348.10	387.96	426.04	452.71	452.30	454.09	453.53	454.31
农产品加工作业机械	万台	43.18	48.79	50.82	57.59	57.68	57.86	56.97	57.12
粮食加工机	万台	32.31	34.70	34.80	35.83	35.46	35.46	37.20	37.32
棉花加工机	万台	3.87	4.55	4.94	4.48	4.43	4.41	4.24	4.24
油料加工机	万台	6.82	8.21	8.88	9.35	9.32	9.41	9.29	9.33

注：2015年及以前“农业机械总动力”数据中包含农用运输车和三轮运输车，从2016年开始，不再包含在内。

2-14　各市农业机械和农产品加工机械年末拥有量(2019年)

地　区	农业机械总动力(万千瓦)	农用大中型拖拉机(台)	大中型拖拉机配套农具(部)	节水灌溉机械(万套)	饲草料加工机械(台)	农产品初加工动力机械(万台)	农产品初加工动力机械(万千瓦)	农产品初加工作业机械(万台)
省辖市								
郑州市	440	16495	23567	1.18	7661	4.47	36.16	2.80
开封市	591	21597	43008	3.22	12421	5.57	38.12	3.08
洛阳市	528	10893	13167	1.71	9750	7.57	54.91	4.54
平顶山市	406	19183	26059	0.63	11193	3.79	25.05	2.68
安阳市	507	17687	25561	0.07	4896	3.48	22.84	2.35
鹤壁市	234	5928	7594	0.15	1376	1.02	6.50	0.60
新乡市	778	21207	45693	0.38	17095	5.68	41.77	2.63
焦作市	254	15598	20664	0.04	5276	1.73	11.24	1.09
濮阳市	376	11665	23372	0.51	5098	2.29	19.67	1.85
许昌市	388	12862	19620	0.02	16130	4.74	29.52	2.17
漯河市	256	9235	20251	0.30	573	1.38	10.40	0.74
三门峡市	121	3170	4973	0.46	5182	1.92	12.70	0.95
南阳市	1462	54480	76480	2.19	14615	10.34	74.03	5.75
商丘市	866	33898	72679	2.62	21983	9.07	68.36	4.57
信阳市	679	33749	34984	0.41	6044	8.54	54.82	9.18
周口市	980	38221	43115	1.57	17242	6.71	49.15	7.04
驻马店市	1418	44062	151181	7.57	26704	6.82	51.67	4.79
济源市	72	3144	2238	0.01	2590	0.34	2.68	0.32
省直管县								
巩义市	50	1292	1785	0.01	1479	1.05	6.07	0.50
兰考县	76	3710	4505	0.28	1213	0.90	5.96	0.33
汝州市	153	3622	8300	0.00	6340	1.82	13.66	0.62
滑　县	223	4894	10395	0.00	2373	1.03	6.58	0.54
长垣县	103	3046	9404	0.12	660	0.49	4.05	0.36
邓州市	201	12083	11361	0.29	1658	1.35	13.47	0.54
永城市	137	4396	12820	0.85	5602	1.32	9.34	0.69
固始县	138	5778	6770	0.01	1255	0.72	7.32	0.73
鹿邑县	103	5200	5220	0.23	1300	0.42	3.18	2.67
新蔡县	145	5459	8600	1.28	6052	0.79	6.90	0.51

2-15 农业机械化、能源、主要物资消耗及水利建设情况

指　　标	2000年	2005年	2010年	2015年	2016年	2017年	2018年	2019年
农业机械化情况								
当年实际机耕面积(千公顷)	5607	5803.5	8260	9104	9176	9651		9345
当年机械播种面积(千公顷)	4648	5854.58	9063	10399	10538	11615		11518
为农作物播种面积%	35.4	42.1	63.6	72.1	72.8	78.8		78.5
当年机械收获面积(千公顷)	4250	4800.71	7374	9789	10165	11289		11313
为农作物播种面积(%)	32.4	34.5	51.8	67.9	70.2	76.6		77.1
农村能源情况								
农村用电量(亿千瓦小时)	125.80	172.15	269.41	321.01	317.23	328.82	330.59	353.83
农业主要物资消耗情况								
农用化肥施用折纯量(万吨)	420.71	518.14	655.15	716.09	735.24	706.70	692.79	666.72
农用塑料薄膜使用量(万吨)	9.19	10.84	14.70	16.20	16.31	15.73	15.28	15.08
农药施用实物量(万吨)	9.55	10.51	12.49	12.87	14.37	12.07	11.36	10.72
农用柴油使用量(万吨)	79.56	89.79	107.92	114.70	112.44	108.84	103.92	100.08
农田水利建设情况								
灌溉面积(千公顷)	4785.59	4864.33	5172.01	5333.90	5360.30	5389.79	5408.31	6183.76
#耕地灌溉面积(千公顷)	4725.31		5080.96	5210.64	5244.50	5273.63	5288.69	6051.15
#节水灌溉面积(千公顷)	949.61		1536.64	1672.16	1806.60	1893.27	1997.86	2453.12
节水灌溉面积占灌溉面积比重(%)	19.8		29.7	31.4	33.7	33.7	36.9	39.7
农业灌溉供水量(万立方米)	1355863		1162144	1106313	1111394	1235781	1182500	1198900

2-16 各市气候情况(2019年)

城　市	年平均气温(摄氏度)	年极端最高气温(摄氏度)	年极端最低气温(摄氏度)	年平均相对湿度(%)	全年日照时数(小时)	全年降水量(毫米)
省辖市						
郑　州	16.5	39.4	-9.2	58.0	2014.4	609.4
开　封	16.1	38.1	-8.1	60.0	2043.9	553.7
安　阳	15.1	39.8	-9.3	57.0	1997.4	643.2
新　乡	16.0	38.9	-12.0	59.0	2282.2	427.8
焦　作	17.0	40.2	-8.3	56.0	2410.8	593.7
濮　阳	15.0	38.3	-12.4	65.0	2421.2	703.3
许　昌	15.0	38.7	-13.9	71.0	1980.7	518.2
漯　河	15.7	37.7	-12.0	71.0	2112.5	773.7
三门峡	14.7	38.0	-10.8	59.0	2167.9	525.9
南　阳	15.7	37.0	-13.1	67.0	2022.7	1085.2
商　丘	14.8	38.0	-13.9	74.0	1911.5	911.7
信　阳	16.6	38.2	-9.2	75.0	1637.1	992.0
周　口	16.7	38.5	-6.8	66.0	1954.4	857.5
驻马店	15.4	37.2	-14.5	68.0	1790.2	1157.7
济　源	15.7	38.7	-9.6	65.0	2258.8	686.2

注：因撤站，故无洛阳、平顶山、鹤壁三市资料。

2-17　各月份气候情况(2019年)

单位：气温：摄氏度；降水量：毫米；日照：小时

站名	项目	1月	2月	3月	4月	5月	6月	7月	8月	9月	10月	11月	12月	全年
郑州市	平均气温	1.4	2.5	12.7	16.6	23.8	28.8	29.8	27.3	23.0	16.6	11.0	4.5	16.5
	最高气温	15.2	15.0	26.4	30.5	39.2	40.0	39.1	34.8	34.8	31.7	23.2	18.1	40.0
	最低气温	-8.3	-5.6	-0.2	3.5	9.6	19.4	21.0	17.6	12.5	5.7	-1.7	-5.4	-8.3
	相对湿度	53.0	64.0	43.0	56.0	40.0	47.0	58.0	67.0	65.0	64.0	56.0	57.0	56.0
	降水量	13.4	11.8	2.0	29.6	0.6	86.1	99.9	254.4	41.3	81.8	4.0	8.5	633.4
	日照时数	71.4	74.9	213.7	181.9	212.4	169.7	168.7	159.5	167.3	129.2	112.2	159.1	1820.0
开封市	平均气温	1.2	2.4	12.5	15.7	22.9	28.0	29.5	27.0	23.3	16.8	10.9	4.0	16.2
	最高气温	15.1	14.4	26.0	28.8	37.6	37.9	38.7	34.8	34.0	32.3	23.8	17.9	38.7
	最低气温	-7.2	-5.1	1.7	3.0	11.0	19.5	20.5	19.6	15.5	7.2	-0.7	-6.5	-7.2
	相对湿度	56.0	64.0	45.0	62.0	48.0	51.0	60.0	70.0	66.0	65.0	56.0	63	59.0
	降水量	13.6	9.5	0.3	48.4	0.3	59.6	47.6	161.1	31.9	79.4	5.5	11.7	468.9
	日照时数	95.0	86.2	207.4	167.8	215.8	184.2	195.1	147.2	162.0	128.8	112.9	140.4	1842.8
安阳市	平均气温	0.1	1.3	11.8	15.2	22.8	28.1	28.9	25.6	22.3	15.5	9.4	2.0	15.3
	最高气温	14.4	15.5	27.4	32.0	39.9	39.3	40.0	34.2	34.5	32.0	23.8	16.5	40.0
	最低气温	-7.8	-6.5	0.6	3.9	11.4	18.2	19.4	18.9	14.5	6.0	-2.8	-9.3	-9.3
	相对湿度	47.0	63.0	38.0	57.0	44.0	47.0	62.0	81.0	70.0	72.0	57.0	66.0	59.0
	降水量	0.1	7.0	0	70.0	3.0	56.6	63.1	123.6	72.2	65.4	0.4	8.4	469.8
	日照时数	85.6	73.6	228.2	156.7	280.4	221.6	205.2	153.3	202.9	138.9	144.9	167.7	2059.0
新乡市	平均气温	1.0	2.2	12.6	16.2	23.3	29.1	29.7	27.1	23.0	16.4	10.2	3.4	16.2
	最高气温	15.6	15.4	26.7	30.2	38.8	39.4	39.0	35.0	34.5	32.0	22.9	19.5	39.4
	最低气温	-8.1	-5.6	0.9	3.9	11.0	19.1	20.3	20.1	14.8	5.7	-3.2	-8.5	-8.5
	相对湿度	52.0	63.0	42.0	56.0	44.0	46.0	60.0	71.0	70.0	69.0	58.0	63.0	58.0
	降水量	2.7	5.6	0.3	32.7	0.8	59.9	30.7	114.4	73.3	64.5	1.2	6.2	392.3
	日照时数	87.6	82.8	241.7	187.9	239.0	192.0	193.6	163.6	193.0	134.6	125.6	146.2	1987.6
焦作市	平均气温	1.9	3.0	13.5	17.1	24.3	29.7	30.9	28.4	24.1	17.5	11.3	5.1	17.2
	最高气温	16.7	15.7	28.3	31.8	39.1	39.9	40.5	36.7	36.5	32.3	23.9	18.8	40.5
	最低气温	-6.8	-5.4	3.0	7.1	14.4	19.6	22.2	21.2	16.0	8.4	-0.5	-6.1	-6.8
	相对湿度	50.0	60.0	37.0	55.0	39.0	44.0	54.0	67.0	64.0	66.0	52.0	56.0	54.0
	降水量	5.5	8.8	0.5	38.1	0.9	38.4	15.3	93.6	79.1	69.9	1.9	6.0	358.0
	日照时数	92.4	87.5	224.1	175.2	233.5	184.3	186.2	152.8	168.8	125.4	129.1	162.5	1921.8

注：因撤站，故无洛阳、平顶山、鹤壁三市资料。

2-17 续表 1

单位：气温：摄氏度；降水量：毫米；日照：小时

站名	项目	1月	2月	3月	4月	5月	6月	7月	8月	9月	10月	11月	12月	全年
濮阳市	平均气温	-0.2	1.4	11.2	15.1	21.6	28.2	29.0	26.2	22.2	15.5	9.4	2.1	15.1
	最高气温	13.2	15.0	26.6	28.5	37.2	38.4	40.1	34.5	33.3	32.7	23.7	14.3	40.1
	最低气温	-10.2	-7.0	-0.3	2.7	8.8	19.2	19.6	16.6	14.0	4.0	-4.7	-10.7	-10.7
	相对湿度	60.0	69.0	48.0	63	54.0	52.0	67.0	77.0	76.0	74.0	62.0	71.0	64.0
	降水量	0.8	6.0	1	30.2	17.4	78.4	21.1	220.8	48.9	68.1	0.9	10.4	504.0
	日照时数	139.7	107.3	257.1	206.3	252.7	221.0	207.6	154.2	184.5	135.4	118.6	135.5	2119.9
许昌市	平均气温	0.3	1.7	11.1	15.0	21.3	26.9	27.9	26.2	21.9	16.0	10.0	2.8	15.1
	最高气温	16.3	14.1	25.1	29.5	38.0	39.1	37.8	34.7	34.6	33.0	24.9	19.0	39.1
	最低气温	-10.9	-6.6	-1.9	0.9	8.6	17.3	19.1	15.9	12.0	4.9	-2.4	-7.5	-10.9
	相对湿度	68.0	77.0	57.0	71.0	58.0	61.0	74.0	82.0	75.0	75.0	66.0	73.0	70.0
	降水量	26.9	11.1	3.8	74.2	21.3	116.7	64.7	126.4	28.0	90.8	7.1	16.7	587.7
	日照时数	85.4	80.8	205.0	160.7	194.5	192.1	209.9	192.6	173.8	134.8	121.6	146.6	1897.8
漯河市	平均气温	1.5	2.6	11.8	15.9	22.2	27.7	29.0	27.0	22.9	16.8	11.0	4.0	16.0
	最高气温	15.6	15.1	24.4	30.1	37.5	38.7	38.5	37.0	35.0	34.0	24.9	18.7	38.7
	最低气温	-8.8	-4.3	-0.4	2.0	10.1	18.4	18.7	16.7	13.4	6.6	-2.4	-6.4	-8.8
	相对湿度	68.0	77.0	59.0	69.0	55.0	58.0	68.0	78.0	72.0	73.0	64.0	72.0	68.0
	降水量	32.8	13.1	10.6	27.2	3.0	139.4	33.0	170.7	11.1	70.1	3.6	11.1	525.7
	日照时数	102.6	89.9	199.6	178.7	189.0	182.8	200.2	190.6	162.5	136.0	110.5	147.9	1890.3
三门峡市	平均气温	0.3	1.8	11.2	15.1	20.5	25.0	26.1	24.7	20.2	13.9	8.8	2.9	14.2
	最高气温	13.2	15.2	26.4	32.8	35.6	36.2	35.8	34.3	34.4	27.9	20.5	15.2	36.2
	最低气温	-7.8	-7.2	1.1	4.6	10.7	15.9	18.1	17.6	12.3	6.0	-0.5	-7.0	-7.8
	相对湿度	54.0	64.0	39.0	63.0	47.0	59.0	70.0	77.0	74.0	80.0	62.0	56.0	62.0
	降水量	12.7	5.6	1.9	34.5	8.8	130.9	59.7	92.4	101.3	115.7	7.3	0.1	570.9
	日照时数	72.7	78.0	188.0	146.8	201.1	167.7	204.6	183.7	165.8	97.1	125.1	174.9	1805.5
南阳市	平均气温	2.0	2.9	11.9	16.2	22.1	26.7	27.8	27.6	23.5	16.5	11.4	4.4	16.1
	最高气温	15.8	14.4	25.5	30.3	36.0	38.0	37.4	36.7	36.0	33.0	23.5	17.1	38.0
	最低气温	-8.4	-4.5	1.5	4.3	11.5	19.1	19.0	18.1	13.6	6.4		-5.3	-8.4
	相对湿度	62.0	69.0	55.0	64.0	50.0	60.0	68.0	68.0	63.0	77.0	63.0	71.0	64.0
	降水量	26.5	4.1	9.3	58.9	1.8	116.9	94.0	99.5	21.6	83.8	6.4	2.7	525.5
	日照时数	74.5	67.6	210.7	186.4	156.1	155.1	196.7	191.0	162.6	114.9	121.7	148.5	1785.8

2-17　续表 2

单位：气温：摄氏度；降水量：毫米；　日照：小时

站名	项　目	1月	2月	3月	4月	5月	6月	7月	8月	9月	10月	11月	12月	全年
商丘市	平均气温	-0.2	1.6	10.1	14.8	20.5	26.8	27.8	25.6	21.5	15.4	9.5	2.3	14.6
	最高气温	14.4	15.0	23.4	28.9	36.4	37.3	37.2	33.4	32.8	32.2	23.9	17.1	37.3
	最低气温	-10.8	-6.2	-2.5	2.1	6.2	16.7	17.9	13.1	10.5	3.2	-5.1	-9.6	-10.8
	相对湿度	68.0	72.0	57.0	71	61.0	59.0	72.0	81.0	77.0	75.0	67.0	75.0	70.0
	降水量	21.5	6.4	2.1	79.7	0.2	120.8	19.5	203.0	30.6	63.8	5.8	13.6	567.0
	日照时数	96.1	77.8	195.9	183.3	227.0	222.0	214.4	198.2	195.9	138.2	140.0	166.9	2055.7
信阳市	平均气温	2.5	3.0	13.0	16.8	22.0	26.3	29.2	28.7	24.4	17.9	13.0	6.4	16.9
	最高气温	18.2	16.0	25.2	33.0	34.5	37.0	38.9	40.0	34.9	34.2	25.7	19.0	40.0
	最低气温	-5.0	-3.4	1.8	5.9	12.6	19.4	20.6	20.6	16.8	9.0	0.6	-3.8	-5.0
	相对湿度	77.0	85.0	61.0	73.0	63.0	73.0	71.0	72.0	65.0	73.0	61.0	72.0	71.0
	降水量	30.1	30.6	13.6	89.0	17.7	160.3	66.1	69.0	1.8	72.4	27.9	10.1	588.6
	日照时数	65.6	44.5	149.0	144.8	155.8	148.0	235.7	186.0	176.6	132.5	95.1	139.0	1672.6
周口市	平均气温	2.4	3.4	12.8	16.7	22.8	28.2	29.5	28.0	24.3	17.8	12.4	5.3	17.0
	最高气温	15.8	15.1	24.1	31.2	37.0	38.1	38.3	39.0	35.3	34.1	25.9	18.9	39.0
	最低气温	-5.4	-3.6	3.5	4.4	13.8	20.2	21.9	21.1	16.5	8.5	1.8	-5.4	-5.4
	相对湿度	64.0	73.0	53.0	65.0	53.0	57.0	67.0	73.0	65.0	67.0	55.0	67.0	63.0
	降水量	28.4	12.6	24.2	28.2	5.2	157.8	55.3	75.9	10.0	68.1	3.1	9.9	478.7
	日照时数	93.2	78.0	200.2	189.4	163.3	187.1	198.7	177.4	164.2	130.5	122.8	146.1	1850.9
驻马店市	平均气温	1.2	2.1	11.5	15.7	21.3	26.4	27.8	26.9	22.6	16.6	11.4	4.4	15.7
	最高气温	15.4	16.2	25.8	30.9	36.5	38.2	37.8	38.7	34.4	33.7	25.7	18.2	38.7
	最低气温	-7.2	-7.0		3.1	9.3	17.4	18.4	16.3	12.0	5.5	-1.4	-6.9	-7.2
	相对湿度	72.0	80.0	64.0	71.0	60.0	65.0	74.0	77.0	69.0	72.0	57.0	63.0	69.0
	降水量	34.6	18.9	27.2	55.8	4.9	203.0	39.9	53.2	5.8	62.2	7.3	11.7	524.5
	日照时数	86.9	70.8	198.4	152.3	169.6	169.2	204.6	189.7	158.3	131.5	110.6	152.2	1794.1
济源市	平均气温	0.9	2.2	12.1	15.7	23.0	28.2	29.2	26.8	22.4	16.0	10.3	4.0	15.9
	最高气温	16.9	15.7	26.3	30.7	38.2	41.1	41.0	34.8	35.8	31.1	24.0	18.9	41.1
	最低气温	-8.7	-6.5	-1.2	2.9	9.8	17.1	19.5	17.3	13.8	5.5	-1.8	-6.0	-8.7
	相对湿度	57.0	66.0	44.0	63.0	44.0	50.0	61.0	75.0	74.0	76.0	59.0	60.0	61.0
	降水量	7.1	8.5	0.7	37.5	2.2	38.9	52.4	235.9	81.5	74.9	0.2	6.8	546.6
	日照时数	90.9	98.9	217.3	169.6	228.3	173.9	195.5	163.8	200.0	123.7	128.7	168.6	1959.2

2-18 103个粮食大县

地　区	全年粮食		夏收粮食		秋收粮食	
	播种面积(千公顷)	总产量(吨)	播种面积(千公顷)	总产量(吨)	播种面积(千公顷)	总产量(吨)
荥阳市	49.89	309743	27.11	154040	21.65	119165
新密市	56	267801	27.59	117067	25.06	90967
新郑市	48	286207	24.58	139500	21.53	118421
杞　县	121	801076	65.18	419591	48.11	265254
通许县	67	426423	39.59	257706	24.71	143482
尉氏县	108	714453	65.61	415556	36.81	205703
祥符区	108	668859	64.16	400938	38.49	198954
兰考县	101	649620	59.33	354220	37.50	198565
孟津县	52	254395	26.57	131774	20.12	92988
嵩　县	48	311361	20.11	80111	19.23	77580
宜阳县	89	455014	42.97	183220	32.32	182298
洛宁县	62	394014	30.33	129968	18.23	91961
伊川县	79	622537	38.81	186316	30.54	155581
偃师市	40	265445	21.50	125646	17.64	119851
宝丰县	52	287987	26.55	154529	23.75	122050
叶　县	123	755779	59.01	352296	56.49	323675
鲁山县	63	283301	30.79	121024	29.02	106117
郏　县	63	490895	30.85	182789	21.27	128426
汝州市	95	504017	47.93	246761	44.03	201553
殷都区	40	246104	19.51	106255	19.72	113636
安阳县	63	440866	31.56	216974	31.43	209198
汤阴县	73	491608	38.05	245457	33.50	221357
内黄县	96	680137	63.07	415673	31.86	209758
林州市	58	362194	17.56	78762	32.68	132870
滑　县	207	1648011	120.80	934182	84.37	671507
浚　县	100	767020	55.42	420757	44.21	336860
淇　县	42	334206	20.55	150700	20.48	138157
新乡县	39	279500	20.66	153633	15.02	115094
获嘉县	55	385995	26.73	191760	23.20	168319
原阳县	141	931565	71.14	471004	67.23	411584
延津县	81	572012	55.37	384161	24.20	135546
封丘县	114	878245	65.44	481076	44.60	236021
卫辉市	66	433073	32.71	225713	33.09	193048
辉县市	95.20	627531	48.65	328016	45.44	285425
长垣县	106.67	770248	56.00	431760	47.69	315788
修武县	30.44	225893	15.18	113873	14.79	106497
武陟县	70.51	556182	37.88	302525	30.62	230582

粮食生产情况(2019年)

主要粮食品种播种面积(千公顷)				主要粮食品种总产量(吨)			
稻谷	小麦	玉米	大豆	稻谷	小麦	玉米	大豆
	27.11	21.58	0.24		154040	118775	356.5
	27.59	25.06	1.39		117067	90967	2046
	24.58	21.53	0.71		139500	118421	1990
	65.18	48.11	4.15		419591	265254	10311
	39.59	24.71	1.62		257706	143482	1735
	65.61	36.08	3.20		415556	200790	5820
4.00	64.16	34.49	1.87	36102	400938	162852	2680
0.16	59.33	37.31	1.40	1823	354220	196542	4470
1.06	26.57	18.04	0.40	5411	131774	85630	641
0.04	20.11	18.98	2.27	152	80111	76823	3949
	42.97	28.12	3.62		183220	170207	10032
0.03	30.33	15.41	8.66	300	129968	76285	23785
0.50	38.81	23.68	1.68	3214	186316	126394	3201
	21.50	17.21	0.70		125646	119106	1324
	26.55	23.75	1.29		154529	122050	3493
	59.01	56.49	4.72		352296	323675	13646
0.56	30.79	28.46	0.61	2811	121024	103306	1576
	30.85	21.27	4.43		182789	128426	12164
	47.93	43.48	0.67		246761	200339	2101
0.00	19.51	18.85	0.29	4	106255	111246	1072
	31.56	31.43	0.19		216974	209198	609
	38.05	33.39	0.67		245457	220929	2240
	63.07	31.84	0.18		415673	209717	560
0.03	17.56	29.25	2.10	123	78762	124758	3898
0.09	120.80	84.16	0.49	908	934172	670170	1220
	55.42	44.13	0.12		420757	336560	378
	20.55	20.45	0.01		150700	138036	14
0.10	20.66	14.90	3.31	858	153633	114086	10208
5.04	26.73	18.12	5.16	42488	191760	125572	20741
12.91	71.14	54.32	1.33	76151	471004	335433	4247
	55.37	24.20	0.16		384161	135546	645
0.05	65.44	44.55	1.30	273	481076	235748	3398
	32.71	32.91	0.15		225713	192043	484
0.02	48.65	45.13	0.24	153	328016	284894	606
2.05	56.00	45.46	2.57	10046	431752	305029	7990
0.07	15.18	14.72	0.35	510	113873	105987	1003
4.15	37.88	26.47	1.45	36081	302525	194501	4470

2-18 续表 1

地 区	全年粮食		夏收粮食		秋收粮食	
	播种面积(千公顷)	总产量(吨)	播种面积(千公顷)	总产量(吨)	播种面积(千公顷)	总产量(吨)
温 县	39.65	334316	21.98	180514	17.07	132594
沁阳市	45.58	355628	23.06	179842	20.95	154698
孟州市	36.48	277236	22.28	170492	13.91	101297
濮阳县	152.45	1060856	83.53	574757	58.40	392030
清丰县	83.46	699790	50.97	381353	28.95	197428
南乐县	67.89	565814	36.27	283318	29.63	201747
范 县	62.15	410787	29.48	199499	25.52	187777
台前县	36.96	240305	18.87	130189	12.86	80317
建安区	98.09	729474	51.78	387322	25.86	199733
鄢陵县	76.71	567313	42.67	334600	30.92	215113
襄城县	90.33	935166	45.09	339241	16.70	126678
禹州市	97.71	740505	47.85	293795	39.70	222050
长葛市	80.13	587419	40.31	314445	36.45	249257
郾城区	43.69	299234	23.93	181434	9.65	79700
召陵区	46.09	337437	26.17	196637	15.13	115700
舞阳县	80.52	602030	42.04	315630	30.14	225500
临颍县	76.23	600302	41.22	316002	15.56	134200
灵宝市	53.34	272131	24.81	112715	20.82	94972
宛城区	85.79	553440	53.02	359477	27.90	166396
卧龙区	63.76	406736	34.61	207169	24.83	132663
方城县	161.37	845549	82.37	403880	65.94	285357
镇平县	98.60	560460	52.56	284427	42.96	230139
内乡县	72.85	474664	34.78	199065	35.37	176740
淅川县	64.43	386015	34.57	161537	24.65	106571
社旗县	125.26	777643	63.99	309831	51.94	305056
唐河县	231.19	1564325	142.71	982536	74.03	304545
新野县	80.50	564573	52.95	371627	24.02	148386
桐柏县	46.90	262401	16.55	71304	28.08	172264
邓州市	217.41	1281176	138.18	828495	66.84	355615
梁园区	55.25	376432	30.23	218587	24.65	146321
睢阳区	94.02	656972	48.69	356896	42.32	254131
民权县	107.88	767858	68.00	490668	36.94	228934
睢 县	101.88	715655	57.38	415718	40.51	254395
宁陵县	76.12	546599	48.13	350170	24.63	156503
柘城县	117.13	832140	65.99	491931	48.81	304041
虞城县	146.56	1028964	77.13	568136	68.07	424544
夏邑县	157.98	1093303	81.88	608538	72.51	453888
永城市	210.07	1348500	112.00	831600	58.33	413500

主要粮食品种播种面积(千公顷)				主要粮食品种总产量(吨)			
稻谷	小麦	玉米	大豆	稻谷	小麦	玉米	大豆
	21.98	17.07	0.12		180514	132594	393
	23.06	20.92	1.21		179842	154507	4083
	22.28	13.88	0.12		170492	101195	334
9.22	83.53	49.03	9.59	80470	574757	311560	28042
	50.97	28.95	0.49		381353	197428	2274
	36.27	29.38	0.69		283318	201747	2435
13.72	29.48	11.69	6.84	102395	199499	85382	16724
	18.87	12.86	5.08		130189	80317	12855
	51.78	25.53	17.97		387322	197795	46640
	42.67	30.92	2.67		334600	215113	9935
	45.09	16.29	14.09		339241	124402	41005
	47.85	39.70	2.11		293795	222050	3603
	40.31	36.45	3.02		314445	249257	10497
	23.93	9.65	9.79		181434	79700	27600
	26.17	15.13	4.39		196637	115700	11600
	42.04	30.14	7.06		315630	225500	18900
	41.22	15.56	16.39		316002	134200	45600
	24.81	20.82	4.40		112715	94972	10565
0.21	52.89	27.69	3.07	2086	359109	164310	3389
1.06	34.59	23.50	1.73	6463	207085	125547	3154
0.06	82.37	65.69	8.94	350	403880	284584	9930
0.38	52.56	42.36	0.78	2320	284427	227074	1384
0.64	34.78	34.73	0.15	3690	199065	173050	151
3.55	34.57	21.10	0.05	28370	161537	78201	67
	63.99	51.94	5.74		309831	305056	9514
4.91	142.58	68.23	6.62	33686	981741	268211	7322
	52.95	23.26	2.24		371627	146025	5231
17.00	16.55	11.09	1.18	131191	71304	41073	739
1.93	138.18	58.55	7.86	12390	828495	306198	20958
	30.23	24.65	0.13		218587	146321	417
	48.69	42.32	1.20		356896	254131	5562
0.28	68.00	36.66	1.45	2606	490668	226328	3028
	57.38	40.51	2.19		415718	254395	7119
	48.13	24.63	1.45		350170	156503	4639
	65.99	48.81	1.51		491931	304041	6058
	77.13	68.07	0.71		568136	424544	1565
	81.88	71.68	2.18		608538	448865	4250
	112.00	58.33	38.67		831600	413500	99190

2-18 续表 2

地 区	全年粮食		夏收粮食		秋收粮食	
	播种面积（千公顷）	总产量（吨）	播种面积（千公顷）	总产量（吨）	播种面积（千公顷）	总产量（吨）
平桥区	73.39	523161	32.25	142321	38.75	343241
罗山县	95.53	726340	28.39	118100	65.25	580969
光山县	68.88	554586	14.47	60006	52.88	478571
商城县	41.83	297950	8.41	33290	32.23	253487
潢川县	98.39	689123	37.05	158759	61.02	525016
淮滨县	100.71	616784	55.40	281660	42.29	281652
息 县	162.41	993937	92.86	495465	67.11	465295
固始县	152.00	1124346	37.33	171146	114.23	943370
扶沟县	104.69	696495	64.84	487814	26.35	161553
西华县	131.65	884820	73.73	555969	45.45	271980
商水县	161.24	1188812	80.07	603627	60.94	419650
沈丘县	136.86	1034983	72.85	547854	52.77	344794
郸城县	177.37	1378918	89.06	671610	64.63	385635
淮阳县	155.57	1148280	79.49	597954	62.95	397885
太康县	198.00	1376259	109.31	824145	77.34	458078
项城市	138.52	980696	75.57	568183	43.76	301664
鹿邑县	142.57	1006710	72.93	540160	54.47	373160
驿城区	86.70	522238	45.78	278216	38.19	183522
西平县	141.36	976289	72.15	541133	68.81	430470
上蔡县	168.72	1133877	98.62	725370	61.33	358748
平舆县	132.32	899228	80.77	590987	43.35	269543
正阳县	158.41	991941	130.32	781932	24.82	159726
确山县	97.35	667144	56.43	355713	35.83	188971
泌阳县	125.06	809945	74.89	449855	44.04	231971
汝南县	128.49	868026	86.60	614427	37.34	208347
遂平县	101.94	674911	54.12	388048	45.33	247697
新蔡县	152.27	962581	86.80	579781	61.95	353020
济源市	42.94	244248	21.40	122050	19.47	104261

主要粮食品种播种面积(千公顷)				主要粮食品种总产量(吨)			
稻谷	小麦	玉米	大豆	稻谷	小麦	玉米	大豆
36.88	32.25	1.87	1.01	332891	142321	10350	1000
65.20	28.39	0.05	0.76	580634	118100	335	746
52.88	14.47		0.89	478571	60006		823
32.20	8.41	0.03	0.63	253309	33290	178	563
60.97	37.05	0.05	0.10	524729	158759	287	105
39.55	55.40	2.73	0.58	264856	281660	16796	621
55.10	92.86	12.01	1.18	387314	495465	77981	1117
110.93	37.33	3.31	0.15	923270	171146	20100	330
0.15	64.84	26.20	13.19	1389	487814	160164	37604
	73.73	45.45	11.30		555969	271980	21963
	80.07	60.87	15.80		603627	419344	51440
	72.85	52.77	7.18		547854	344794	22750
	89.06	64.63	8.60		671610	385635	19176
	79.49	62.95	8.77		597954	397885	19993
	109.31	77.34	8.67		824145	458078	24629
	75.57	43.76	16.28		568183	301664	31926
	72.87	54.41	14.00		540000	373000	38200
	45.78	38.19	1.09		278216	183522	1560
	72.15	68.81	0.27		541133	430470	426
	98.62	61.17	7.70		725370	357928	17789
	80.77	43.35	5.87		590987	269543	8292
18.17	130.32	6.65	1.60	124690	781932	35036	2084
4.12	56.42	31.59	1.79	30150	355634	158372	2696
2.37	74.89	41.40	0.81	12823	449855	217543	974
0.02	86.60	37.32	2.77	167	614427	208180	5777
	54.12	45.33	1.28		388048	247697	2391
2.49	86.80	59.46	1.31	14020	579781	339000	1460
0.07	21.40	19.33	1.55	347	122050	103633	4394

主要统计指标解释

农作物总播种面积 是指全年各季各种农作物播种面积的总和。现行农业统计报表制度规定全年农作物总播种面积是指应该在本日历年度内收获农产品的作物的播种面积之和。其计算公式为：

本年农作物总播种面积＝上年秋冬播种作物面积＋本年春播作物面积＋本年夏播作物面积

或：本年农作物总播种面积＝本年夏收作物播种面积＋本年秋收作物播种面积

粮食产量 指全社会的产量。包括全民所有制经营的、集体统一经营的和农民家庭经营的粮食产量。粮食除包括稻谷、小麦、玉米、高粱、谷子及其它杂粮外还包括薯类和大豆。其产量的计算方法：豆类按去豆荚后的干豆计算；薯类按五公斤鲜薯折粮一公斤计算。其他粮食一律按脱粒后的原粮计算。

油料产量 指全部油料作物的生产量。包括花生、油菜籽、芝麻、向日葵籽、胡麻籽（亚麻籽）和其它油料。不包括大豆也不包括木本油料和野生油料。花生以带壳干花生计算。

育苗面积 指培育苗木所实际占用的苗圃面积。包括临时性的灌溉排水设施和苗床间步道等。不包括苗圃休闲地固定性或永久性的灌溉排水设施和道路、建筑物等面积。育苗面积包括本年新育面积、留床面积和移植面积三部分。育苗面积按实际占用的土地面积计算。

封山育林面积 是指对水土流失严重的荒山秃岭、河流两岸和近年内不准备进行人工造林的荒山荒地封禁，以免人畜破坏使杂草、幼树得以繁殖滋长，改善地面复被状况以减免水土的流失和为造林创造条件以及将采伐迹地、火烧迹地加以封禁使其残留的母树林能天然下种繁殖幼树，残留的竹木根株能自然发芽蔓延生长的面积。包括当年新封及历年封禁至本年末尚未开放的面积，不包括为保护新造幼林的生长而临时封禁的面积

林产品产量 指从人工栽培的竹木林上不经砍伐竹、木的根本而取得的各种林产品数量。包括生漆、棕片、五倍子、松脂、笋干、油桐籽、乌桕子、核桃、板栗等各种林木籽实以及修剪竹木所得的枝叶（荆条、柳条、蒲葵叶）等。林产品产量中包括林木种子采集量，但不包括竹木采伐量。

有效灌溉面积 指灌溉工程或设备已基本配套，有一定水源，土地比较平整，在一般年景可以进行正常灌溉的耕地面积。一般为水田与水浇地之和。

当年实际机耕地面积 指本年度内利用拖拉机或其他动力机械耕过的耕地面积。机耕面积应该按实际翻耕过的耕地面积计算，即同一公顷耕地上一年内不论翻几次，仍按一公顷计算。

农业机械总动力 指主要用于农林牧渔业的各种动力机械的动力总和。包括耕作机械、排灌机械、收获机械、农产品加工机械、运输机械、植物保护机械、牧业机械、林业机械、渔业机械和其他农业机械（内燃机按引擎马力折成瓦数计算）。不包括专门用于乡办工业、基本建设、非农业运输、科学试验和教学等非农业生产方面的动力机械与作业机械。

农用化肥施用量 指本年度实际用于农业生产的化肥数量，包括氮肥、磷肥、钾肥和复合肥。

主要化肥折纯量 指在化肥原施用实物量的基础上进行按含量多少折纯。就是氮肥含氮量、磷肥含磷量、钾肥含氧化钾量等。

畜 牧 业

资料整理：李增利

3-1 主要畜产品产量

指　　标	单位	2000年	2005年	2010年	2015年	2016年	2017年	2018年	2019年
猪牛羊出栏头数									
肉猪出栏头数	万头	4180.00	5568.00	5382.80	6151.36	5983.13	6220.00	6402.38	4502.10
占年初存栏头数比重	%	117.5	142.1	119.0	139.6	137.2	145.7	145.8	103.8
肉用牛出栏头数	万头	578.00	702.64	390.08	251.29	231.10	232.95	231.16	238.43
占年初存栏头数比重	%	43.1	50.3	49.4	57.8	57.4	66.9	100.3	63.9
肉用羊出栏只数	万只	2903.80	4225.00	1959.16	1790.23	1791.49	2145.00	2208.19	2301.11
占年初存栏头数比重	%	104.2	114.5	98.1	94.9	93.0	139.7	131.3	132.7
肉用禽出栏只数	万只			81530.72	83132.35	83926.15	90681.61	92767.28	108816.02
占年初存栏只数比重	%			142.4	145.6	147.1	159.3	142.7	165.4
肉类总产量	万吨	517.00	689.00	608.96	647.22	625.94	655.84	669.41	560.42
#猪肉产量	万吨	337.90	441.20	407.72	466.45	449.04	466.90	479.04	344.43
牛肉产量	万吨	83.00	102.75	58.67	37.84	34.87	35.04	34.80	36.22
羊肉产量	万吨	32.00	47.38	23.35	21.81	21.85	26.10	26.90	28.11
驴肉产量	万吨	2.30	1.96	3.40	1.52	0.47	0.29	0.30	0.24
骡肉产量	万吨	1.10	0.80	0.43	0.10	0.05	0.03	0.02	0.02
马肉产量	万吨	1.50	1.13	1.05	0.39	0.18	0.15	0.14	0.10
禽肉产量	万吨	55.00	87.51	101.32	108.97	110.05	118.97	121.94	145.24
兔肉产量	万吨	4.20	5.66	9.46	6.23	5.32	4.85	4.41	4.20
平均每头肉猪产肉量	公斤/头	80.80	79.20	75.74	75.83	75.05	75.10	74.82	76.50
平均每头肉牛产肉量	公斤/头	144.70	146.20	150.47	150.42	151.02	150.21	150.52	151.90
平均每只肉羊产肉量	公斤/只	11.00	11.20	11.89	12.18	12.17	12.17	12.18	12.21
其他畜产品产量									
奶类总产量	万吨	20.20	108.50	207.04	233.66	223.30	212.87	208.90	208.55
牛奶产量	万吨	16.10	104.00	190.06	223.57	213.51	202.86	202.65	204.07
羊奶产量	万吨	4.10	4.50	16.98	10.10	9.79	10.01	6.24	4.47
羊毛总产量	吨	10844.00	14335.00	11983.87	7245.69	9370.37	9214.42	6848.85	6447.00
山羊毛产量	吨	2858.00	2873.00	4297.34	2245.31	3656.97	3449.52	2718.64	2797.65
绵羊毛产量	吨	7986.00	11462.00	7686.53	5000.38	5713.41	5764.90	4130.21	3649.34
羊绒产量	吨	277.00	433.00	180.53	310.73	706.08	580.54	312.54	330.63
蜂蜜产量	吨	23105.00	27441.00	61819.94	27907.26	87822.84	71486.89	61392.54	61092.60
禽蛋产量	万吨	270.00	375.30	372.29	372.30	379.56	401.18	413.61	442.42

3-2 主要畜禽年末存栏数量

指 标	单位	2000年	2005年	2010年	2015年	2016年	2017年	2018年	2019年
大牲畜总头数	**万头**	**1445.70**	**1508.80**	**719.19**	**411.70**	**353.67**	**376.09**	**377.01**	**388.27**
#从事农事劳役的头数	万头	482.80	412.90	296.16	183.71	167.47	108.50	107.96	92.21
牛	万头	1340.20	1447.00	695.05	402.68	348.41	372.67	373.41	385.13
肉牛	万头	282.80	514.06	346.53	181.76	150.58	230.51	231.12	257.32
乳牛	万头	6.70	31.22	52.35	37.22	30.36	33.66	34.33	35.60
马	万头	29.30	17.29	8.05	2.80	1.38	0.97	0.91	0.72
驴	万头	49.50	29.60	12.34	5.13	3.47	2.18	2.33	2.11
骡	万头	26.80	14.91	3.76	1.09	0.41	0.28	0.35	0.30
猪	万头	3787.70	4439.00	4540.55	4361.95	4268.82	4390.00	4337.15	3170.46
#能繁殖的母猪	万头	365.00	517.00	473.59	459.31	432.06	440.54	417.19	301.21
羊	万只	2961.40	3988.00	1895.40	1926.00	1535.45	1682.02	1734.07	1898.81
山羊	万只	2730.10	3509.00	1662.88	1552.77	1438.55	1412.88	1473.96	1620.22
绵羊	万只	231.30	479.00	232.52	373.23	96.89	269.14	260.11	278.60
家禽	万只	42529.00	61958.00	56708.51	57070.49	56927.73	65019.50	65799.73	69601.71

3-3 各市主要畜禽出栏数量和畜产品产量(2019年)

地 区	猪出栏头数(万头)	牛出栏头数(万头)	羊出栏只数(万只)	家禽出栏只数(万只)
郑州市	90.89	5.13	29.10	1668.17
开封市	303.78	15.86	197.63	3995.72
洛阳市	134.36	17.12	80.50	2299.20
平顶山市	246.40	13.66	143.42	2957.78
安阳市	174.54	2.86	72.03	8125.13
鹤壁市	108.22	1.16	26.81	11207.86
新乡市	296.77	8.41	87.65	6307.98
焦作市	108.12	6.26	32.55	2877.40
濮阳市	104.68	4.21	112.18	11506.55
许昌市	248.90	7.42	80.79	2314.43
漯河市	239.43	2.13	24.86	5827.36
三门峡市	80.56	7.08	41.39	798.66
南阳市	517.88	50.95	337.85	4261.92
商丘市	322.87	22.63	351.69	11582.34
信阳市	282.59	8.81	84.63	11359.75
周口市	530.84	17.27	370.88	16580.10
驻马店市	673.13	45.99	220.36	4908.97
济源市	38.15	1.48	6.79	236.71

3-3 续表

地　区	肉类总产量(吨)	猪肉(吨)	禽蛋产量(吨)	奶类总产量(吨)
郑州市	101602	70077	117382	84752
开封市	335411	230793	329783	330827
洛阳市	174516	107030	159177	174491
平顶山市	270249	187835	157840	126408
安阳市	262446	149471	186309	97858
鹤壁市	217458	84665	136336	58341
新乡市	328189	223054	312843	131642
焦作市	134898	82779	128829	212033
濮阳市	240800	81777	288220	14740
许昌市	233962	186485	157339	34333
漯河市	252714	176156	170952	13016
三门峡市	91892	65398	52928	24400
南阳市	569725	394645	362459	221072
商丘市	475422	247893	556127	302509
信阳市	470825	216117	413935	3477
周口市	665310	396968	531466	34856
驻马店市	679820	514503	334351	126070
济源市	34653	28648	27950	49906

3-4 各市主要畜禽存栏数量(2019年)

地　区	猪年末头数(万头)	牛年末头数(万头)	羊年末只数(万只)	家禽年末只数(万只)
郑州市	47.35	4.34	27.28	1189.39
开封市	203.45	33.92	177.34	4111.44
洛阳市	107.68	29.50	79.45	2449.75
平顶山市	170.99	17.23	117.92	2079.29
安阳市	102.10	4.75	56.69	3599.82
鹤壁市	61.56	2.00	30.55	2379.62
新乡市	126.82	17.60	63.98	3870.61
焦作市	49.53	6.69	29.50	1428.09
濮阳市	80.80	4.55	66.03	7822.93
许昌市	167.89	9.63	58.32	1880.98
漯河市	154.06	3.04	21.26	2754.03
三门峡市	71.19	17.82	40.00	716.28
南阳市	436.15	81.57	273.08	5662.73
商丘市	248.39	36.19	282.76	8898.31
信阳市	208.53	13.67	78.01	6263.69
周口市	445.50	28.46	315.52	9156.09
驻马店市	470.50	71.33	169.75	5106.47
济源市	17.96	2.83	11.38	232.20

3-5 生猪大县生产情况

地 区	年末生猪存栏(万头)													
	2006年	2007年	2008年	2009年	2010年	2011年	2012年	2013年	2014年	2015年	2016年	2017年	2018年	2019年
杞 县	66.35	73.78	80.00	81.00	78.12	79.00	72.68	73.50	76.55	78.34	77.12	79.83	79.99	66.23
通许县					44.36	45.69	45.74	46.11	46.02	46.94	46.25	50.19	53.01	33.69
尉氏县	62.24	69.21	75.00	75.80	74.20	74.50	75.50	69.99	70.13	69.63	69.84	71.98	69.90	43.21
祥符区					50.88	52.41	52.46	53.68	54.62	54.44	54.18	54.83	57.02	42.14
叶 县	58.41	72.12	77.50	79.50	81.62	82.40	81.41	86.00	85.02	84.31	83.60	85.04	81.58	56.05
汝州市	52.51	60.31	66.77	68.50	70.21	70.46	71.60	72.82	71.73	71.33	70.45	73.55	70.87	53.01
林州市					63.24	65.14	65.14	64.36	61.71	60.63	60.28	61.03	55.00	30.48
浚 县					38.55	39.71	39.83	40.10	38.35	38.52	38.04	40.66	39.72	26.87
封丘县					44.22	45.55	45.64	47.28	47.83	48.64	48.27	49.09	50.28	32.77
卫辉市	49.13	41.95	44.05	44.80	45.40	46.00	46.40	45.24	46.58	46.51	46.84	46.87	47.51	15.07
辉县市	58.57	62.72	72.00	73.80	71.10	72.50	71.78	72.60	71.14	69.91	69.10	70.79	69.80	29.47
许昌县	49.65	53.46	62.00	62.30	64.55	64.20	60.41	61.10	56.23	55.00	54.62	56.28	52.28	33.87
鄢陵县	47.85	51.51	60.00	60.50	56.80	56.90	56.60	56.00	56.35	55.69	55.27	56.17	54.17	35.40
襄城县	57.56	49.54	50.70	52.00	51.40	51.60	51.70	49.99	51.28	50.76	50.19	51.01	52.36	26.86
禹州市	38.06	40.97	50.74	51.50	52.10	52.50	51.61	52.20	52.43	52.07	51.44	52.74	52.08	41.65
长葛市	34.93	37.60	44.44	45.60	44.50	44.80	43.59	44.00	43.42	43.07	42.37	43.38	43.86	30.11
郾城区	38.19	33.78	41.38	42.00	42.66	42.60	43.00	43.60	43.25	43.10	42.51	43.40	44.28	38.02
召陵区	50.27	40.07	41.11	41.80	41.00	41.50	41.40	42.00	41.14	40.23	39.60	40.77	40.32	31.12
舞阳县					44.72	46.06	46.11	45.60	45.80	45.61	45.14	46.55	47.01	38.14
临颍县	44.41	46.89	56.00	56.50	56.20	56.20	55.80	56.20	54.28	53.22	52.62	53.05	53.97	40.42
内乡县	46.79	42.48	46.92	48.50	49.20	51.20	51.97	58.46	55.31	55.71	65.89	67.43	71.67	68.07
社旗县					50.53	52.05	52.10	52.80	53.00	53.15	52.16	55.75	54.78	48.43
唐河县	71.28	75.39	81.00	82.10	82.20	82.50	82.60	83.01	82.80	82.20	80.80	82.15	80.38	76.87
邓州市	93.54	101.47	103.00	104.26	108.80	106.80	106.98	107.62	105.12	104.70	104.20	105.98	102.59	91.92
睢阳区					43.74	45.05	45.10	46.00	46.10	46.05	45.30	45.71	46.13	32.05
睢 县					29.82	30.72	30.81	30.04	30.34	30.35	29.87	32.81	32.80	22.22
柘城县					28.49	29.34	29.40	30.66	30.01	30.92	30.41	33.40	34.06	25.55
夏邑县					49.27	50.75	50.80	51.20	52.85	53.96	53.93	55.21	55.28	40.57
固始县	57.93	61.63	71.00	72.00	72.10	72.20	70.54	72.00	72.53	72.42	71.49	71.99	68.91	42.04
潢川县		30.40	37.41	48.15	48.63	49.12	51.00	50.34	49.19	49.51	49.00	50.18	49.59	23.93
西华县	49.71	56.16	64.00	65.80	64.40	64.35	64.60	64.80	66.22	66.32	65.69	66.86	69.14	50.35
商水县	52.15	57.86	65.50	65.80	68.80	68.90	67.38	64.35	65.20	64.83	65.97	67.98	69.18	54.70
沈丘县	49.18	45.08	48.61	50.00	50.60	51.30	52.00	53.35	54.19	54.62	54.06	55.01	55.10	42.72
淮阳县	62.88	51.35	54.54	55.80	55.98	56.80	57.10	56.36	57.02	56.80	56.64	58.20	58.07	44.61
太康县	59.00	62.52	69.00	70.10	72.20	72.25	73.20	68.44	68.63	68.48	67.28	69.45	73.55	64.94
鹿邑县		47.8	53.55	58.15	58.73	59.08	59.40	57.97	57.86	57.56	56.36	57.05	55.99	51.59
西平县	86.12	88.55	90.55	92.20	95.85	96.90	97.60	93.50	92.74	91.90	90.32	92.92	90.42	59.15
上蔡县	61.34	61.73	66.37	68.00	68.50	68.90	64.08	64.14	66.23	67.16	66.49	67.04	66.31	50.24
平舆县					49.29	50.77	50.82	49.04	46.54	46.59	46.92	47.21	47.83	37.45
正阳县	90.29	93.92	108.00	111.00	114.65	114.80	107.91	103.38	104.74	105.44	106.90	110.00	107.34	73.03
确山县	47.72	53.05	57.79	58.00	58.68	58.58	53.89	53.95	54.26	54.41	54.36	55.97	55.99	43.16
汝南县	58.66	62.29	67.55	68.50	66.65	67.00	68.00	65.82	66.16	65.74	65.14	66.44	65.75	46.75
遂平县	55.10	59.73	67.00	68.10	70.25	70.50	70.48	70.62	70.22	69.60	69.31	70.94	71.94	47.79
新蔡县	58.83	62.46	69.00	71.50	70.80	72.00	68.40	65.53	65.78	65.90	65.29	66.55	65.85	50.79
济源市					36.02	37.10	37.17	35.05	33.89	33.63	32.99	36.00	36.38	17.96

3-5 续表 1

地区	#能繁殖母猪(万头)													
	2006年	2007年	2008年	2009年	2010年	2011年	2012年	2013年	2014年	2015年	2016年	2017年	2018年	2019年
杞　县	5.04	6.87	8.10	8.16	7.99	8.30	8.31	8.36	8.63	8.43	8.07	8.33	7.87	6.74
通许县					4.91	5.00	5.01	5.40	5.41	5.28	5.12	5.52	5.32	3.59
尉氏县	4.72	6.44	7.50	7.51	7.48	7.70	8.00	8.60	8.51	8.20	7.86	8.00	7.61	5.15
祥符区					5.45	5.55	5.56	5.66	5.69	5.53	5.34	5.35	5.40	4.52
叶　县	4.78	7.72	8.80	8.88	9.18	9.25	8.98	9.22	9.20	8.83	8.43	8.55	8.01	5.27
汝州市	2.95	5.95	7.10	7.18	7.06	7.10	7.20	7.28	7.08	6.87	6.66	6.85	6.70	4.34
林州市					8.04	8.20	8.20	7.80	7.46	7.02	6.80	6.74	6.01	3.68
浚　县					4.69	4.79	4.80	4.60	4.48	4.31	4.24	4.53	4.29	3.08
封丘县					4.40	4.49	4.50	5.40	5.35	5.27	5.11	5.18	4.96	3.17
卫辉市	2.56	3.22	4.50	4.70	4.80	4.80	4.94	5.01	5.11	4.94	4.83	4.90	4.62	1.82
辉县市	4.62	6.93	8.30	8.31	8.11	8.10	8.10	8.00	7.89	7.51	7.23	7.32	6.93	3.84
许昌县	3.94	5.75	5.86	5.91	6.12	6.60	6.43	6.41	5.99	5.68	5.52	5.63	5.22	3.90
鄢陵县	4.01	5.85	6.61	6.67	6.55	6.68	6.64	6.10	6.05	5.81	5.66	5.71	5.39	3.95
襄城县	4.32	4.74	5.20	5.40	5.45	5.46	5.50	5.51	5.64	5.43	5.35	5.42	5.16	3.51
禹州市	2.57	3.73	4.50	6.00	5.96	6.00	5.83	5.76	5.85	5.68	5.52	5.58	5.30	4.07
长葛市	2.69	3.92	4.70	4.75	4.72	4.80	4.71	4.70	4.52	4.36	4.29	4.34	4.10	2.60
郾城区	6.90	3.81	4.23	4.40	4.50	4.50	4.54	4.50	4.40	4.25	4.09	4.14	4.14	3.65
召陵区	4.71	4.86	4.98	5.10	4.80	4.95	4.90	4.68	4.69	4.59	4.39	4.40	4.20	3.17
舞阳县					4.70	4.80	4.80	4.82	4.73	4.61	4.51	4.58	4.37	3.42
临颍县	3.96	5.77	6.72	6.73	6.89	6.85	6.40	6.20	6.24	6.02	5.79	5.82	5.55	4.02
内乡县	2.85	7.10	8.50	6.58	6.25	6.34	6.41	7.20	7.01	6.94	8.08	8.00	7.64	7.26
社旗县					5.48	5.59	5.60	5.60	5.63	5.53	5.41	5.64	5.38	4.84
唐河县	7.69	6.68	7.03	7.73	7.84	8.2	8.34	8.40	8.48	8.21	7.87	7.96	7.50	6.73
邓州市	5.25	7.81	9.20	9.28	9.62	10.2	10.39	12.80	12.42	12.11	11.66	11.72	10.86	8.12
睢阳区					4.91	5.00	5.01	5.00	4.98	4.80	4.67	4.74	4.53	3.27
睢　县					3.52	3.59	3.60	3.60	3.53	3.43	3.33	3.62	3.41	2.49
柘城县					3.52	3.59	3.60	3.55	3.36	3.33	3.26	3.56	3.41	2.49
夏邑县					5.97	6.09	6.10	6.02	6.15	6.00	5.87	5.95	5.65	4.48
固始县	4.02	4.68	6.00	6.05	6.26	6.90	6.76	7.10	7.22	7.01	6.79	6.82	6.48	4.28
潢川县		2.90	3.92	4.90	4.95	5.09	5.18	5.20	5.00	4.95	4.78	4.85	4.61	2.37
西华县	3.61	5.50	6.50	6.55	6.33	6.60	6.50	6.52	6.69	6.57	6.38	6.53	6.39	4.71
商水县	5.32	6.87	7.89	7.95	7.85	8.00	7.90	7.20	7.14	6.88	6.67	7.01	6.66	5.66
沈丘县	5.23	3.66	5.18	5.56	5.80	6.00	6.20	6.10	6.21	6.07	5.93	6.01	5.75	4.46
淮阳县	8.20	5.77	6.30	6.45	6.46	6.50	6.70	6.40	6.50	6.30	6.14	6.23	5.95	4.35
太康县	4.12	6.01	7.20	7.21	7.11	7.30	7.50	7.50	7.52	7.36	7.10	7.21	6.83	6.00
鹿邑县		4.43	5.28	5.62	5.68	5.83	5.94	6.10	6.14	5.92	5.80	5.83	5.60	5.00
西平县	7.62	9.41	9.76	9.88	9.76	10.02	9.91	9.90	9.72	9.38	8.93	9.17	8.58	6.53
上蔡县	4.60	5.22	6.29	6.87	7.40	7.42	7.50	7.40	7.62	7.47	7.20	7.31	6.92	5.52
平舆县					5.09	5.19	5.20	5.26	5.01	4.85	4.73	4.75	4.55	3.46
正阳县	7.91	11.70	13.50	13.51	13.66	14.00	14.00	12.00	11.99	11.76	11.27	11.54	10.70	7.44
确山县	5.37	6.06	6.29	6.42	6.12	6.26	6.26	6.10	6.08	5.85	5.73	5.85	5.60	4.36
汝南县	4.54	6.33	6.63	7.00	6.88	7.10	7.30	7.30	7.14	6.86	6.65	6.73	6.40	4.78
遂平县	4.80	6.59	7.80	7.85	8.02	8.12	8.00	7.88	7.62	7.33	7.07	7.18	6.80	4.98
新蔡县	4.11	5.90	7.00	7.08	7.06	7.22	7.38	7.30	7.22	7.00	6.77	6.86	6.51	5.31
济源市					4.36	4.45	4.46	4.40	4.11	3.95	3.83	4.09	3.90	2.21

3-5 续表 2

地 区	生猪出栏(万头)													
	2006年	2007年	2008年	2009年	2010年	2011年	2012年	2013年	2014年	2015年	2016年	2017年	2018年	2019年
杞 县	71.53	67.61	79.90	84.00	85.10	86.00	87.12	95.66	102.04	100.82	99.26	103.64	107.39	74.14
通许县					61.56	62.79	62.85	65.60	63.78	63.60	62.98	70.45	72.90	54.04
尉氏县	68.94	65.17	76.90	80.00	84.50	85.00	87.38	96.55	105.33	103.41	103.98	108.12	111.44	78.76
祥符区					65.13	66.43	66.50	70.20	68.80	67.81	68.21	70.51	72.26	57.81
叶 县	81.91	78.62	91.35	97.70	106.32	106.80	108.72	116.80	122.82	120.28	119.35	123.13	127.06	91.30
汝州市	62.18	65.55	76.10	81.50	86.12	87.00	88.31	90.00	91.08	89.94	89.80	92.24	94.31	62.60
林州市					83.35	85.01	85.10	86.20	84.29	82.02	81.47	84.65	77.26	45.04
浚 县					70.57	71.99	72.13	75.20	70.00	68.53	67.37	70.98	73.04	50.00
封丘县					72.74	74.20	74.27	82.20	83.00	81.50	80.92	84.82	86.54	59.30
卫辉市	62.25	50.10	50.11	53.00	56.80	57.00	57.80	61.60	60.13	59.51	59.97	61.73	63.95	49.92
辉县市	87.16	84.10	97.50	104.20	108.00	107.80	107.80	113.20	120.22	116.81	115.06	117.20	119.57	74.14
许昌县	78.20	68.78	77.80	81.50	88.89	89.20	87.24	90.60	95.94	92.34	90.63	93.24	79.22	51.42
鄢陵县	72.95	66.53	76.95	81.65	81.52	82.00	82.98	82.40	87.90	85.85	85.50	87.97	81.14	51.80
襄城县	61.47	60.33	63.09	67.30	69.50	69.60	70.23	70.00	69.57	68.25	67.68	68.47	63.89	39.83
禹州市	72.35	60.20	66.80	71.20	74.00	74.60	74.50	78.40	82.94	81.16	80.57	83.05	79.32	51.28
长葛市	60.30	60.01	68.20	72.80	77.56	77.80	74.30	76.60	79.00	77.32	76.72	79.68	73.02	54.57
郾城区	74.63	60.43	64.32	67.00	72.26	72.40	72.40	75.60	78.74	77.03	76.22	78.66	79.21	55.38
召陵区	79.77	61.06	63.44	67.80	69.00	69.40	67.25	68.80	72.16	70.18	69.40	72.11	72.96	48.81
舞阳县					67.83	69.18	69.32	72.20	72.34	72.07	71.39	74.52	77.52	54.45
临颍县	80.69	75.13	82.70	86.80	91.10	92.00	89.79	94.10	94.85	92.21	91.01	94.44	99.04	58.74
内乡县	64.90	64.79	70.94	76.00	80.50	81.20	81.77	92.23	92.87	91.79	105.25	112.87	119.17	91.90
社旗县					66.34	67.66	67.73	71.20	74.19	74.10	73.63	76.77	78.90	53.24
唐河县	91.35	75.59	88.00	94.00	99.50	99.80	100.20	105.30	110.94	108.03	106.55	109.43	113.53	81.69
邓州市	106.39	87.66	106.00	113.00	118.66	118.78	119.37	132.00	136.78	133.65	133.02	136.87	142.62	93.99
睢阳区					67.53	68.88	69.02	73.00	74.93	75.22	73.79	75.01	78.04	51.26
睢 县					43.29	44.16	44.20	48.00	50.51	49.82	49.07	53.59	54.82	37.70
柘城县					39.33	40.12	40.24	43.38	45.93	46.72	46.31	50.62	53.17	35.26
夏邑县					78.05	79.61	79.61	82.00	84.85	83.80	83.34	86.06	88.75	59.33
固始县	93.18	79.92	91.00	95.80	102.66	101.60	99.57	104.80	109.35	107.05	105.81	107.54	109.52	69.04
潢川县		34.30	50.50	65.00	67.02	67.82	68.50	72.00	76.53	76.77	76.34	78.76	81.01	52.45
西华县	75.72	65.11	74.70	78.30	81.11	81.15	81.56	84.00	87.78	86.34	85.71	89.77	94.68	73.06
商水县	69.47	65.10	75.00	79.50	79.33	79.50	78.23	84.10	89.27	88.24	89.02	92.17	95.23	55.50
沈丘县	72.46	55.20	60.00	64.50	67.80	67.90	68.44	72.60	83.00	82.78	82.27	85.01	87.64	57.68
淮阳县	85.76	65.11	69.37	74.10	76.98	77.50	78.04	82.20	87.42	86.26	85.93	89.35	92.23	59.48
太康县	88.58	65.20	76.00	81.00	84.45	85.00	85.51	89.20	90.58	89.33	89.16	92.51	98.59	75.45
鹿邑县		59.28	66.40	72.10	74.41	75.00	75.53	78.60	78.71	77.43	76.94	79.67	82.37	63.83
西平县	104.83	93.00	108.00	114.80	121.21	122.00	120.17	126.00	132.46	129.93	127.80	132.16	136.82	94.47
上蔡县	60.25	62.08	68.44	73.00	76.65	77.00	77.85	81.60	86.21	87.14	86.86	89.23	92.66	62.23
平舆县					70.62	72.03	72.10	76.20	72.00	70.76	70.02	72.17	74.93	48.73
正阳县	107.26	98.03	114.20	122.00	129.89	130.00	130.78	138.00	145.25	144.71	146.75	150.00	156.42	112.08
确山县	63.50	51.01	55.16	59.50	63.60	63.50	64.71	68.39	71.86	70.73	70.18	72.40	75.27	50.08
汝南县	72.24	65.41	75.90	80.80	86.68	86.60	87.38	91.40	91.84	90.36	89.05	91.00	92.16	62.59
遂平县	70.60	63.77	74.10	79.20	85.69	85.74	86.43	93.25	97.58	95.47	95.02	98.56	100.58	69.85
新蔡县	68.79	61.96	72.50	77.62	80.26	82.00	82.49	86.80	86.90	86.09	85.75	88.72	91.57	60.04
济源市					51.68	52.72	52.77	55.20	52.56	51.61	50.95	55.54	56.39	38.15

3-5　续表 3

地　区	猪肉产量(万吨)													
	2006年	2007年	2008年	2009年	2010年	2011年	2012年	2013年	2014年	2015年	2016年	2017年	2018年	2019年
杞　县	5.71	5.20	5.99	6.30	6.30	6.38	6.49	7.20	7.68	7.54	7.41	7.72	8.00	5.53
通许县					4.43	4.57	4.57	4.80	4.77	4.74	4.67	5.19	5.37	3.99
尉氏县	5.36	4.88	5.76	5.99	6.50	6.54	6.72	7.43	7.97	7.84	7.88	8.18	8.43	5.96
祥符区					4.84	4.99	4.99	5.29	5.18	5.11	5.15	5.34	5.46	4.37
叶　县	5.96	5.71	6.63	7.10	7.72	7.80	7.98	8.61	9.23	9.05	8.97	9.28	9.57	6.88
汝州市	4.53	4.77	5.54	5.93	6.27	6.35	6.48	6.63	6.85	6.75	6.75	6.94	7.10	4.72
林州市					6.20	6.38	6.39	6.60	6.45	6.26	6.23	6.46	5.91	3.45
浚　县					5.09	5.24	5.25	5.56	5.31	5.22	5.14	5.44	5.58	3.83
封丘县					5.25	5.40	5.41	6.05	6.18	6.08	6.04	6.30	6.43	4.41
卫辉市	4.36	3.52	3.71	3.92	4.20	4.23	4.29	4.58	4.52	4.48	4.50	4.63	4.78	3.73
辉县市	6.50	6.00	6.96	7.43	7.71	7.70	7.91	8.40	9.01	8.73	8.59	8.76	8.93	5.54
许昌县	5.76	5.06	5.72	6.00	6.54	6.56	6.44	6.76	7.17	6.90	6.75	6.95	5.94	3.86
鄢陵县	5.37	4.91	5.68	6.03	6.02	6.06	6.13	6.12	6.60	6.45	6.43	6.59	6.07	3.88
襄城县	4.49	4.41	4.67	5.05	5.21	5.22	5.27	5.28	5.25	5.13	5.09	5.14	4.79	2.99
禹州市	5.32	4.43	4.92	5.24	5.45	5.50	5.49	5.78	6.18	6.04	6.00	6.18	5.90	3.82
长葛市	4.44	4.20	4.76	5.08	5.42	5.46	5.45	5.64	5.94	5.81	5.78	5.99	5.48	4.10
郾城区	4.58	3.58	4.02	4.31	4.65	4.66	4.73	5.06	5.37	5.37	5.32	5.50	5.54	3.88
召陵区	6.25	4.20	4.35	4.62	4.70	4.75	4.74	5.01	5.36	5.21	5.14	5.33	5.38	3.60
舞阳县					4.89	5.04	5.05	5.28	5.42	5.41	5.34	5.57	5.78	4.07
临颍县	5.68	5.17	5.69	5.97	6.27	6.50	6.45	6.86	7.06	6.84	6.74	6.98	7.32	4.35
内乡县	4.70	5.01	5.51	5.77	6.11	6.18	6.22	7.02	7.22	6.93	7.97	8.58	9.01	6.96
社旗县					4.90	5.04	5.05	5.40	5.63	5.63	5.57	5.79	5.95	4.02
唐河县	6.73	5.68	6.61	7.06	7.48	7.50	7.53	7.92	8.35	8.13	8.01	8.23	8.52	6.15
邓州市	7.84	6.61	7.99	8.52	8.95	8.96	9.00	9.94	10.33	10.08	10.02	10.29	10.70	7.07
睢阳区					5.07	5.22	5.23	5.54	5.68	5.68	5.57	5.67	5.89	3.87
睢　县					3.20	3.30	3.30	3.56	3.81	3.77	3.69	4.03	4.12	2.84
柘城县					2.95	3.04	3.05	3.30	3.48	3.55	3.49	3.83	4.02	2.67
夏邑县					5.85	6.03	6.03	6.24	6.43	6.35	6.32	6.54	6.75	4.51
固始县	7.71	6.65	7.28	7.66	8.21	8.21	7.93	8.32	8.54	8.18	8.09	8.21	8.36	5.27
潢川县		2.59	3.82	4.92	5.08	5.14	5.19	5.46	5.81	5.82	5.78	5.98	6.15	3.98
西华县	5.71	5.14	5.68	5.95	6.16	6.18	6.21	6.40	6.69	6.58	6.53	6.80	7.16	5.53
商水县	5.24	5.14	5.70	6.04	6.03	6.06	6.02	6.34	6.74	6.67	6.74	6.98	7.21	4.21
沈丘县	5.20	4.36	4.83	5.25	5.52	5.53	5.57	5.85	6.55	6.31	6.29	6.51	6.71	4.42
淮阳县	6.32	5.14	5.54	5.95	6.18	6.25	6.29	6.50	6.81	6.57	6.55	6.80	7.02	4.53
太康县	6.68	5.15	5.78	6.16	6.42	6.46	6.50	6.72	6.84	6.77	6.76	7.01	7.44	5.70
鹿邑县		4.48	5.03	5.46	5.64	5.69	5.72	5.96	5.97	5.88	5.83	6.05	6.22	4.82
西平县	7.98	6.99	8.12	8.63	9.11	9.18	9.13	9.54	10.04	9.87	9.74	10.08	10.42	7.20
上蔡县	4.58	4.67	5.17	5.48	5.75	5.78	5.84	6.10	6.50	6.56	6.54	6.72	6.95	4.67
平舆县					5.31	5.46	5.47	5.78	5.44	5.35	5.27	5.45	5.62	3.66
正阳县	8.17	7.37	8.59	9.17	9.77	9.80	9.86	10.40	10.96	10.88	11.06	11.60	12.06	8.65
确山县	4.83	3.84	4.17	4.50	4.81	4.80	4.89	5.10	5.45	5.38	5.33	5.52	5.67	3.78
汝南县	5.50	4.92	5.71	6.08	6.52	6.52	6.58	6.88	6.91	6.84	6.72	6.85	6.93	4.71
遂平县	5.38	4.80	5.58	5.97	6.46	6.68	6.73	7.09	7.38	7.24	7.19	7.44	7.59	5.28
新蔡县	5.24	4.66	5.45	5.83	6.03	6.20	6.24	6.56	6.57	6.52	6.50	6.73	6.95	4.56
济源市					3.79	3.91	3.91	4.10	3.95	3.89	3.82	4.17	4.23	2.86

3-6 历年牧渔业产量

年 份	肉类产量（万吨）	#猪肉	#牛肉	#羊肉	大牲畜年末存栏头数（万头）	#役畜	猪年末存栏头数（万头）	禽蛋产量（万吨）	水产品产量（万吨）
1978	45.64	42.20			515.03	401.70	1724.90		2.47
1979	55.14	50.00			521.50	400.40	1592.30		2.30
1980	55.03	49.45	0.69	2.88	541.99	423.75	1474.24	15.86	2.91
1981	51.58	44.30	0.60	3.36	607.00	498.90	1386.50	16.31	3.00
1982	54.26	47.60	0.52	3.46	671.50	542.10	1310.70	16.75	3.25
1983	51.33	43.70	0.88	3.41	704.70	562.20	1195.70	21.41	3.78
1984	58.59	49.60	1.83	3.31	794.70	615.70	1327.00	31.38	4.89
1985	71.83	61.08	3.01	3.38	886.35	664.55	1621.74	37.15	6.37
1986	79.42	65.00	5.50	3.70	957.44	708.10	1539.41	37.32	6.61
1987	86.63	66.10	8.90	5.00	1000.82	738.44	1404.72	43.55	7.62
1988	103.75	76.87	12.24	6.48	1069.20	779.57	1586.18	50.43	9.39
1989	121.53	88.11	15.26	7.89	1111.56	794.04	1680.22	53.62	9.83
1990	134.86	97.45	18.16	8.05	1116.33	798.30	1750.32	59.58	10.48
1991	157.95	108.73	24.82	7.76	1102.10	782.25	1820.80	73.81	10.77
1992	171.66	119.23	25.67	7.96	1135.50	794.90	1959.70	79.29	11.55
1993	203.51	137.60	32.64	9.90	1211.00	843.00	2085.00	95.58	13.83
1994	253.31	165.81	44.00	12.57	1329.18	919.79	2325.17	125.28	15.84
1995	333.00	210.37	64.39	21.10	1420.45	985.76	2667.72	140.01	18.09
1996	347.72	225.63	59.45	21.72	1089.14	783.00	2229.67	154.54	20.51
1997	403.00	256.12	64.88	25.23	1420.87	857.03	2931.91	201.40	23.88
1998	461.63	297.86	76.71	28.00	1416.84	803.70	3439.66	229.34	27.02
1999	485.11	313.95	82.21	29.96	1448.42	530.60	3556.43	251.82	28.83
2000	517.00	337.88	83.00	32.00	1445.73	482.84	3787.69	270.00	32.17
2001	540.65	343.77	89.23	34.51	1435.93	479.53	3672.07	286.00	31.46
2002	570.01	366.49	89.20	37.85	1409.78	437.03	3800.00	302.00	36.22
2003	603.55	386.00	93.00	42.00	1469.45	430.00	3917.80	326.20	38.95
2004	643.00	412.37	98.33	44.06	1491.19	427.00	4152.87	347.40	42.70
2005	689.00	441.20	102.75	47.38	1508.80	412.90	4439.00	375.30	51.68
2006	584.60	391.30	82.00	23.80	1114.24	535.14	3953.30	329.50	61.43
2007	545.87	338.88	75.28	24.82	985.75	387.21	4184.00	333.14	74.74
2008	573.35	366.84	70.70	25.51	910.09	337.42	4458.81	363.82	85.68
2009	591.61	389.18	64.75	24.46	814.97	369.30	4524.05	370.74	92.94
2010	608.96	407.72	58.67	23.35	719.19	296.16	4540.55	372.29	99.41
2011	604.28	405.67	53.14	22.54	619.07	243.38	4560.84	370.13	102.90
2012	632.84	431.57	47.80	22.07	537.56	211.21	4577.45	379.00	109.75
2013	648.97	452.99	43.89	21.66	487.16	200.09	4415.68	380.58	116.65
2014	622.02	476.63	41.02	21.80	447.59	192.82	4407.38	370.81	120.39
2015	647.22	466.45	37.84	21.81	411.70	183.71	4361.95	372.30	125.36
2016	625.94	449.04	34.87	21.85	353.67	167.47	4268.82	379.56	128.35
2017	655.84	466.90	35.04	26.10	376.09	108.50	4390.00	401.18	128.23
2018	669.41	479.04	34.80	26.90	377.01	107.96	4337.15	413.61	98.38
2019	560.06	344.43	36.22	28.11	388.27	92.21	3170.46	442.42	99.08

主要统计指标解释

全国主要畜禽养殖场户分类标准

品种	大型养殖场（户）（年饲养量）	中型养殖场（户）（年饲养量）	小型养殖场（户）（年饲养量）
生猪	5000 头以上	100-5000 头	100 头以下
牛	1000 头以上	10-1000 头	10 头以下
羊	1000 只以上	50-1000 只	50 只以下
禽	100000 只以上	200-100000 只	200 只以下

生猪期末存栏 指本调查期末饲养生猪的总量，包括 15 公斤以下仔猪、待育肥猪（架子猪）和种猪等数量之和。

能繁殖母猪 是指猪龄约在 9 个月（包括 9 个月）以上的、具备繁殖能力的母猪。

猪肉产量 指本调查期内出栏肥猪头数折算出的鲜、冷鲜、冷冻猪肉总量，按胴体重计算。

牛期末存栏 指本调查期末饲养各类型的牛总量，包括牛犊、待育肥牛（架子牛）、奶牛和种牛等数量之和。

能繁殖母牛 指牛龄在 16 个月左右，具备繁殖能力的母牛。

牛肉产量 指本调查期内出栏肉牛头数折算出的鲜、冷鲜、冷冻牛肉产量，按胴体重计算。

牛肉产量＝出栏肉牛头数×平均每头肉牛出售重量×肉牛产肉率（%）

羊期末存栏 指本调查期末饲养各种羊只总量。包括羊羔、待育肥羊（架子羊）、奶羊和种羊等数量之和。

能繁殖母羊（山羊或绵羊） 指羊龄在 6 个月左右，具备繁殖能力的母羊。

羊肉产量 指本调查期内出栏肥羊头数折算出的鲜、冷鲜、冷冻羊肉产量，按胴体重计算。

家禽期末存栏 指本调查期末饲养家禽的总量，包括幼禽、肉用家禽、蛋用家禽和种家禽等。

禽肉产量 指本调查期内出栏肉用家禽产出的禽肉总量。

禽蛋产量 指本调查期内饲养的蛋用家禽生产的禽蛋总重量。包括出售的和农民自产自用的部分。品种主要为鸡鸭鹅。

肉类总产量 指调查期内各种牲畜及家禽、兔等动物肉产量总计。猪、牛、羊、马、驴、骡、骆驼肉产量按去掉头蹄下水后带骨肉的胴体重量计算,兔禽肉产量按屠宰后去毛和内脏后的重量计算。猪牛羊禽四个品种肉产量由主要畜禽监测抽样调查获得，马、驴、骡、骆驼、兔肉产量由全面统计获得，其他特种养殖肉产量可用住户调查资料推算获得。

消费价格

资料整理：袁勇　杨青　柴晓华

4-1 历年居民消费、商品零售及农业生产资料价格总指数

(上年＝100)

年 份	居民消费价格总指数			商品零售价格总指数			农业生产资料价格总指数
	全 省	城 市	农 村	全 省	城 市	农 村	
1965	97.0	96.3	97.3	96.8	96.0	97.3	95.7
1970	99.0	99.8	98.5	98.8	99.8	98.5	99.9
1975	100.1	100.2	100.1	100.2	100.2	100.1	100.0
1978	100.1	100.0	100.1	100.1	100.0	100.1	97.9
1980	104.6	106.0	103.8	104.9	106.4	103.8	100.1
1985	104.6	106.5	103.6	105.4	106.4	103.5	103.0
1990	100.7	100.5	100.9	100.1	99.8	100.4	98.3
1991	102.3	105.1	100.0	102.0	105.0	99.6	100.1
1992	105.4	107.7	102.9	105.0	107.5	102.2	101.2
1993	110.4	110.6	110.3	108.3	108.5	108.1	109.2
1994	125.2	127.4	123.5	120.6	118.2	122.3	124.4
1995	116.5	116.9	116.3	114.9	113.3	116.5	125.8
1996	110.5	109.5	110.9	107.9	106.2	109.4	107.9
1997	103.5	102.4	103.9	100.5	99.8	101.2	99.3
1998	97.5	97.9	97.1	96.6	96.6	96.5	94.2
1999	96.9	96.6	97.1	96.2	95.7	96.6	95.7
2000	99.2	99.1	99.2	98.5	98.8	98.3	99.6
2001	100.7	100.7	100.7	99.8	99.5	100.1	99.1
2002	100.1	99.8	100.6	99.2	99.0	99.3	100.8
2003	101.6	101.7	101.4	101.3	101.2	101.4	101.9
2004	105.4	105.4	105.4	105.7	105.3	106.0	111.4
2005	102.1	102.1	102.1	101.7	101.8	101.6	107.9
2006	101.3	101.2	101.5	100.9	100.7	101.1	101.2
2007	105.4	105.4	105.4	104.4	103.8	105.1	106.1
2008	107.0	106.5	107.9	107.5	107.4	107.5	120.9
2009	99.4	98.8	100.4	99.4	99.6	99.2	98.1
2010	103.5	103.4	103.8	103.7	103.5	104.0	103.1
2011	105.6	105.4	106.1	105.7	105.4	106.1	111.1
2012	102.5	102.6	102.4	102.3	102.4	102.1	105.4
2013	102.9	102.9	102.9	101.9	101.6	102.3	101.3
2014	101.9	102.0	101.6	101.0	101.0	101.0	97.9
2015	101.3	101.3	101.2	99.8	99.6	100.0	100.3
2016	101.9	101.9	102.0	100.3	100.3	100.3	100.8
2017	101.4	101.5	101.2	101.3	101.3	101.6	99.7
2018	102.3	102.4	102.0	102.9	103.0	102.9	104.3
2019	103.0	102.9	103.1	102.4	102.5	102.2	103.8

4-2 居民消费、商品零售及农业生产资料价格总指数(2019年)

以下列年份为100	居民消费价格总指数			商品零售价格总指数			农业生产资料价格总指数
	全　省	城　市	农　村	全　省	城　市	农　村	
1952	663.5	796.5	593.8	514.3	598.1	492.7	604.2
1957	581.3	693.2	522.2	478.5	524.2	436.2	594.6
1965	535.2	627.5	487.0	422.7	465.9	405.7	574.1
1970	545.7	628.9	501.3	441.0	465.7	418.2	632.8
1975	546.8	628.5	504.5	442.0	465.6	420.8	661.7
1978	542.5	610.3	504.9	430.7	452.0	420.9	648.3
1980	515.2	573.3	482.3	408.8	422.7	403.7	647.5
1985	468.4	491.5	453.5	365.5	363.2	379.1	542.1
1990	292.8	304.3	284.2	230.2	226.7	238.8	322.2
1995	168.7	163.2	174.4	143.8	138.0	152.4	186.2
2000	157.4	155.3	161.6	144.8	142.6	150.2	193.6
2005	142.8	141.2	146.2	134.3	133.5	138.4	158.2
2006	141.0	139.6	144.1	133.1	132.5	136.9	156.3
2007	133.8	132.4	136.7	127.5	127.7	130.3	147.3
2008	125.0	124.3	126.7	118.6	118.9	121.2	121.9
2009	125.8	125.8	126.2	119.4	119.3	122.2	124.2
2010	121.6	121.7	121.5	115.1	115.3	117.5	120.4
2011	115.1	115.5	114.6	108.9	109.4	110.7	108.4
2012	112.3	112.5	111.9	106.4	106.8	108.4	102.9
2013	109.1	109.4	108.7	104.4	105.2	106.0	101.6
2014	107.1	107.2	107.0	103.4	104.1	104.9	103.7
2015	105.7	105.8	105.7	103.6	104.6	105.0	103.4
2016	103.7	103.8	103.6	103.3	104.2	104.6	102.6
2017	102.3	102.4	102.0	102.9	103.0	102.9	104.3
2018	103.0	102.9	103.1	102.4	102.5	102.2	103.8

4-3 居民消费价格分类指数(2019年)

(上年=100)

类 别	全 省	城 市	农 村
总指数	**103.0**	**102.9**	**103.1**
食品烟酒	**107.4**	**107.1**	**108.0**
食品	110.0	109.6	110.7
粮食	100.0	100.2	99.7
薯类	102.4	102.0	103.2
豆类	100.7	100.9	100.4
食用油	99.2	98.7	100.0
菜	103.4	104.1	101.7
畜肉类	133.9	132.4	136.4
禽肉类	110.4	110.9	109.5
水产品	99.3	98.8	100.5
蛋类	106.1	106.0	106.3
奶类	100.6	100.7	100.5
干鲜瓜果类	107.0	107.6	105.5
糖果糕点类	100.0	100.2	99.7
调味品	102.9	103.0	102.8
其他食品类	101.7	101.2	102.3
茶及饮料	101.7	101.5	102.0
烟酒	101.8	102.0	101.6
在外餐饮	102.7	102.9	102.4
衣着	**100.7**	**100.8**	**100.5**
服装	100.7	100.7	100.8
服装材料	101.2	101.3	100.9
其他衣着及配件	100.6	100.0	102.4
衣着加工服务费	103.0	103.4	102.2
鞋类	100.4	100.9	99.6
居住	**100.8**	**100.8**	**100.9**
租赁房房租	100.0	99.5	102.2
住房保养维修及管理	101.3	102.1	100.2
水电燃料	100.7	101.2	100.0
自有住房	100.8	100.4	101.7
生活用品及服务	**100.6**	**100.7**	**100.6**
家具及室内装饰品	101.5	101.5	101.5
家用器具	99.2	99.1	99.3
家用纺织品	99.9	99.3	101.3
家庭日用杂品	100.9	101.0	100.8
个人护理用品	101.0	101.0	100.7
家庭服务	103.6	103.9	102.4
交通和通信	**99.0**	**98.4**	**100.0**
交通	99.0	98.9	99.1
通信	99.0	97.5	101.6
教育文化和娱乐	**102.7**	**103.4**	**101.5**
教育	103.7	105.0	101.8
文化娱乐	101.1	101.1	100.9
医疗保健	**101.9**	**101.9**	**101.9**
药品及医疗器具	103.4	103.3	103.7
医疗服务	100.9	101.0	100.8
其他用品和服务	**105.2**	**105.7**	**104.3**
其他用品类	106.7	107.7	105.3
其他服务类	104.0	104.4	103.0

4-4 居民消费价格

(上年同月=100)

类　　别	年平均	1月	2月	3月	4月	5月
总 指 数	**103.0**	**101.2**	**101.2**	**102.3**	**102.8**	**102.9**
食品烟酒	107.4	100.7	100.5	103.6	105.5	106.2
食品	110.0	100.0	99.8	104.4	107.4	108.5
粮食	100.0	99.8	99.8	100.3	100.3	100.2
大　　米	100.3	101.6	101.0	100.6	100.6	100.5
面　　粉	99.8	100.0	99.9	100.0	100.1	100.3
其他粮食	102.9	101.6	102.5	102.5	102.8	103.4
粮食制品	99.6	98.5	98.6	100.0	100.0	99.6
薯类	102.4	104.4	103.1	104.8	108.9	100.8
薯　　类	102.4	104.4	103.1	104.8	108.9	100.8
豆类	100.7	100.1	101.1	100.7	100.5	100.5
干　　豆	99.4	99.0	98.9	99.0	99.2	99.5
豆 制 品	100.8	100.2	101.2	100.8	100.6	100.6
食用油	99.2	98.1	98.2	97.9	97.8	99.3
食用植物油	98.7	98.3	98.4	97.9	97.7	99.2
食用动物油	119.3	92.9	93.4	96.8	101.9	105.8
菜	103.4	102.4	106.5	117.5	117.3	110.1
鲜　　菜	103.4	102.3	106.8	118.9	118.7	110.8
干菜及菜制品	103.4	103.6	103.4	103.5	103.7	103.6
畜肉类	133.9	93.3	93.7	105.6	114.7	117.6
猪　　肉	145.9	87.2	87.7	105.7	119.9	124.3
牛　　肉	111.3	108.6	109.1	107.1	106.1	106.4
羊　　肉	112.5	114.3	112.7	110.5	110.1	109.8
畜肉副产品	117.1	95.8	96.0	99.4	102.7	105.8
其他畜肉及制品	107.2	103.0	103.6	103.7	104.4	105.0
禽肉类	110.4	106.0	103.9	104.6	106.6	107.6
鸡	111.9	107.6	104.2	105.1	108.0	109.6
鸭	107.7	102.6	102.0	102.3	102.7	101.6
其他禽肉及制品	107.6	103.2	103.7	104.1	104.4	104.6
水产品	99.3	101.7	98.8	97.5	98.2	98.8
淡 水 鱼	94.3	97.8	93.0	90.1	89.5	91.2
海 水 鱼	103.7	103.5	103.6	104.8	105.3	103.9
虾 蟹 类	101.3	106.5	102.0	100.4	104.1	103.7
其他水产品及制品	102.5	101.7	102.2	102.0	101.8	102.3
蛋类	106.1	99.9	91.2	95.3	104.5	112.9
鸡　　蛋	106.0	99.2	90.1	94.4	104.0	113.0
其他蛋及制品	108.4	115.1	114.7	113.9	112.9	111.1
奶类	100.6	101.0	101.5	101.3	101.1	100.8
鲜　　奶	99.5	100.0	100.5	100.3	99.6	99.4
酸　　奶	100.2	99.8	100.7	100.3	100.9	100.6
奶　　粉	101.1	101.3	102.2	102.0	101.7	101.5
其他奶制品	101.4	102.2	102.1	102.0	101.9	101.5
干鲜瓜果类	107.0	107.1	105.2	106.1	109.4	117.8
鲜 瓜 果	109.1	109.5	107.0	108.1	112.2	123.7

分月同比指数(2019年)

6月	7月	8月	9月	10月	11月	12月
102.7	**103.0**	**103.0**	**103.3**	**104.2**	**105.0**	**104.6**
106.0	106.9	106.7	109.0	113.0	116.2	114.6
108.3	109.5	109.1	112.3	118.2	122.7	120.4
100.1	99.9	100.0	100.1	100.0	100.0	99.8
100.3	100.1	99.8	99.7	99.9	100.2	99.4
100.1	100.0	99.8	99.5	99.4	99.6	99.3
103.5	103.7	103.8	103.6	103.3	102.5	101.5
99.5	99.2	99.8	100.2	99.9	99.8	100.1
101.5	103.8	100.3	99.8	100.2	101.6	99.0
101.5	103.8	100.3	99.8	100.2	101.6	99.0
101.0	100.9	101.1	101.0	101.0	100.6	100.3
99.5	99.2	99.5	99.6	99.6	99.9	100.2
101.1	101.0	101.2	101.0	101.1	100.6	100.3
99.2	99.6	99.9	99.7	99.5	100.5	101.1
99.0	99.4	99.5	98.9	98.4	98.8	99.4
109.0	111.2	114.8	130.3	141.3	167.7	170.0
100.9	103.6	96.6	84.6	87.9	103.9	112.9
100.6	103.5	95.9	82.9	86.4	104.1	114.2
103.7	103.7	103.7	104.0	103.3	102.3	101.8
119.0	121.4	131.7	155.8	180.7	192.8	182.2
125.8	129.1	143.0	175.9	212.8	230.5	216.0
106.6	107.0	110.3	116.4	118.3	120.0	119.0
110.5	111.0	112.6	117.7	118.2	113.6	109.3
108.5	109.0	113.0	129.5	139.2	155.6	153.3
105.2	105.1	106.2	109.4	110.9	114.8	114.6
108.2	107.3	108.4	114.8	118.7	123.2	115.3
110.5	109.0	110.4	117.9	122.0	124.3	113.4
101.5	101.3	103.2	107.1	114.8	128.9	124.0
104.7	105.1	105.2	109.2	111.7	118.3	117.2
97.9	99.2	99.4	100.7	100.7	99.8	98.8
92.2	93.3	94.2	97.6	98.0	98.5	96.9
103.7	103.6	102.9	102.5	102.5	103.8	103.9
98.7	102.4	102.1	101.5	101.5	97.3	95.4
102.9	102.8	102.9	103.3	102.9	102.5	102.5
107.1	115.7	103.4	110.5	114.4	112.0	106.9
106.9	116.0	103.2	110.8	115.2	112.6	107.2
110.6	110.3	108.1	104.3	100.7	101.0	101.2
100.8	100.5	100.5	100.1	100.0	99.9	99.8
99.4	99.3	98.7	98.7	98.9	99.3	99.4
100.4	100.5	101.0	99.3	99.4	100.2	99.5
101.6	101.3	101.3	100.6	100.7	99.8	99.8
101.4	100.8	101.0	101.6	100.5	100.7	100.6
127.1	125.3	113.7	102.1	95.8	89.7	89.9
136.7	134.4	118.2	102.3	94.0	86.1	86.5

4-4 续表 1

(上年同月=100)

类　　别	年平均	1月	2月	3月	4月	5月
坚　　果	100.5	98.5	98.3	98.9	99.4	99.7
瓜果制品	99.7	103.4	101.7	101.6	101.1	98.1
糖果糕点类	100.0	99.5	99.4	99.9	99.8	100.1
食　　糖	100.2	98.4	98.6	99.5	99.3	99.9
糖　　果	99.5	99.2	99.2	100.0	99.4	100.0
糕　　点	100.2	100.3	100.0	100.1	100.4	100.4
其他糖果糕点	100.5	101.6	100.1	100.7	100.6	99.9
调味品	102.9	103.1	103.2	103.8	103.9	103.9
食 用 盐	96.3	91.6	91.3	95.3	94.2	97.9
酱　　油	102.4	103.0	102.9	102.6	103.2	101.8
食　　醋	101.1	104.4	102.2	102.0	102.1	101.6
调 味 酱	103.0	103.8	105.4	105.8	105.2	105.0
味　　精	102.6	99.8	100.1	101.2	101.5	101.6
其他调味品	107.7	107.6	107.8	108.7	109.6	109.9
其他食品类	101.7	101.5	101.4	101.7	101.8	101.6
方便食品	101.2	99.8	99.8	100.2	100.7	100.7
淀粉及制品	102.6	102.5	102.6	102.8	103.0	102.6
膨化食品	101.8	104.2	103.6	103.3	102.5	102.1
茶及饮料	101.7	100.9	100.7	101.5	101.6	102.2
茶　　叶	100.5	100.7	100.5	101.1	100.2	101.2
固体咖啡	99.3	98.9	98.5	98.3	98.0	98.8
其他固体饮料	101.2	101.1	101.1	101.0	101.1	101.8
饮 用 水	98.7	98.4	98.1	98.3	98.4	99.7
果汁饮料	102.0	101.5	101.2	101.5	101.6	102.8
其他液体饮料	102.8	101.3	100.9	102.2	103.0	103.1
烟酒	101.8	102.3	102.0	102.0	101.8	101.8
烟草	100.9	101.1	101.1	101.3	101.3	101.0
烟　　草	100.9	101.1	101.1	101.3	101.3	101.0
酒类	102.7	103.4	102.9	102.8	102.3	102.5
白　　酒	103.0	103.7	103.1	102.9	102.3	102.7
葡 萄 酒	102.4	103.7	101.7	102.3	102.7	102.3
啤　　酒	100.4	102.2	102.8	102.4	101.6	100.8
其他酒类	104.7	101.5	101.5	101.6	103.3	104.6
在外餐饮	102.7	102.0	102.1	102.1	102.0	101.9
正　　餐	103.5	101.8	102.3	102.3	102.5	102.5
快　　餐	101.9	101.7	101.5	101.5	101.1	101.0
地方小吃	103.3	103.1	103.4	102.9	102.7	102.7
其他在外餐饮	101.2	101.2	101.4	101.5	101.5	101.4
衣着	100.7	101.3	101.3	101.4	101.1	100.8
服装	100.7	101.4	101.4	101.5	101.1	100.7
男式服装	101.0	101.4	101.6	101.8	101.3	100.9
男式西服	99.8	100.3	100.4	99.7	100.0	99.5
男式冬衣	101.7	101.8	102.4	103.1	102.3	101.8
男式夹克衫	101.8	100.8	101.0	101.9	101.7	101.8

6月	7月	8月	9月	10月	11月	12月
100.1	100.8	101.3	101.9	102.4	102.6	102.8
98.7	99.6	99.7	99.5	98.3	97.9	97.0
100.2	100.2	100.2	99.9	100.2	100.2	100.2
100.7	101.0	100.7	100.3	101.0	101.5	101.1
99.6	99.5	99.4	99.5	99.6	99.2	99.6
100.4	100.2	100.4	99.9	100.0	99.9	99.9
100.6	100.4	100.5	101.1	99.9	100.2	99.9
104.0	103.0	102.6	102.7	101.9	101.5	101.6
97.8	95.1	96.3	98.8	98.9	99.3	99.3
102.5	102.5	102.0	102.1	102.5	102.0	101.7
101.9	99.1	99.0	99.6	100.3	100.3	100.5
104.3	103.4	101.7	102.2	100.5	99.9	99.5
102.0	102.8	104.3	104.0	104.1	104.1	105.2
110.0	109.3	109.2	107.6	104.9	104.0	104.8
101.3	101.3	101.8	101.4	101.9	102.7	102.5
100.8	100.7	101.2	101.1	101.8	103.4	103.8
102.3	102.4	103.1	102.6	102.7	102.7	101.9
101.1	101.1	101.0	100.5	100.9	100.8	100.6
101.9	102.2	102.1	102.0	101.8	101.9	101.6
100.9	100.8	100.6	100.3	100.3	100.1	99.5
99.5	100.5	99.9	99.8	99.9	99.7	99.6
101.8	101.1	101.2	101.3	101.5	100.9	100.7
99.0	98.6	98.6	98.5	98.5	99.5	99.5
102.9	103.1	102.7	101.7	102.0	101.8	101.4
102.6	103.3	103.5	103.7	103.2	103.5	103.3
102.0	101.7	101.8	101.8	101.8	101.6	101.5
101.0	100.8	100.7	100.8	100.7	100.4	100.3
101.0	100.8	100.7	100.8	100.7	100.4	100.3
102.9	102.6	102.8	102.7	102.8	102.7	102.5
103.3	103.0	103.2	103.1	103.2	103.1	102.9
102.5	102.5	102.6	102.5	102.6	101.7	102.0
100.0	98.9	99.2	99.5	99.2	99.4	99.1
105.2	105.8	106.3	106.4	106.5	106.6	106.8
101.7	102.0	102.4	103.2	103.5	105.0	105.0
101.9	102.5	103.1	104.3	104.8	107.3	107.3
101.4	101.7	102.2	102.7	102.7	102.6	102.6
102.3	102.1	102.0	102.7	103.4	105.9	106.1
100.6	100.4	100.5	101.0	101.1	101.8	101.6
100.7	100.6	100.6	100.5	100.3	100.0	100.0
100.7	100.6	100.6	100.5	100.4	100.1	100.0
100.9	100.8	100.7	100.8	100.7	100.5	100.6
99.5	99.4	99.4	100.0	99.6	99.3	100.0
101.7	101.6	101.4	101.5	101.4	101.2	100.4
101.9	101.8	101.7	102.0	102.1	102.3	102.8

4-4 续表 2

(上年同月=100)

类　　别	年平均	1月	2月	3月	4月	5月
男式毛线衣	99.6	101.7	101.7	100.9	99.8	99.4
男式运动装	102.1	101.8	101.9	102.2	102.2	101.8
男式衬衫T恤	102.1	102.0	102.4	103.2	102.5	102.3
男式裤子	100.0	102.0	101.8	101.3	100.7	99.3
男式内衣	99.7	100.1	100.2	100.0	99.7	99.7
女式服装	100.6	101.2	101.3	101.4	100.9	100.6
女式外套	100.7	102.1	102.1	102.2	101.4	101.0
女式冬衣	100.9	101.1	101.6	102.5	101.5	101.2
女式毛线衣	101.2	102.1	102.1	102.0	101.4	101.1
女式运动装	99.2	100.6	100.7	99.3	98.6	98.6
女式衬衫T恤	100.8	100.8	100.4	100.8	101.3	101.2
女式裤子	100.1	100.0	100.2	100.2	100.1	99.6
女式裙子	100.9	101.5	101.6	101.4	101.2	100.5
女式内衣	100.6	100.8	100.8	100.9	100.8	100.9
儿童服装	100.6	101.6	101.3	101.5	101.2	100.7
婴幼服装	101.0	101.3	101.4	101.5	101.2	101.0
儿童上衣	101.4	103.2	102.7	102.5	102.3	101.7
儿童裤子	99.3	100.4	99.7	100.1	99.8	99.1
儿童裙子	101.0	101.2	101.5	102.3	101.8	101.2
服装材料	101.2	101.1	101.1	101.0	101.0	100.9
服装材料	101.2	101.1	101.1	101.0	101.0	100.9
其他衣着及配件	100.6	100.4	100.5	100.7	100.7	101.1
袜　　子	99.8	99.8	99.8	99.6	99.7	100.6
帽　　子	101.9	101.1	101.5	102.2	102.4	102.4
其他衣着配件	100.6	101.0	100.9	100.9	100.8	100.5
衣着加工服务费	103.0	102.5	102.4	103.0	103.3	103.3
衣着洗涤保养	102.1	102.0	101.7	102.3	102.6	102.6
衣着加工	104.1	103.0	103.2	103.7	104.1	104.0
鞋类	100.4	101.0	100.9	101.1	101.0	100.7
鞋	100.3	101.0	100.9	101.0	100.8	100.5
男　　鞋	100.7	101.3	101.4	101.6	101.4	101.2
女　　鞋	99.8	100.6	100.3	100.1	100.0	99.7
童　　鞋	100.9	101.5	101.6	101.8	102.1	101.9
鞋类加工服务	107.8	103.6	103.7	108.6	109.4	109.5
鞋类加工服务	107.8	103.6	103.7	108.6	109.4	109.5
居住	100.8	100.7	100.6	100.9	101.0	101.0
租赁房房租	100.0	99.5	98.9	99.5	99.8	99.8
公房房租	101.1	102.0	102.0	102.0	102.0	102.0
私房房租	100.0	99.4	98.8	99.4	99.7	99.7
住房保养维修及管理	101.3	100.6	100.5	101.2	101.2	101.3
住房装潢材料	100.6	99.9	100.1	100.2	100.2	100.5
木 地 板	100.6	100.2	100.4	100.5	100.2	100.3
瓷　　砖	99.1	98.0	98.1	98.2	97.9	98.6
水　　泥	102.9	99.0	99.3	100.3	102.0	103.7

6月	7月	8月	9月	10月	11月	12月
99.2	99.0	99.0	98.3	98.6	98.3	98.9
102.9	102.0	101.3	102.7	102.1	101.9	101.9
102.2	102.4	102.6	101.9	101.4	101.3	101.1
99.2	99.1	98.9	99.1	99.7	99.5	99.8
99.8	99.7	99.6	99.7	99.3	99.3	99.3
100.4	100.4	100.4	100.5	100.4	100.0	99.9
100.8	100.8	100.7	99.8	99.2	98.9	99.3
101.2	101.1	100.9	100.8	100.7	99.6	98.5
100.9	100.7	100.5	100.9	101.4	100.8	100.8
98.9	99.0	98.3	99.7	99.0	98.4	98.8
100.5	100.5	101.3	101.0	100.7	100.7	100.6
99.7	99.5	99.3	100.5	100.9	100.7	101.1
100.1	100.3	101.0	100.7	100.9	101.1	101.1
100.5	100.2	100.4	100.3	100.7	100.5	100.2
100.8	100.7	100.9	100.2	100.0	99.2	99.1
101.3	101.1	101.2	100.8	100.8	100.5	100.3
101.6	101.3	101.2	101.1	101.2	99.5	99.1
99.5	99.6	99.8	98.9	98.2	98.1	98.3
101.0	101.4	102.0	100.3	100.1	99.5	99.5
101.0	101.1	100.9	101.0	101.0	102.2	101.9
101.0	101.1	100.9	101.0	101.0	102.2	101.9
101.0	101.0	100.9	100.6	100.4	99.9	100.1
100.4	100.1	99.9	99.9	99.8	99.1	99.3
102.3	102.7	102.6	101.6	101.5	100.9	101.2
100.6	100.6	100.6	100.6	100.4	100.3	100.4
103.4	103.5	103.3	103.5	103.1	102.7	102.6
102.2	102.3	102.1	102.3	101.6	101.7	101.5
104.6	104.7	104.7	104.8	104.8	103.7	103.8
100.5	100.4	100.3	100.1	99.7	99.7	99.6
100.4	100.3	100.1	99.9	99.6	99.5	99.5
100.9	100.9	100.4	100.1	99.9	99.7	99.6
99.6	99.6	99.7	99.7	99.3	99.4	99.6
101.7	101.2	100.6	100.3	99.9	99.4	98.9
109.2	109.2	109.2	108.9	108.7	107.4	106.5
109.2	109.2	109.2	108.9	108.7	107.4	106.5
101.0	101.2	101.3	100.9	100.6	100.5	100.4
100.6	100.8	101.4	100.9	100.4	99.4	99.4
102.0	102.0	100.0	100.0	100.0	100.0	100.0
100.6	100.7	101.5	100.9	100.4	99.3	99.4
101.4	101.5	101.5	101.6	101.3	101.4	101.8
100.6	100.8	101.2	101.1	100.7	100.9	101.3
100.4	101.0	101.1	100.9	100.9	100.8	100.6
98.8	98.6	100.2	100.0	100.1	100.2	100.2
103.4	105.4	104.9	104.4	102.2	104.0	107.0

4-4 续表 3

(上年同月=100)

类　　别	年平均	1月	2月	3月	4月	5月
涂　　料	100.9	101.0	101.1	100.9	101.1	100.5
板　　材	102.4	102.1	102.3	102.3	102.4	102.5
管　　材	100.3	100.7	100.6	100.8	100.7	100.4
厨卫设备	100.4	100.5	100.5	100.8	100.5	100.4
门　　窗	102.1	102.2	102.5	102.4	102.5	102.1
其他住房装潢材料	99.9	100.4	100.6	100.1	99.9	99.5
物业管理费	101.0	101.4	101.4	101.4	101.4	101.4
物业管理费	101.0	101.4	101.4	101.4	101.4	101.4
住房装潢维修	101.9	101.1	100.8	102.0	101.9	101.9
装潢维修费	101.6	102.1	101.3	101.4	101.4	101.5
其他住房费用	102.1	100.2	100.2	102.5	102.4	102.4
水电燃料	100.7	101.1	101.0	101.7	101.5	101.5
水	104.4	102.9	102.8	103.3	103.2	103.6
水	104.4	102.9	102.8	103.3	103.2	103.6
电	100.0	100.0	100.0	100.0	100.0	100.0
电	100.0	100.0	100.0	100.0	100.0	100.0
燃气	102.1	105.4	105.4	106.7	106.2	106.5
管道燃气	107.5	112.5	112.5	112.5	111.9	111.9
液化石油气	99.8	102.5	102.4	104.2	103.7	104.1
取暖费	100.1	100.0	100.0	100.0	100.0	100.0
取 暖 费	100.1	100.0	100.0	100.0	100.0	100.0
其他燃料	99.2	98.3	98.0	100.1	99.5	99.2
其他燃料	99.2	98.3	98.0	100.1	99.5	99.2
自有住房	100.8	100.6	100.7	100.6	100.8	100.8
自有住房	100.8	100.6	100.7	100.6	100.8	100.8
生活用品及服务	100.6	100.9	101.2	101.0	100.8	100.5
家具及室内装饰品	101.5	103.8	102.9	102.7	102.3	101.6
家具	101.7	104.1	103.1	103.0	102.5	101.7
柜	101.1	104.3	102.6	102.5	101.4	100.8
床	102.6	104.5	104.6	104.4	103.5	103.2
桌	102.3	103.8	103.4	103.3	103.3	102.2
椅	102.1	106.5	102.3	102.3	103.2	102.4
沙　　发	101.2	103.1	102.7	102.4	102.2	101.2
其他家具	102.4	103.5	103.6	103.7	103.8	102.2
室内装饰品	99.7	100.0	100.0	100.1	100.2	100.0
灯　　具	99.9	99.8	99.8	100.2	100.0	99.7
其他室内装饰品	99.6	100.1	100.1	100.0	100.3	100.2
家用器具	99.2	98.7	100.0	99.3	98.8	98.8
大型家用器具	99.3	98.5	100.0	99.3	98.9	98.9
洗 衣 机	93.1	89.9	93.2	89.1	88.9	87.4
电冰箱(柜)	95.7	92.1	92.4	92.2	93.8	95.0
抽油烟机	100.1	105.4	106.1	103.8	96.8	96.8
空 调 器	98.2	100.1	101.6	100.3	98.7	98.8
热 水 器	104.8	102.4	104.6	104.6	106.3	105.4

6月	7月	8月	9月	10月	11月	12月
100.9	100.9	100.9	101.3	100.9	100.9	100.9
102.5	102.3	102.4	102.4	102.5	102.9	102.6
100.2	100.4	100.1	100.1	99.8	99.6	100.0
100.7	100.7	100.7	100.6	99.9	99.9	99.7
102.3	102.2	102.2	102.1	101.7	101.6	101.5
99.5	99.3	99.5	99.5	99.9	99.8	100.6
101.7	101.7	100.3	100.3	100.3	100.3	100.3
101.7	101.7	100.3	100.3	100.3	100.3	100.3
102.0	102.0	102.0	102.3	102.0	102.0	102.4
101.5	101.6	101.5	102.0	101.5	101.5	102.3
102.5	102.5	102.5	102.5	102.5	102.5	102.5
101.3	101.4	100.6	99.9	99.6	99.7	99.5
104.7	106.0	106.0	106.1	105.3	105.2	104.0
104.7	106.0	106.0	106.1	105.3	105.2	104.0
100.0	100.0	100.0	100.0	100.0	100.0	100.0
100.0	100.0	100.0	100.0	100.0	100.0	100.0
104.9	104.0	100.8	97.3	96.1	96.5	97.3
111.7	112.0	103.6	101.7	101.0	101.0	101.0
101.9	100.5	99.6	95.3	93.9	94.4	95.6
100.0	100.0	100.0	100.0	100.0	100.2	100.2
100.0	100.0	100.0	100.0	100.0	100.2	100.2
99.3	100.5	99.2	99.3	99.9	99.8	97.8
99.3	100.5	99.2	99.3	99.9	99.8	97.8
100.7	101.0	101.5	101.1	100.8	100.6	100.5
100.7	101.0	101.5	101.1	100.8	100.6	100.5
100.2	100.4	100.7	100.7	100.5	100.4	100.3
101.4	101.4	101.4	100.9	100.7	99.7	99.6
101.6	101.5	101.6	101.0	100.8	99.8	99.6
100.7	100.8	100.9	100.3	100.0	99.6	99.3
103.2	102.9	103.0	101.9	102.0	99.4	99.2
102.0	101.8	102.3	102.0	101.7	100.9	100.7
102.2	102.2	101.9	100.9	101.0	99.8	100.1
101.1	101.0	100.9	100.8	100.2	99.5	99.2
101.9	102.2	102.3	101.8	101.7	101.4	101.2
100.1	99.7	99.4	99.5	99.4	99.2	99.4
99.9	99.9	100.0	100.1	99.9	99.8	99.7
100.2	99.5	99.0	99.0	99.1	98.8	99.1
97.6	98.5	99.6	99.4	99.6	100.2	99.8
97.6	98.6	99.9	99.6	99.9	100.6	100.1
91.4	93.7	95.3	94.1	95.4	99.9	100.2
94.1	97.9	97.4	98.4	97.5	99.5	99.0
97.1	99.0	101.2	99.8	98.3	99.2	99.0
94.3	95.4	99.2	98.4	97.5	97.9	96.7
105.6	104.7	103.9	103.9	104.4	105.3	106.4

4-4 续表 4

(上年同月=100)

类　　别	年平均	1月	2月	3月	4月	5月
炉具灶具	100.3	98.8	100.2	104.9	100.8	99.4
微 波 炉	102.0	102.1	102.1	102.5	101.5	102.0
其他大型家用器具	105.4	104.6	105.3	106.0	106.8	107.9
小家电	98.1	99.5	99.6	98.7	98.1	97.9
厨房小家电	97.0	99.4	99.4	97.9	97.0	96.6
生活小家电	100.3	99.7	100.1	100.2	100.3	100.6
家用纺织品	99.9	100.4	100.3	100.2	100.5	100.1
床上用品	99.9	100.4	100.4	100.3	100.6	100.3
被　　子	99.3	100.3	99.9	99.6	99.9	99.9
床单被套	100.3	99.9	100.1	100.4	101.2	100.7
其他床上用品	100.5	101.8	102.0	101.4	101.1	100.2
窗帘门帘	99.6	100.5	100.1	100.1	99.9	99.4
窗帘门帘	99.6	100.5	100.1	100.1	99.9	99.4
其他家用纺织品	99.1	99.2	99.4	99.1	99.2	99.3
其他家用纺织品	99.1	99.2	99.4	99.1	99.2	99.3
家庭日用杂品	100.9	101.0	101.3	101.3	101.0	100.7
洗涤卫生用品	101.3	101.4	102.1	102.0	101.4	100.8
清洗用品	102.1	101.9	103.0	102.8	102.1	101.9
清洁用具	100.7	100.1	100.5	100.7	100.4	100.1
清洁用纸	100.3	101.3	101.3	101.2	100.7	99.5
厨具餐具茶具	100.3	100.1	100.1	100.4	100.6	100.3
厨　　具	100.8	100.5	100.3	100.8	101.0	100.6
餐　　具	99.7	99.3	99.7	99.7	99.8	99.8
茶　　具	100.1	100.4	100.3	100.4	100.6	100.4
家用手工工具	102.3	102.9	102.9	102.4	102.3	102.2
家用手工工具	102.3	102.9	102.9	102.4	102.3	102.2
其他家庭日用杂品	100.8	100.9	101.0	100.7	100.8	100.9
配电附件	101.1	101.2	101.2	100.9	100.7	101.0
雨　　具	100.6	100.4	100.4	100.3	100.6	100.6
其他日用杂品	100.6	101.2	101.3	100.9	101.2	101.0
个人护理用品	101.0	100.7	101.0	100.7	101.1	100.7
化妆品	101.5	101.6	101.7	101.4	101.7	101.2
清洁化妆品	100.5	102.1	101.8	100.7	101.1	99.7
护肤化妆品	102.0	101.2	101.6	101.5	101.8	101.8
彩妆化妆品	102.0	103.1	102.9	102.6	102.7	102.4
化妆器具	99.6	99.6	99.6	99.6	99.6	99.4
其他护理用品类	100.0	99.1	100.0	99.8	100.1	100.0
清洁类护理用品	100.0	99.0	100.4	100.2	100.2	100.1
护发美发用品	100.2	98.7	98.8	98.6	100.1	99.3
护理器具	99.9	99.2	99.4	99.7	99.6	100.3
其他护理用品	101.0	103.2	103.5	100.1	100.7	100.7
家庭服务	103.6	104.8	103.3	103.5	103.6	103.9
家政服务	103.7	106.3	103.6	103.5	103.3	103.7
家庭维修服务	103.5	103.0	103.0	103.6	103.9	104.1

6月	7月	8月	9月	10月	11月	12月
98.2	97.7	97.7	98.5	103.3	102.8	101.9
103.4	103.4	102.8	101.5	101.5	99.7	101.7
106.4	105.2	104.8	104.3	106.5	103.6	103.1
97.8	97.8	97.7	97.7	97.8	97.5	97.5
96.4	96.4	96.3	96.4	96.4	96.0	96.2
100.6	100.5	100.4	100.3	100.4	100.6	100.2
100.0	99.8	99.4	99.6	99.4	99.2	99.4
100.1	100.0	99.5	99.7	99.4	99.1	99.5
99.5	99.2	98.8	99.1	98.8	98.4	98.6
100.8	100.7	100.3	100.0	99.9	99.7	100.0
100.0	100.0	99.4	100.3	99.8	99.7	100.1
99.2	99.2	99.3	99.4	99.4	99.5	99.6
99.2	99.2	99.3	99.4	99.4	99.5	99.6
99.4	98.9	99.1	99.1	98.9	98.9	98.9
99.4	98.9	99.1	99.1	98.9	98.9	98.9
101.0	100.9	101.0	101.3	100.8	100.5	100.6
101.1	101.2	101.2	101.7	101.0	100.7	100.9
101.3	102.0	102.7	103.3	101.2	101.6	101.4
100.5	100.5	101.3	101.4	101.1	101.5	100.9
101.1	100.3	98.8	99.5	100.6	98.9	100.0
100.6	100.2	100.6	100.6	100.5	100.2	100.1
101.1	100.9	101.3	101.2	101.0	100.7	100.6
99.8	99.3	99.7	100.0	100.0	99.6	99.5
100.5	100.4	100.0	99.4	99.4	99.4	99.7
102.7	102.6	102.6	102.2	101.9	101.5	101.7
102.7	102.6	102.6	102.2	101.9	101.5	101.7
101.0	101.0	100.9	100.8	100.9	100.9	100.5
101.2	101.1	101.0	101.1	101.2	101.2	100.7
100.6	100.9	100.8	100.7	100.7	100.7	100.5
101.0	100.5	100.3	100.0	100.1	100.1	99.8
100.8	101.1	100.9	100.9	101.0	101.1	101.5
101.3	101.6	101.6	101.5	101.7	101.5	101.5
100.1	100.2	100.2	99.6	100.2	100.2	100.1
102.0	102.5	102.4	102.4	102.6	102.5	102.2
101.4	101.7	101.9	101.6	101.6	100.4	101.5
99.2	99.1	99.7	100.0	100.0	99.7	99.9
99.8	100.1	99.8	99.9	99.9	100.5	101.4
99.8	99.9	100.0	99.8	99.4	99.9	100.9
99.8	99.8	100.0	100.6	101.2	102.1	103.0
99.8	101.2	98.9	99.7	99.8	100.4	101.4
100.6	100.9	100.6	100.3	100.4	101.0	100.0
103.8	103.8	103.6	103.8	103.5	102.7	102.8
103.5	103.5	103.1	103.7	103.9	103.1	103.1
104.1	104.2	104.1	104.0	103.0	102.2	102.5

4-4 续表 5

(上年同月=100)

类 别	年平均	1月	2月	3月	4月	5月
交通和通信	99.0	100.1	100.4	101.3	100.7	100.1
交通	99.0	100.0	100.5	101.4	100.9	99.8
交通工具	100.0	101.2	101.1	101.6	102.1	100.0
小型汽车	99.8	101.1	101.1	101.9	102.9	99.9
电动自行车	100.4	101.6	101.5	101.4	101.4	100.0
自 行 车	100.8	101.0	100.8	101.3	100.9	100.8
其他交通工具	100.1	100.6	100.6	100.7	100.5	99.7
交通工具用燃料	94.4	94.3	97.4	103.6	100.6	99.2
汽 油	94.2	94.2	97.4	103.6	100.7	99.2
柴 油	93.9	93.8	97.0	104.1	100.5	99.0
其他车用能源	100.9	99.1	100.0	101.5	101.1	101.1
交通工具使用和维修	101.9	102.1	102.1	101.6	101.6	101.7
停 车 费	102.0	102.6	102.3	102.9	102.9	102.8
车辆使用费	103.0	103.4	103.2	102.3	102.3	102.8
交通工具零配件	104.0	108.5	108.4	107.8	107.5	104.2
车辆修理与保养	101.8	102.1	102.0	101.5	101.5	101.6
交通费	99.9	102.1	101.3	98.4	98.4	98.8
市内公共交通	101.0	100.0	100.9	101.7	102.1	102.1
出租汽车	102.1	101.2	101.4	101.8	102.2	102.4
飞 机 票	99.4	116.4	114.2	85.5	85.1	87.4
火 车 票	100.0	100.0	100.0	100.0	100.0	100.0
长途汽车	99.2	101.7	99.8	99.5	99.7	99.4
其他交通费	100.2	100.0	97.3	100.0	100.1	100.5
通信	99.0	100.3	100.4	101.1	100.3	100.6
通信工具	105.2	110.5	111.0	113.5	110.4	111.8
固定电话机	98.6	97.6	97.6	97.6	97.6	97.6
移动电话机	105.5	111.2	111.8	114.4	111.1	112.5
通信工具零配件	100.4	100.8	100.8	101.1	101.1	100.8
通信服务	96.1	95.5	95.6	95.7	95.6	95.7
固定电话费	98.9	99.2	99.0	98.8	98.7	98.7
移动通信费	95.2	94.6	94.6	94.6	94.6	94.6
上 网 费	98.1	97.7	98.0	98.4	98.4	98.4
其他通信服务	99.0	98.8	98.8	98.8	98.8	98.8
邮递服务	99.8	100.2	100.2	99.9	99.9	99.4
邮政邮寄	100.2	100.3	100.3	100.2	100.2	100.2
快递服务	99.6	100.1	100.1	99.9	99.9	99.2
教育文化和娱乐	102.7	103.4	103.6	103.6	103.8	103.9
教育	103.7	104.7	104.6	104.6	104.7	104.7
教育用品	104.4	104.4	104.8	104.3	104.6	104.6
工 具 书	104.4	102.7	102.6	102.6	105.4	105.5
教 材	100.3	100.9	100.9	100.3	100.3	100.3
参考资料	108.2	108.3	109.1	108.7	108.7	108.6
其他教育用品	100.1	99.3	99.4	99.4	100.7	100.5
教育服务	103.7	104.7	104.6	104.7	104.7	104.7

6月	7月	8月	9月	10月	11月	12月
99.2	100.0	99.1	97.0	96.0	96.6	97.4
98.4	99.0	98.2	97.0	95.9	97.0	99.6
99.3	100.6	100.0	98.6	98.5	98.8	98.6
98.9	101.1	100.0	97.7	97.5	98.1	98.1
99.9	100.0	100.1	99.9	99.8	99.6	99.1
100.8	100.8	100.8	100.5	100.4	100.6	100.4
99.6	99.9	99.9	99.9	99.9	100.1	99.8
94.4	91.7	90.5	88.5	85.2	89.6	100.5
94.3	91.4	90.2	88.2	85.0	89.4	100.5
94.0	91.3	90.0	87.6	83.6	88.5	100.5
101.0	101.0	101.3	101.2	101.0	101.1	101.0
101.6	102.1	102.4	102.4	102.0	101.7	101.0
102.8	102.8	102.8	102.8	100.0	100.0	100.0
102.8	102.8	102.8	102.8	104.7	102.6	103.7
104.4	103.7	102.6	100.7	100.7	100.8	100.2
101.6	102.1	102.4	102.4	102.0	101.7	101.1
98.9	101.8	100.6	100.4	99.3	99.0	99.7
102.1	100.5	100.5	100.5	100.5	100.5	100.5
102.4	102.4	102.4	102.4	102.4	102.4	101.6
88.5	116.0	106.3	104.5	97.2	94.8	102.7
100.0	100.0	100.0	100.0	100.0	100.0	100.0
99.4	99.4	98.9	98.8	98.2	97.7	97.7
100.5	100.9	100.9	101.0	100.4	100.4	100.5
100.8	102.0	100.9	96.9	96.3	95.8	93.4
112.6	114.6	111.4	97.7	96.1	94.3	86.2
99.9	99.9	99.0	99.0	99.0	99.0	99.0
113.4	115.6	112.2	97.6	95.8	94.0	85.5
100.6	100.2	100.0	100.0	99.8	99.8	99.8
95.8	96.5	96.4	96.4	96.2	96.4	97.2
98.7	98.9	98.9	98.9	98.9	99.0	99.2
94.7	95.7	95.7	95.7	95.7	95.8	96.6
98.6	98.6	97.9	97.9	97.0	97.4	98.6
98.8	98.8	98.7	98.7	99.3	99.9	99.9
99.4	99.4	99.6	99.7	99.8	99.7	99.7
100.2	100.2	100.2	100.2	100.2	100.2	100.2
99.2	99.2	99.5	99.5	99.7	99.6	99.6
103.5	103.1	102.9	101.9	101.6	100.7	100.6
104.6	104.1	104.2	103.5	102.7	101.4	101.0
104.6	104.5	104.2	104.9	104.9	104.9	101.5
105.5	105.5	105.4	104.9	104.9	104.9	103.3
100.3	100.3	99.9	100.5	100.5	100.5	98.9
108.6	108.4	108.1	109.2	109.2	109.0	103.5
100.2	100.1	100.0	100.3	100.1	100.4	100.3
104.6	104.1	104.2	103.4	102.5	101.2	100.9

4-4 续表 6

(上年同月＝100)

类　　别	年平均	1月	2月	3月	4月	5月
学前教育	103.5	103.2	103.4	103.3	103.3	103.3
小学初中教育	108.5	108.9	109.2	110.1	110.5	110.8
高中中职教育	101.3	100.5	100.6	100.4	100.6	100.8
高等教育	100.6	100.8	100.8	100.8	100.8	100.8
课外教育	103.0	103.8	103.9	103.0	103.0	103.0
专业技能培训	109.5	117.0	115.6	116.1	116.0	115.6
文化娱乐	101.1	101.4	101.9	101.9	102.3	102.7
文娱耐用消费品	100.8	98.8	100.2	102.3	102.4	104.7
电 视 机	94.5	97.7	101.3	96.2	99.1	101.8
照 相 机	101.1	102.2	102.2	102.1	101.9	102.0
台式计算机	106.7	98.6	98.1	105.5	106.6	110.7
笔记本平板	103.1	97.4	99.2	108.9	102.6	105.6
乐　　器	102.7	108.2	108.2	105.8	106.1	101.3
音　　响	99.8	99.5	99.8	100.1	100.0	99.9
其他文娱耐用消费品	100.6	100.2	100.2	100.1	100.7	100.8
其他文娱用品	103.0	104.7	104.6	104.5	104.4	104.2
书报杂志	109.0	113.9	113.9	113.6	113.6	113.6
纸张文具	101.3	101.8	101.6	101.6	101.9	101.8
体育户外用品	100.5	100.4	100.2	100.3	100.3	100.3
游戏用品和玩具	99.8	101.0	100.9	100.9	100.1	99.2
园艺花卉及用品	98.8	99.4	98.9	99.0	98.9	97.9
宠物及用品	100.8	101.9	102.0	101.9	100.1	100.6
其他文化娱乐用品	101.7	101.3	101.2	101.6	102.3	102.3
文化娱乐服务	100.0	99.4	101.1	99.8	100.3	99.9
电 影 票	103.9	101.3	109.7	102.0	102.0	103.0
景点门票	97.8	95.9	98.5	96.8	98.1	97.1
有线电视	99.9	100.0	100.0	100.0	100.0	100.0
健身活动	105.3	110.8	110.9	110.7	110.3	108.5
其他文娱服务	101.4	101.4	102.2	101.9	102.1	101.9
旅游	101.1	104.8	103.0	101.3	102.5	101.4
旅行社收费	101.0	104.8	102.9	101.2	102.5	101.4
其他旅游	103.8	104.6	103.7	103.4	102.0	101.9
医疗保健	101.9	102.1	102.3	102.1	101.9	102.0
药品及医疗器具	103.4	104.2	104.3	103.6	103.3	103.5
中药	105.8	106.9	106.9	106.5	106.2	106.3
中 药 材	105.8	107.8	107.0	106.8	105.8	106.5
中 成 药	105.8	106.6	106.9	106.5	106.4	106.3
西药	103.7	104.3	104.5	104.1	104.0	104.0
抗微生物药	100.7	101.9	101.9	101.8	101.6	102.5
消化系统用药	103.4	106.3	106.2	103.9	103.7	103.8
呼吸系统用药	102.0	103.3	103.1	102.8	102.4	101.5
解热镇痛药	102.5	101.8	101.6	101.5	101.3	102.5
抗肿瘤药	104.2	106.5	106.4	105.8	105.2	104.2
激素及影响内分泌药	102.9	103.8	103.5	103.4	103.2	103.9

6月	7月	8月	9月	10月	11月	12月
103.3	103.1	103.1	103.0	104.2	104.4	104.7
111.0	111.2	110.7	105.2	105.2	105.1	104.9
100.9	101.1	101.7	102.2	102.3	102.3	102.1
100.8	100.8	100.8	100.0	100.0	100.0	100.0
103.2	102.7	102.7	101.8	102.6	103.2	103.2
114.2	111.3	111.3	111.7	103.5	94.7	93.0
101.7	101.5	100.8	99.4	99.9	99.6	100.1
102.4	102.4	101.1	98.5	97.8	98.7	100.0
95.1	93.6	90.4	88.7	89.0	90.4	92.2
101.9	101.6	101.3	101.3	100.5	98.6	97.7
111.3	110.9	111.6	108.8	106.1	105.9	107.7
105.1	108.3	107.4	100.1	99.3	101.3	103.0
101.1	100.8	100.7	100.7	100.6	100.5	100.1
100.1	99.7	99.8	99.4	99.5	99.5	99.8
100.9	100.9	100.9	100.9	100.5	100.4	100.5
104.3	103.9	101.7	101.1	101.1	101.1	100.9
113.4	111.7	104.4	103.2	103.0	103.2	103.2
101.8	101.9	101.4	100.6	100.5	100.4	99.8
100.7	101.0	100.8	100.7	100.4	100.5	100.3
99.5	99.5	99.4	99.4	99.4	99.3	99.2
98.5	98.5	98.5	98.5	99.5	99.3	99.1
100.8	100.5	100.7	100.7	100.0	100.1	100.2
102.4	102.6	102.5	101.5	101.3	101.1	100.7
99.6	99.6	99.5	99.7	100.2	100.2	100.4
102.6	103.0	103.5	105.6	105.3	104.3	103.8
97.0	96.7	96.7	97.0	99.7	99.9	100.5
99.8	99.8	99.8	99.8	99.8	99.8	99.8
107.6	104.4	104.5	103.2	98.0	98.3	98.4
101.4	102.0	101.5	101.2	100.3	100.1	100.5
100.7	100.0	100.7	98.8	101.7	98.9	99.1
100.7	99.9	100.7	98.7	101.6	98.8	99.0
103.7	103.7	103.7	103.7	107.5	105.2	103.3
102.0	102.0	101.9	101.8	101.8	101.5	101.2
103.5	103.7	103.4	103.1	103.2	102.8	102.5
105.9	105.7	105.4	104.6	105.3	105.4	104.5
106.7	106.5	105.7	104.5	105.1	104.5	103.4
105.6	105.4	105.3	104.6	105.3	105.7	104.9
103.9	104.1	103.4	103.2	103.4	102.7	102.3
101.0	101.0	100.7	100.2	99.1	98.9	98.3
104.0	104.3	103.1	102.7	101.8	100.7	100.1
101.2	101.7	101.1	101.7	101.6	101.5	101.6
102.6	103.9	103.1	102.8	103.5	102.4	102.5
104.0	104.2	101.4	101.8	103.5	104.3	102.8
103.3	103.3	102.3	102.1	102.1	102.1	102.1

4-4 续表 7

(上年同月=100)

类　　别	年平均	1月	2月	3月	4月	5月
心血管系统用药	105.9	105.3	106.1	106.0	105.6	104.7
血液系统用药	101.2	100.1	99.8	99.8	100.5	102.2
治疗精神障碍药	101.4	104.3	102.7	102.0	102.1	101.5
神经系统用药	105.1	102.8	103.8	105.1	105.2	105.5
消毒防腐及创伤外科用药	103.0	103.6	103.9	103.0	103.4	102.5
泌尿系统用药	100.9	101.8	101.8	101.3	101.4	101.1
维生素、矿物质类药	107.6	114.1	114.4	111.0	110.9	110.8
调节水、电解质及酸碱平衡药	104.7	105.2	105.5	105.6	106.6	106.1
滋补保健品	102.6	104.1	103.6	102.2	101.2	102.4
滋补保健品	102.6	104.1	103.6	102.2	101.2	102.4
医疗卫生器具	101.0	101.0	101.7	100.7	100.7	100.3
医疗卫生器具	101.0	101.0	101.7	100.7	100.7	100.3
保健器具	100.9	100.8	101.1	100.8	101.0	100.7
保健器具	100.9	100.8	101.1	100.8	101.0	100.7
医疗服务	100.9	100.8	101.0	101.1	101.1	101.0
综合医疗类	102.2	102.3	102.6	102.7	102.6	102.4
一般医疗服务	102.3	102.5	102.5	102.7	102.7	102.6
一般治疗操作	101.7	101.6	102.1	102.1	102.0	101.8
护　　理	104.6	105.3	105.9	105.9	105.4	104.9
其他综合医疗服务	100.1	100.0	100.0	100.0	100.0	100.0
诊断类	99.6	99.5	99.6	99.6	99.6	99.6
病理学诊断	100.8	100.0	100.8	100.8	100.8	100.8
实验室诊断	99.7	99.8	99.8	99.8	99.8	99.8
影像学诊断	99.0	99.0	99.0	99.0	99.0	99.0
临床诊断	100.7	100.2	100.8	100.8	100.8	100.8
治疗类	100.9	100.7	101.0	101.0	101.1	101.0
临床手术治疗	101.1	100.8	101.2	101.2	101.3	101.2
临床非手术治疗	100.4	100.4	100.4	100.4	100.4	100.4
康复类	101.7	100.9	101.5	101.6	101.8	101.8
康复医疗	101.7	100.9	101.5	101.6	101.8	101.8
中医医疗服务类	101.6	101.7	102.0	101.6	101.7	101.5
中医治疗	101.6	101.7	102.0	101.6	101.7	101.5
其他医疗服务	100.4	100.4	100.4	100.4	100.4	100.4
其他医疗服务	100.4	100.4	100.4	100.4	100.4	100.4
其他用品和服务	105.2	103.0	102.9	103.1	103.0	102.9
其他用品类	106.7	100.1	101.0	100.7	101.1	101.0
首饰手表	108.9	100.1	101.2	100.8	101.4	101.2
金 饰 品	110.9	100.0	101.5	100.9	101.6	101.5
银 饰 品	101.4	102.0	102.3	101.7	101.0	101.3
铂金饰品	100.7	99.0	97.9	98.2	99.9	99.3
手　　表	99.9	100.4	100.6	100.6	100.3	100.1
其他杂项用品	100.3	100.1	100.2	100.5	100.4	100.3
箱　　包	98.9	98.9	99.0	99.2	99.2	98.6
母婴用品	100.9	100.2	100.3	100.9	100.7	101.1

6月	7月	8月	9月	10月	11月	12月
106.4	106.2	106.5	106.5	107.3	106.0	104.4
102.5	102.3	101.8	101.2	101.5	101.3	101.0
101.0	101.0	101.1	100.5	100.8	100.4	99.9
104.7	105.2	105.3	105.7	106.7	105.4	106.1
102.1	104.1	102.8	102.5	102.7	102.5	103.0
101.3	101.1	100.8	100.3	100.2	100.0	99.9
109.3	109.0	104.2	102.5	102.9	102.7	102.4
104.4	104.5	104.2	103.9	104.2	102.5	103.5
102.7	102.9	103.1	102.7	102.5	102.1	102.2
102.7	102.9	103.1	102.7	102.5	102.1	102.2
100.3	100.5	101.3	101.3	101.4	101.6	101.8
100.3	100.5	101.3	101.3	101.4	101.6	101.8
101.2	100.9	100.7	100.7	100.6	100.7	101.0
101.2	100.9	100.7	100.7	100.6	100.7	101.0
101.0	101.0	101.0	100.9	100.9	100.7	100.3
102.4	102.4	102.3	102.2	102.2	101.8	100.7
102.6	102.5	102.4	102.4	102.4	101.8	100.2
101.8	101.8	101.7	101.7	101.7	101.5	100.8
104.9	104.8	104.5	104.4	104.4	103.5	102.0
100.1	100.1	100.1	100.1	100.1	100.1	100.1
99.6	99.6	99.6	99.5	99.6	99.7	99.8
100.8	100.9	101.0	101.0	101.0	101.0	100.5
99.8	99.8	99.7	99.7	99.7	99.7	99.7
99.0	99.0	99.0	98.9	98.9	99.1	99.5
100.8	100.8	100.8	100.8	100.8	100.8	100.5
101.0	101.0	101.0	101.0	101.0	100.6	100.5
101.2	101.2	101.2	101.2	101.2	100.8	100.7
100.4	100.5	100.5	100.5	100.5	100.1	99.9
101.8	101.8	102.1	101.8	101.8	101.8	101.1
101.8	101.8	102.1	101.8	101.8	101.8	101.1
101.6	101.7	101.7	101.7	101.8	101.8	100.9
101.6	101.7	101.7	101.7	101.8	101.8	100.9
100.4	100.4	100.4	100.4	100.4	100.4	100.4
100.4	100.4	100.4	100.4	100.4	100.4	100.4
103.9	105.1	107.0	108.1	108.8	107.9	107.0
103.4	106.3	110.7	114.1	115.6	114.1	112.8
104.5	108.3	114.3	118.9	121.0	119.0	117.1
105.4	110.2	117.5	123.1	125.7	123.2	120.9
102.5	100.4	100.6	100.3	101.1	101.6	101.6
98.9	99.8	101.1	104.1	103.5	103.2	103.9
100.1	100.0	100.2	99.5	99.4	99.0	98.8
100.5	100.5	100.4	100.3	100.0	100.3	100.2
98.7	98.7	98.8	98.7	98.9	99.1	99.3
101.6	101.4	101.3	101.1	100.7	101.0	100.8

4-4 续表 8

(上年同月=100)

类　别	年平均	1月	2月	3月	4月	5月
眼　镜	100.7	101.9	101.9	101.5	101.3	100.9
其他服务类	104.0	105.6	104.5	105.1	104.5	104.4
旅馆住宿	100.8	103.5	101.6	101.4	98.2	101.7
宾馆住宿	102.3	101.1	101.3	101.1	99.4	104.1
其他住宿	100.0	104.7	101.8	101.6	97.5	100.4
美容美发洗浴	105.2	108.5	106.2	106.5	106.2	106.1
美　容	102.7	103.4	103.6	103.3	103.3	102.9
美　发	107.3	112.2	109.4	110.2	109.7	109.6
洗　浴	104.6	108.4	104.6	104.7	104.7	104.7
养老服务	108.5	109.9	109.1	113.0	111.7	108.3
养老服务	108.5	109.9	109.1	113.0	111.7	108.3
金融保险	102.0	101.7	101.9	102.1	102.2	102.2
金融服务	101.5	100.8	100.6	101.8	101.8	101.8
车辆保险	100.3	100.1	100.4	100.4	100.4	100.4
旅行保险	100.0	100.0	100.0	100.0	100.0	100.0
其他保险	112.6	113.2	113.2	113.2	113.2	113.1
其他服务类	102.4	101.6	101.9	101.1	101.0	101.0
中介服务	102.5	103.2	103.8	102.3	102.2	102.2
其他服务	102.3	99.9	99.9	99.9	99.9	99.9

6月	7月	8月	9月	10月	11月	12月
100.4	100.5	100.5	100.2	99.8	100.0	99.8
104.2	104.2	103.9	103.3	103.4	102.8	102.4
101.3	100.1	99.6	102.5	102.1	99.1	99.3
100.5	103.6	104.5	104.5	105.6	101.7	101.1
101.7	98.2	97.1	101.5	100.2	97.8	98.3
105.4	105.5	105.2	103.4	103.4	103.2	102.7
103.0	103.0	102.9	102.6	102.0	101.4	101.5
108.6	108.8	108.3	103.8	103.3	103.1	102.4
103.6	103.8	103.5	103.5	104.6	104.8	104.0
108.3	108.3	107.7	107.8	107.7	105.8	104.6
108.3	108.3	107.7	107.8	107.7	105.8	104.6
102.1	102.1	102.1	101.7	102.0	102.0	101.8
101.7	101.6	101.6	101.6	101.8	101.8	101.2
100.4	100.5	100.5	100.4	100.4	100.0	100.1
100.0	100.0	100.0	100.0	100.0	100.0	100.0
113.0	113.1	113.1	109.4	111.4	112.9	112.6
103.2	103.2	103.3	103.2	103.3	103.6	102.7
102.4	102.4	102.6	102.4	102.6	103.2	101.4
104.0	104.0	104.0	104.0	104.0	104.1	104.1

4-5 居民消费价格

(上月=100)

类　　别	1月	2月	3月	4月	5月
总 指 数	**100.5**	**100.8**	**100.0**	**100.2**	**99.8**
食品烟酒	101.3	101.8	100.0	100.4	99.5
食品	101.9	102.7	99.9	100.5	99.2
粮食	100.0	100.2	100.1	100.0	99.7
大　　米	100.1	100.0	99.7	100.1	99.8
面　　粉	99.8	100.0	100.1	100.0	100.0
其他粮食	100.8	100.5	100.0	99.6	99.4
粮食制品	99.8	100.3	100.4	100.0	99.6
薯类	110.1	110.3	100.9	105.5	101.6
薯　　类	110.1	110.3	100.9	105.5	101.6
豆类	99.6	101.1	99.6	99.8	100.1
干　　豆	99.9	99.9	99.8	100.2	99.7
豆 制 品	99.6	101.2	99.6	99.8	100.1
食用油	99.5	100.0	99.7	99.7	100.4
食用植物油	99.5	100.0	99.7	99.7	100.4
食用动物油	99.2	99.7	101.0	101.1	101.7
菜	110.6	118.0	96.2	94.5	87.5
鲜　　菜	111.7	119.8	95.9	94.0	86.3
干菜及菜制品	100.1	100.3	100.2	100.2	100.1
畜肉类	99.8	100.7	105.5	102.0	99.4
猪　　肉	98.7	100.2	109.7	103.3	99.1
牛　　肉	101.7	102.8	97.5	99.1	100.0
羊　　肉	103.7	100.8	96.4	99.0	99.6
畜肉副产品	100.5	100.8	101.3	100.7	100.7
其他畜肉及制品	101.2	100.6	99.9	100.5	100.3
禽肉类	100.6	100.1	98.8	100.8	100.6
鸡	100.6	99.6	98.2	101.0	100.9
鸭	100.2	101.0	99.5	101.0	99.7
其他禽肉及制品	100.6	100.9	100.0	100.2	100.2
水产品	101.4	101.5	97.7	100.2	99.6
淡 水 鱼	100.1	101.5	95.2	98.7	100.9
海 水 鱼	101.2	101.4	99.7	100.0	99.5
虾 蟹 类	104.4	102.2	97.8	102.5	97.3
其他水产品及制品	100.4	101.0	99.9	99.8	100.5
蛋类	102.3	91.7	90.6	106.7	110.6
鸡　　蛋	102.4	91.2	90.1	107.2	111.3
其他蛋及制品	99.9	100.4	99.2	98.8	98.9
奶类	100.0	100.0	99.9	99.9	99.8
鲜　　奶	100.0	100.1	99.3	99.4	99.7
酸　　奶	99.8	100.2	99.8	100.1	99.6
奶　　粉	99.9	99.9	100.2	100.0	99.8
其他奶制品	100.6	100.0	100.0	100.1	100.1
干鲜瓜果类	102.3	103.6	99.7	102.7	102.8
鲜 瓜 果	102.8	104.6	99.6	103.5	103.8

分月环比指数(2019年)

6月	7月	8月	9月	10月	11月	12月
99.7	**100.3**	**100.7**	**101.2**	**101.0**	**100.5**	**99.8**
99.3	101.0	102.5	103.8	103.1	101.8	99.4
98.8	101.4	103.6	105.4	104.3	102.1	99.0
99.8	99.8	100.2	100.1	99.9	100.1	100.0
99.6	99.7	100.2	100.1	100.1	100.3	99.6
99.9	99.7	99.9	99.9	99.9	100.1	99.9
100.1	99.9	100.2	100.5	100.3	100.2	99.9
99.8	99.8	100.2	100.2	99.8	99.9	100.2
97.2	99.0	92.7	90.4	92.6	97.3	103.7
97.2	99.0	92.7	90.4	92.6	97.3	103.7
100.2	99.8	100.5	100.1	100.0	99.8	99.7
100.1	99.7	99.9	100.2	100.2	100.6	100.1
100.2	99.8	100.5	100.1	100.0	99.8	99.7
99.8	99.9	100.0	100.1	100.3	101.1	100.4
99.8	99.9	99.9	99.7	100.0	100.5	100.3
102.2	102.0	105.4	114.6	108.9	118.4	101.7
89.4	104.5	103.4	98.8	99.4	101.6	113.0
88.2	105.0	103.7	98.6	99.3	101.8	114.4
100.2	99.8	100.0	100.5	100.4	100.0	99.9
102.5	104.8	114.0	119.0	115.8	106.1	94.7
103.6	106.9	119.3	123.6	120.3	106.5	93.0
100.2	100.3	103.2	106.5	102.8	103.1	100.7
100.2	100.5	101.7	105.3	102.0	100.4	99.7
100.9	101.8	105.5	115.6	107.1	111.3	98.7
100.1	100.1	101.0	103.4	101.4	104.0	101.3
99.9	99.8	102.8	107.5	103.6	104.9	95.5
99.9	99.6	103.7	109.2	103.6	103.5	93.5
100.0	99.6	102.2	104.1	106.3	112.0	96.9
100.2	100.4	100.4	104.2	102.5	106.4	100.3
97.7	99.7	100.4	101.2	99.9	99.8	99.8
100.2	100.4	100.9	102.1	99.0	99.5	98.6
99.7	99.8	99.8	100.7	100.4	101.3	100.5
91.6	98.7	99.9	101.2	100.8	99.2	100.4
99.9	99.7	100.5	100.3	99.9	100.1	100.5
94.6	108.0	107.4	109.0	97.1	98.0	93.8
94.3	108.4	107.8	109.3	97.0	97.8	93.5
99.5	99.9	100.2	102.9	100.2	100.9	100.5
100.2	99.8	99.9	99.8	100.1	100.1	100.2
100.1	99.9	99.5	100.2	100.3	100.6	100.3
100.1	99.7	100.0	100.4	99.8	100.1	100.0
100.3	99.8	100.2	99.2	100.5	99.8	100.3
100.2	99.6	100.0	100.2	99.5	100.2	100.2
100.6	94.6	93.2	95.0	95.9	97.2	102.4
100.6	93.1	91.3	93.4	94.5	96.4	103.2

4-5 续表 1

(上月=100)

类　　别	1月	2月	3月	4月	5月
坚　　果	100.2	100.1	100.3	100.1	100.1
瓜果制品	101.3	99.8	99.9	99.5	96.9
糖果糕点类	99.4	100.1	100.4	100.0	100.0
食　　糖	100.2	100.2	100.7	100.2	99.7
糖　　果	99.3	99.9	100.8	99.4	100.2
糕　　点	98.9	100.1	99.9	100.2	100.1
其他糖果糕点	100.3	99.4	100.1	99.9	99.8
调味品	100.0	100.2	100.5	100.1	100.1
食 用 盐	97.5	99.0	101.7	98.9	103.9
酱　　油	101.2	100.0	99.8	100.1	99.1
食　　醋	100.8	98.9	101.0	99.7	99.8
调 味 酱	98.8	101.3	100.0	100.0	99.8
味　　精	100.2	100.3	101.1	100.0	100.1
其他调味品	100.6	100.3	100.8	100.8	100.4
其他食品类	100.1	100.0	100.3	100.1	100.2
方便食品	99.7	99.9	100.3	100.4	100.3
淀粉及制品	100.3	100.5	100.5	100.0	99.8
膨化食品	100.8	99.5	99.8	99.4	100.6
茶及饮料	99.7	99.5	101.1	100.3	100.3
茶　　叶	99.5	100.5	100.1	99.3	100.1
固体咖啡	100.6	99.9	100.1	99.5	100.3
其他固体饮料	100.3	100.0	99.7	100.4	100.3
饮 用 水	100.0	99.7	99.9	99.8	100.2
果汁饮料	99.4	99.5	100.7	100.4	101.3
其他液体饮料	99.8	98.8	102.2	101.0	100.1
烟酒	100.1	99.9	100.3	99.9	100.1
烟草	100.1	100.0	100.1	100.0	100.0
烟　　草	100.1	100.0	100.1	100.0	100.0
酒类	100.1	99.9	100.5	99.7	100.1
白　　酒	100.0	99.8	100.6	99.6	100.2
葡 萄 酒	100.6	99.4	100.7	100.5	99.7
啤　　酒	99.9	100.3	100.2	99.9	99.6
其他酒类	101.0	99.9	100.1	101.7	101.3
在外餐饮	100.3	100.4	100.2	100.0	100.0
正　　餐	100.6	100.7	99.9	100.2	100.0
快　　餐	100.2	100.1	100.2	99.8	99.9
地方小吃	100.0	100.4	100.5	100.2	100.1
其他在外餐饮	99.7	100.1	100.1	99.9	99.9
衣着	100.0	99.8	100.3	99.8	99.9
服装	100.0	99.7	100.3	99.8	99.9
男式服装	100.0	99.8	100.5	99.8	99.9
男式西服	100.0	99.9	100.4	99.7	99.4
男式冬衣	99.7	99.3	99.8	99.7	100.3
男式夹克衫	99.9	99.9	102.0	100.1	99.7

6月	7月	8月	9月	10月	11月	12月
100.4	100.6	100.2	100.1	100.4	99.8	100.4
101.1	99.4	100.0	100.0	99.9	99.9	99.4
100.0	100.0	100.1	99.8	100.3	100.1	99.9
99.9	100.1	99.9	100.1	100.4	100.2	99.5
100.0	100.1	100.0	100.0	100.2	99.6	100.1
100.0	100.0	100.4	99.5	100.3	100.5	100.0
100.4	99.4	100.4	100.0	100.1	99.9	100.2
100.1	99.7	100.0	100.6	100.3	100.1	100.0
99.9	97.3	101.3	100.0	99.9	100.0	100.0
100.8	100.1	99.7	100.3	100.4	99.9	100.2
100.4	100.4	100.2	100.7	100.1	100.2	98.4
99.2	99.2	99.4	101.4	100.1	100.2	100.1
100.5	100.4	101.2	100.2	100.4	100.3	100.6
100.3	99.9	99.9	100.2	100.7	100.0	100.5
99.9	100.2	100.2	100.2	100.3	100.8	100.2
100.0	100.2	100.1	100.5	100.5	101.6	100.3
99.9	100.1	100.4	99.8	100.0	100.0	100.4
99.9	100.4	100.0	99.9	100.3	100.1	100.0
100.3	100.4	100.0	99.4	100.0	100.2	100.3
100.5	100.1	99.8	99.7	100.0	100.0	100.0
99.9	99.5	99.8	100.1	99.7	100.2	100.1
99.9	99.5	100.1	100.2	100.1	100.1	100.1
100.0	100.0	100.0	99.8	100.3	100.2	99.7
99.8	100.2	100.0	99.1	100.6	100.0	100.2
100.4	100.7	100.1	99.2	99.9	100.4	100.5
100.2	100.2	100.3	100.2	100.2	100.0	100.1
100.0	100.0	100.0	100.0	100.0	100.0	100.2
100.0	100.0	100.0	100.0	100.0	100.0	100.2
100.4	100.5	100.6	100.3	100.4	100.0	100.0
100.5	100.7	100.6	100.3	100.6	100.0	100.1
100.3	100.0	100.2	99.9	100.4	100.1	100.1
99.7	99.2	100.5	100.4	99.6	100.1	99.8
100.7	100.9	100.8	100.0	100.2	100.0	100.1
100.1	100.3	100.4	100.9	100.5	101.6	100.3
99.9	100.6	100.6	101.2	100.6	102.4	100.3
100.4	100.1	100.4	100.7	100.4	100.1	100.2
100.1	100.0	100.0	100.8	100.7	102.6	100.4
100.0	100.0	100.3	100.5	100.2	100.8	100.1
100.0	99.9	99.9	100.3	100.0	100.1	100.1
100.0	99.9	99.9	100.4	100.1	100.1	100.1
100.1	99.9	99.9	100.4	100.1	100.2	100.0
99.9	99.9	100.0	100.6	100.2	99.9	99.9
100.0	100.0	100.0	100.1	100.0	101.2	100.3
100.1	100.0	100.0	101.0	100.3	99.9	100.0

4-5 续表 2

(上月=100)

类　　别	1月	2月	3月	4月	5月
男式毛线衣	100.4	99.6	99.0	99.2	99.8
男式运动装	100.1	100.1	100.9	100.1	100.2
男式衬衫T恤	100.0	100.3	101.3	100.0	100.5
男式裤子	100.1	99.6	100.3	99.6	99.1
男式内衣	99.9	99.9	100.0	99.7	100.0
女式服装	100.0	99.7	100.0	99.8	100.0
女式外套	100.0	99.9	100.8	99.2	99.5
女式冬衣	99.4	99.1	99.2	99.8	100.1
女式毛线衣	100.6	99.8	99.2	99.5	99.9
女式运动装	100.0	100.1	99.3	99.1	99.9
女式衬衫T恤	100.0	99.6	100.7	100.6	100.4
女式裤子	100.3	100.1	100.5	99.9	99.3
女式裙子	100.0	100.0	100.0	100.2	100.7
女式内衣	100.0	100.0	100.0	100.0	99.9
儿童服装	99.8	99.5	100.4	99.7	99.7
婴幼服装	99.8	99.6	100.1	99.6	100.0
儿童上衣	99.8	99.2	100.2	99.7	99.5
儿童裤子	99.8	99.4	100.8	99.6	99.4
儿童裙子	100.1	99.9	100.5	99.7	100.3
服装材料	100.0	100.0	100.0	100.0	100.1
服装材料	100.0	100.0	100.0	100.0	100.1
其他衣着及配件	100.2	100.0	99.9	100.3	100.0
袜　　子	100.1	100.0	99.7	100.2	100.0
帽　　子	100.0	100.0	100.1	100.7	99.9
其他衣着配件	100.5	100.0	99.9	99.9	99.8
衣着加工服务费	100.6	100.3	100.5	100.4	100.1
衣着洗涤保养	100.0	100.1	100.3	100.4	100.0
衣着加工	101.1	100.6	100.7	100.4	100.1
鞋类	100.1	99.8	100.4	100.0	99.8
鞋	100.1	99.8	100.3	100.0	99.8
男　　鞋	100.2	99.9	100.6	99.9	99.8
女　　鞋	100.0	99.6	100.1	100.0	99.8
童　　鞋	100.3	99.9	100.1	100.5	99.8
鞋类加工服务	100.0	100.0	104.8	100.8	100.2
鞋类加工服务	100.0	100.0	104.8	100.8	100.2
居住	100.1	99.9	100.2	100.0	100.0
租赁房房租	99.3	99.4	100.9	100.5	100.0
公房房租	100.0	100.0	100.0	100.0	100.0
私房房租	99.3	99.4	101.0	100.5	100.0
住房保养维修及管理	100.3	100.0	100.6	100.0	100.1
住房装潢材料	100.2	100.0	100.0	100.0	100.1
木 地 板	100.1	100.2	100.0	99.8	100.1
瓷　　砖	100.2	100.1	99.8	99.9	100.3
水　　泥	100.0	99.0	99.5	100.7	100.7

6月	7月	8月	9月	10月	11月	12月
99.8	100.0	100.0	99.8	100.5	100.3	100.5
101.1	99.3	99.4	101.5	99.5	100.0	99.6
100.1	99.9	99.6	100.1	99.8	99.8	99.8
100.2	99.7	100.0	100.6	100.5	100.0	100.0
99.9	99.8	99.8	100.0	100.1	100.0	100.1
99.9	99.8	99.9	100.4	100.1	100.1	100.2
99.9	100.0	100.0	99.8	99.9	100.0	100.3
100.0	100.0	100.0	100.0	100.0	100.9	100.1
99.7	100.0	100.0	100.9	100.6	100.3	100.3
99.9	99.7	99.6	101.5	99.6	99.7	100.3
99.8	99.5	99.9	100.2	100.1	99.8	99.9
99.9	99.4	99.8	101.5	99.9	100.0	100.4
100.4	99.8	99.3	100.2	100.2	100.1	100.3
99.9	99.9	100.1	100.0	100.5	99.9	100.0
100.0	99.9	100.0	100.1	99.9	100.0	100.1
100.1	100.1	100.3	100.1	100.3	100.3	100.1
99.8	99.9	99.9	100.6	100.1	100.3	100.0
99.8	99.9	100.3	100.1	99.3	99.8	100.1
100.6	100.0	99.6	99.0	100.1	99.6	100.2
99.9	100.1	99.9	100.2	100.0	101.6	99.9
99.9	100.1	99.9	100.2	100.0	101.6	99.9
99.9	100.0	100.0	99.7	100.0	100.0	100.2
99.7	99.8	100.0	99.9	100.1	99.7	100.1
100.1	100.3	100.1	99.4	99.9	100.3	100.3
100.1	100.0	100.1	100.0	100.0	100.0	100.2
100.2	100.1	100.0	100.2	100.0	100.2	100.1
100.0	100.1	100.0	100.2	100.1	100.2	100.1
100.4	100.1	100.0	100.2	100.0	100.1	100.1
99.9	99.8	99.8	100.0	100.0	100.0	100.0
99.9	99.8	99.8	100.0	100.0	100.0	100.0
99.9	100.0	99.6	99.8	100.1	99.9	100.0
99.9	99.8	99.9	100.1	100.0	100.1	100.1
99.9	99.5	99.8	100.0	99.6	99.9	99.7
100.0	100.0	100.0	100.3	100.0	100.1	100.0
100.0	100.0	100.0	100.3	100.0	100.1	100.0
100.0	100.0	100.1	100.0	100.0	100.0	100.0
100.9	99.7	100.3	99.9	99.7	98.9	99.9
100.0	100.0	100.0	100.0	100.0	100.0	100.0
100.9	99.7	100.3	99.9	99.7	98.9	99.9
100.1	100.0	99.9	100.1	100.0	100.3	100.4
100.2	100.0	99.9	99.9	100.0	100.5	100.5
100.2	100.2	100.2	99.8	100.3	99.9	99.9
100.2	100.0	99.9	99.7	99.9	100.4	100.0
100.3	99.5	99.1	100.1	100.2	103.4	104.4

4-5 续表 3

(上月=100)

类　　别	1月	2月	3月	4月	5月
涂　　料	100.2	100.1	100.2	100.2	99.8
板　　材	100.7	100.4	100.2	100.1	100.1
管　　材	99.6	100.0	100.2	100.0	99.7
厨卫设备	100.0	100.0	100.3	99.8	100.0
门　　窗	100.7	100.2	100.0	100.0	100.1
其他住房装潢材料	100.1	100.1	99.8	99.7	99.7
物业管理费	100.0	100.0	100.0	100.0	100.0
物业管理费	100.0	100.0	100.0	100.0	100.0
住房装潢维修	100.4	100.0	101.2	99.9	100.1
装潢维修费	100.5	100.0	100.0	100.0	100.2
其他住房费用	100.2	100.0	102.3	99.9	100.0
水电燃料	100.2	99.8	99.8	99.6	100.1
水	100.0	100.0	100.5	100.2	100.4
水	100.0	100.0	100.5	100.2	100.4
电	100.0	100.0	100.0	100.0	100.0
电	100.0	100.0	100.0	100.0	100.0
燃气	100.4	99.6	99.5	99.2	100.1
管道燃气	100.0	100.0	100.0	99.5	99.9
液化石油气	100.6	99.4	99.2	99.0	100.2
取暖费	100.0	100.0	100.0	100.0	100.0
取 暖 费	100.0	100.0	100.0	100.0	100.0
其他燃料	100.7	99.2	98.9	98.6	100.0
其他燃料	100.7	99.2	98.9	98.6	100.0
自有住房	100.1	100.1	100.1	100.2	100.0
自有住房	100.1	100.1	100.1	100.2	100.0
生活用品及服务	100.1	100.3	99.8	100.1	100.1
家具及室内装饰品	100.1	100.0	100.0	99.9	99.9
家具	100.1	100.0	100.0	99.9	99.9
柜	100.1	99.9	99.9	99.6	100.0
床	100.1	100.0	100.0	99.9	99.7
桌	100.1	100.1	100.0	100.0	99.9
椅	99.8	99.9	100.1	100.9	100.0
沙　　发	100.1	100.0	99.7	99.8	100.0
其他家具	100.1	100.1	100.9	100.3	99.7
室内装饰品	100.3	100.0	99.9	100.0	99.9
灯　　具	100.3	100.0	100.2	99.9	99.6
其他室内装饰品	100.3	100.0	99.7	100.1	100.1
家用器具	100.4	100.9	99.2	100.2	100.6
大型家用器具	100.5	101.0	99.3	100.3	100.7
洗 衣 机	102.3	102.2	95.4	100.7	98.8
电冰箱(柜)	100.8	99.5	99.9	101.5	100.9
抽油烟机	100.0	100.6	99.6	100.8	99.6
空 调 器	100.4	101.2	98.7	98.6	101.3
热 水 器	100.0	102.0	100.2	102.9	100.2

6月	7月	8月	9月	10月	11月	12月
100.1	100.0	100.1	100.2	99.9	99.9	100.1
100.1	100.0	100.4	100.1	100.3	100.4	99.9
99.8	100.3	99.9	100.0	100.1	100.0	100.5
100.3	100.0	99.8	99.9	99.5	100.1	99.8
100.3	99.9	99.9	100.0	100.0	100.4	99.9
100.0	100.1	100.3	99.9	100.3	99.9	100.6
100.3	100.0	100.0	100.0	100.0	100.0	100.0
100.3	100.0	100.0	100.0	100.0	100.0	100.0
100.1	100.0	100.0	100.2	100.1	100.1	100.4
100.0	100.1	99.9	100.5	100.1	100.1	100.9
100.1	100.0	100.0	100.0	100.0	100.0	100.0
99.8	100.1	100.0	100.0	100.1	100.0	99.9
101.1	101.3	100.4	100.0	100.0	100.0	100.0
101.1	101.3	100.4	100.0	100.0	100.0	100.0
100.0	100.0	100.0	100.0	100.0	100.0	100.0
100.0	100.0	100.0	100.0	100.0	100.0	100.0
98.7	99.9	100.3	100.0	99.8	99.7	100.2
99.9	101.3	100.3	100.0	100.0	100.1	100.0
98.2	99.3	100.3	99.9	99.7	99.4	100.3
100.0	100.0	100.0	100.0	100.0	100.2	100.0
100.0	100.0	100.0	100.0	100.0	100.2	100.0
100.1	100.0	99.4	100.3	100.9	100.6	99.2
100.1	100.0	99.4	100.3	100.9	100.6	99.2
100.0	99.9	100.1	100.0	99.9	100.0	99.9
100.0	99.9	100.1	100.0	99.9	100.0	99.9
99.8	100.3	100.1	99.7	100.2	99.7	100.2
100.0	100.1	100.0	99.6	100.0	100.0	100.0
100.0	100.1	100.0	99.6	100.0	100.0	100.0
100.0	100.1	99.9	99.6	100.1	100.1	100.0
100.1	100.1	99.9	99.2	100.0	100.1	100.1
100.1	99.9	100.5	99.7	100.1	100.1	100.1
99.8	100.0	99.8	99.6	100.0	100.0	100.1
100.0	100.2	100.0	99.6	99.8	99.9	99.9
99.9	100.2	100.0	99.8	100.2	99.9	100.1
99.9	99.7	99.8	100.0	100.0	99.9	100.0
99.8	100.0	100.1	100.0	100.0	99.9	99.9
99.9	99.5	99.5	100.0	100.0	100.0	100.0
98.8	100.9	100.2	98.9	100.4	98.9	100.4
98.7	101.0	100.3	98.8	100.5	98.8	100.4
96.9	106.4	102.2	98.4	100.3	96.9	100.0
98.2	102.5	99.9	98.3	100.5	97.1	99.9
100.7	100.9	100.0	98.2	100.1	98.7	99.7
97.3	100.6	100.4	98.0	100.2	99.8	100.3
100.2	99.2	100.1	100.9	99.3	99.5	101.7

4-5 续表 4

(上月=100)

类　　别	1月	2月	3月	4月	5月
炉具灶具	100.0	100.9	102.2	98.4	100.3
微 波 炉	100.0	100.0	100.4	100.0	101.5
其他大型家用器具	100.0	100.7	100.6	100.8	101.1
小家电	99.9	100.0	98.8	99.5	99.9
厨房小家电	100.0	99.9	98.2	99.2	99.5
生活小家电	99.9	100.2	100.1	100.1	100.4
家用纺织品	99.7	99.8	99.9	100.2	99.9
床上用品	99.7	99.8	99.9	100.2	99.9
被　　子	99.6	99.7	100.0	99.8	100.1
床单被套	99.7	99.9	100.1	100.6	99.8
其他床上用品	100.1	99.9	99.6	100.5	99.8
窗帘门帘	100.0	100.0	100.0	100.0	99.4
窗帘门帘	100.0	100.0	100.0	100.0	99.4
其他家用纺织品	99.3	99.9	99.9	100.1	99.9
其他家用纺织品	99.3	99.9	99.9	100.1	99.9
家庭日用杂品	99.7	100.2	100.0	100.2	99.9
洗涤卫生用品	99.6	100.2	99.9	100.1	99.8
清洗用品	99.5	100.6	100.0	100.5	100.1
清洁用具	100.5	100.3	100.2	100.1	99.7
清洁用纸	99.4	99.6	99.7	99.4	99.4
厨具餐具茶具	99.7	100.1	100.1	100.4	99.8
厨　　具	100.1	99.9	100.3	100.5	99.7
餐　　具	98.9	100.4	99.9	100.4	100.1
茶　　具	100.5	100.0	100.0	100.1	99.8
家用手工工具	100.4	100.1	100.1	100.0	100.0
家用手工工具	100.4	100.1	100.1	100.0	100.0
其他家庭日用杂品	100.4	100.0	99.9	100.0	100.1
配电附件	100.5	100.0	100.0	99.9	100.2
雨　　具	100.4	100.0	99.9	100.1	100.1
其他日用杂品	100.3	99.7	99.6	100.1	99.9
个人护理用品	100.1	100.3	99.8	100.2	99.9
化妆品	100.3	100.1	99.7	100.2	99.9
清洁化妆品	100.3	99.6	98.9	100.3	99.6
护肤化妆品	100.3	100.3	100.0	100.3	100.0
彩妆化妆品	100.4	100.0	99.7	100.1	99.8
化妆器具	100.3	99.7	100.0	100.0	99.9
其他护理用品类	99.7	100.6	99.9	100.2	99.9
清洁类护理用品	99.8	101.0	99.9	100.1	99.7
护发美发用品	99.8	100.0	100.0	100.1	100.2
护理器具	99.1	100.5	100.1	100.3	99.9
其他护理用品	100.1	100.2	99.3	100.4	100.1
家庭服务	101.2	99.6	100.2	100.3	100.4
家政服务	101.8	99.0	99.9	100.2	100.6
家庭维修服务	100.5	100.2	100.6	100.3	100.2

6月	7月	8月	9月	10月	11月	12月
99.4	100.0	100.0	100.0	101.7	99.2	99.9
101.4	100.0	99.4	98.7	100.0	98.2	102.0
100.8	98.9	99.7	99.6	102.1	99.0	100.0
99.8	99.9	99.9	99.8	100.0	99.7	100.2
99.6	99.9	99.9	99.8	99.9	99.7	100.4
100.2	99.9	99.7	99.8	100.0	99.8	100.0
99.8	100.2	99.7	100.1	100.0	99.9	100.2
99.7	100.2	99.6	100.1	100.0	99.9	100.3
99.7	100.0	99.6	100.1	99.9	99.7	100.3
99.7	100.5	99.5	100.0	100.0	100.0	100.2
99.7	100.0	99.8	100.3	100.1	100.1	100.2
100.0	100.0	100.0	100.1	100.0	100.2	100.1
100.0	100.0	100.0	100.1	100.0	100.2	100.1
99.8	100.2	100.0	100.0	99.9	100.0	100.0
99.8	100.2	100.0	100.0	99.9	100.0	100.0
100.3	99.8	100.1	100.2	100.2	99.9	100.2
100.4	99.9	100.0	100.3	100.4	99.9	100.3
99.9	100.5	100.6	99.9	100.0	99.9	99.9
100.2	99.7	100.0	100.3	99.9	100.1	100.1
101.2	99.1	99.0	101.0	101.2	99.7	101.2
100.2	99.6	100.2	100.1	100.0	99.9	100.0
100.4	99.8	100.3	100.0	99.9	100.0	99.7
100.1	99.3	100.3	100.4	100.1	99.5	100.3
100.1	100.0	99.5	99.5	100.0	100.0	100.3
100.8	99.9	100.0	100.0	100.0	100.0	100.5
100.8	99.9	100.0	100.0	100.0	100.0	100.5
100.1	100.0	100.0	100.1	100.0	100.0	99.8
100.0	100.0	100.0	100.1	100.0	100.0	99.8
100.0	100.2	100.0	99.9	100.0	100.1	99.7
100.2	100.0	99.9	100.1	100.1	100.0	99.9
100.2	100.3	100.0	100.0	100.2	100.4	100.2
100.3	100.3	100.1	100.1	100.3	100.2	100.0
100.4	99.9	100.1	99.8	100.9	100.1	100.0
100.3	100.5	100.0	100.2	100.1	100.6	99.8
100.2	100.4	100.4	99.9	100.0	99.2	101.4
100.0	99.9	100.1	100.3	100.0	100.0	99.8
100.0	100.2	100.0	99.9	99.9	100.6	100.5
100.0	100.1	100.2	99.7	99.8	100.4	100.3
100.7	100.0	100.5	100.5	100.1	100.8	100.4
99.3	101.0	98.8	100.0	100.2	100.9	101.3
99.9	100.0	99.7	99.9	100.1	100.1	100.4
100.2	100.1	100.1	100.2	100.1	100.3	100.2
100.0	100.1	100.2	100.5	100.3	100.5	100.1
100.3	100.1	100.0	99.9	99.9	100.1	100.3

4–5 续表 5

(上月=100)

类　　别	1月	2月	3月	4月	5月
交通和通信	99.3	100.9	99.9	100.1	99.6
交通	100.2	101.7	100.0	100.0	99.5
交通工具	101.7	100.0	100.5	100.0	98.2
小型汽车	102.9	100.0	100.9	100.1	97.2
电动自行车	99.9	100.0	100.0	100.0	100.0
自 行 车	100.0	100.0	100.6	100.1	100.0
其他交通工具	100.1	100.0	100.2	100.1	99.3
交通工具用燃料	96.2	103.6	103.6	99.5	102.3
汽　　油	96.2	103.6	103.6	99.6	102.3
柴　　油	95.8	103.8	103.9	99.2	102.4
其他车用能源	99.9	100.5	100.8	99.5	100.1
交通工具使用和维修	100.2	101.3	98.9	100.0	100.2
停 车 费	100.0	100.2	99.8	100.0	100.0
车辆使用费	100.0	100.9	99.1	100.0	100.8
交通工具零配件	100.8	99.9	99.8	99.9	100.1
车辆修理与保养	100.2	101.3	98.9	100.0	100.2
交通费	101.3	103.6	95.9	100.5	99.1
市内公共交通	100.5	101.3	100.3	100.0	100.0
出租汽车	100.1	102.4	99.2	99.8	100.0
飞 机 票	110.4	129.8	73.5	103.9	94.1
火 车 票	100.0	100.0	100.0	100.0	100.0
长途汽车	100.6	100.7	98.0	100.4	99.0
其他交通费	100.5	100.0	99.8	100.1	99.9
通信	97.7	99.5	99.9	100.3	99.6
通信工具	93.4	98.4	99.6	100.8	98.8
固定电话机	100.0	100.0	100.0	100.0	100.0
移动电话机	93.0	98.3	99.6	100.9	98.7
通信工具零配件	100.0	100.0	100.3	100.0	99.8
通信服务	100.1	100.0	100.0	100.0	100.0
固定电话费	99.8	99.8	99.8	99.9	100.0
移动通信费	100.0	100.0	100.0	100.0	100.0
上 网 费	100.4	100.0	100.2	100.0	100.0
其他通信服务	100.0	100.0	100.0	100.0	100.0
邮递服务	100.1	100.0	99.8	100.0	100.0
邮政邮寄	100.3	100.0	99.8	100.0	100.0
快递服务	100.0	100.0	99.7	100.0	100.0
教育文化和娱乐	100.6	100.8	99.3	100.3	99.9
教育	100.2	100.0	100.2	100.1	100.0
教育用品	100.1	100.4	100.1	100.3	100.0
工 具 书	100.0	100.1	100.1	102.7	100.0
教　　材	100.0	100.1	100.0	100.0	100.0
参考资料	100.1	100.7	100.2	100.0	100.0
其他教育用品	100.2	100.0	100.0	101.3	99.8
教育服务	100.2	100.0	100.2	100.1	100.0

6月	7月	8月	9月	10月	11月	12月
99.2	99.3	99.1	99.8	99.9	100.1	100.2
99.0	100.0	99.3	99.7	100.1	99.7	100.4
99.3	99.9	99.3	99.9	99.9	99.8	100.0
99.0	99.7	98.9	100.0	99.9	99.8	100.0
99.7	100.1	99.9	99.7	100.1	99.8	99.8
99.8	100.0	100.0	100.0	100.0	100.0	99.9
100.0	100.2	99.9	100.0	100.0	100.0	100.0
96.8	97.9	98.9	100.0	100.5	100.2	101.4
96.7	97.9	98.9	100.0	100.5	100.1	101.4
96.5	97.8	98.9	100.2	100.5	100.3	101.6
99.9	100.1	100.0	100.0	100.0	100.2	100.0
100.0	100.5	100.0	100.0	100.1	100.0	99.9
100.0	100.0	100.0	100.0	100.0	100.0	100.0
100.0	100.0	100.0	100.0	101.8	100.0	101.0
100.0	99.8	99.8	100.0	100.2	100.0	99.9
100.0	100.5	100.0	100.0	100.1	100.0	99.8
100.2	102.1	99.3	98.6	100.0	98.6	100.7
100.0	98.4	100.0	100.0	100.0	100.0	100.0
100.0	100.0	100.0	100.0	100.0	100.0	100.1
102.3	122.8	95.8	86.3	101.9	87.8	107.2
100.0	100.0	100.0	100.0	100.0	100.0	100.0
100.0	100.0	99.5	100.6	99.4	99.5	100.0
100.0	100.1	100.0	100.2	99.8	100.0	100.1
99.6	98.0	98.5	100.0	99.5	101.0	99.7
98.8	99.6	95.9	100.1	98.3	103.0	98.8
99.9	100.0	99.1	100.0	100.0	100.0	100.0
98.7	99.6	95.7	100.1	98.2	103.2	98.7
100.0	99.9	99.8	100.1	100.0	100.0	100.0
100.1	97.0	99.9	100.0	100.0	100.0	100.2
100.0	100.0	100.0	100.0	100.0	99.8	100.0
100.1	96.5	100.0	100.0	100.0	100.0	100.0
100.0	97.9	99.3	100.0	100.0	100.0	100.8
100.0	100.0	99.9	100.0	100.0	100.0	100.0
100.0	100.0	100.0	100.1	99.9	99.9	100.0
100.0	100.0	100.0	100.0	100.0	100.0	100.0
100.0	100.0	100.0	100.1	99.8	99.9	100.0
99.8	100.0	100.0	100.2	100.2	99.6	100.0
100.0	99.7	100.1	100.7	100.1	99.9	99.9
100.0	100.0	100.0	100.7	100.0	100.0	100.0
100.0	100.0	100.0	100.4	100.0	100.0	100.0
100.0	100.0	99.6	99.0	100.0	100.0	100.0
100.0	100.0	100.3	102.1	100.0	100.0	100.0
99.6	99.9	99.7	100.2	99.8	99.8	99.9
100.0	99.7	100.1	100.7	100.1	99.9	99.9

4-5 续表 6

(上月=100)

类　　别	1月	2月	3月	4月	5月
学前教育	100.2	100.4	100.5	100.0	100.0
小学初中教育	100.3	100.3	101.1	100.3	100.3
高中中职教育	100.2	100.2	100.0	100.2	100.2
高等教育	100.0	100.0	100.0	100.0	100.0
课外教育	100.1	100.3	100.1	100.0	100.0
专业技能培训	100.4	98.9	99.8	100.0	99.4
文化娱乐	101.3	102.1	97.8	100.6	99.8
文娱耐用消费品	100.0	99.7	102.0	100.5	100.8
电 视 机	100.4	99.5	97.9	101.4	102.5
照 相 机	100.1	100.0	99.9	99.9	100.0
台式计算机	99.4	99.2	106.5	99.9	100.0
笔记本平板	99.8	100.2	105.0	100.1	100.0
乐　　器	100.0	100.0	100.2	100.3	99.7
音　　响	100.0	100.2	100.1	100.2	100.1
其他文娱耐用消费品	100.2	100.0	100.0	100.5	100.1
其他文娱用品	100.8	100.0	100.0	100.0	99.9
书报杂志	102.2	100.0	100.0	100.0	100.0
纸张文具	100.2	100.0	100.0	100.3	100.0
体育户外用品	100.0	99.8	100.2	100.0	100.0
游戏用品和玩具	100.1	100.0	100.0	99.3	100.3
园艺花卉及用品	100.1	100.0	99.9	99.6	98.9
宠物及用品	100.0	100.0	99.8	100.2	100.3
其他文化娱乐用品	100.2	100.0	100.0	100.5	100.1
文化娱乐服务	99.8	101.9	99.0	100.8	99.7
电 影 票	100.8	109.0	92.9	100.0	101.1
景点门票	99.3	103.0	99.2	102.2	98.9
有线电视	100.0	100.0	100.0	100.0	100.0
健身活动	100.2	100.1	99.9	99.6	99.6
其他文娱服务	100.0	100.9	99.7	100.2	99.8
旅游	105.4	107.7	89.0	101.3	98.2
旅行社收费	105.5	107.8	88.9	101.3	98.2
其他旅游	100.0	101.0	100.3	103.5	97.5
医疗保健	100.1	100.3	100.1	100.0	100.1
药品及医疗器具	100.3	100.3	100.2	100.0	100.4
中药	100.8	100.1	100.7	100.1	100.6
中 药 材	101.6	99.3	100.1	99.7	100.9
中 成 药	100.4	100.4	100.9	100.3	100.5
西药	100.2	100.4	100.4	100.0	100.1
抗微生物药	100.1	100.0	100.0	99.6	100.7
消化系统用药	101.0	100.1	100.2	99.8	100.2
呼吸系统用药	100.2	99.9	99.7	100.0	99.6
解热镇痛药	99.5	100.2	100.0	99.9	101.1
抗肿瘤药	100.0	99.9	100.0	100.2	100.2
激素及影响内分泌药	100.2	99.9	100.2	100.5	101.2

6月	7月	8月	9月	10月	11月	12月
100.0	100.0	100.0	101.9	101.2	100.2	100.2
100.2	100.1	100.2	101.7	100.1	100.1	100.1
100.2	100.1	100.4	100.5	100.0	100.0	100.0
100.0	100.0	100.0	100.0	100.0	100.0	100.0
100.2	100.5	100.1	100.1	101.2	100.6	100.0
99.8	97.2	99.8	100.6	98.6	98.9	99.3
99.4	100.7	99.9	99.2	100.2	99.1	100.1
99.0	99.7	99.3	99.4	100.5	99.4	99.9
96.8	99.7	98.4	98.1	100.6	97.1	99.7
100.0	99.7	99.7	100.0	99.2	99.2	100.0
99.9	100.0	100.0	100.0	101.4	101.4	100.0
100.0	99.0	99.0	100.0	100.0	99.9	100.0
100.1	100.0	100.0	100.0	99.8	100.1	99.9
99.9	99.6	100.0	99.7	100.1	100.1	100.0
100.2	100.0	100.0	100.0	99.6	99.9	100.1
100.1	100.1	99.9	100.2	100.0	100.1	99.9
100.0	100.0	100.0	100.7	100.0	100.3	100.0
100.1	100.1	99.6	99.8	99.9	100.0	99.9
100.4	100.3	99.8	99.9	99.9	100.1	99.9
99.9	99.9	99.8	100.0	100.1	100.0	99.9
100.2	99.9	100.1	100.0	100.4	99.9	100.2
100.1	99.7	99.9	100.2	100.0	100.1	100.0
99.8	100.1	99.9	100.1	100.0	100.1	99.9
99.6	99.9	100.1	100.1	99.9	99.9	99.7
99.6	100.7	100.8	100.4	100.7	99.0	99.5
99.4	99.7	100.0	100.0	99.8	100.0	99.1
99.8	100.0	100.0	100.0	100.0	100.0	100.0
100.0	99.7	100.0	99.5	100.0	99.8	100.0
99.8	100.0	100.0	100.2	99.5	99.8	100.6
99.1	103.6	100.9	97.2	100.1	96.9	101.0
99.1	103.6	100.9	97.1	100.1	96.8	101.0
101.2	100.0	100.0	100.0	103.7	97.9	98.4
100.1	100.1	100.1	100.1	100.1	100.0	100.1
100.3	100.2	100.2	100.3	100.3	99.9	100.2
100.2	100.4	100.2	100.3	100.6	100.5	99.9
100.5	99.9	100.0	100.4	100.7	100.3	99.8
100.1	100.5	100.3	100.2	100.5	100.5	99.9
100.3	100.2	100.2	100.3	100.4	99.6	100.3
98.9	99.9	100.5	100.0	99.7	99.3	99.7
100.3	100.7	99.1	100.6	99.4	99.0	99.9
99.8	100.2	100.7	100.9	100.1	99.9	100.6
100.7	101.0	100.1	100.1	100.4	99.3	100.0
100.0	100.3	100.3	100.2	101.7	100.3	99.7
100.4	100.2	100.3	99.9	99.7	99.5	100.2

4–5 续表 7

（上月＝100）

类　　别	1月	2月	3月	4月	5月
心血管系统用药	100.0	101.2	101.1	100.0	99.2
血液系统用药	99.9	99.9	99.7	100.4	100.2
治疗精神障碍药	100.3	99.4	99.7	99.9	99.8
神经系统用药	100.2	100.8	101.5	99.9	100.2
消毒防腐及创伤外科用药	100.2	100.1	100.1	100.2	99.7
泌尿系统用药	99.7	100.0	99.5	100.1	100.0
维生素、矿物质类药	100.8	100.2	100.0	100.1	100.2
调节水、电解质及酸碱平衡药	101.1	101.2	100.1	100.5	100.4
滋补保健品	100.1	100.1	99.5	99.9	101.3
滋补保健品	100.1	100.1	99.5	99.9	101.3
医疗卫生器具	100.3	100.8	100.1	100.0	99.7
医疗卫生器具	100.3	100.8	100.1	100.0	99.7
保健器具	100.3	100.3	99.8	100.2	99.7
保健器具	100.3	100.3	99.8	100.2	99.7
医疗服务	100.0	100.3	100.0	100.0	100.0
综合医疗类	100.3	100.3	100.0	100.0	100.0
一般医疗服务	100.2	100.0	100.0	100.0	100.0
一般治疗操作	100.2	100.5	100.1	100.0	100.0
护　　理	101.3	100.5	100.0	100.1	100.0
其他综合医疗服务	100.0	100.0	100.0	100.0	100.0
诊断类	99.7	100.1	100.0	100.0	100.0
病理学诊断	99.7	100.8	100.0	100.0	100.0
实验室诊断	99.7	100.0	100.0	100.0	100.0
影像学诊断	99.6	99.9	100.0	100.0	100.0
临床诊断	100.0	100.6	100.0	100.0	100.0
治疗类	100.0	100.3	100.0	100.1	100.0
临床手术治疗	100.0	100.4	100.1	100.2	100.0
临床非手术治疗	100.0	100.0	100.0	100.0	100.0
康复类	100.3	100.6	100.1	100.2	100.0
康复医疗	100.3	100.6	100.1	100.2	100.0
中医医疗服务类	100.3	100.4	100.0	100.1	99.9
中医治疗	100.3	100.4	100.0	100.1	99.9
其他医疗服务	100.4	100.0	100.0	100.0	100.0
其他医疗服务	100.4	100.0	100.0	100.0	100.0
其他用品和服务	101.2	99.9	100.0	100.6	99.5
其他用品类	101.0	100.0	99.7	100.6	99.8
首饰手表	101.3	100.0	99.6	100.8	99.7
金 饰 品	101.5	100.1	99.5	100.9	99.7
银 饰 品	100.3	100.1	99.6	99.2	100.2
铂金饰品	100.8	99.2	100.0	102.1	99.2
手　　表	100.0	100.0	100.0	100.1	99.9
其他杂项用品	100.0	100.1	100.2	99.9	99.9
箱　　包	100.0	100.0	100.0	100.0	99.4
母婴用品	99.9	100.1	100.4	100.0	100.2

6月	7月	8月	9月	10月	11月	12月
101.7	100.0	100.3	100.3	100.8	99.6	100.1
100.1	100.1	99.8	99.9	100.3	100.0	100.6
100.1	100.2	100.0	100.4	100.4	100.0	99.7
99.6	100.3	100.7	100.7	101.0	99.9	101.2
99.7	101.3	100.3	100.0	100.4	100.0	101.0
100.3	100.0	100.0	100.2	100.0	100.0	100.0
100.5	99.7	99.9	100.0	100.4	100.1	100.4
100.2	100.2	99.8	100.0	100.4	98.7	100.9
100.4	100.1	100.3	100.3	100.0	100.1	100.1
100.4	100.1	100.3	100.3	100.0	100.1	100.1
100.0	100.3	100.0	100.1	100.0	100.2	100.2
100.0	100.3	100.0	100.1	100.0	100.2	100.2
100.4	99.9	99.9	100.0	100.0	100.2	100.3
100.4	99.9	99.9	100.0	100.0	100.2	100.3
100.0	100.0	100.0	100.0	100.0	100.0	100.0
100.0	100.0	100.0	100.0	100.0	100.0	100.0
100.0	100.0	100.0	100.0	100.0	100.0	100.0
100.0	100.0	100.0	100.0	100.0	100.0	100.0
100.0	100.0	100.0	100.0	100.0	100.0	100.0
100.1	100.0	100.0	100.0	100.0	100.0	100.0
100.0	100.0	100.0	100.0	100.0	100.0	100.0
100.0	100.0	100.0	100.0	100.0	100.0	100.0
100.0	100.0	100.0	100.0	100.0	100.0	100.0
100.0	100.0	100.0	100.0	100.0	100.0	100.0
100.0	100.0	100.0	100.0	100.0	100.0	100.0
100.0	100.0	100.0	100.0	100.0	100.0	100.0
100.0	100.0	100.0	100.0	100.0	100.0	100.0
100.0	99.9	100.0	100.0	100.0	100.0	100.0
100.0	100.0	100.0	100.0	100.0	100.0	100.0
100.0	100.0	100.0	100.0	100.0	100.0	100.0
100.0	100.0	100.0	100.0	100.1	100.0	100.0
100.0	100.0	100.0	100.0	100.1	100.0	100.0
100.0	100.0	100.0	100.0	100.0	100.0	100.0
100.0	100.0	100.0	100.0	100.0	100.0	100.0
100.9	101.2	102.0	101.4	100.9	99.5	99.8
102.0	102.7	104.2	102.7	101.1	99.0	99.5
102.6	103.6	105.6	103.6	101.3	98.7	99.3
103.2	104.4	106.7	104.3	101.6	98.4	99.2
100.9	99.9	100.3	99.7	100.8	100.6	100.0
99.3	100.6	101.4	102.1	99.8	99.6	99.8
100.0	99.9	100.1	99.3	99.8	100.0	99.7
100.1	99.9	100.0	99.8	100.2	100.1	100.0
99.8	100.1	100.1	99.8	100.2	99.9	100.0
100.3	99.7	100.0	99.8	100.2	100.2	100.0

4-5　续表 8

(上月=100)

类　别	1月	2月	3月	4月	5月
眼　镜	100.5	100.0	99.9	99.8	99.8
其他服务类	101.4	99.8	100.2	100.7	99.3
旅馆住宿	101.9	97.7	99.3	110.8	92.6
宾馆住宿	101.5	100.3	98.7	116.7	89.4
其他住宿	102.1	96.3	99.6	107.5	94.6
美容美发洗浴	102.2	99.6	99.4	100.1	99.9
美　容	101.3	100.2	100.1	100.0	99.5
美　发	102.8	99.4	99.8	100.2	100.0
洗　浴	102.3	99.4	98.3	100.0	100.0
养老服务	100.6	100.3	103.7	98.8	100.0
养老服务	100.6	100.3	103.7	98.8	100.0
金融保险	100.6	100.2	100.2	100.0	100.0
金融服务	100.4	99.8	101.2	100.0	100.0
车辆保险	99.7	100.3	99.9	100.1	100.0
旅行保险	100.0	100.0	100.0	100.0	100.0
其他保险	105.8	100.0	100.0	100.0	99.9
其他服务类	100.4	100.5	99.5	99.9	100.0
中介服务	100.8	100.9	99.1	99.8	100.0
其他服务	100.0	100.0	100.0	100.0	100.0

6月	7月	8月	9月	10月	11月	12月
99.9	100.2	99.9	99.9	100.1	100.0	100.0
100.0	100.1	100.1	100.2	100.7	99.9	100.1
99.3	99.2	100.2	102.4	101.3	96.1	99.6
96.7	101.5	101.0	100.2	102.0	96.2	98.9
100.8	97.9	99.7	103.7	100.9	95.9	99.9
99.9	100.1	100.0	100.1	101.1	100.2	100.2
100.1	99.9	100.0	100.0	100.1	100.0	100.3
99.8	100.3	100.0	100.3	99.9	99.8	100.2
99.8	100.1	100.0	100.0	103.2	100.7	100.2
100.3	100.2	100.4	99.9	100.1	100.4	100.0
100.3	100.2	100.4	99.9	100.1	100.4	100.0
99.9	100.1	100.0	100.0	100.4	100.3	100.0
99.9	99.9	100.0	100.0	100.0	100.0	100.0
100.0	100.0	100.0	100.0	100.0	100.0	100.0
100.0	100.0	100.0	100.0	100.0	100.0	100.0
99.9	101.0	100.0	100.2	103.4	102.0	100.0
102.1	100.0	100.1	100.0	100.1	100.1	100.0
100.2	100.0	100.2	100.0	100.2	100.1	100.0
104.1	100.0	100.0	100.0	100.0	100.0	100.0

4-6 城市居民消费

(上年同月=100)

类 别	年平均	1月	2月	3月	4月	5月
总 指 数	**102.9**	**101.4**	**101.4**	**102.2**	**102.7**	**102.8**
食品烟酒	107.1	101.5	101.3	103.6	105.3	106.0
食品	109.6	101.0	100.7	104.4	107.0	108.3
粮食	100.2	99.7	99.7	100.4	100.4	100.3
薯类	102.0	104.0	101.7	101.2	107.0	101.4
豆类	100.9	99.3	100.2	100.3	100.1	100.3
食用油	98.7	98.1	98.2	97.6	97.4	99.2
菜	104.1	104.0	107.3	117.2	117.3	111.1
畜肉类	132.4	95.8	95.5	105.0	112.7	115.3
禽肉类	110.9	105.9	104.9	104.9	106.4	107.5
水产品	98.8	101.1	97.8	96.2	97.5	98.3
蛋类	106.0	99.9	92.3	96.8	105.1	112.8
奶类	100.7	101.7	102.4	101.8	101.3	101.0
干鲜瓜果类	107.6	107.1	106.4	106.4	109.3	118.1
糖果糕点类	100.2	99.9	100.1	100.6	100.2	100.6
调味品	103.0	103.2	103.2	104.0	104.2	103.8
其他食品类	101.2	100.6	100.3	100.6	100.9	100.7
茶及饮料	101.5	101.1	101.0	101.7	101.6	102.2
茶 叶	100.6	100.3	100.3	100.9	99.8	101.5
固体咖啡	99.3	98.4	97.9	97.6	98.0	98.5
其他固体饮料	100.6	101.0	100.8	100.2	100.9	101.7
饮 用 水	98.5	99.2	98.6	98.6	98.6	100.5
果汁饮料	102.0	101.8	101.9	101.5	101.7	103.3
其他液体饮料	102.7	102.0	102.0	103.1	103.8	103.0
烟酒	102.0	102.8	102.2	102.0	101.6	101.9
烟草	100.9	101.2	101.2	101.1	101.3	101.3
酒类	102.7	103.9	103.0	102.7	101.9	102.3
在外餐饮	102.9	102.4	102.5	102.3	102.3	102.3
正 餐	103.6	101.9	102.5	102.5	102.7	102.7
快 餐	102.0	102.2	102.1	102.0	101.7	101.6
地方小吃	103.6	104.3	104.3	103.0	102.8	102.8
其他在外餐饮	100.5	101.2	100.9	101.1	101.3	101.2
衣着	100.8	101.0	101.2	101.2	101.1	100.8
服装	100.7	101.1	101.2	101.1	100.9	100.6
男式服装	101.2	101.2	101.5	101.6	101.3	101.0
女式服装	100.5	100.7	100.8	100.6	100.5	100.2
儿童服装	100.6	101.8	101.6	101.7	101.3	100.8
服装材料	101.3	101.3	101.3	101.0	101.0	101.1
其他衣着及配件	100.0	100.1	100.3	100.2	100.1	100.6
衣着加工服务费	103.4	103.1	103.5	103.4	103.7	103.7
鞋类	100.9	100.8	101.1	101.3	101.3	101.2

价格分月指数(2019年)

6月	7月	8月	9月	10月	11月	12月
102.7	**103.1**	**103.1**	**103.1**	**103.9**	**104.6**	**104.3**
106.1	106.8	106.8	108.3	111.6	114.5	113.1
108.5	109.6	109.3	111.3	116.3	120.5	118.3
100.2	99.9	100.2	100.4	100.2	100.3	100.3
102.9	105.0	101.5	100.2	98.7	100.6	97.9
100.9	101.1	101.5	101.8	102.0	101.7	101.4
98.6	99.6	99.7	99.1	98.6	99.1	99.6
102.6	105.0	99.2	86.5	88.4	102.5	111.2
117.5	120.0	131.9	153.6	177.1	187.9	176.6
107.9	107.0	108.1	114.5	119.7	125.9	117.5
97.5	98.7	99.0	100.7	100.7	99.8	98.6
107.4	114.1	103.5	109.9	112.9	111.2	106.9
100.9	100.8	100.5	99.6	99.5	99.4	99.5
129.1	127.8	114.6	102.5	95.4	90.4	90.3
100.4	100.3	100.2	100.1	100.3	100.0	100.0
104.0	102.8	102.2	103.0	102.3	101.8	101.9
100.4	100.9	101.8	101.0	101.7	102.5	102.8
101.6	101.4	101.7	101.5	101.2	101.4	101.4
101.0	101.0	101.0	100.7	100.7	100.4	99.6
99.5	101.0	100.7	100.2	100.4	99.6	99.5
101.3	99.8	100.2	100.4	100.7	100.1	99.7
98.3	97.7	97.8	97.2	97.1	98.8	99.7
103.1	102.9	102.5	101.1	101.8	101.3	101.5
102.0	101.9	102.7	103.1	102.1	102.9	103.5
102.3	102.0	101.9	101.9	101.8	101.6	101.5
101.3	100.9	100.8	100.9	100.8	100.1	100.1
103.0	102.7	102.7	102.5	102.5	102.5	102.4
101.7	101.9	102.3	103.1	103.5	105.1	105.1
101.8	102.5	103.2	104.3	104.7	107.1	107.2
101.5	101.4	101.8	102.4	102.7	102.7	102.5
102.3	102.0	101.8	102.8	103.7	106.6	106.8
100.1	99.9	100.3	100.3	100.1	100.2	99.8
100.7	100.7	100.7	100.8	100.7	100.5	100.5
100.6	100.5	100.6	100.7	100.7	100.4	100.4
101.0	100.9	100.9	101.2	101.2	101.0	101.1
100.1	100.1	100.3	100.6	100.7	100.5	100.4
100.8	100.8	101.0	100.1	99.8	98.9	99.1
101.1	101.1	100.9	100.8	100.7	102.8	102.7
100.3	100.2	100.0	99.6	99.6	99.2	99.3
103.6	103.8	103.6	103.7	103.2	102.5	102.5
101.1	100.9	100.8	100.7	100.6	100.6	100.4

4-6 续表

(上年同月=100)

类　　别	年平均	1月	2月	3月	4月	5月
居住	100.8	100.4	100.4	100.6	100.8	100.7
租赁房房租	99.5	98.8	98.1	98.7	99.1	99.1
住房保养维修及管理	102.1	101.3	101.0	102.3	102.2	102.3
水电燃料	101.2	101.6	101.6	101.9	102.0	101.8
自有住房	100.4	99.9	100.0	99.8	100.1	100.1
生活用品及服务	100.7	101.0	101.1	100.9	100.9	100.5
家具及室内装饰品	101.5	103.8	102.3	102.2	102.5	102.1
家用器具	99.1	98.8	99.9	99.4	98.8	98.7
家用纺织品	99.3	100.0	99.7	99.7	99.9	99.5
家庭日用杂品	101.0	101.0	101.3	101.4	101.3	100.6
个人护理用品	101.0	100.6	101.1	100.8	101.1	100.7
家庭服务	103.9	105.4	103.6	103.8	103.8	104.2
交通和通信	98.4	99.5	100.1	100.7	100.2	99.4
交通	98.9	100.0	100.7	101.4	101.0	99.6
交通工具	100.0	101.2	101.2	101.9	102.4	99.8
交通工具用燃料	94.5	94.5	97.5	103.7	100.8	99.4
交通工具使用和维修	102.0	102.0	102.3	101.4	101.5	101.7
交通费	99.5	102.6	102.4	97.4	97.2	97.7
通信	97.5	98.7	98.8	99.4	98.6	99.0
通信工具	105.5	110.9	111.5	114.0	110.7	112.2
通信服务	93.7	93.0	93.1	93.2	93.2	93.2
邮递服务	99.6	100.3	100.3	99.9	99.9	99.1
教育文化和娱乐	103.4	104.1	104.3	104.2	104.5	104.5
教育	105.0	106.3	106.2	106.0	106.1	106.1
教育服务	105.0	106.3	106.2	106.1	106.2	106.1
文化娱乐	101.1	101.4	101.9	101.9	102.2	102.4
医疗保健	101.9	102.1	102.3	102.0	101.8	101.9
药品及医疗器具	103.3	104.1	104.0	103.1	102.7	103.2
中药	106.6	108.4	108.3	107.6	107.2	107.3
西药	103.2	103.5	103.6	103.0	102.9	103.1
医疗服务	101.0	100.7	101.1	101.1	101.2	101.0
其他用品和服务	105.7	103.8	104.0	103.8	103.7	103.6
其他用品类	107.7	100.7	101.8	100.8	101.7	101.5
首饰手表	109.9	101.1	102.4	101.1	102.2	102.0
其他杂项用品	99.5	99.2	99.4	99.9	99.8	99.5
其他服务类	104.4	105.9	105.4	105.8	105.1	104.9
旅馆住宿	100.7	103.5	101.5	101.4	97.9	101.6
美容美发洗浴	105.7	108.7	107.8	107.5	107.3	107.0
养老服务	109.9	110.3	110.7	115.9	114.2	109.7
金融保险	101.7	101.9	101.9	101.8	101.9	101.8
其他服务类	102.1	100.3	101.1	99.9	99.7	99.7

6月	7月	8月	9月	10月	11月	12月
100.8	101.1	101.3	101.1	100.9	100.7	100.8
100.2	100.3	101.1	100.7	100.2	99.0	99.2
102.4	102.4	102.2	102.4	102.2	102.1	102.7
101.7	101.9	100.9	100.4	100.2	100.3	100.3
100.1	100.5	101.3	101.1	100.9	100.7	100.6
100.3	100.5	100.6	100.7	100.6	100.3	100.4
101.8	101.5	101.6	101.1	100.9	99.4	99.5
97.7	98.3	99.2	99.2	99.5	100.1	99.7
99.2	99.1	98.5	99.0	98.9	98.7	99.1
100.9	101.1	100.9	101.5	100.9	100.5	100.6
100.7	101.1	100.9	101.0	101.1	101.2	101.7
104.1	104.1	103.8	104.1	103.9	102.9	103.1
98.5	99.6	98.6	96.4	95.3	95.9	96.9
98.1	99.1	98.2	96.9	95.5	96.7	99.4
99.1	100.6	100.0	98.3	98.2	98.5	98.4
94.6	91.9	90.7	88.7	85.3	89.7	100.5
101.6	102.5	102.9	102.9	102.5	102.1	101.2
97.9	102.4	100.5	100.1	98.7	98.0	99.3
99.2	100.6	99.5	95.5	94.8	94.3	92.2
113.0	114.8	111.9	98.0	96.2	94.3	86.1
93.3	94.3	94.1	94.1	93.8	94.1	95.3
99.1	99.1	99.4	99.6	99.7	99.6	99.6
104.2	103.9	103.6	102.6	102.4	101.3	101.1
106.2	105.7	105.8	104.9	103.9	102.2	101.5
106.2	105.7	105.8	104.8	103.7	101.9	101.5
101.6	101.4	100.8	99.5	100.3	99.9	100.4
102.0	102.1	102.1	101.8	101.9	101.5	101.5
103.3	103.6	103.5	103.0	103.1	102.7	102.7
106.7	106.7	106.4	104.7	105.3	105.4	105.1
103.6	103.8	103.4	102.9	103.2	102.6	102.7
101.0	101.0	101.0	101.0	101.0	100.7	100.7
104.6	105.8	107.6	108.3	108.8	107.4	106.8
104.6	107.8	112.8	115.8	117.2	114.7	113.5
105.9	109.9	116.2	120.2	121.9	118.7	117.1
99.7	99.6	99.6	99.2	99.1	99.4	99.5
104.6	104.6	104.3	103.4	103.5	102.8	102.4
101.2	100.0	99.5	102.6	101.9	98.9	99.1
106.1	106.2	105.7	103.3	103.5	103.1	102.8
109.6	109.7	109.1	109.2	109.0	106.7	105.2
101.8	101.8	101.8	101.2	101.7	101.6	101.5
103.3	103.3	103.5	103.4	103.6	103.7	103.8

4-7 农村居民消费

(上年同月=100)

类　　别	年平均	1月	2月	3月	4月	5月
总指数	**103.1**	**100.8**	**100.8**	**102.4**	**102.9**	**103.0**
食品烟酒	108.0	99.2	99.1	103.5	106.0	106.5
食品	110.7	98.3	98.1	104.3	108.0	108.8
粮食	99.7	100.1	99.9	100.0	100.2	99.9
薯类	103.2	105.1	105.4	111.3	112.0	99.7
豆类	100.4	101.5	102.8	101.4	101.3	100.9
食用油	100.0	98.2	98.3	98.4	98.4	99.5
菜	101.7	98.9	105.0	118.1	117.1	107.9
畜肉类	136.4	89.6	91.0	106.5	117.9	121.3
禽肉类	109.5	106.4	102.0	103.9	107.1	107.8
水产品	100.5	103.3	101.4	100.6	100.0	100.0
蛋类	106.3	99.7	89.6	93.2	103.6	113.1
奶类	100.5	99.9	100.2	100.6	100.7	100.5
干鲜瓜果类	105.5	107.0	102.5	105.4	109.6	117.0
糖果糕点类	99.7	99.0	98.5	99.2	99.3	99.5
调味品	102.8	103.0	103.2	103.6	103.5	104.1
其他食品类	102.3	102.5	102.5	102.7	102.6	102.4
茶及饮料	102.0	100.7	100.1	101.3	101.6	102.1
茶　　叶	100.3	101.7	101.1	101.8	101.1	100.5
固体咖啡	99.3	99.9	99.7	99.6	98.0	99.5
其他固体饮料	101.8	101.3	101.3	101.7	101.3	101.9
饮 用 水	99.1	97.4	97.4	98.0	98.1	98.6
果汁饮料	102.0	100.9	99.7	101.4	101.3	101.8
其他液体饮料	102.9	100.6	100.0	101.3	102.3	103.1
烟酒	101.6	101.6	101.8	102.0	102.0	101.6
烟草	100.8	101.1	101.1	101.4	101.4	100.6
酒类	102.9	102.4	102.8	103.0	103.0	103.1
在外餐饮	102.4	100.8	101.1	101.4	101.1	101.1
正　　餐	103.3	101.1	101.5	101.5	101.7	102.0
快　　餐	101.6	100.8	100.5	100.5	99.8	99.6
地方小吃	102.4	100.0	100.9	102.5	102.5	102.5
其他在外餐饮	102.9	101.2	102.7	102.7	101.9	101.6
衣着	100.5	101.8	101.5	101.9	101.2	100.7
服装	100.8	102.0	101.9	102.3	101.5	101.0
男式服装	100.6	102.0	102.0	102.2	101.3	100.6
女式服装	100.9	102.2	102.2	102.8	101.8	101.4
儿童服装	100.6	101.3	100.7	101.2	101.1	100.5
服装材料	100.9	100.5	100.5	100.9	100.9	100.5
其他衣着及配件	102.4	101.1	101.1	102.0	102.4	102.6
衣着加工服务费	102.2	100.9	99.5	101.7	102.2	102.2
鞋类	99.6	101.5	100.7	100.7	100.4	99.8

价格分月指数(2019年)

6月	7月	8月	9月	10月	11月	12月
102.6	**103.0**	**102.8**	**103.5**	**104.8**	**105.7**	**105.1**
105.9	107.0	106.6	110.4	115.7	119.2	117.5
107.9	109.3	108.6	113.8	121.6	126.5	124.1
99.9	99.9	99.7	99.4	99.6	99.3	98.6
99.0	101.5	98.2	99.0	103.1	103.5	100.9
101.1	100.5	100.2	99.5	99.1	98.7	98.4
100.0	99.7	100.1	100.6	100.7	102.5	103.1
97.3	100.5	91.4	80.9	86.6	107.0	116.9
121.5	123.7	131.4	159.2	186.2	200.3	190.9
108.8	107.9	109.0	115.3	116.8	117.9	111.0
99.1	100.5	100.4	100.5	100.7	99.9	99.1
106.7	118.3	103.2	111.3	116.8	113.3	107.0
100.7	100.2	100.5	100.8	100.6	100.6	100.3
122.6	119.4	111.6	101.2	96.7	88.1	88.8
100.0	100.1	100.2	99.7	100.0	100.4	100.4
103.9	103.3	103.2	102.3	101.4	101.1	101.3
102.2	101.7	101.7	101.8	102.0	102.9	102.3
102.3	103.3	102.8	102.7	102.7	102.6	101.8
100.5	100.4	99.5	99.2	99.5	99.5	99.5
99.4	99.5	98.4	99.0	99.0	99.8	99.9
102.2	102.2	102.1	102.1	102.1	101.6	101.6
99.9	99.7	99.6	100.2	100.2	100.2	99.4
102.6	103.5	103.2	103.0	102.4	102.8	101.0
103.2	104.8	104.3	104.3	104.3	104.0	103.1
101.4	101.3	101.5	101.6	101.7	101.6	101.5
100.6	100.6	100.6	100.6	100.6	100.6	100.5
102.7	102.4	102.9	103.1	103.3	103.2	102.9
101.7	102.2	102.7	103.4	103.5	104.8	104.9
102.0	102.3	102.8	104.3	105.0	107.8	107.6
101.1	102.2	103.2	103.3	102.8	102.6	102.7
102.5	102.5	102.5	102.5	102.5	103.9	104.2
101.9	101.6	101.1	103.0	104.0	106.0	106.4
100.6	100.5	100.3	100.0	99.5	99.0	99.1
100.9	100.7	100.5	100.2	99.8	99.3	99.2
100.7	100.5	100.1	99.9	99.5	99.4	99.5
101.1	100.9	100.7	100.3	99.9	99.0	99.1
100.6	100.7	100.8	100.4	100.4	99.9	99.3
100.8	101.1	100.9	101.5	101.5	101.0	100.3
103.0	103.1	103.2	103.1	102.8	101.9	102.2
102.6	102.6	102.6	102.8	102.8	103.0	103.0
99.6	99.6	99.3	98.9	98.2	97.9	98.2

4-7 续表 1

(上年同月=100)

类　　别	年平均	1月	2月	3月	4月	5月
居住	100.9	101.2	101.2	101.5	101.3	101.5
租赁房房租	102.2	102.4	102.5	103.1	102.9	102.9
住房保养维修及管理	100.2	99.8	99.9	99.8	99.9	100.1
水电燃料	100.0	100.4	100.3	101.3	100.8	101.2
自有住房	101.7	102.4	102.4	102.6	102.4	102.4
生活用品及服务	100.6	100.8	101.5	101.1	100.5	100.3
家具及室内装饰品	101.5	103.7	103.8	103.7	101.8	100.6
家用器具	99.3	98.4	100.1	99.0	98.8	99.0
家用纺织品	101.3	101.3	101.7	101.5	101.9	101.7
家庭日用杂品	100.8	100.9	101.4	101.2	100.5	100.7
个人护理用品	100.7	100.7	100.6	100.7	100.7	100.8
家庭服务	102.4	102.1	102.1	102.5	102.8	102.7
交通和通信	100.0	101.1	101.1	102.2	101.7	101.3
交通	99.1	99.9	100.0	101.3	100.9	100.1
交通工具	100.2	101.0	100.9	101.2	101.6	100.2
交通工具用燃料	94.1	93.9	97.1	103.5	100.4	98.9
交通工具使用和维修	101.4	102.4	101.5	101.9	101.9	101.6
交通费	100.4	101.6	100.0	99.6	99.9	100.1
通信	101.6	103.1	103.2	104.0	103.2	103.4
通信工具	104.7	109.9	110.3	112.8	109.9	111.0
通信服务	100.1	99.9	99.9	100.1	100.1	100.1
邮递服务	100.0	100.0	100.0	100.0	100.0	100.0
教育文化和娱乐	101.5	102.2	102.3	102.5	102.6	102.9
教育	101.8	102.5	102.4	102.7	102.7	102.7
教育服务	101.8	102.6	102.5	102.7	102.7	102.7
文化娱乐	100.9	101.5	102.0	102.0	102.4	103.6
医疗保健	101.9	102.2	102.3	102.2	102.2	102.1
药品及医疗器具	103.7	104.5	104.8	104.4	104.3	104.0
中药	104.8	105.0	105.2	105.2	104.9	105.0
西药	104.3	105.5	105.9	105.7	105.6	105.3
医疗服务	100.8	100.9	100.9	100.9	100.9	101.0
其他用品和服务	104.3	101.5	100.7	101.5	101.4	101.4
其他用品类	105.3	99.2	99.8	100.5	100.3	100.2
首饰手表	107.4	98.3	99.3	100.2	100.0	99.8
其他杂项用品	101.0	100.9	100.8	101.0	100.9	101.0
其他服务类	103.0	104.6	101.8	102.9	102.9	102.9
旅馆住宿	102.2	103.6	102.6	102.1	102.6	102.5
美容美发洗浴	103.2	107.7	100.7	102.8	102.7	102.8
养老服务	104.0	108.6	104.0	104.0	104.0	104.0
金融保险	102.6	101.3	102.0	102.8	102.8	102.8
其他服务类	102.9	103.5	103.0	103.0	103.0	103.0

6月	7月	8月	9月	10月	11月	12月
101.3	101.3	101.2	100.4	100.0	100.0	99.7
102.7	102.8	102.8	101.9	101.1	100.9	100.7
100.1	100.3	100.7	100.6	100.3	100.6	100.7
100.8	100.8	100.1	99.1	98.8	98.8	98.3
102.3	102.2	102.0	101.2	100.5	100.4	100.1
100.0	100.3	100.9	100.6	100.4	100.5	100.2
100.8	101.0	101.1	100.6	100.3	100.4	99.7
97.4	98.8	100.3	99.7	99.8	100.4	100.0
101.8	101.7	101.7	101.2	100.4	100.2	100.2
101.0	100.5	101.0	100.9	100.7	100.6	100.5
100.8	100.8	100.9	100.6	100.6	100.5	100.3
102.8	102.6	102.7	102.8	101.7	101.8	101.8
100.6	100.8	100.1	98.1	97.3	97.8	98.1
98.9	98.9	98.3	97.4	96.5	97.6	99.8
99.8	100.6	100.1	99.1	99.1	99.3	99.0
94.2	91.3	90.1	88.0	84.9	89.3	100.6
101.6	101.3	101.2	101.2	100.8	100.8	100.7
100.1	101.1	100.8	100.7	100.1	100.1	100.3
103.7	104.4	103.3	99.2	98.8	98.2	95.3
111.9	114.1	110.6	97.3	95.8	94.3	86.3
100.1	100.2	100.2	100.2	100.2	100.2	100.2
100.0	100.0	100.0	100.0	100.0	100.0	100.0
102.3	101.8	101.5	100.7	100.3	99.8	99.8
102.3	101.8	101.9	101.5	100.9	100.3	100.1
102.4	101.9	102.0	101.5	100.9	100.2	100.1
102.1	101.7	100.6	99.0	98.8	98.7	99.3
102.0	102.0	101.7	101.7	101.8	101.6	100.7
103.8	103.8	103.1	103.2	103.4	103.0	102.1
104.8	104.5	104.1	104.3	105.2	105.4	103.5
104.4	104.7	103.5	103.6	103.8	102.9	101.6
101.0	100.9	100.8	100.8	100.8	100.8	99.9
102.3	103.7	105.8	107.9	108.8	108.9	107.6
101.7	104.1	107.8	111.6	113.3	113.3	111.7
102.0	105.5	111.1	116.8	119.6	119.4	117.2
101.3	101.2	101.2	101.2	100.8	101.1	100.8
102.9	103.1	103.0	103.1	102.9	103.1	102.3
101.8	101.8	101.2	102.2	103.5	101.5	101.0
102.8	103.2	103.3	103.5	103.0	103.6	102.4
104.0	104.0	103.3	103.3	103.3	102.6	102.6
102.8	102.8	102.8	102.8	102.8	102.7	102.5
103.0	103.0	103.0	102.9	102.9	103.6	101.2

4-8 商品零售价格

(上年同月=100)

类 别	年平均	1月	2月	3月	4月	5月
总指数	**102.4**	**101.7**	**101.7**	**103.0**	**103.1**	**103.1**
食品	107.2	100.9	100.9	103.9	105.8	106.4
粮食	100.2	99.9	99.8	100.4	100.5	100.4
薯类	102.4	103.6	102.3	103.0	108.4	101.7
豆类	100.8	99.5	100.4	100.5	100.2	100.4
食用油	98.9	98.3	98.3	97.8	97.8	99.3
菜	103.8	103.1	106.8	117.5	117.7	111.1
畜肉类	133.0	94.6	94.6	105.1	113.4	116.1
禽肉类	110.7	105.9	104.4	104.7	106.4	107.4
水产品	99.1	101.4	98.3	96.8	97.7	98.4
蛋类	105.9	100.4	92.1	96.0	104.7	112.9
奶类	100.8	101.6	102.3	101.7	101.3	101.0
干鲜瓜果类	107.6	107.4	106.0	106.4	109.6	118.6
糖果糕点类	100.1	99.7	99.8	100.2	100.0	100.4
调味品	103.2	103.4	103.4	104.1	104.3	104.1
其他食品类	101.3	100.6	100.6	100.7	100.9	100.8
在外餐饮	102.8	102.0	102.2	102.1	102.1	102.1
饮料、烟酒	101.9	102.2	101.8	102.0	101.7	102.0
茶及饮料	101.6	101.3	101.2	101.8	101.7	102.4
烟草	100.9	101.1	101.1	101.2	101.3	101.2
酒类	102.7	103.5	102.7	102.6	102.0	102.4
服装、鞋帽	100.8	101.1	101.1	101.2	101.0	100.7
服装	100.8	101.1	101.1	101.2	101.0	100.6
男士服装	101.2	101.3	101.4	101.6	101.3	100.9
女士服装	100.6	100.8	100.8	100.8	100.6	100.4
儿童服装	100.8	101.7	101.5	101.6	101.3	100.7
鞋帽袜	100.6	101.0	101.0	101.1	101.0	100.9
鞋	100.6	101.1	101.1	101.2	101.2	100.8
袜子	99.8	99.9	99.9	99.7	99.6	100.6
帽子	101.4	101.0	101.3	101.7	101.8	101.8
其他衣着配件	100.6	101.1	101.1	101.0	100.9	100.6
纺织品	100.3	100.6	100.5	100.5	100.9	100.5
服装材料	101.3	101.2	101.2	101.2	101.3	101.3
床上用品	100.0	100.5	100.3	100.3	100.7	100.3

分月指数(2019年)

6月	7月	8月	9月	10月	11月	12月
102.7	**102.8**	**102.4**	**101.5**	**101.9**	**102.7**	**102.6**
106.3	107.0	106.6	108.0	111.6	115.0	113.6
100.2	99.9	100.2	100.3	100.1	100.2	100.0
102.5	104.4	101.0	100.3	99.7	101.3	98.5
101.0	101.0	101.2	101.4	101.7	101.2	100.9
99.1	99.6	99.7	99.2	98.7	99.2	99.7
102.2	104.1	98.1	85.9	88.4	102.9	111.3
118.1	120.5	131.8	154.5	178.7	190.1	179.2
108.0	107.4	108.5	114.8	119.3	124.4	116.2
97.7	98.8	99.1	100.8	100.9	100.1	98.9
106.8	114.4	103.1	109.8	113.3	111.4	106.7
100.9	100.8	100.6	99.9	99.8	99.7	99.6
129.0	127.1	114.3	102.1	95.6	90.1	89.9
100.3	100.2	100.3	100.1	100.4	100.1	100.1
104.2	103.1	102.7	103.1	102.3	101.9	101.8
100.6	101.0	101.8	101.2	101.6	102.5	102.9
101.7	102.0	102.4	103.2	103.6	105.1	105.2
102.0	101.8	102.0	101.9	101.8	101.7	101.6
101.7	101.5	101.8	101.6	101.3	101.5	101.3
101.2	100.9	100.9	100.9	100.9	100.2	100.2
102.8	102.6	102.8	102.8	102.8	102.8	102.7
100.6	100.6	100.7	100.7	100.7	100.4	100.4
100.6	100.6	100.8	100.9	100.8	100.5	100.6
101.0	100.9	101.0	101.2	101.2	101.0	101.2
100.2	100.2	100.5	100.7	100.7	100.5	100.4
100.8	100.8	101.1	100.5	100.2	99.4	99.5
100.7	100.6	100.4	100.3	100.2	100.0	99.9
100.6	100.5	100.4	100.3	100.2	100.1	99.9
100.3	100.0	99.8	99.8	99.7	99.0	99.3
101.9	102.2	102.0	101.0	100.8	100.8	101.0
100.5	100.5	100.5	100.5	100.3	100.2	100.2
100.3	100.3	99.9	100.1	100.0	99.9	100.1
101.2	101.3	101.0	101.1	101.1	102.1	101.9
100.0	100.0	99.6	99.8	99.6	99.3	99.6

4-8 续表

(上年同月=100)

类　别	年平均	1月	2月	3月	4月	5月
家用电器及音像器材	98.3	98.8	100.3	98.9	99.0	99.4
家庭设备	99.2	98.7	100.0	99.3	98.8	98.8
文娱用耐用消费品	96.3	98.8	101.2	97.8	99.5	101.1
专业音像器材	98.7	99.9	99.9	99.1	99.1	98.5
文化办公用品	103.2	99.0	99.4	104.7	103.0	105.3
日用品	100.9	101.1	101.4	101.6	101.3	100.6
日用百货	100.3	101.4	101.2	101.2	101.0	99.9
厨具餐具茶具	100.3	100.3	100.0	100.4	100.4	100.0
清洗用品	102.7	101.9	103.3	103.5	102.7	102.3
其他日用品	100.0	100.1	100.1	100.3	100.2	99.9
体育娱乐用品	100.8	101.8	101.6	101.3	101.0	100.2
体育户外用品	100.6	100.5	100.2	100.4	100.2	100.3
娱乐用品	101.0	103.3	103.2	102.5	102.0	100.1
交通、通信用品	102.1	104.8	104.8	106.0	105.4	104.4
交通运输机械	100.4	101.6	101.5	102.2	102.8	100.5
通信器材	105.3	110.7	111.2	113.6	110.4	111.9
家具	101.9	104.7	103.1	103.0	102.9	102.3
化妆品	101.0	100.7	101.1	100.7	101.1	100.7
金银饰品	107.9	100.4	101.0	100.2	101.4	101.3
中西药品及医疗保健用品	103.9	104.6	104.6	104.0	103.7	104.0
医疗卫生器具	100.4	101.0	101.2	99.9	99.9	99.4
中药	106.1	107.6	107.4	106.8	106.5	106.6
西药	103.5	103.9	104.0	103.5	103.4	103.6
保健器具及用品	102.7	104.0	103.7	102.5	101.3	102.8
书报杂志及电子出版物	106.4	109.0	109.2	108.6	108.8	108.7
教材及参考书	104.9	105.5	105.8	104.8	105.2	105.1
书报杂志	108.7	113.9	113.9	113.6	113.5	113.5
计算机办公软件	104.6	107.2	107.4	107.2	107.4	107.4
燃料	96.1	98.4	98.6	103.2	100.9	101.4
煤炭及制品	93.9	101.4	93.4	96.6	94.3	101.6
石油及制品	96.6	97.7	100.0	104.9	102.6	101.4
建筑材料及五金电料	100.9	100.7	100.8	100.8	100.7	100.9
建筑装璜材料	100.9	100.4	100.5	100.7	100.7	100.9
五金水暖	101.1	101.7	101.7	101.1	100.9	100.9

6月	7月	8月	9月	10月	11月	12月
97.5	97.6	97.7	97.1	97.3	97.7	97.8
97.7	98.4	99.5	99.3	99.6	100.2	99.8
96.8	95.6	93.3	92.1	92.2	93.0	94.2
98.5	98.5	101.3	99.1	99.2	95.6	95.7
105.3	106.4	106.2	102.7	101.5	102.1	103.1
100.6	101.0	101.1	101.2	100.5	100.5	100.5
100.2	100.1	100.0	99.8	100.0	99.5	99.6
100.5	100.4	100.6	100.6	100.5	100.1	99.8
101.5	103.1	103.6	104.3	101.7	102.5	102.5
100.0	100.0	99.9	99.8	99.7	99.8	99.7
100.6	100.7	100.6	100.5	100.4	100.4	100.1
100.8	101.2	101.0	100.8	100.6	100.7	100.4
100.3	100.2	100.2	100.1	100.1	100.0	99.8
104.1	105.9	104.3	98.4	97.7	97.1	93.8
99.7	101.5	100.5	98.6	98.4	98.7	98.6
112.7	114.7	111.8	98.0	96.3	94.3	86.1
102.1	101.9	101.9	101.2	100.9	99.4	99.4
100.7	101.1	101.1	100.9	101.0	101.2	101.6
104.4	107.8	112.8	116.8	118.5	116.2	114.9
104.0	104.2	103.9	103.4	103.7	103.3	103.0
99.4	99.9	100.6	100.7	100.9	100.9	101.2
106.1	106.1	105.9	104.7	105.3	105.5	104.8
103.8	104.1	103.5	103.2	103.6	102.9	102.6
102.8	102.9	103.2	102.9	102.7	102.1	102.2
108.7	107.8	104.6	103.4	103.4	103.6	101.8
105.1	105.1	104.7	105.4	105.4	105.3	101.5
113.5	111.1	103.6	102.5	102.4	102.9	102.9
107.4	107.4	107.6	99.4	99.4	99.4	99.4
98.8	94.9	93.7	90.3	88.1	90.0	96.8
105.3	94.3	96.9	88.5	88.6	84.2	85.2
97.2	95.1	93.0	90.8	88.0	91.6	100.1
101.0	101.0	101.1	101.1	100.8	100.9	101.2
101.0	101.0	101.2	101.1	100.7	100.8	101.2
101.0	100.9	100.9	100.9	101.1	101.1	101.2

4-9 城市商品零售

(上年同月=100)

类　别	年平均	1月	2月	3月	4月	5月
总指数	**102.5**	**101.8**	**101.9**	**103.1**	**103.1**	**103.2**
食品	107.1	101.3	101.3	104.0	105.8	106.5
粮食	100.2	99.7	99.7	100.4	100.4	100.4
薯类	102.2	103.6	101.8	101.6	107.4	101.8
豆类	100.9	99.3	100.2	100.4	100.1	100.4
食用油	98.6	98.4	98.4	97.7	97.6	99.2
菜	104.1	103.8	107.1	117.1	117.6	111.5
畜肉类	132.0	95.8	95.5	104.9	112.5	115.0
禽肉类	110.9	105.7	104.7	104.8	106.3	107.4
水产品	98.9	101.2	97.9	96.4	97.6	98.3
蛋类	105.9	100.4	92.6	96.7	105.0	112.8
奶类	100.8	101.8	102.5	101.8	101.4	101.0
干鲜瓜果类	107.8	107.3	106.4	106.6	109.5	118.7
糖果糕点类	100.3	99.8	100.1	100.6	100.3	100.7
调味品	103.3	103.4	103.4	104.2	104.5	104.1
其他食品类	101.1	100.5	100.4	100.5	100.7	100.6
在外餐饮	102.9	102.3	102.5	102.4	102.3	102.3
饮料、烟酒	101.9	102.3	101.9	102.0	101.7	102.1
茶及饮料	101.6	101.3	101.3	101.8	101.7	102.4
烟草	101.0	101.2	101.2	101.2	101.3	101.4
酒类	102.7	104.0	102.9	102.7	101.9	102.3
服装、鞋帽	100.8	100.9	101.0	101.0	100.9	100.6
服装	100.8	100.9	101.0	101.0	100.8	100.5
男士服装	101.2	101.1	101.3	101.4	101.2	100.9
女士服装	100.5	100.5	100.6	100.5	100.4	100.1
儿童服装	100.9	101.8	101.7	101.7	101.3	100.8
鞋帽袜	100.7	100.8	101.0	101.0	101.0	100.9
鞋	100.8	100.9	101.1	101.1	101.2	101.0
袜子	98.7	98.8	98.8	98.6	98.3	99.8
帽子	101.1	101.4	101.7	101.8	101.7	101.7
其他衣着配件	100.6	101.2	101.2	101.1	101.0	100.6
纺织品	99.8	100.2	99.9	99.9	100.3	99.9
服装材料	101.4	101.3	101.3	101.1	101.3	101.4
床上用品	99.3	99.9	99.4	99.5	100.0	99.4

价格分月指数(2018年)

6月	7月	8月	9月	10月	11月	12月
102.8	**102.9**	**102.5**	**101.5**	**101.8**	**102.6**	**102.6**
106.4	107.1	106.8	107.7	111.0	114.5	113.1
100.2	99.8	100.2	100.4	100.2	100.4	100.3
103.1	104.8	101.7	100.8	99.3	100.8	98.1
101.0	101.1	101.4	101.6	102.0	101.6	101.2
98.7	99.6	99.6	98.9	98.2	98.4	98.8
103.0	104.8	99.2	86.8	88.7	102.3	110.5
117.4	119.8	131.6	153.1	176.4	187.4	176.2
107.9	107.2	108.2	114.6	119.9	125.8	117.4
97.6	98.7	99.1	100.9	100.9	100.1	98.9
107.1	113.6	103.2	109.5	112.7	111.0	106.8
100.9	100.8	100.6	99.8	99.7	99.6	99.5
129.8	128.2	114.6	102.2	95.4	90.4	90.1
100.5	100.4	100.3	100.2	100.5	100.1	100.0
104.2	103.0	102.5	103.2	102.6	102.1	102.1
100.4	100.8	101.7	101.0	101.5	102.4	103.0
101.7	101.9	102.3	103.2	103.6	105.2	105.2
102.1	101.8	102.0	101.8	101.7	101.5	101.5
101.6	101.4	101.8	101.5	101.2	101.4	101.4
101.4	101.0	101.0	101.0	100.9	100.1	100.1
103.0	102.7	102.9	102.6	102.5	102.6	102.5
100.6	100.5	100.7	100.9	100.9	100.7	100.7
100.5	100.5	100.8	101.0	101.0	100.8	100.8
101.0	100.9	101.1	101.4	101.4	101.3	101.5
100.0	100.1	100.4	100.8	100.9	100.8	100.7
101.0	101.0	101.3	100.5	100.2	99.4	99.6
100.8	100.6	100.5	100.5	100.5	100.4	100.2
100.9	100.7	100.6	100.7	100.7	100.8	100.4
99.3	98.8	98.7	98.7	98.8	98.1	98.5
101.5	101.7	101.4	100.2	100.0	99.9	100.0
100.5	100.5	100.5	100.4	100.3	100.2	100.0
99.5	99.6	99.1	99.6	99.6	99.7	100.0
101.3	101.4	101.0	100.9	100.9	102.5	102.4
99.0	99.0	98.5	99.2	99.2	98.8	99.2

4-9 续表

（上年同月＝100）

类　别	年平均	1月	2月	3月	4月	5月
家用电器及音像器材	98.2	99.0	100.3	98.9	99.0	99.4
家庭设备	99.1	98.8	99.9	99.4	98.8	98.7
文娱用耐用消费品	96.2	99.0	101.2	97.8	99.4	100.9
专业音像器材	98.7	99.8	99.8	99.1	99.1	98.5
文化办公用品	103.0	98.9	99.4	104.7	102.7	105.0
日用品	101.0	101.0	101.4	101.7	101.4	100.5
日用百货	100.0	101.2	101.0	101.2	101.1	99.4
厨具餐具茶具	100.3	100.3	100.0	100.4	100.4	99.9
清洗用品	103.2	101.8	103.5	103.8	103.1	102.5
其他日用品	99.8	100.1	100.1	100.2	100.1	99.8
体育娱乐用品	100.9	102.0	101.7	101.4	101.1	100.2
体育户外用品	100.6	100.6	100.2	100.3	100.2	100.3
娱乐用品	101.2	103.8	103.6	102.8	102.3	100.1
交通、通信用品	102.1	104.7	104.8	105.9	105.4	104.4
交通运输机械	100.5	101.7	101.6	102.3	102.9	100.7
通信器材	105.5	110.9	111.5	113.8	110.5	112.2
家具	101.9	104.8	102.9	102.7	103.1	102.5
化妆品	101.0	100.7	101.2	100.7	101.1	100.7
金银饰品	108.0	100.7	101.2	100.1	101.5	101.4
中西药品及医疗保健用品	103.8	104.4	104.4	103.7	103.4	103.8
医疗卫生器具	100.3	101.0	101.2	99.8	99.8	99.2
中药	106.5	108.2	108.0	107.3	107.0	107.1
西药	103.3	103.4	103.5	103.0	102.9	103.2
保健器具及用品	102.9	104.2	103.9	102.6	101.3	103.0
书报杂志及电子出版物	106.5	109.2	109.4	108.7	108.9	108.9
教材及参考书	105.3	106.0	106.4	105.2	105.6	105.6
书报杂志	108.4	113.7	113.7	113.4	113.3	113.3
计算机办公软件	104.6	107.2	107.4	107.2	107.4	107.4
燃料	96.4	98.7	99.1	103.5	101.4	101.7
煤炭及制品	94.4	101.6	94.1	96.9	95.2	102.1
石油及制品	96.9	98.0	100.2	105.1	102.9	101.6
建筑材料及五金电料	101.1	101.1	101.1	101.2	101.0	101.1
建筑装璜材料	101.2	100.9	100.9	101.3	101.2	101.3
五金水暖	100.8	101.6	101.7	101.0	100.7	100.7

6月	7月	8月	9月	10月	11月	12月
97.5	97.4	97.4	96.9	97.1	97.4	97.6
97.8	98.3	99.3	99.2	99.6	100.1	99.8
96.8	95.5	93.1	92.0	92.1	92.9	94.1
98.5	98.5	101.2	99.1	99.1	95.7	95.8
105.1	106.3	106.1	102.5	101.2	101.8	102.9
100.5	101.1	101.2	101.4	100.6	100.6	100.6
99.7	99.7	99.4	99.5	99.8	99.1	99.3
100.4	100.4	100.6	100.7	100.5	100.1	99.7
101.6	103.7	104.3	105.1	102.3	103.2	103.3
99.9	99.7	99.6	99.5	99.4	99.5	99.4
100.7	100.9	100.7	100.7	100.5	100.5	100.1
100.9	101.3	101.1	101.0	100.7	100.7	100.3
100.4	100.3	100.3	100.3	100.2	100.1	99.9
104.0	105.8	104.3	98.5	97.8	97.2	94.1
99.9	101.7	100.7	98.7	98.5	98.7	98.7
112.9	114.8	112.1	98.1	96.4	94.3	86.1
102.2	101.9	102.0	101.3	101.1	99.2	99.3
100.7	101.1	101.1	101.0	101.1	101.3	101.7
104.7	108.0	113.0	116.7	118.4	115.8	114.6
103.9	104.1	104.0	103.4	103.7	103.3	103.3
99.3	99.8	100.4	100.6	100.8	100.8	101.1
106.5	106.6	106.5	104.8	105.4	105.6	105.3
103.7	103.9	103.5	103.1	103.5	102.9	103.0
102.9	103.0	103.4	103.0	102.9	102.2	102.3
108.9	107.9	104.7	103.5	103.5	103.7	101.8
105.6	105.6	105.1	105.8	105.8	105.7	101.5
113.3	110.7	103.5	102.2	102.1	102.7	102.7
107.4	107.4	107.6	99.4	99.5	99.5	99.5
98.9	95.3	94.0	90.7	88.4	90.4	97.2
105.6	94.7	97.6	89.2	89.1	84.3	85.4
97.5	95.4	93.2	91.0	88.3	91.8	100.2
101.1	101.0	101.0	101.1	100.8	100.8	101.2
101.4	101.3	101.3	101.3	100.9	100.9	101.3
100.6	100.4	100.4	100.5	100.8	100.8	100.9

4-10 农村商品零售

(上年同月=100)

类　别	年平均	1月	2月	3月	4月	5月
总指数	**102.2**	**101.0**	**101.0**	**102.7**	**102.7**	**102.9**
食品	107.4	99.2	99.2	103.4	105.6	106.3
粮食	100.0	100.3	100.2	100.4	100.6	100.5
薯类	103.2	103.8	104.7	110.8	113.3	101.3
豆类	100.2	101.0	102.1	100.8	100.7	100.4
食用油	99.6	98.0	98.2	98.0	98.1	99.6
菜	101.9	98.5	105.3	119.4	117.9	108.8
畜肉类	136.9	89.5	90.9	106.4	117.4	120.8
禽肉类	109.7	106.6	103.0	104.1	106.9	107.4
水产品	99.8	102.7	101.0	100.0	98.9	99.2
蛋类	106.0	100.5	90.5	93.4	103.5	113.2
奶类	100.5	100.0	100.1	100.5	100.6	100.6
干鲜瓜果类	106.1	107.9	103.2	105.7	109.8	118.0
糖果糕点类	99.6	99.1	98.8	99.1	99.2	99.4
调味品	103.0	103.4	103.6	103.8	103.7	104.3
其他食品类	102.5	102.2	102.4	102.7	102.5	102.5
在外餐饮	102.4	100.7	100.9	101.1	100.9	101.1
饮料、烟酒	101.9	101.5	101.6	101.8	101.9	101.9
茶及饮料	101.7	101.1	100.7	101.5	101.6	101.9
烟草	100.7	100.9	100.9	101.1	101.1	100.6
酒类	102.7	102.1	102.3	102.4	102.5	102.6
服装、鞋帽	100.7	101.8	101.6	101.9	101.4	100.9
服装	100.8	102.0	101.9	102.3	101.6	101.1
男士服装	100.8	102.0	102.0	102.3	101.5	100.9
女士服装	101.0	102.3	102.3	102.7	101.9	101.6
儿童服装	100.3	101.0	100.5	101.0	100.9	100.2
鞋帽袜	100.4	101.6	101.1	101.3	101.2	100.6
鞋	100.0	101.8	101.1	101.2	101.0	100.3
袜子	101.5	101.6	101.6	101.5	101.9	102.0
帽子	102.9	99.2	99.2	101.4	102.0	102.3
其他衣着配件	100.5	100.5	100.4	100.3	100.2	100.2
纺织品	101.7	101.8	102.1	102.2	102.5	102.2
服装材料	101.1	100.9	100.9	101.4	101.4	100.9
床上用品	101.9	102.0	102.4	102.3	102.7	102.5

价格分月指数(2019年)

6月	7月	8月	9月	10月	11月	12月
102.4	**102.4**	**102.1**	**101.5**	**102.2**	**103.0**	**102.7**
105.6	106.6	106.0	109.2	114.2	117.6	116.1
100.3	100.3	100.1	99.6	99.7	99.4	98.7
99.5	102.3	97.6	97.8	102.0	104.1	100.8
100.6	100.2	100.1	99.8	99.4	99.0	98.7
100.2	99.6	100.0	100.3	100.1	101.5	101.9
97.6	99.8	91.2	80.7	86.9	106.8	116.8
121.5	123.8	132.4	160.6	188.8	201.7	192.5
108.5	108.3	109.4	115.6	116.9	117.9	111.2
98.0	99.4	99.5	100.2	100.6	99.9	98.6
106.0	117.5	102.7	110.5	115.7	112.6	106.3
100.9	100.6	100.7	100.8	100.6	100.6	100.4
123.7	120.5	112.1	101.8	97.2	88.5	88.7
99.8	99.9	100.1	99.6	99.9	100.4	100.3
104.2	103.6	103.6	102.6	101.5	101.1	100.9
102.3	102.1	102.3	102.4	102.5	103.2	102.6
101.7	102.2	102.6	103.5	103.7	105.0	105.1
101.7	101.7	102.0	102.2	102.4	102.4	102.0
102.0	102.8	102.1	102.0	102.0	101.8	101.0
100.6	100.6	100.6	100.6	100.6	100.6	100.5
102.3	102.1	102.8	103.3	103.6	103.6	103.2
100.8	100.7	100.6	100.2	99.7	99.2	99.3
101.0	100.8	100.7	100.2	99.8	99.2	99.3
100.9	100.7	100.4	100.1	99.7	99.4	99.6
101.2	101.0	100.9	100.4	99.9	99.0	99.2
100.3	100.3	100.5	100.1	100.0	99.4	99.1
100.5	100.4	100.3	100.0	99.3	98.9	99.1
100.0	99.9	99.8	99.4	98.7	98.3	98.5
102.0	101.8	101.7	101.6	101.2	100.5	100.5
103.5	104.5	104.8	104.5	104.5	104.5	105.1
100.7	100.6	100.8	100.7	100.5	100.3	100.9
102.3	102.2	102.2	101.5	100.9	100.6	100.5
101.1	101.3	101.0	101.8	101.8	100.8	100.3
102.6	102.5	102.5	101.5	100.7	100.6	100.5

4-10 续表

(上年同月=100)

类　别	年平均	1月	2月	3月	4月	5月
家用电器及音像器材	98.8	98.3	100.2	98.7	99.1	99.7
家庭设备	99.3	98.3	100.1	99.0	98.8	99.0
文娱用耐用消费品	96.8	98.0	100.9	97.6	100.2	102.6
专业音像器材	98.8	100.0	100.0	99.4	99.4	98.5
文化办公用品	104.1	99.4	99.5	104.9	104.2	106.7
日用品	100.7	101.5	101.3	101.2	100.7	100.8
日用百货	101.0	101.8	101.4	101.3	101.0	101.0
厨具餐具茶具	100.5	99.9	100.2	100.3	100.6	100.7
清洗用品	100.2	102.2	102.3	101.9	100.1	100.7
其他日用品	100.8	100.2	100.2	100.6	100.6	100.6
体育娱乐用品	100.0	100.2	100.6	100.7	100.4	100.1
体育户外用品	100.3	99.6	100.6	100.7	100.7	100.4
娱乐用品	99.7	100.6	100.7	100.6	100.2	99.8
交通、通信用品	102.0	104.9	105.0	106.4	105.5	104.5
交通运输机械	99.8	101.2	101.1	101.7	102.2	99.8
通信器材	104.7	109.9	110.2	112.8	110.0	110.9
家具	101.8	104.0	104.2	103.9	102.2	101.2
化妆品	100.8	100.9	100.9	100.9	100.8	101.0
金银饰品	107.7	98.5	99.6	100.8	100.5	100.6
中西药品及医疗保健用品	104.2	105.3	105.5	105.2	105.1	104.8
医疗卫生器具	102.3	100.9	102.7	102.0	102.1	102.2
中药	104.4	105.2	105.0	104.7	104.5	104.7
西药	104.4	105.8	106.1	105.9	105.8	105.3
保健器具及用品	101.2	101.4	101.5	101.0	101.4	100.9
书报杂志及电子出版物	105.4	107.4	107.2	107.5	107.5	107.5
教材及参考书	101.1	100.9	100.6	101.0	101.0	101.0
书报杂志	110.6	115.2	115.2	115.2	115.2	115.2
计算机办公软件	104.4	107.2	107.2	107.2	107.2	107.2
燃料	94.5	97.4	96.4	101.7	98.5	100.1
煤炭及制品	92.4	100.8	91.2	95.4	91.5	100.0
石油及制品	95.3	96.1	98.5	104.1	101.2	100.1
建筑材料及五金电料	100.5	99.6	99.8	99.6	99.8	100.2
建筑装璜材料	100.1	99.2	99.3	99.3	99.4	99.9
五金水暖	103.0	102.2	102.3	101.8	102.0	102.0

6月	7月	8月	9月	10月	11月	12月
97.4	98.4	99.1	98.2	98.4	98.8	98.8
97.4	98.9	100.3	99.7	99.8	100.4	100.0
97.2	96.5	94.3	92.8	93.0	93.7	95.0
98.5	98.5	102.2	99.8	99.8	95.0	95.0
106.5	106.8	106.7	103.9	103.2	103.4	104.1
101.0	100.7	100.9	100.5	100.2	100.1	99.9
101.2	101.1	101.2	100.5	100.5	100.3	100.2
100.8	100.0	100.6	100.6	100.6	100.4	100.9
100.8	99.5	99.9	99.8	98.8	98.7	97.9
100.8	101.0	101.1	101.2	101.1	101.1	101.1
99.9	99.8	99.7	99.3	99.7	99.8	99.9
100.2	100.3	100.3	99.5	100.3	100.5	100.7
99.7	99.3	99.2	99.0	99.2	99.2	99.1
104.3	106.3	104.3	97.7	97.1	96.5	92.6
98.9	100.5	99.7	98.1	98.1	98.4	98.4
111.8	114.2	110.6	97.2	95.9	94.3	86.3
101.3	101.7	101.4	100.8	100.4	100.4	99.9
100.9	100.9	100.9	100.7	100.6	100.6	100.5
102.8	106.4	111.9	117.1	119.2	119.4	116.8
104.1	104.4	103.3	103.5	104.0	103.3	101.5
102.0	101.8	103.2	102.3	102.3	103.0	103.0
104.3	104.0	103.6	103.9	105.0	105.2	102.4
104.3	104.8	103.4	103.6	103.9	102.7	101.1
101.3	101.2	101.1	101.1	100.8	101.1	101.5
107.3	107.1	103.7	102.6	102.5	102.5	102.5
101.0	100.7	101.4	101.5	101.5	101.5	101.5
114.8	114.8	105.1	104.9	104.7	104.7	104.7
107.2	107.2	107.2	99.3	99.3	99.3	99.3
98.0	93.1	92.7	88.5	86.6	88.4	95.0
104.2	92.7	94.7	86.5	87.1	83.7	84.5
95.8	93.2	92.0	89.3	86.3	90.3	99.5
100.6	100.8	101.4	101.2	100.7	101.2	101.2
100.0	100.3	101.0	100.7	100.3	100.8	101.0
103.9	104.0	104.0	103.8	103.4	103.5	102.7

4-11 农业生产资料

(上年同月=100)

类　　别	年平均	1月	2月	3月	4月	5月
总指数	**103.8**	**101.8**	**101.8**	**101.3**	**102.4**	**102.5**
农用手工工具	101.6	104.5	104.5	104.3	103.0	101.4
农用手工工具	101.6	104.5	104.5	104.3	103.0	101.4
饲料	99.2	103.6	102.8	98.8	98.0	97.7
混合饲料	100.6	105.2	104.6	100.0	99.2	99.4
其他饲料	96.3	100.4	99.1	96.4	95.4	94.2
仔畜幼禽及产品畜	161.2	81.6	84.7	110.8	137.9	144.4
仔　　畜	172.0	69.8	74.8	110.0	139.7	146.1
幼　　禽	131.2	122.3	114.9	111.4	133.3	142.8
产 品 畜	157.6	93.7	93.4	115.2	134.9	135.5
半机械化农具	102.6	102.1	102.1	102.5	102.7	102.6
半机械化农具	102.6	102.1	102.1	102.5	102.7	102.6
机械化农具	101.5	100.6	100.9	101.0	101.3	101.9
机械化农具	101.5	100.6	100.9	101.0	101.3	101.9
化学肥料	101.1	104.7	104.1	100.9	100.6	100.4
氮　　肥	101.5	107.7	106.2	101.9	102.7	101.9
磷　　肥	100.6	105.7	104.6	100.2	98.9	99.9
钾　　肥	100.6	102.9	103.1	101.0	100.0	99.5
复合肥料	101.0	102.7	102.7	100.4	99.7	99.8
农药及农药器械	104.0	105.8	106.1	103.1	103.4	103.4
化学农药	104.0	106.1	106.2	103.0	103.3	103.4
杀 虫 剂	104.4	105.8	106.6	103.8	103.8	104.0
杀 菌 剂	103.7	105.7	105.8	104.0	104.9	104.3
除 草 剂	104.6	107.7	107.2	101.2	101.7	102.4
生长调节剂	100.9	103.3	102.6	101.8	101.9	101.7
农药器械	103.3	101.3	103.9	105.1	105.1	103.5
农药器械	103.3	101.3	103.9	105.1	105.1	103.5
农机用油	94.1	94.5	96.9	103.6	100.7	99.1
农用柴油	93.8	94.3	96.8	103.7	100.7	99.0
润 滑 油	100.6	99.9	99.9	100.7	100.9	101.1
其他农用生产资料	101.4	100.5	101.0	100.3	101.7	102.1
农用种子	100.9	99.9	100.2	99.5	101.3	101.9
农用薄膜	104.1	103.3	105.0	104.6	104.1	104.1
未列名的其他农用生产资料	101.1	102.3	101.5	101.3	101.3	101.3
农业生产服务	101.5	103.0	103.7	102.2	102.2	101.9
排 灌 费	102.2	105.3	106.5	102.3	102.3	102.3
机械作业费	100.8	101.3	101.9	101.9	101.9	101.2
农业用电	100.0	100.0	100.0	100.0	100.0	100.0
农业用工	103.9	108.3	109.2	104.0	104.0	104.8

价格分月指数(2019年)

6月	7月	8月	9月	10月	11月	12月
102.4	**102.5**	**103.5**	**105.5**	**107.2**	**107.3**	**107.0**
100.7	100.7	100.0	100.2	100.0	99.7	100.1
100.7	100.7	100.0	100.2	100.0	99.7	100.1
99.4	99.3	97.4	97.8	98.3	98.7	98.6
101.4	100.9	98.7	98.9	99.2	99.9	99.9
95.2	95.9	94.7	95.4	96.3	96.2	95.8
137.2	144.2	170.1	203.7	248.6	258.7	244.7
143.6	146.9	179.7	230.3	289.9	313.0	307.1
116.8	137.6	146.3	141.6	153.2	144.0	108.5
137.0	139.7	160.4	192.4	236.9	232.7	228.5
102.6	102.6	103.2	103.4	102.5	102.5	102.5
102.6	102.6	103.2	103.4	102.5	102.5	102.5
101.6	101.7	101.7	102.0	101.9	101.7	101.7
101.6	101.7	101.7	102.0	101.9	101.7	101.7
101.0	100.7	100.9	101.2	99.9	99.0	99.5
100.9	100.4	100.4	100.7	98.7	98.0	98.7
100.1	99.7	100.4	100.6	99.4	99.1	99.0
100.1	100.7	100.4	100.3	99.8	99.8	99.3
101.5	101.1	101.5	101.7	100.9	99.6	100.1
103.5	103.5	103.9	103.9	103.8	103.7	103.7
103.6	103.5	103.9	103.9	103.8	103.7	103.8
103.3	103.2	104.3	104.4	104.5	104.5	104.5
103.1	103.1	103.1	103.0	102.5	102.5	102.5
105.2	105.1	105.1	105.1	105.1	105.1	105.1
100.3	100.6	100.5	100.3	99.8	98.9	99.6
103.2	102.8	102.8	102.8	102.8	102.8	102.8
103.2	102.8	102.8	102.8	102.8	102.8	102.8
94.0	91.4	89.8	87.6	84.4	89.2	100.9
93.7	91.0	89.4	87.1	83.8	88.7	100.8
101.1	101.1	99.8	99.8	100.6	101.0	101.0
101.8	101.8	101.7	101.3	101.4	101.3	101.3
101.4	101.4	101.3	101.1	101.1	100.9	100.9
104.4	104.4	104.3	103.2	103.7	104.2	104.0
101.3	101.3	101.0	100.6	100.5	100.5	100.6
101.0	101.0	100.8	100.8	100.5	100.5	100.5
101.2	101.2	101.2	101.2	101.2	101.2	101.2
100.2	100.2	100.2	100.2	100.2	100.2	100.2
100.0	100.0	100.0	100.0	100.0	100.0	100.0
104.4	104.4	102.6	102.6	101.2	101.2	101.2

4-12 26个调查市县居民

(上年=100)

市　县	居民消费价格总指数	食品烟酒	粮食	鲜菜	畜肉类	蛋类	衣着
全省平均	**103.0**	**107.4**	**100.0**	**103.4**	**133.9**	**106.1**	**100.7**
城市平均	**102.9**	**107.1**	**100.2**	**104.2**	**132.4**	**106.0**	**100.8**
郑州市	103.1	108.1	99.2	109.2	130.0	106.9	102.0
开封市	102.4	105.7	100.0	97.0	133.2	101.6	100.5
洛阳市	102.8	106.8	101.3	101.3	130.5	109.6	99.1
平顶山市	102.9	105.8	100.6	102.8	126.0	100.4	101.6
安阳市	103.1	107.8	101.8	103.3	134.6	107.6	101.2
鹤壁市	102.7	107.1	99.6	107.0	139.8	108.3	98.8
新乡市	103.3	106.2	100.4	103.5	136.2	102.4	103.2
焦作市	103.0	107.3	100.1	103.2	131.7	109.9	100.3
濮阳市	102.9	105.4	98.8	98.1	134.6	102.8	99.0
许昌市	103.0	105.7	100.7	98.7	134.0	105.9	98.2
漯河市	102.8	105.7	100.8	100.3	134.7	106.7	101.4
三门峡市	102.2	107.0	100.1	102.8	136.3	105.6	94.1
南阳市	103.0	107.0	101.0	105.5	133.9	104.4	101.5
商丘市	102.8	106.7	99.7	104.9	126.1	106.6	98.9
信阳市	102.6	105.7	100.6	99.8	132.6	106.9	99.5
周口市	103.1	107.8	101.6	106.1	138.0	105.5	101.7
驻马店市	102.7	106.8	98.6	103.3	132.5	106.9	101.0
农村平均	**103.1**	**108.0**	**99.7**	**101.6**	**136.4**	**106.3**	**100.5**
滑县	103.1	108.1	100.3	102.7	139.1	109.0	100.6
辉县市	103.4	108.7	101.9	98.1	147.0	106.8	100.4
襄城县	103.0	107.6	91.1	97.2	133.0	108.5	95.5
灵宝市	103.1	109.6	100.8	103.5	138.0	107.7	100.7
镇平县	103.4	107.6	99.0	106.6	132.5	104.6	100.6
永城市	102.9	107.9	99.8	102.0	139.8	104.3	102.0
固始县	103.6	108.6	101.6	102.5	137.5	104.1	100.3
淮阳县	102.8	107.0	101.7	96.4	132.9	106.2	101.8
汝南县	102.8	106.7	101.1	104.1	128.1	105.2	101.9

消费价格指数(2019年)

居住	水、电、燃料	生活用品及服务	交通和通讯	教育文化和娱乐	医疗保健	其他用品和服务
100.8	**100.7**	**100.6**	**99.0**	**102.7**	**101.9**	**105.2**
100.8	**101.2**	**100.7**	**98.4**	**103.4**	**101.9**	**105.7**
99.8	101.1	101.2	95.9	105.0	101.6	108.0
101.1	100.9	99.6	99.9	101.7	101.8	103.6
100.9	100.6	100.4	99.0	103.1	103.0	105.8
101.9	101.8	100.5	99.1	103.5	101.5	104.3
100.0	100.5	100.2	99.5	104.6	99.4	106.7
100.4	100.8	99.6	100.4	102.8	102.0	104.1
101.9	102.6	101.0	99.3	102.3	103.4	106.6
101.3	103.1	100.7	99.7	101.6	101.7	105.1
101.5	104.8	100.1	98.2	100.4	113.2	105.3
104.1	100.9	99.9	99.9	102.7	102.2	105.0
101.6	101.9	101.2	100.1	103.6	100.6	102.4
100.7	101.1	100.2	100.0	100.8	103.1	105.2
100.6	102.0	100.9	99.4	103.4	100.8	103.2
102.4	100.1	100.2	100.2	101.7	101.5	102.2
102.7	101.5	100.1	100.2	102.6	100.4	102.7
100.6	100.8	100.4	100.2	102.3	100.1	106.5
101.1	103.1	99.8	99.1	102.2	100.2	105.4
100.9	**100.0**	**100.6**	**100.0**	**101.5**	**101.9**	**104.3**
99.6	98.7	100.6	100.1	100.3	104.8	103.8
101.3	97.8	100.2	99.9	100.5	104.3	105.7
102.9	100.5	99.9	101.3	101.0	101.6	102.6
99.9	99.7	100.9	99.7	100.6	100.6	105.8
101.1	103.8	101.2	100.2	102.8	101.8	105.7
100.8	99.8	100.9	100.0	100.7	100.2	102.9
100.7	98.1	101.3	100.6	103.3	101.8	105.9
101.0	102.0	99.9	98.7	102.6	100.8	104.3
100.7	100.1	99.9	99.7	103.1	101.3	102.6

4-13 26个调查市县商品

(上年＝100)

市 县	商品零售价格总指数	食品类	饮料、烟酒	服装、鞋帽类	纺织品类	家用电器及音像器材	文 化办公用品	日用品
全省平均	**102.4**	**107.2**	**101.9**	**100.8**	**100.3**	**98.3**	**103.2**	**100.9**
城市平均	**102.5**	**107.1**	**101.9**	**100.8**	**99.8**	**98.2**	**103.0**	**101.0**
郑州市	103.0	108.3	101.5	101.9	100.5	97.0	103.4	101.8
开封市	102.4	105.7	104.5	100.5	98.9	98.5	102.5	101.0
洛阳市	102.0	106.6	103.4	98.9	98.4	98.1	103.2	100.9
平顶山市	102.4	105.8	102.0	101.5	101.1	99.1	100.0	100.1
安阳市	102.0	108.0	100.4	101.3	100.3	98.5	102.9	100.8
鹤壁市	101.8	107.4	100.8	98.7	97.5	98.4	103.3	100.5
新乡市	103.1	106.4	101.3	103.3	100.6	98.6	103.2	99.8
焦作市	102.3	107.3	101.9	100.4	100.0	98.7	103.7	101.0
濮阳市	102.0	104.3	102.9	98.8	97.0	98.1	103.2	101.4
许昌市	101.5	105.2	102.8	98.2	100.3	98.2	102.2	100.0
漯河市	102.0	105.8	101.0	101.2	99.6	98.6	103.1	101.5
三门峡市	102.0	107.4	100.6	94.4	101.0	98.4	103.2	100.2
南阳市	102.3	107.3	100.3	101.5	99.9	98.8	104.5	101.5
商丘市	101.7	106.8	100.9	98.2	98.3	98.2	104.2	99.7
信阳市	102.0	105.5	101.9	99.3	99.4	98.7	103.0	100.4
周口市	102.5	108.3	100.5	100.9	100.9	99.0	103.3	100.3
驻马店市	102.4	106.7	101.6	100.7	99.6	98.5	103.4	99.6
农村平均	**102.2**	**107.4**	**101.9**	**100.7**	**101.7**	**98.8**	**104.1**	**100.7**
滑县	102.0	107.5	100.7	100.7	100.3	98.7	103.6	100.4
辉县市	102.8	108.1	99.4	100.3	100.0	98.6	103.8	100.9
襄城县	101.4	106.1	105.2	95.6	98.6	98.2	103.8	98.5
灵宝市	102.4	109.3	100.5	100.7	105.8	98.6	105.2	101.3
镇平县	102.4	106.7	104.1	100.6	106.0	100.0	105.6	100.6
永城市	101.9	107.6	100.1	102.1	100.7	98.8	103.6	100.8
固始县	103.0	108.2	102.9	100.2	101.3	98.3	103.8	101.9
淮阳县	101.7	106.5	102.5	102.0	98.9	98.8	103.2	101.0
汝南县	101.7	105.9	104.0	101.9	100.2	98.6	103.6	99.7

零售价格指数(2019年)

体育娱乐用品	交通、通信用品	家具	化妆品类	金银饰品类	中西药品及医疗保健用品类	书报杂志及电子出版物类	燃料类	建筑材料及五金电料类
100.8	**102.1**	**101.9**	**101.0**	**107.9**	**103.9**	**106.4**	**96.1**	**100.9**
100.9	**102.1**	**101.9**	**101.0**	**108.0**	**103.8**	**106.5**	**96.4**	**101.1**
102.3	102.1	104.8	101.5	110.6	104.1	109.2	96.9	100.8
98.9	101.8	99.3	101.4	100.4	107.3	107.6	96.5	101.3
99.3	101.8	101.5	100.1	106.2	104.3	102.4	96.0	100.6
101.5	104.5	98.8	99.8	108.3	103.2	105.7	96.6	101.4
100.3	102.3	100.5	100.8	110.2	99.1	101.3	96.0	99.2
100.1	101.9	99.5	100.6	108.2	103.9	106.9	95.5	97.9
101.6	101.8	102.7	103.2	108.5	108.9	114.7	96.1	101.8
102.0	101.8	100.2	101.0	109.4	102.9	100.7	96.5	102.4
99.6	101.8	99.9	100.8	109.4	109.0	106.4	97.9	99.0
100.1	101.9	100.7	99.7	109.9	101.2	105.5	96.9	100.1
100.9	101.7	99.3	103.9	105.9	100.9	100.5	98.1	101.5
99.7	101.7	100.0	100.0	108.5	106.2	106.6	96.8	101.6
98.7	101.7	101.9	101.5	108.0	101.8	99.9	95.5	101.3
100.2	102.0	99.3	100.1	102.6	104.1	103.4	95.2	100.6
98.4	101.9	97.9	101.3	105.1	101.5	111.3	96.7	104.1
101.5	101.8	101.7	99.8	109.3	100.3	103.4	96.1	103.0
99.1	102.1	100.1	99.0	109.3	100.5	111.1	96.6	104.2
100.0	**102.0**	**101.8**	**100.8**	**107.7**	**104.2**	**105.4**	**94.5**	**100.5**
101.8	102.2	103.8	100.1	106.2	104.3	100.0	95.2	100.1
99.1	102.4	100.0	100.4	110.5	110.6	100.1	94.1	104.7
93.3	102.2	101.4	99.5	104.1	107.2	104.8	94.9	100.7
99.8	101.1	99.0	100.2	109.8	101.6	108.0	93.8	101.3
102.2	102.5	104.1	101.9	110.0	103.6	107.5	94.5	97.4
100.3	102.4	103.4	101.8	104.9	100.9	103.8	94.2	102.4
100.4	102.5	103.3	102.0	110.5	106.1	111.1	95.6	97.7
100.0	100.1	97.5	99.6	105.7	102.5	100.9	95.8	101.5
100.1	102.4	99.7	100.1	103.1	103.3	110.9	94.4	99.2

主要统计指标解释

居民消费价格指数 是反映一定时期内城乡居民购买并用于日常生活消费的商品和服务项目价格水平变动趋势和程度的相对数。居民消费价格水平的变动率在一定程度上反映了通货膨胀（或紧缩）的程度。编制居民消费价格指数（CPI）的目的，是为了了解市场价格变动的基本情况，分析研究价格变动对社会经济和居民生活支出的影响，满足各级政府制定政策和计划、进行宏观调控的需要；同时居民消费价格指数也是国民经济核算和社会担保实际支付调整的重要指标。

城市居民消费价格指数 是反映城市居民家庭所购买用于日常生活消费的商品和服务项目价格变动趋势和程度的相对数。城市居民消费价格指数可以用以观察分析消费商品和服务项目价格变动对职工货币工资的影响，作为研究职工生活和确定工资政策以及相关社会保障政策的依据。

农村居民消费价格指数 是反映农村居民家庭所购买用于日常生活消费的商品和服务项目价格变动趋势和程度的相对数。农村居民消费价格指数可以用以观察分析农村消费商品和服务项目价格变动对农村居民生活消费支出的影响，直接反映农民生活水平的实际变化情况，为分析和研究农村居民生活问题和制定相关惠农政策提供依据。

商品零售价格指数 商品零售价格是工业、商业、餐饮和其他零售企业向城乡居民、机关团体出售生活消费品和办公用品的价格，不包括服务项目价格。商品零售价格的变动直接影响到城乡居民的生活支出和国家的财政收入，影响居民购买力和市场供需平衡，影响消费与积累的比例。编制商品零售价格指数(RPI)，以此反映市场商品零售价格变动趋势和变动程度，从另一个侧面对上述经济活动进行观察和分析。

农业生产资料价格指数 是反映工业、商业及其他单位和个人向农民出售农业生产资料（包括主要生产性服务）价格变动趋势和变动程度的相对数。编制农业生产资料价格指数（AMPI），目的在于掌握农业生产资料的平均价格水平和变动情况，为国家制定经济政策提供依据；同时，为研究城乡市场流通和国民经济核算提供参考依据。

五 生产价格

资料整理：王晓燕　郝雅菁　朱毓瑞

5-1 历年工业生产者出厂及购进价格指数

(上年＝100)

年份	工业生产者出厂价格总指数	按轻、重工业分		按部类分		工业生产者购进价格总指数
		轻工业	重工业	生产资料	生活资料	
1989	119.7	116.6	122.6	121.4	117.5	130.0
1990	105.5	105.3	105.5	105.4	105.4	105.5
1991	104.3	102.0	106.2	105.7	102.1	104.4
1992	106.2	104.1	108.0	107.3	104.6	110.0
1993	118.1	108.8	125.9	124.4	108.4	133.0
1994	124.1	129.5	119.4	119.4	131.1	122.0
1995	115.0	119.9	110.9	114.3	116.2	114.1
1996	104.1	102.8	105.1	104.8	103.0	106.0
1997	100.6	98.5	102.1	101.2	99.5	100.6
1998	95.3	94.2	96.0	95.8	94.2	94.8
1999	95.4	93.9	96.5	96.0	94.4	94.3
2000	104.0	99.6	106.5	106.0	98.0	105.1
2001	100.5	98.7	101.5	101.1	98.6	101.9
2002	98.6	96.8	99.7	98.8	98.2	97.6
2003	105.0	103.2	106.9	105.7	102.7	107.8
2004	110.2	106.4	113.9	111.4	106.4	115.7
2005	106.1	102.6	109.2	107.3	101.9	108.3
2006	104.3	101.3	106.7	105.3	100.7	105.3
2007	105.2	105.7	104.9	104.5	107.7	106.4
2008	112.1	107.9	115.4	113.3	108.1	111.9
2009	94.9	98.4	92.2	93.3	101.1	97.1
2010	107.8	104.3	110.7	108.8	103.9	110.2
2011	107.2	106.9	107.3	107.7	105.5	110.1
2012	99.4	100.1	99.2	98.6	102.5	99.2
2013	98.5	101.8	97.3	97.5	102.2	99.3
2014	98.1	100.9	96.9	97.2	100.9	98.4
2015	95.4	99.8	93.6	93.9	100.4	95.4
2016	99.0	99.1	99.0	99.2	98.6	99.2
2017	106.8	101.9	108.9	109.7	99.6	107.3
2018	103.6	101.3	104.5	104.9	99.9	104.0
2019	100.2	101.0	99.8	100.0	100.5	101.2

5-2 主要年份分类工业生产者出厂价格指数

(上年=100)

项目名称	1990年	1995年	2000年	2005年	2010年	2015年	2016年	2017年	2018年	2019年
总指数	**105.5**	**115.0**	**104.0**	**106.1**	**107.8**	**95.4**	**99.0**	**106.8**	**103.6**	**100.2**
核心指数						96.4	99.3	106.5	103.5	99.8
高技术						101.2	97.4	97.5	99.5	95.6
能源						87.4	96.3	120.0	107.9	98.1
按轻重工业分										
轻工业	105.3	119.9	99.6	102.6	104.3	99.8	99.1	101.9	101.3	101.0
以农产品为原料	106.5	120.8	99.6	101.1	106.0	99.6	99.2	101.8	101.7	101.5
以非农产品为原料	101.8	116.0	99.5	104.4	102.4	100.5	98.8	102.3	99.9	99.0
重工业	105.5	110.9	106.5	109.2	110.7	93.6	99.0	108.9	104.5	99.8
采掘	108.5	108.8	116.3	125.6	116.7	82.1	96.5	116.0	106.7	103.1
原料	107.1	106.5	108.8	107.1	112.9	93.4	99.4	115.7	105.2	98.7
加工	102.8	117.2	99.6	104.2	105.0	96.9	99.1	105.5	103.9	99.8
按两大部类分										
生产资料	105.4	114.3	106.0	107.3	108.8	93.9	99.2	109.7	104.9	100.0
采掘	108.5	108.8	115.3	123.6	116.8	82.1	96.5	116.0	106.7	103.1
原料	106.8	112.0	108.2	106.3	112.0	94.1	100.0	116.1	105.1	98.3
加工	103.1	119.2	100.2	103.3	104.6	96.7	99.2	106.5	104.6	100.2
生活资料	105.4	116.2	98.0	101.9	103.9	100.4	98.6	99.6	99.9	100.5
食品	102.7	115.4	94.3	102.1	103.7	100.4	99.6	99.9	100.6	103.8
衣着	112.1	118.0	104.0	102.8	105.6	100.8	99.1	100.3	99.7	99.8
一般日用品	100.0	116.8	101.0	101.7	103.7	100.1	97.5	101.4	100.5	99.4
耐用消费品	96.2	107.1	97.9	99.7	103.9	100.0	96.9	96.5	97.8	93.6
按初级中间最终产品分										
初级产品						82.1	96.5	116.0	106.7	103.1
矿产品						82.1	96.5	116.0	106.7	103.1
中间产品						96.3	99.3	107.9	104.1	100.3
最终产品						98.9	98.1	101.7	102.2	100.2
最终投资品						98.3	97.9	102.6	103.3	99.3
最终消费品						99.6	98.2	100.5	100.5	101.5
按工业部门分										
冶金工业	116.4	103.9	109.6	104.8	116.4	90.5	103.7	117.3	105.0	101.0
电力工业	102.3	105.9	105.4	105.0	103.6	96.9	93.6	101.1	101.4	98.4
煤炭及炼焦工业	103.5	108.9	96.9	124.5	113.1	83.1	100.9	140.9	112.0	98.1
石油工业	114.8	104.3	146.8	125.8	127.9	77.6	91.9	113.4	113.1	96.5
化学工业	106.8	124.8	100.6	106.4	107.3	96.8	96.9	107.4	104.7	97.7
机械工业	100.8	112.2	99.0	101.5	101.4	99.0	97.8	100.1	100.7	98.9
建筑材料工业	96.8	110.8	100.4	108.4	101.1	98.9	99.0	105.4	104.7	104.2
森林工业	95.7	108.9	101.4	99.5	99.9	100.7	99.4	101.0	101.7	100.5
食品工业	102.4	115.4	94.3	101.9	103.7	99.9	99.2	99.8	100.5	103.8
纺织工业	109.1	119.3	107.7	95.4	116.4	95.9	98.3	105.4	104.2	99.2
缝纫工业	130.9	129.1	105.7	103.3	105.3	99.5	97.6	101.0	99.9	99.0
皮革工业	99.9	126.8	100.9	104.0	102.7	109.3	105.2	102.1	101.5	101.1
造纸工业	98.4	140.5	101.2	102.3	103.4	98.8	99.3	111.7	107.2	93.5
文教艺术用品工业	97.7	100.4	97.6	101.7	101.8	98.6	97.8	100.0	102.5	100.2
其它工业	100.9	144.7	100.5	101.9	103.5	99.6	99.3	106.4	107.6	96.9

5-3 主要年份分类工业生产者购进价格指数

(上年=100)

项目名称	1990年	1995年	2000年	2005年	2010年	2015年	2016年	2017年	2018年	2019年
总 指 数	**105.5**	**114.1**	**105.1**	**108.3**	**110.2**	**95.4**	**99.2**	**107.3**	**104.0**	**101.2**
按初级中间最终产品分										
初级产品						91.7	99.2	109.1	104.3	102.4
农产品						97.0	100.2	99.4	100.1	102.9
矿产品						86.1	98.6	119.4	107.8	101.7
废料						90.7	93.1	104.5	110.3	103.9
中间产品						97.0	99.3	106.5	103.9	100.7
九大类原材料购进价格指数										
燃料、动力类	105.1	109.2	107.9	115.2	108.9	91.0	98.1	113.1	106.1	98.2
黑色金属材料类	107.7	95.0	102.2	106.0	108.4	85.4	96.7	117.4	107.1	105.0
钢材		95.7	104.2	106.7	105.9	91.9	96.2	113.1	106.1	98.9
其它		94.2	99.3	105.1	113.1	71.8	97.3	122.9	108.3	112.9
有色金属材料及电线类	98.6	126.7	111.6	115.4	123.2	95.4	101.2	118.3	104.9	98.1
化工原料类	89.9	123.8	111.2	107.5	116.8	92.7	99.1	107.2	103.9	96.6
木材及纸浆类	111.5	108.3	100.6	103.1	104.7	98.2	98.1	105.4	106.5	98.4
建筑材料及非金属类	104.3		99.6	114.9	103.9	98.7	97.7	106.6	107.7	111.1
建筑材料类		100.4								
非金属矿类		109.3								
其它工业原材料及半成品类			99.9	112.5	107.4	100.5	100.1	101.4	101.9	101.1
农副产品类	106.2	135.1	98.2	102.5	108.3	97.0	100.2	99.4	100.0	102.9
纺织原料类	123.6	116.3	107.4	100.6	118.1	93.4	100.0	103.9	99.9	98.3

5-4 各月分类工业生产者

(上年同期=100)

项目名称	全年	1月	2月	3月	4月	5月
总指数	**100.2**	**100.0**	**99.9**	**100.2**	**100.7**	**100.8**
核心指数	99.8	100.1	100.2	100.1	100.4	100.3
高技术	95.6	97.7	97.4	97.1	97.0	97.1
能源	98.1	100.5	98.8	100.6	101.9	102.9
按轻重工业分						
轻工业	101.0	99.6	99.5	99.9	100.3	100.4
以农产品为原料	101.5	99.7	99.6	100.2	100.7	100.9
以非农产品为原料	99.0	99.3	99.1	98.7	99.0	98.6
重工业	99.8	100.1	100.0	100.3	100.8	101.0
采掘	103.1	102.9	101.3	101.5	102.9	106.8
原料	98.7	98.9	99.0	100.1	100.2	100.1
加工	99.8	100.2	100.3	100.2	100.7	100.5
按两大部类分						
生产资料	100.0	100.5	100.4	100.6	101.1	101.1
采掘	103.1	102.9	101.3	101.5	102.9	106.8
原料	98.3	98.5	98.5	99.7	99.8	99.7
加工	100.2	100.9	100.9	100.7	101.3	100.9
生活资料	100.5	98.5	98.6	99.2	99.6	100.0
食品	103.8	98.8	99.1	100.3	101.5	102.2
衣着	99.8	100.4	100.7	101.1	100.7	99.8
一般日用品	99.4	99.6	99.9	99.5	99.1	99.7
耐用消费品	93.6	95.8	95.1	95.0	94.8	94.6
按初级中间最终产品分						
初级产品	103.1	102.9	101.3	101.5	102.9	106.8
矿产品	103.1	102.9	101.3	101.5	102.9	106.8
中间产品	100.3	100.0	100.0	100.4	100.9	100.8
最终产品	100.2	99.9	99.8	100.1	100.2	100.1
最终投资品	99.3	100.6	100.3	100.3	100.1	99.6
最终消费品	101.5	98.8	99.0	99.7	100.3	100.7
按工业部门分						
冶金工业	101.0	98.6	99.5	99.3	100.9	101.9
电力工业	98.4	97.4	98.1	98.4	98.2	98.3
煤炭及炼焦工业	98.1	105.1	100.4	101.9	104.5	107.0
石油工业	96.5	95.9	95.3	102.5	104.2	103.7
化学工业	97.7	99.6	99.5	99.5	99.1	97.9
机械工业	98.9	99.7	99.5	99.4	99.5	99.0
建筑材料工业	104.2	104.1	104.5	104.7	104.6	105.0
森林工业	100.5	99.8	99.3	99.8	100.2	100.7
食品工业	103.8	99.0	99.2	100.3	101.4	102.0
纺织工业	99.2	102.4	102.4	102.0	102.7	102.1
缝纫工业	99.0	99.6	99.9	100.7	100.2	99.4
皮革工业	101.1	102.4	102.4	101.9	101.5	101.3
造纸工业	93.5	98.5	96.7	94.9	94.3	93.3
文教艺术用品工业	100.2	100.8	100.8	100.2	100.0	100.5
其它工业	96.9	97.8	96.7	97.3	96.8	98.7

出厂价格同比指数(2019年)

6月	7月	8月	9月	10月	11月	12月
100.3	**100.3**	**100.3**	**99.7**	**99.7**	**99.8**	**100.1**
99.9	100.1	99.9	99.3	98.8	98.7	99.4
96.3	95.6	94.4	93.4	93.3	93.7	94.3
100.9	98.6	98.4	95.5	94.8	92.4	92.7
100.3	100.2	100.6	101.0	102.4	104.2	103.4
100.7	100.6	101.0	101.5	103.3	105.5	104.5
99.1	98.5	99.1	99.1	98.8	99.0	99.6
100.3	100.4	100.2	99.2	98.6	98.0	98.7
105.9	105.7	106.4	104.4	102.4	98.7	98.5
99.5	99.2	99.2	98.1	96.6	96.2	97.4
99.9	100.2	99.7	98.9	98.8	98.6	99.2
100.4	100.4	100.3	99.4	98.8	98.3	98.9
105.9	105.7	106.4	104.4	102.4	98.7	98.5
99.0	98.6	98.9	98.0	96.6	95.9	96.9
100.2	100.4	100.0	99.3	99.1	99.1	99.7
100.2	100.1	100.4	100.6	102.1	103.8	103.2
102.8	103.1	104.1	105.0	108.1	111.3	109.6
99.6	99.4	98.9	99.0	99.1	99.5	99.1
99.7	99.9	99.8	99.0	98.6	98.9	99.7
94.4	93.0	92.3	91.5	91.7	92.0	92.5
105.9	105.7	106.4	104.4	102.4	98.7	98.5
105.9	105.7	106.4	104.4	102.4	98.7	98.5
100.3	100.4	100.4	99.9	99.9	100.4	100.8
99.9	100.0	100.1	100.0	100.5	101.1	100.9
99.1	99.2	98.9	98.5	98.3	98.3	98.5
101.0	101.1	101.9	102.3	103.7	105.3	104.5
101.2	102.2	102.5	101.7	100.8	100.5	103.2
97.8	97.8	98.6	99.0	99.4	99.3	98.7
104.6	100.6	99.5	93.2	92.4	86.8	84.7
99.2	95.0	94.5	91.9	88.9	89.8	98.6
97.4	97.7	97.1	96.8	95.8	95.6	96.2
98.8	98.6	98.6	98.3	98.3	98.4	98.7
104.9	105.2	104.8	103.9	102.8	103.2	102.7
100.4	100.5	100.0	101.0	101.1	101.5	101.3
102.7	103.0	104.1	105.1	108.1	111.3	109.5
99.8	98.7	97.2	95.9	95.3	96.4	95.8
98.7	98.5	97.8	98.4	98.1	98.0	98.3
101.2	100.8	100.2	99.9	100.3	101.1	100.1
91.6	90.8	90.8	90.9	91.9	93.5	94.9
101.6	101.6	101.8	99.2	98.5	98.6	98.5
98.3	99.4	98.6	96.9	96.0	93.8	92.9

5-5 各月分大类工业生产者

(上年同期=100)

大类行业名称	全年	1月	2月	3月	4月
煤炭开采和洗选业	98.2	106.5	102.5	102.0	102.5
石油和天然气开采业	89.0	86.9	83.9	92.9	98.5
黑色金属矿采选业	119.4	110.7	115.7	113.4	115.3
有色金属矿采选业	108.9	101.1	101.1	101.2	103.2
非金属矿采选业	102.6	104.5	104.8	103.5	103.4
农副食品加工业	106.2	98.2	98.8	100.2	101.7
食品制造业	99.8	100.0	99.7	100.4	100.9
酒、饮料和精制茶制造业	98.7	99.2	97.8	98.9	98.0
烟草制品业	102.5	100.3	100.3	100.3	103.3
纺织业	98.8	102.2	102.1	101.8	102.3
纺织服装、服饰业	100.1	100.2	100.6	101.7	101.3
皮革、毛皮、羽毛及其制品和制鞋业	100.5	101.5	101.6	101.2	100.7
木材加工和木、竹、藤、棕、草制品业	101.2	100.2	100.0	100.7	101.5
家具制造业	99.9	99.4	98.5	98.5	98.8
造纸和纸制品业	93.5	98.5	96.7	94.9	94.3
印刷和记录媒介复制业	99.3	100.5	100.5	99.6	99.3
文教、工美、体育和娱乐用品制造业	99.6	100.0	99.9	98.9	99.0
石油、煤炭及其他燃料加工业	97.7	99.4	96.0	102.7	107.6
化学原料和化学制品制造业	95.0	97.5	98.0	97.8	97.9
医药制造业	102.6	104.0	104.1	104.0	103.6
化学纤维制造业	98.5	105.9	104.7	102.1	101.8
橡胶和塑料制品业	99.3	100.2	99.5	99.2	98.7
非金属矿物制品业	102.4	102.3	102.3	102.8	102.6
黑色金属冶炼和压延加工业	96.1	97.1	98.8	96.6	102.5
有色金属冶炼和压延加工业	100.6	96.6	97.7	99.0	98.3
金属制品业	101.4	104.7	103.8	103.3	103.3
通用设备制造业	101.2	102.5	101.5	100.5	100.6
专用设备制造业	101.1	100.2	100.0	100.5	100.9
汽车制造业	101.3	100.4	101.4	101.6	101.6
铁路、船舶、航空航天和其他运输设备制造业	99.0	99.7	98.6	98.6	98.3
电气机械和器材制造业	98.6	98.8	99.7	99.7	99.4
计算机、通信和其他电子设备制造业	91.1	94.1	93.4	93.2	92.8
仪器仪表制造业	99.3	100.0	99.6	99.5	99.5
其他制造业	99.1	101.7	101.0	101.0	101.4
金属制品、机械和设备修理业	100.0	100.0	100.0	100.0	100.0
电力、热力生产和供应业	98.4	97.4	98.1	98.4	98.1
燃气生产和供应业	106.4	106.7	104.8	109.6	111.1
水的生产和供应业	107.3	105.5	105.5	105.5	105.1

出厂价格同比指数(2019年)

5月	6月	7月	8月	9月	10月	11月	12月
103.4	100.8	100.1	99.3	94.2	94.2	88.6	85.0
99.3	91.9	85.0	87.4	84.5	83.4	81.5	94.9
121.3	125.6	132.3	135.0	121.6	117.1	110.7	114.4
111.0	112.7	113.2	113.0	115.7	112.1	110.6	111.6
103.0	103.2	103.3	103.7	104.5	99.8	99.9	98.1
102.9	104.2	104.9	106.8	108.5	113.3	118.9	115.8
100.7	99.8	99.4	99.0	99.0	99.9	99.4	99.4
98.0	98.0	98.0	98.8	99.2	99.2	99.6	99.8
103.2	103.2	103.2	103.2	103.2	103.1	103.1	103.0
101.7	99.5	98.5	96.6	95.4	94.9	95.9	95.4
100.3	99.4	99.1	99.4	100.1	99.8	99.5	99.7
100.5	100.4	100.4	99.8	99.6	99.8	100.5	99.7
101.9	101.3	101.2	100.6	101.6	101.7	102.1	101.8
99.6	99.5	100.3	100.1	100.5	100.7	100.5	102.5
93.3	91.6	90.8	90.8	90.9	91.9	93.5	94.9
99.9	101.1	101.1	101.0	97.6	97.1	97.1	97.6
98.9	99.8	99.5	99.8	99.9	100.1	99.8	99.4
111.0	108.4	99.6	97.8	91.3	88.1	85.8	90.3
95.1	94.6	95.0	94.5	94.4	92.7	91.3	91.9
105.0	102.9	103.5	101.2	100.0	99.8	100.8	102.1
101.0	101.0	97.9	97.1	93.7	92.5	92.5	92.6
98.0	99.1	99.5	99.6	99.1	99.0	99.9	99.9
103.6	103.3	104.0	103.3	102.1	101.1	100.8	100.2
101.3	97.0	96.0	94.7	91.7	91.2	90.1	97.7
98.6	99.2	101.8	103.2	103.5	102.5	103.0	103.5
101.5	100.3	101.0	99.6	98.6	99.8	100.3	100.3
100.4	99.6	100.2	101.9	102.0	101.7	101.6	101.9
101.5	101.6	101.3	101.4	101.2	101.1	101.4	101.7
101.8	101.5	101.7	102.0	100.9	101.2	100.5	100.8
98.4	98.8	98.5	98.9	99.2	99.2	99.5	100.4
97.5	97.7	97.7	98.2	98.8	98.5	98.6	98.9
92.4	92.3	90.4	89.4	88.4	88.7	88.7	89.0
100.2	99.1	99.5	100.0	99.3	98.9	98.0	98.6
100.2	105.7	97.2	97.1	98.2	92.8	97.5	95.4
100.0	100.0	100.0	100.0	100.0	100.0	100.0	100.0
98.3	97.8	97.8	98.5	99.0	99.4	99.3	98.7
111.7	109.5	108.6	107.3	106.6	102.9	100.0	99.6
105.1	105.7	108.6	109.5	109.5	108.6	109.4	109.3

5-6 各月分大中类工业生产者

(上年同期=100)

大中类行业名称	全年	1月	2月	3月	4月
煤炭开采和洗选业	98.2	106.5	102.5	102.0	102.5
烟煤和无烟煤开采洗选	98.1	106.6	102.5	102.1	102.5
其他煤炭采选	100.0	100.0	100.0	100.0	100.0
石油和天然气开采业	89.0	86.9	83.9	92.9	98.5
石油开采	87.5	85.3	81.9	91.9	97.8
天然气开采	108.3	108.2	109.8	104.5	106.6
黑色金属矿采选业	119.4	110.7	115.7	113.4	115.3
铁矿采选	119.4	110.7	115.7	113.4	115.3
有色金属矿采选业	108.9	101.1	101.1	101.2	103.2
常用有色金属矿采选	104.4	90.4	93.0	98.8	106.2
贵金属矿采选	111.1	103.6	103.5	102.1	102.1
稀有稀土金属矿采选	103.3	105.3	100.8	99.8	102.8
非金属矿采选业	102.6	104.5	104.8	103.5	103.4
土砂石开采	103.6	105.8	105.3	105.3	104.9
化学矿开采	90.4	93.1	109.9	84.5	86.9
采盐	92.9	92.2	92.9	88.3	90.0
石棉及其他非金属矿采选	102.3	102.9	102.3	102.3	102.3
农副食品加工业	106.2	98.2	98.8	100.2	101.7
谷物磨制	99.7	98.7	98.8	98.9	100.5
饲料加工	101.4	103.2	103.3	102.0	100.8
植物油加工	99.2	96.6	97.8	99.0	98.6
屠宰及肉类加工	118.1	93.9	94.6	100.0	103.4
蔬菜、菌类、水果和坚果加工	106.4	98.5	100.7	103.6	105.1
其他农副食品加工	103.2	107.8	109.2	104.5	104.4
食品制造业	99.8	100.0	99.7	100.4	100.9
焙烤食品制造	98.2	98.3	97.0	97.5	97.8
糖果、巧克力及蜜饯制造	89.3	102.2	102.2	102.2	102.2
方便食品制造	99.3	100.2	99.5	99.4	100.2
乳制品制造	101.7	102.2	101.8	102.5	102.1
罐头食品制造	105.0	101.1	100.9	105.0	105.0
调味品、发酵制品制造	101.4	103.3	102.9	102.1	101.6
其他食品制造	104.8	97.6	99.2	102.8	104.1
酒、饮料及精制茶制造业	98.7	99.2	97.8	98.9	98.0
酒的制造	97.7	99.3	97.0	98.9	97.2
饮料制造	100.2	99.6	99.4	99.4	99.6

出厂价格同比指数(2019年)

5月	6月	7月	8月	9月	10月	11月	12月
103.4	100.8	100.1	99.3	94.2	94.2	88.6	85.0
103.5	100.8	100.1	99.3	94.1	94.2	88.6	85.0
100.0	100.0	100.0	100.0	100.0	100.0	100.0	100.0
99.3	91.9	85.0	87.4	84.5	83.4	81.5	94.9
98.6	90.6	83.3	85.8	82.7	81.7	79.7	93.8
108.7	110.9	110.1	109.3	109.3	108.6	107.1	107.1
121.3	125.6	132.3	135.0	121.6	117.1	110.7	114.4
121.3	125.6	132.3	135.0	121.6	117.1	110.7	114.4
111.0	112.7	113.2	113.0	115.7	112.1	110.6	111.6
114.5	112.9	105.6	107.3	108.8	104.1	106.1	107.5
110.0	113.1	116.1	115.6	119.3	115.5	114.8	116.8
109.6	109.1	110.0	106.3	107.2	107.0	95.5	87.6
103.0	103.2	103.3	103.7	104.5	99.8	99.9	98.1
104.3	104.3	105.3	105.4	105.5	99.9	100.0	98.2
86.6	91.3	78.9	82.7	97.8	95.1	94.3	86.1
88.2	89.3	89.3	92.9	96.2	99.3	99.3	99.3
103.8	103.2	102.6	102.0	101.7	101.4	101.4	101.4
102.9	104.2	104.9	106.8	108.5	113.3	118.9	115.8
101.2	101.2	100.9	99.7	99.1	99.1	99.7	99.1
100.1	100.4	101.8	101.2	101.2	101.4	101.5	99.9
98.2	98.1	98.4	99.7	100.0	99.4	102.7	102.6
107.3	110.8	112.4	119.7	125.9	141.5	159.2	150.9
106.3	108.9	108.9	112.3	109.6	108.3	109.1	106.7
102.9	104.4	104.1	103.1	101.5	101.3	97.8	97.8
100.7	99.8	99.4	99.0	99.0	99.9	99.4	99.4
97.8	99.6	98.6	97.2	99.6	100.4	97.4	97.1
102.2	82.5	82.5	82.5	78.1	78.1	78.1	80.7
99.4	99.4	98.9	98.8	97.6	99.2	100.2	98.9
101.1	101.7	101.8	100.9	101.2	101.9	101.8	101.4
105.0	104.6	104.6	104.6	104.7	105.4	109.7	109.6
101.7	101.2	100.7	99.7	100.4	100.8	99.8	102.8
105.1	105.6	106.4	106.7	108.4	108.2	107.3	107.2
98.0	98.0	98.0	98.8	99.2	99.2	99.6	99.8
96.8	96.8	96.7	97.3	98.3	97.9	97.9	98.0
100.1	100.1	100.2	100.2	99.8	100.5	101.5	101.9

5-6 续表 1

（上年同期=100）

大中类行业名称	全年	1月	2月	3月	4月
精制茶加工	98.1	93.3	93.1	93.2	93.8
烟草制品业	102.5	100.3	100.3	100.3	103.3
烟叶复烤	101.6	102.2	102.2	101.4	100.7
卷烟制造	102.4	100.1	100.1	100.1	103.3
其他烟草制品制造	104.9	107.0	107.0	107.0	107.0
纺织业	98.8	102.2	102.1	101.8	102.3
棉纺织及印染精加工	98.3	101.6	101.5	101.2	102.0
毛纺织及染整精加工	95.2	100.0	99.6	99.2	98.5
麻纺织及染整精加工	110.4	104.2	104.9	106.6	106.2
丝绢纺织及印染精加工	99.6	100.6	100.5	100.3	100.7
化纤织造及印染精加工	101.0	103.5	102.6	102.6	101.7
针织或钩针编织物及其制品制造	91.7	97.1	97.1	96.6	94.3
家用纺织制成品制造	103.2	103.6	102.9	102.4	99.1
产业用纺织制成品制造	107.0	117.2	116.4	114.7	116.5
纺织服装、服饰业	100.1	100.2	100.6	101.7	101.3
机织服装制造	100.4	101.1	101.6	102.6	102.4
针织或钩针编织服装制造	98.9	96.1	96.2	98.3	97.1
服饰制造	98.7	97.9	97.8	98.1	97.3
皮革、毛皮、羽毛及其制品和制鞋业	100.5	101.5	101.6	101.2	100.7
皮革鞣制加工	101.8	103.7	103.1	102.8	102.4
皮革制品制造	99.9	102.7	101.0	101.1	101.6
毛皮鞣制及制品加工	101.1	100.8	103.4	102.9	100.9
羽毛(绒)加工及制品制造	96.6	98.1	98.9	97.7	96.5
制鞋业	100.8	100.6	100.7	100.3	100.4
木材加工和木、竹、藤、棕、草制品业	101.2	100.2	100.0	100.7	101.5
木材加工	107.2	97.4	97.8	101.9	107.6
人造板制造	100.2	100.2	99.9	100.2	100.5
木制品制造	102.1	101.5	101.7	102.1	102.4
竹、藤、棕、草制品制造	101.9	104.5	104.5	103.8	103.6
家具制造业	99.9	99.4	98.5	98.5	98.8
木质家具制造	98.5	98.9	97.4	97.3	96.7
金属家具制造	102.0	100.0	100.0	100.0	101.7
其他家具制造	100.4	101.0	100.2	100.2	100.2
造纸和纸制品业	93.5	98.5	96.7	94.9	94.3
纸浆制造	102.9	111.1	110.2	110.3	110.8

5月	6月	7月	8月	9月	10月	11月	12月
93.8	94.9	94.1	105.5	104.8	106.0	104.7	103.5
103.2	103.2	103.2	103.2	103.2	103.1	103.1	103.0
100.7	101.5	101.7	101.9	102.5	102.3	101.8	100.9
103.2	103.2	103.2	103.2	103.2	103.2	103.2	103.2
107.0	107.0	107.0	107.0	107.0	100.0	100.0	97.2
101.7	99.5	98.5	96.6	95.4	94.9	95.9	95.4
101.3	98.7	97.7	96.2	95.1	94.5	95.4	94.8
97.2	96.5	92.8	92.7	91.3	91.1	92.0	91.9
108.8	108.5	109.0	111.5	111.3	108.2	124.3	120.6
100.7	100.1	99.4	98.2	97.9	98.4	99.3	99.4
100.8	100.8	100.0	100.0	100.0	99.6	100.3	100.3
94.3	94.3	94.8	85.6	85.6	86.2	86.2	88.2
101.8	104.4	104.2	103.3	103.6	104.5	104.1	104.0
113.4	112.0	107.9	104.1	98.1	97.4	96.3	95.9
100.3	99.4	99.1	99.4	100.1	99.8	99.5	99.7
101.7	99.4	99.1	99.3	100.1	99.4	99.0	99.0
97.2	99.1	98.7	99.5	100.0	101.3	101.6	102.0
85.5	99.8	99.8	99.4	100.9	101.5	102.2	103.8
100.5	100.4	100.4	99.8	99.6	99.8	100.5	99.7
102.4	101.7	101.5	100.4	100.6	100.9	101.1	101.1
101.7	101.6	100.8	98.9	96.8	96.8	98.9	96.9
99.9	100.9	100.3	99.4	100.3	101.2	103.1	99.9
97.2	96.0	96.5	96.5	96.4	95.6	94.8	94.6
99.7	100.4	100.9	101.3	100.8	101.3	101.8	101.5
101.9	101.3	101.2	100.6	101.6	101.7	102.1	101.8
111.3	111.4	112.1	108.6	108.7	108.9	111.1	110.1
100.3	99.6	99.4	99.2	100.6	100.7	100.9	100.6
102.8	102.8	102.9	102.0	101.6	101.7	101.6	101.7
103.4	102.5	100.4	100.2	100.0	100.0	100.0	100.0
99.6	99.5	100.3	100.1	100.5	100.7	100.5	102.5
97.6	97.9	98.7	98.4	99.5	99.6	99.8	100.0
102.5	101.9	102.7	102.6	102.0	102.2	101.4	106.6
100.0	100.1	100.3	100.4	100.5	100.7	100.7	100.7
93.3	91.6	90.8	90.8	90.9	91.9	93.5	94.9
111.7	109.9	104.5	100.7	94.4	93.1	91.7	91.7

5-6 续表 2

(上年同期=100)

大中类行业名称	全年	1月	2月	3月	4月
造纸	91.6	100.1	96.7	93.8	92.9
纸制品制造	97.2	94.7	96.3	96.7	96.7
印刷和记录媒介复制业	99.3	100.5	100.5	99.6	99.3
印刷	99.3	100.5	100.5	99.6	99.3
文教、工美、体育和娱乐用品制造业	99.6	100.0	99.9	98.9	99.0
文教办公用品制造	114.4	104.7	107.1	108.1	110.5
乐器制造	100.7	104.5	102.5	102.4	100.1
工艺美术及礼仪用品制造	98.9	99.7	99.5	98.2	98.3
玩具制造	101.6	102.1	101.9	102.1	102.1
游艺器材及娱乐用品制造	99.5	97.4	97.7	99.2	98.6
石油、煤炭及其他燃料加工业	97.7	99.4	96.0	102.7	107.6
精炼石油产品制造	96.5	96.0	97.2	104.7	104.3
煤炭加工	98.4	101.5	95.1	101.4	109.8
化学原料和化学制品制造业	95.0	97.5	98.0	97.8	97.9
基础化学原料制造	91.0	93.0	94.6	94.7	92.5
肥料制造	100.0	102.7	103.6	102.8	107.2
农药制造	100.4	107.3	106.6	105.1	104.5
涂料、油墨、颜料及类似产品制造	96.5	97.6	95.6	95.8	97.1
合成材料制造	94.2	110.3	102.2	103.8	104.5
专用化学产品制造	95.0	93.6	94.4	94.5	94.1
炸药、火工及焰火产品制造	101.7	105.8	103.7	100.7	100.8
日用化学产品制造	95.6	97.6	100.3	99.1	96.1
医药制造业	102.6	104.0	104.1	104.0	103.6
化学药品原料药制造	105.2	112.7	111.1	110.1	107.5
化学药品制剂制造	106.5	110.3	110.9	109.2	109.2
中药饮片加工	96.1	100.0	100.0	100.0	98.6
中成药生产	103.4	104.5	104.5	104.5	104.5
兽用药品制造	108.3	104.7	104.7	104.9	106.3
生物药品制品制造	99.8	96.0	97.7	99.8	101.2
卫生材料及医药用品制造	97.3	94.8	95.7	95.7	96.0
药用辅料及包装材料	97.3	94.8	95.7	95.7	96.0
化学纤维制造业	98.5	105.9	104.7	102.1	101.8
纤维素纤维原料及纤维制造	96.9	100.8	99.9	97.2	96.7
合成纤维制造	103.1	124.1	122.2	119.8	120.0
生物基材料制造	96.9	100.8	99.9	97.2	96.7

5月	6月	7月	8月	9月	10月	11月	12月
91.2	89.0	87.8	87.4	87.5	89.0	91.4	93.1
97.0	96.6	97.1	98.3	98.1	98.2	98.2	98.8
99.9	101.1	101.1	101.0	97.6	97.1	97.1	97.6
99.9	101.1	101.1	101.0	97.6	97.1	97.1	97.6
98.9	99.8	99.5	99.8	99.9	100.1	99.8	99.4
110.5	115.9	120.5	121.6	122.9	117.3	117.4	116.1
99.7	99.2	100.0	100.0	100.0	100.2	100.0	99.8
98.2	99.0	98.7	98.8	98.9	99.4	99.0	98.9
102.1	102.1	100.8	102.0	102.0	102.0	102.0	98.6
99.0	99.8	99.5	101.6	101.9	99.5	100.8	99.2
111.0	108.4	99.6	97.8	91.3	88.1	85.8	90.3
103.1	99.6	95.4	93.6	90.3	86.6	90.3	100.1
116.8	114.4	102.4	100.5	91.8	89.0	83.1	84.6
95.1	94.6	95.0	94.5	94.4	92.7	91.3	91.9
89.1	88.2	90.2	90.3	90.7	90.0	88.0	90.8
103.7	102.9	100.9	98.7	98.4	97.1	92.7	91.0
97.5	97.7	96.7	96.7	99.2	97.4	97.7	99.7
97.4	97.2	97.1	95.8	95.7	95.2	96.4	96.6
97.2	95.1	93.6	90.7	85.1	83.2	84.1	86.8
94.6	95.0	96.1	97.5	98.4	94.0	94.5	93.5
101.2	101.3	100.9	100.7	101.0	101.1	101.0	102.0
92.6	94.0	94.3	93.9	95.0	94.5	95.3	94.2
105.0	102.9	103.5	101.2	100.0	99.8	100.8	102.1
110.5	107.3	106.1	99.5	96.7	96.7	100.4	106.1
109.1	105.6	105.5	105.9	105.2	104.4	102.9	101.0
94.3	94.3	94.3	94.3	94.3	94.3	94.3	94.3
105.9	105.7	106.0	102.1	101.5	100.3	101.3	100.2
108.4	110.7	110.7	110.9	107.1	108.5	110.9	111.2
100.5	100.2	100.1	100.1	100.1	100.2	100.6	101.1
99.3	94.0	98.3	99.3	99.4	99.4	98.3	98.2
99.3	94.0	98.3	99.3	99.4	99.4	98.3	98.2
101.0	101.0	97.9	97.1	93.7	92.5	92.5	92.6
96.4	97.2	96.4	96.9	96.5	95.7	94.9	94.9
117.1	114.3	102.4	97.3	85.3	82.8	85.1	85.1
96.4	97.2	96.4	96.9	96.5	95.7	94.9	94.9

5-6 续表 3

(上年同期=100)

大中类行业名称	全年	1月	2月	3月	4月
橡胶和塑料制品业	99.3	100.2	99.5	99.2	98.7
橡胶制品业	104.9	102.4	102.5	102.8	102.1
塑料制品业	96.7	99.1	98.1	97.5	97.1
非金属矿物制品业	102.4	102.3	102.3	102.8	102.6
水泥、石灰和石膏制造	114.6	109.8	111.5	114.0	116.2
石膏、水泥制品及类似制品制造	109.2	107.9	110.8	111.9	110.4
砖瓦、石材等建筑材料制造	98.1	103.8	103.8	102.8	99.6
玻璃制造	100.5	100.7	99.2	96.9	98.1
玻璃制品制造	101.6	100.5	100.3	101.0	101.8
玻璃纤维和玻璃纤维增强塑料制品制造	96.5	102.9	98.7	96.4	96.1
陶瓷制品制造	98.5	93.0	91.1	94.4	94.7
耐火材料制品制造	104.0	103.9	104.9	103.8	104.8
石墨及其他非金属矿物制品制造	95.3	96.1	94.5	95.8	95.2
黑色金属冶炼和压延加工业	96.1	97.1	98.8	96.6	102.5
炼铁	97.9	97.5	99.5	97.9	101.8
炼钢	97.3	100.3	104.7	99.5	103.1
钢压延加工	95.3	95.8	96.9	95.4	102.3
铁合金冶炼	102.3	106.0	107.7	104.6	104.9
有色金属冶炼和压延加工业	100.6	96.6	97.7	99.0	98.3
常用有色金属冶炼	97.6	95.1	95.9	98.6	97.8
贵金属冶炼	112.3	102.5	104.3	103.1	102.3
稀有稀土金属冶炼	97.0	99.8	101.5	101.0	95.8
有色金属合金制造	95.8	93.1	94.3	95.9	96.3
有色金属压延加工	99.4	95.6	96.6	97.7	97.6
金属制品业	101.4	104.7	103.8	103.3	103.3
结构性金属制品制造	101.1	102.6	102.4	103.6	102.7
金属工具制造	102.4	98.3	98.2	106.2	100.6
集装箱及金属包装容器制造	103.7	114.4	106.3	105.3	106.4
金属丝绳及其制品制造	102.1	110.1	110.7	99.0	99.8
建筑、安全用金属制品制造	95.3	97.3	95.4	95.0	94.6
搪瓷制品制造	100.0	100.0	100.0	100.0	100.0
金属制日用品制造	98.9	97.4	97.0	96.8	97.6
锻造及其他金属制品制造	101.9	105.9	104.7	104.9	105.5
通用设备制造业	101.2	102.5	101.5	100.5	100.6
锅炉及原动设备制造	102.4	103.4	104.3	103.7	102.4

5月	6月	7月	8月	9月	10月	11月	12月
98.0	99.1	99.5	99.6	99.1	99.0	99.9	99.9
101.3	105.0	105.6	107.6	107.0	107.5	107.3	107.1
96.4	96.3	96.6	95.8	95.3	95.0	96.3	96.4
103.6	103.3	104.0	103.3	102.1	101.1	100.8	100.2
122.9	125.4	123.9	122.0	113.1	106.8	109.1	106.0
109.8	110.5	109.8	108.4	108.2	107.9	108.5	106.9
98.2	96.8	95.5	93.2	94.6	94.6	96.0	98.0
98.3	98.7	99.7	100.4	100.8	103.2	105.1	105.2
99.6	101.8	102.5	106.0	104.5	101.0	100.0	100.0
98.1	95.8	95.7	94.8	94.6	94.7	94.9	95.2
94.0	95.3	100.2	103.0	104.4	104.1	104.0	105.0
104.6	103.6	104.1	104.4	103.9	103.8	103.3	102.8
98.5	97.2	99.6	97.7	95.2	94.4	90.6	89.2
101.3	97.0	96.0	94.7	91.7	91.2	90.1	97.7
100.1	98.6	100.5	101.1	91.6	91.4	93.9	102.0
107.6	103.9	96.9	98.7	91.9	85.6	86.7	91.5
100.0	94.9	94.7	92.8	90.8	91.6	90.7	99.3
104.3	107.0	108.0	105.5	103.0	100.1	88.0	91.1
98.6	99.2	101.8	103.2	103.5	102.5	103.0	103.5
96.7	96.3	99.3	99.4	98.2	97.7	98.3	97.8
104.1	109.0	114.2	121.5	126.7	122.2	119.4	118.5
95.4	96.0	95.5	96.5	96.9	95.5	95.7	93.8
96.0	95.5	95.6	96.4	95.7	95.9	97.1	98.3
98.8	98.8	100.1	100.5	100.6	100.2	101.9	104.1
101.5	100.3	101.0	99.6	98.6	99.8	100.3	100.3
101.4	99.5	100.2	100.1	100.2	99.9	100.1	100.5
105.3	102.7	100.8	100.7	104.2	104.1	104.1	104.1
104.6	104.3	102.1	101.2	100.2	99.7	101.1	100.7
101.6	98.8	98.9	99.8	94.2	104.0	103.5	106.9
96.8	94.1	92.5	97.1	90.9	97.5	99.5	93.2
100.0	100.0	100.0	100.0	100.0	100.0	100.0	100.0
97.1	98.7	98.0	98.7	99.2	101.5	102.3	102.7
101.9	101.4	102.9	99.4	98.6	98.8	99.6	99.2
100.4	99.6	100.2	101.9	102.0	101.7	101.6	101.9
101.4	101.9	103.2	103.2	103.2	100.8	100.8	100.5

5-6 续表 4

(上年同期=100)

大中类行业名称	全年	1月	2月	3月	4月
金属加工机械制造	101.1	101.1	101.6	100.3	100.7
物料搬运设备制造	100.3	101.8	102.7	101.4	101.4
泵、阀门、压缩机及类似机械制造	103.7	106.8	100.1	100.2	100.3
轴承、齿轮和传动部件制造	100.4	102.2	102.5	97.6	98.3
烘炉、风机、包装等设备制造	100.0	100.8	99.6	99.6	99.6
文化、办公用机械制造	100.0	100.2	100.4	100.2	100.0
通用零部件制造	100.4	101.7	101.3	100.9	101.2
其他通用设备制造	101.2	94.7	98.3	97.4	100.0
专用设备制造业	101.1	100.2	100.0	100.5	100.9
采矿、冶金、建筑专用设备制造	100.4	99.6	99.3	99.9	99.9
化工、木材、非金属加工专用设备制造	99.0	101.3	100.8	99.5	98.7
食品、饮料、烟草及饲料生产专用设备制造	102.7	103.3	103.7	103.1	103.5
印刷、制药、日化及日用品生产专用设备制造	100.4	99.7	99.7	99.8	99.8
纺织、服装和皮革加工专用设备制造	100.9	101.3	100.4	100.6	103.1
电子和电工机械专用设备制造	105.8	107.4	110.1	110.1	111.0
农、林、牧、渔专用机械制造	99.2	98.6	98.5	99.2	99.2
医疗仪器设备及器械制造	102.3	103.0	102.1	101.0	102.5
环保、邮政、社会公共服务及其他专用设备制造	109.4	102.3	103.4	105.4	109.6
汽车制造业	101.3	100.4	101.4	101.6	101.6
汽车整车制造	99.9	100.9	100.8	100.1	99.4
汽车用发动机制造	99.9	100.9	100.8	100.1	99.4
改装汽车制造	105.2	95.1	97.4	105.2	104.8
低速汽车制造	100.0	100.0	100.0	100.0	100.0
汽车车身、挂车制造	100.2	86.9	100.3	100.0	99.9
汽车零部件及配件制造	101.7	101.9	102.3	102.2	102.6
铁路、船舶、航空航天和其他运输设备制造业	99.0	99.7	98.6	98.6	98.3
铁路运输设备制造	97.5	100.0	100.2	100.2	98.1
船舶及相关装置制造	97.6	98.1	95.2	95.2	97.5
摩托车制造	98.9	99.3	97.8	97.8	97.5
助动车制造	100.5	100.7	100.5	100.5	100.8
电气机械和器材制造业	98.6	98.8	99.7	99.7	99.4
电机制造	95.1	97.2	96.3	96.7	96.7
输配电及控制设备制造	99.4	98.1	100.3	101.1	98.7
电线、电缆、光缆及电工器材制造	98.2	99.1	100.1	100.0	99.5

5月	6月	7月	8月	9月	10月	11月	12月
99.6	99.6	99.7	101.1	102.4	102.4	102.7	101.8
101.1	98.7	99.8	99.1	99.0	99.1	98.9	100.0
100.6	98.8	99.2	105.5	107.2	108.4	108.5	109.0
99.2	99.7	100.0	103.5	101.7	100.9	100.4	99.4
99.9	99.8	100.0	100.3	100.1	100.0	100.1	99.8
99.5	99.3	100.0	100.0	100.0	100.0	100.0	100.0
100.3	100.4	100.5	100.7	100.7	99.2	99.3	98.9
99.4	99.2	101.2	104.4	103.5	103.8	103.0	109.3
101.5	101.6	101.3	101.4	101.2	101.1	101.4	101.7
100.6	100.6	100.1	100.3	100.3	101.0	101.1	101.5
98.5	97.7	98.5	98.7	99.1	99.0	97.8	97.8
103.7	103.2	102.8	102.6	101.8	101.0	102.0	101.3
100.1	99.9	101.5	101.4	100.8	100.7	100.5	100.6
101.0	102.5	102.6	102.3	100.7	98.8	97.7	99.6
105.6	105.5	104.5	104.4	101.7	102.0	101.9	105.9
99.7	99.4	99.3	99.4	99.6	99.3	99.2	99.1
101.5	102.3	101.6	102.3	102.3	101.9	103.6	104.0
111.8	113.9	112.9	112.8	111.1	108.0	110.7	110.5
101.8	101.5	101.7	102.0	100.9	101.2	100.5	100.8
100.9	99.7	99.7	100.0	99.7	99.8	99.1	98.6
100.9	99.7	99.7	100.0	99.7	99.8	99.1	98.6
111.8	113.9	113.0	119.7	98.0	102.0	97.7	104.2
100.0	100.0	100.0	100.0	100.0	100.0	100.0	100.0
102.7	102.1	101.7	102.0	101.8	102.0	102.1	102.5
101.4	101.2	101.6	101.3	101.6	101.8	101.3	101.4
98.4	98.8	98.5	98.9	99.2	99.2	99.5	100.4
98.3	98.2	96.2	96.1	96.2	95.7	95.3	95.2
97.6	100.0	97.4	97.4	97.4	97.4	97.8	100.0
97.7	98.3	98.4	99.1	99.7	99.9	100.2	101.6
100.4	100.6	100.5	100.4	100.0	100.1	100.5	100.5
97.5	97.7	97.7	98.2	98.8	98.5	98.6	98.9
95.1	94.6	94.4	94.0	92.4	93.7	94.2	95.8
97.3	97.9	98.7	99.7	101.2	100.7	100.4	98.6
95.9	97.3	97.6	97.9	97.4	97.2	97.7	98.2

5-6 续表 5

(上年同期=100)

大中类行业名称	全年	1月	2月	3月	4月
电池制造	93.8	97.9	97.6	93.4	98.4
家用电力器具制造	100.8	99.4	99.8	100.1	100.6
非电力家用器具制造	99.5	101.2	101.9	101.9	101.6
照明器具制造	101.3	100.9	100.9	101.7	101.7
其他电气机械及器材制造	99.5	89.8	89.3	90.0	101.3
计算机、通信和其他电子设备制造业	91.1	94.1	93.4	93.2	92.8
计算机制造	99.5	100.3	99.9	99.8	100.0
通信设备制造	89.3	93.4	92.7	92.3	91.8
广播电视设备制造	99.6	98.5	98.5	98.5	100.0
智能消费设备制造	99.7	100.8	101.1	100.8	100.8
电子器件制造	89.9	83.4	82.6	83.0	84.5
电子元件及电子专用材料制造	99.9	99.8	99.3	99.6	99.8
其他电子设备制造	99.6	101.1	101.2	100.9	100.9
仪器仪表制造业	99.3	100.0	99.6	99.5	99.5
通用仪器仪表制造	99.8	100.3	100.1	99.5	99.1
专用仪器仪表制造	98.0	97.3	95.9	97.1	98.1
光学仪器制造	99.2	102.1	102.0	102.0	102.0
衡器制造	98.2	100.8	100.3	100.3	100.3
其他仪器仪表制造业	99.8	99.3	99.3	99.1	99.9
其他制造业	99.1	101.7	101.0	101.0	101.4
日用杂品制造	101.8	103.2	101.9	101.9	102.6
其他未列明制造业	95.9	100.0	100.0	100.0	100.0
金属制品、机械和设备修理业	100.0	100.0	100.0	100.0	100.0
铁路、船舶、航空航天等运输设备修理	100.0	100.0	100.0	100.0	100.0
电力、热力生产和供应业	98.4	97.4	98.1	98.4	98.1
电力生产	98.8	96.1	98.0	98.7	98.0
电力供应	97.9	97.9	98.0	98.0	98.1
热力生产和供应	104.6	103.4	103.1	103.1	103.3
燃气生产和供应业	106.4	106.7	104.8	109.6	111.1
燃气生产和供应业	106.4	106.7	104.8	109.6	111.1
生物质燃气生产和供应业	106.4	106.7	104.8	109.6	111.1
水的生产和供应业	107.3	105.5	105.5	105.5	105.1
自来水生产和供应	107.2	106.9	106.9	106.8	106.3
污水处理及其再生利用	107.5	100.5	100.5	100.5	100.5

5月	6月	7月	8月	9月	10月	11月	12月
93.6	91.7	90.3	91.0	93.8	92.2	92.6	93.6
100.3	99.9	100.8	101.0	101.0	101.2	102.5	102.8
101.5	102.6	97.6	97.0	97.9	97.7	96.9	96.2
101.7	101.2	100.7	100.9	100.9	100.9	100.9	103.5
102.3	101.4	103.4	104.0	104.3	102.8	102.9	106.2
92.4	92.3	90.4	89.4	88.4	88.7	88.7	89.0
99.5	99.0	99.0	99.0	99.5	99.5	99.1	99.1
91.3	90.8	88.3	87.0	85.7	85.9	86.0	86.2
100.0	100.0	100.0	100.0	100.0	100.0	100.0	100.0
100.6	100.4	100.5	100.6	98.3	97.1	97.3	97.6
84.2	86.5	93.7	93.2	95.4	98.5	98.7	100.7
99.9	101.5	99.6	99.7	99.8	99.8	99.8	100.0
100.5	100.2	100.4	100.5	98.2	97.1	97.2	97.6
100.2	99.1	99.5	100.0	99.3	98.9	98.0	98.6
99.5	99.7	100.2	101.0	100.3	99.7	99.0	99.8
100.3	97.9	99.7	99.2	97.4	96.9	96.5	99.9
102.6	97.5	97.4	97.4	97.2	97.0	96.8	96.7
100.1	100.2	99.1	99.3	99.8	100.7	93.8	84.3
99.3	99.5	99.2	100.9	100.9	100.6	99.6	99.5
100.2	105.7	97.2	97.1	98.2	92.8	97.5	95.4
100.4	102.2	101.1	102.0	104.2	103.5	101.2	97.7
100.0	110.0	92.5	91.3	91.3	80.0	93.0	92.5
100.0	100.0	100.0	100.0	100.0	100.0	100.0	100.0
100.0	100.0	100.0	100.0	100.0	100.0	100.0	100.0
98.3	97.8	97.8	98.5	99.0	99.4	99.3	98.7
98.3	97.3	98.1	100.2	101.1	100.7	101.0	98.8
98.1	97.8	97.3	97.4	97.5	98.4	98.1	98.3
104.2	105.9	105.7	105.7	105.4	105.2	105.2	105.2
111.7	109.5	108.6	107.3	106.6	102.9	100.0	99.6
111.7	109.5	108.6	107.3	106.6	102.9	100.0	99.6
111.7	109.5	108.6	107.3	106.6	102.9	100.0	99.6
105.1	105.7	108.6	109.5	109.5	108.6	109.4	109.3
106.3	107.1	107.0	108.2	108.1	107.1	108.0	107.9
100.5	100.5	114.6	114.6	114.6	114.6	114.6	114.6

5-7 各月分类工业生产者

(上月=100)

项目名称	全年	1月	2月	3月	4月	5月
总指数	**100.1**	**99.4**	**99.9**	**100.3**	**100.1**	**100.2**
核心指数	99.4	99.6	100.0	100.1	100.1	100.1
高技术	94.3	99.9	99.7	99.5	99.7	99.7
能源	92.7	97.9	99.0	100.9	99.8	100.4
按轻重工业分						
轻工业	103.4	99.6	100.0	100.3	100.3	100.1
以农产品为原料	104.5	99.5	100.0	100.5	100.4	100.2
以非农产品为原料	99.6	100.0	99.7	99.7	100.1	99.8
重工业	98.7	99.2	99.9	100.3	100.0	100.2
采掘	98.5	98.6	99.8	101.3	99.9	102.0
原料	97.4	98.8	99.4	100.2	99.7	100.2
加工	99.2	99.5	100.1	100.2	100.2	100.0
按两大部类分						
生产资料	98.9	99.3	99.9	100.3	100.1	100.2
采掘	98.5	98.6	99.8	101.3	99.9	102.0
原料	96.9	98.6	99.3	100.2	99.7	100.1
加工	99.7	99.6	100.1	100.1	100.3	100.0
生活资料	103.2	99.6	100.1	100.4	100.1	100.2
食品	109.6	99.3	100.4	101.0	100.7	100.7
衣着	99.1	100.0	100.2	100.5	99.4	99.0
一般日用品	99.7	100.3	100.0	99.7	99.4	100.4
耐用消费品	92.5	99.4	99.3	99.5	99.4	99.5
按初级中间最终产品分						
初级产品	98.5	98.6	99.8	101.3	99.9	102.0
矿产品	98.5	98.6	99.8	101.3	99.9	102.0
中间产品	100.8	99.3	99.9	100.2	100.2	100.1
最终产品	100.9	99.7	100.1	100.3	99.9	99.9
最终投资品	98.5	99.8	100.1	100.1	99.8	99.7
最终消费品	104.5	99.5	100.2	100.6	100.1	100.3
按工业部门分						
冶金工业	103.2	98.8	100.2	101.0	101.0	101.4
电力工业	98.7	99.2	100.3	100.6	99.2	100.3
煤炭及炼焦工业	84.7	97.5	97.1	100.2	99.9	99.9
石油工业	98.6	95.1	100.8	103.7	101.4	102.4
化学工业	96.2	99.3	99.5	99.5	99.7	99.3
机械工业	98.7	99.8	100.1	99.9	100.0	99.6
建筑材料工业	102.7	100.4	100.1	100.1	99.6	100.0
森林工业	101.3	99.4	99.9	100.5	100.6	100.4
食品工业	109.5	99.4	100.4	100.9	100.7	100.6
纺织工业	95.8	99.9	100.0	99.9	100.9	99.9
缝纫工业	98.3	100.3	100.4	100.6	99.2	98.8
皮革工业	100.1	99.4	100.0	100.1	99.7	99.9
造纸工业	94.9	99.7	97.5	99.1	100.2	99.9
文教艺术用品工业	98.5	98.7	100.0	99.6	99.9	100.4
其它工业	92.9	99.2	99.5	100.0	98.5	101.1

出厂价格环比指数(2019年)

6月	7月	8月	9月	10月	11月	12月
99.8	**99.9**	**100.1**	**100.1**	**100.3**	**100.3**	**99.6**
99.7	100.1	100.1	100.1	99.8	99.9	99.9
99.4	98.6	99.1	99.1	99.7	100.3	99.6
100.0	98.5	99.3	98.4	99.9	99.2	99.0
100.0	99.9	100.3	100.7	101.3	101.6	99.2
99.9	100.0	100.3	100.8	101.7	102.0	99.0
100.3	99.6	100.3	100.1	99.9	100.0	100.2
99.8	100.0	100.0	99.9	99.8	99.8	99.8
100.1	100.1	100.7	98.7	99.7	98.7	98.8
100.5	99.8	100.0	100.6	99.5	99.3	99.4
99.5	100.0	99.9	99.8	99.9	100.0	100.1
99.7	100.0	100.1	100.0	99.8	99.8	99.8
100.1	100.1	100.7	98.7	99.7	98.7	98.8
100.5	99.7	100.0	100.6	99.5	99.2	99.5
99.4	100.1	100.0	99.9	99.9	100.1	100.1
100.1	99.7	100.2	100.5	101.4	101.7	99.2
100.3	100.1	101.0	101.5	102.8	102.9	98.7
100.0	100.2	99.3	99.8	100.0	100.9	99.9
100.3	99.6	100.1	99.8	99.8	100.5	99.7
99.4	98.3	98.9	98.8	99.9	99.9	99.8
100.1	100.1	100.7	98.7	99.7	98.7	98.8
100.1	100.1	100.7	98.7	99.7	98.7	98.8
99.8	100.1	100.2	100.4	100.4	100.5	99.7
99.8	100.0	100.1	100.2	100.6	100.6	99.7
99.5	100.0	99.8	99.8	100.1	99.9	99.9
100.2	100.0	100.4	100.7	101.3	101.6	99.3
100.0	100.8	101.2	100.6	99.2	98.9	100.2
99.6	100.0	99.7	100.2	99.9	99.8	99.8
100.8	98.1	98.8	96.3	99.8	98.1	97.2
99.2	95.7	99.6	98.9	100.3	100.2	101.6
99.8	100.1	99.7	100.4	99.9	99.7	99.2
99.8	99.7	100.0	99.7	100.0	100.0	100.0
99.6	100.1	99.7	100.4	100.1	102.0	100.7
99.6	100.2	99.7	100.8	100.1	100.1	100.1
100.3	100.2	100.9	101.5	102.8	102.8	98.6
98.5	99.2	99.2	99.2	99.5	100.8	98.8
99.5	100.2	98.8	100.2	99.7	100.4	100.1
100.2	100.1	100.1	99.4	100.3	101.2	99.9
99.0	98.9	99.6	99.6	100.2	100.4	100.7
101.2	99.8	100.6	99.4	99.6	100.0	99.3
98.9	100.6	99.3	99.2	99.7	97.6	99.2

5-8 各月分大类工业生产者

(上月=100)

大类行业名称	全年	1月	2月	3月	4月
煤炭开采和洗选业	85.0	99.3	98.5	100.2	99.6
石油和天然气开采业	94.9	89.0	98.6	107.2	103.5
黑色金属矿采选业	114.4	104.9	105.0	100.7	101.3
有色金属矿采选业	111.6	98.8	100.7	101.8	99.7
非金属矿采选业	98.1	99.6	100.8	98.9	99.9
农副食品加工业	115.8	99.2	100.7	101.2	100.8
食品制造业	99.4	99.4	99.8	100.6	100.1
酒、饮料和精制茶制造业	99.8	99.5	99.4	100.4	99.3
烟草制品业	103.0	100.0	100.0	100.0	103.1
纺织业	95.4	99.9	100.0	99.9	100.7
纺织服装、服饰业	99.7	100.4	100.5	100.9	99.4
皮革、毛皮、羽毛及其制品和制鞋业	99.7	99.6	100.1	99.9	99.6
木材加工和木、竹、藤、棕、草制品业	101.8	99.2	100.1	100.7	100.9
家具制造业	102.5	100.0	99.6	99.9	100.5
造纸和纸制品业	94.9	99.7	97.5	99.1	100.2
印刷和记录媒介复制业	97.6	98.3	99.9	99.4	99.8
文教、工美、体育和娱乐用品制造业	99.4	99.8	99.7	99.5	99.8
石油、煤炭及其他燃料加工业	90.3	94.0	96.9	101.8	101.1
化学原料和化学制品制造业	91.9	98.0	99.0	98.9	99.9
医药制造业	102.1	101.0	100.5	100.1	99.7
化学纤维制造业	92.6	98.7	99.9	99.1	100.3
橡胶和塑料制品业	99.9	100.7	99.7	99.8	99.7
非金属矿物制品业	100.2	100.1	99.9	100.1	99.2
黑色金属冶炼和压延加工业	97.7	97.3	100.7	101.1	103.4
有色金属冶炼和压延加工业	103.5	99.1	99.6	100.7	100.4
金属制品业	100.3	100.0	100.2	100.6	100.0
通用设备制造业	101.9	100.0	99.9	100.0	100.1
专用设备制造业	101.7	100.0	99.9	100.2	100.5
汽车制造业	100.8	100.1	101.4	100.3	99.9
铁路、船舶、航空航天和其他运输设备制造业	100.4	100.3	99.3	100.1	99.5
电气机械和器材制造业	98.9	99.4	100.6	99.5	100.0
计算机、通信和其他电子设备制造业	89.0	99.2	99.1	99.3	99.1
仪器仪表制造业	98.6	99.8	99.5	100.1	99.9
其他制造业	95.4	99.3	100.1	99.4	100.5
金属制品、机械和设备修理业	100.0	100.0	100.0	100.0	100.0
电力、热力生产和供应业	98.7	99.2	100.3	100.6	99.2
燃气生产和供应业	99.6	101.3	100.3	99.4	98.9
水的生产和供应业	109.3	103.9	100.0	100.0	100.0

出厂价格环比指数(2019年)

5月	6月	7月	8月	9月	10月	11月	12月
99.3	98.3	98.5	98.9	95.9	100.3	98.7	96.7
104.5	101.9	91.1	101.1	96.8	101.9	98.3	102.5
102.8	103.2	107.7	101.8	90.2	100.3	96.3	100.3
104.5	101.5	101.9	102.0	102.5	99.2	98.3	100.3
99.6	100.1	100.5	100.0	100.4	99.9	100.0	98.5
101.1	100.9	100.5	101.6	102.5	104.6	104.4	97.6
99.9	98.8	99.5	99.9	100.5	100.1	100.4	100.3
99.8	100.8	100.2	100.1	99.7	100.1	100.3	100.1
100.0	100.0	100.0	100.0	100.0	100.0	100.0	99.9
99.9	98.6	99.3	98.7	99.2	99.6	100.7	98.8
98.5	99.5	100.2	99.7	100.3	99.6	100.5	100.2
99.8	100.2	100.2	99.9	99.6	100.1	100.8	99.7
100.5	99.4	99.9	99.7	101.0	100.1	100.2	100.2
100.5	99.9	100.8	99.9	99.9	100.0	99.7	101.9
99.9	99.0	98.9	99.6	99.6	100.2	100.4	100.7
100.5	101.3	99.8	100.6	99.2	99.6	99.9	99.4
99.7	100.6	100.0	100.5	100.3	100.2	99.6	99.8
102.2	103.5	97.0	98.8	98.2	99.0	98.3	99.5
98.5	99.3	100.2	99.7	101.3	99.7	98.6	98.4
100.9	99.5	100.0	99.5	99.7	100.0	101.4	99.8
99.3	99.4	99.1	99.2	99.0	98.6	100.4	99.5
99.3	101.0	100.5	99.7	99.4	100.2	100.0	99.9
100.4	99.2	100.3	99.5	100.0	100.0	101.0	100.4
100.4	98.1	100.0	100.4	99.1	98.7	98.0	100.7
101.1	100.8	100.6	101.3	101.6	98.8	99.5	100.0
98.9	98.9	100.7	99.7	99.8	101.2	100.6	99.8
99.6	99.8	99.9	101.7	100.3	100.3	100.0	100.2
100.5	100.2	99.9	100.1	100.0	100.0	100.3	100.0
100.6	99.8	100.1	100.1	98.8	100.3	99.4	99.9
100.4	100.2	99.7	100.4	100.3	100.1	100.1	99.9
98.4	100.2	100.3	99.8	100.4	99.7	100.0	100.4
99.2	99.5	97.3	98.5	98.5	99.7	99.7	99.4
100.6	98.7	100.0	100.4	99.7	99.8	99.7	100.5
98.8	105.6	91.9	99.4	100.2	94.5	106.1	100.4
100.0	100.0	100.0	100.0	100.0	100.0	100.0	100.0
100.3	99.6	100.0	99.7	100.2	99.9	99.8	99.8
98.6	98.9	99.2	99.4	100.4	99.7	101.2	102.5
100.0	100.6	102.8	101.0	100.0	100.0	100.7	100.0

5—9 各月分大中类工业生产者

(上月=100)

大中类行业名称	全年	1月	2月	3月	4月
煤炭开采和洗选业	85.0	99.3	98.5	100.2	99.6
烟煤和无烟煤开采洗选	85.0	99.3	98.5	100.2	99.6
其他煤炭采选	100.0	100.0	100.0	100.0	100.0
石油和天然气开采业	94.9	89.0	98.6	107.2	103.5
石油开采	93.8	88.0	97.9	108.3	103.8
天然气开采	107.1	101.3	106.3	96.4	100.0
黑色金属矿采选业	114.4	104.9	105.0	100.7	101.3
铁矿采选	114.4	104.9	105.0	100.7	101.3
有色金属矿采选业	111.6	98.8	100.7	101.8	99.7
常用有色金属矿采选	107.5	95.6	99.9	114.4	100.2
贵金属矿采选	116.8	101.5	100.6	98.0	99.1
稀有稀土金属矿采选	87.6	87.7	103.1	103.0	102.6
非金属矿采选业	98.1	99.6	100.8	98.9	99.9
土砂石开采	98.2	99.9	100.1	99.9	99.7
化学矿开采	86.1	91.1	118.1	78.8	102.9
采盐	99.3	100.9	100.8	99.6	100.0
石棉及其他非金属矿采选	101.4	100.0	100.0	100.0	100.0
农副食品加工业	115.8	99.2	100.7	101.2	100.8
谷物磨制	99.1	99.9	100.4	100.0	100.3
饲料加工	99.9	100.0	100.1	99.5	99.5
植物油加工	102.6	100.2	101.0	100.1	98.8
屠宰及肉类加工	150.9	97.6	100.9	104.3	102.6
蔬菜、菌类、水果和坚果加工	106.7	99.2	103.1	100.6	100.1
其他农副食品加工	97.8	99.8	100.8	98.7	100.9
食品制造业	99.4	99.4	99.8	100.6	100.1
焙烤食品制造	97.1	97.7	98.7	100.5	100.3
糖果、巧克力及蜜饯制造	80.7	100.0	100.0	100.0	100.0
方便食品制造	98.9	98.9	99.5	99.7	100.3
乳制品制造	101.4	100.5	100.0	100.7	99.8
罐头食品制造	109.6	101.1	101.1	103.2	100.1
调味品、发酵制品制造	102.8	100.2	99.8	99.3	99.9
其他食品制造	107.2	101.3	101.6	103.3	99.9
酒、饮料及精制茶制造业	99.8	99.5	99.4	100.4	99.3
酒的制造	98.0	99.0	98.9	100.8	98.7
饮料制造	101.9	99.9	100.0	99.9	100.1

出厂价格环比指数(2019年)

5月	6月	7月	8月	9月	10月	11月	12月
99.3	98.3	98.5	98.9	95.9	100.3	98.7	96.7
99.2	98.3	98.5	98.9	95.9	100.3	98.7	96.6
100.0	100.0	100.0	100.0	100.0	100.0	100.0	100.0
104.5	101.9	91.1	101.1	96.8	101.9	98.3	102.5
104.9	102.0	90.3	101.1	96.5	102.1	98.2	102.6
100.0	100.6	100.0	100.6	100.6	100.0	100.0	101.2
102.8	103.2	107.7	101.8	90.2	100.3	96.3	100.3
102.8	103.2	107.7	101.8	90.2	100.3	96.3	100.3
104.5	101.5	101.9	102.0	102.5	99.2	98.3	100.3
98.8	99.3	99.9	100.1	101.3	99.5	99.5	99.8
106.2	102.6	102.8	102.8	102.6	98.8	98.9	102.1
106.5	99.1	99.8	100.7	104.8	101.1	91.9	88.9
99.6	100.1	100.5	100.0	100.4	99.9	100.0	98.5
99.3	100.0	101.0	100.0	100.1	100.0	100.1	98.1
100.4	101.5	93.0	98.6	110.6	96.8	97.8	100.7
98.4	99.7	100.0	100.0	100.0	100.0	100.0	100.0
101.4	100.0	100.0	100.0	100.0	100.0	100.0	100.0
101.1	100.9	100.5	101.6	102.5	104.6	104.4	97.6
100.3	99.3	99.3	99.2	99.7	100.1	100.7	99.7
99.5	100.5	101.1	99.5	100.6	100.6	100.3	98.6
99.3	99.8	99.7	101.9	100.6	99.5	102.0	99.8
104.0	102.9	101.6	105.2	106.8	112.3	110.0	94.8
100.1	101.9	100.6	100.1	100.8	99.1	99.8	101.0
98.2	100.5	99.9	98.8	100.3	99.6	99.8	100.6
99.9	98.8	99.5	99.9	100.5	100.1	100.4	100.3
100.1	100.9	98.4	100.4	100.8	99.8	99.8	99.9
100.0	80.7	100.0	100.0	100.0	100.0	100.0	100.0
99.4	100.1	99.7	99.7	99.8	100.0	101.7	100.0
98.5	100.3	99.8	99.8	100.7	100.8	100.1	100.3
100.2	100.0	100.0	100.0	100.1	100.7	104.0	98.7
100.3	99.5	99.5	99.2	101.1	101.5	99.4	103.2
100.9	100.0	99.9	100.0	101.5	99.7	98.9	100.0
99.8	100.8	100.2	100.1	99.7	100.1	100.3	100.1
99.4	101.2	100.5	100.1	99.7	99.8	99.9	100.1
100.4	100.1	99.9	100.0	99.7	100.5	101.1	100.4

5-9 续表 1

(上月=100)

大中类行业名称	全年	1月	2月	3月	4月
精制茶加工	103.5	104.3	100.2	100.3	100.6
烟草制品业	103.0	100.0	100.0	100.0	103.1
烟叶复烤	100.9	100.6	100.0	99.7	99.8
卷烟制造	103.2	100.0	100.0	100.0	103.2
其他烟草制品制造	97.2	100.0	100.0	100.0	100.0
纺织业	95.4	99.9	100.0	99.9	100.7
棉纺织及印染精加工	94.8	99.9	100.0	99.9	101.0
毛纺织及染整精加工	91.9	100.6	100.1	99.6	99.3
麻纺织及染整精加工	120.6	100.9	100.8	100.3	100.5
丝绢纺织及印染精加工	99.4	99.8	100.0	99.8	100.3
化纤织造及印染精加工	100.3	100.0	100.0	100.0	100.0
针织或钩针编织物及其制品制造	88.2	100.0	100.0	99.4	97.6
家用纺织制成品制造	104.0	100.2	99.8	99.5	99.1
产业用纺织制成品制造	95.9	100.5	100.9	100.0	101.4
纺织服装、服饰业	99.7	100.4	100.5	100.9	99.4
机织服装制造	99.0	100.7	100.7	100.3	99.6
针织或钩针编织服装制造	102.0	99.9	100.1	103.9	98.1
服饰制造	103.8	98.4	99.3	100.9	99.8
皮革、毛皮、羽毛及其制品和制鞋业	99.7	99.6	100.1	99.9	99.6
皮革鞣制加工	101.1	100.1	100.1	100.0	99.9
皮革制品制造	96.9	100.2	98.6	100.1	100.5
毛皮鞣制及制品加工	99.9	96.8	101.2	100.3	98.2
羽毛(绒)加工及制品制造	94.6	99.8	100.8	98.8	98.7
制鞋业	101.5	100.4	99.8	100.1	100.1
木材加工和木、竹、藤、棕、草制品业	101.8	99.2	100.1	100.7	100.9
木材加工	110.1	100.0	100.1	104.0	105.6
人造板制造	100.6	98.9	100.1	100.3	100.3
木制品制造	101.7	100.0	100.4	100.4	100.1
竹、藤、棕、草制品制造	100.0	100.0	100.0	100.0	100.0
家具制造业	102.5	100.0	99.6	99.9	100.5
木质家具制造	100.0	99.9	99.3	99.9	99.7
金属家具制造	106.6	100.0	100.0	100.0	101.7
其他家具制造	100.7	100.0	100.0	100.0	100.0
造纸和纸制品业	94.9	99.7	97.5	99.1	100.2
纸浆制造	91.7	97.6	99.6	101.0	100.5

5月	6月	7月	8月	9月	10月	11月	12月
100.1	101.4	99.1	100.1	98.7	100.7	100.0	98.1
100.0	100.0	100.0	100.0	100.0	100.0	100.0	99.9
100.0	100.8	100.0	100.0	100.0	100.0	100.0	100.0
100.0	100.0	100.0	100.0	100.0	100.0	100.0	100.0
100.0	100.0	100.0	100.0	100.0	100.0	100.0	97.1
99.9	98.6	99.3	98.7	99.2	99.6	100.7	98.8
99.8	98.3	99.2	99.0	99.0	99.7	100.5	98.7
99.7	97.8	96.4	100.0	98.7	100.0	99.7	99.8
103.8	100.6	100.6	102.4	100.0	97.7	115.0	97.5
100.0	99.5	99.4	100.3	99.7	100.0	100.4	100.1
100.0	100.0	100.0	100.0	100.0	99.6	100.7	100.0
100.0	100.0	100.0	90.3	100.0	100.7	100.0	100.0
102.6	102.8	99.9	99.6	100.4	100.2	100.0	99.9
99.0	99.3	99.4	99.3	100.5	97.1	98.9	99.6
98.5	99.5	100.2	99.7	100.3	99.6	100.5	100.2
98.9	98.3	100.4	99.7	100.3	99.4	100.6	100.3
99.7	101.5	99.0	99.9	100.0	100.0	100.0	100.0
87.7	117.6	100.4	99.8	100.2	100.8	100.8	100.4
99.8	100.2	100.2	99.9	99.6	100.1	100.8	99.7
100.1	100.1	100.1	99.7	100.2	100.2	100.2	100.4
100.2	99.8	100.0	98.2	97.9	100.4	102.5	98.8
99.0	100.8	100.2	100.9	99.3	100.7	103.1	99.6
100.4	98.8	100.4	99.8	99.7	98.9	98.7	99.7
99.4	100.9	100.3	100.5	99.7	100.2	100.5	99.5
100.5	99.4	99.9	99.7	101.0	100.1	100.2	100.2
103.3	100.0	100.6	96.9	100.0	100.1	100.0	99.3
100.1	99.2	99.8	100.1	101.3	100.1	100.2	100.3
100.2	100.1	100.1	100.0	99.9	100.1	100.0	100.3
100.0	100.0	100.0	100.0	100.0	100.0	100.0	100.0
100.5	99.9	100.8	99.9	99.9	100.0	99.7	101.9
100.3	100.2	100.8	99.8	100.2	99.9	99.9	99.9
100.8	99.4	100.8	99.9	99.4	100.2	99.3	105.1
100.0	100.1	100.1	100.1	100.1	100.2	100.0	100.0
99.9	99.0	98.9	99.6	99.6	100.2	100.4	100.7
100.5	99.2	95.6	98.1	99.1	100.2	99.6	100.4

5-9 续表 2

(上月=100)

大中类行业名称	全年	1月	2月	3月	4月
造纸	93.1	99.7	96.6	98.7	100.1
纸制品制造	98.8	99.6	99.5	100.1	100.2
印刷和记录媒介复制业	97.6	98.3	99.9	99.4	99.8
印刷	97.6	98.3	99.9	99.4	99.8
文教、工美、体育和娱乐用品制造业	99.4	99.8	99.7	99.5	99.8
文教办公用品制造	116.1	100.1	102.3	100.9	102.3
乐器制造	99.8	99.2	100.8	100.0	100.0
工艺美术及礼仪用品制造	98.9	99.8	99.5	99.3	99.7
玩具制造	98.6	100.0	100.0	100.0	100.0
游艺器材及娱乐用品制造	99.2	100.0	99.7	101.5	100.0
石油、煤炭及其他燃料加工业	90.3	94.0	96.9	101.8	101.1
精炼石油产品制造	100.1	95.3	102.2	104.2	101.6
煤炭加工	84.6	93.3	93.8	100.3	100.8
化学原料和化学制品制造业	91.9	98.0	99.0	98.9	99.9
基础化学原料制造	90.8	97.9	98.3	97.6	99.4
肥料制造	91.0	96.6	100.4	98.8	101.7
农药制造	99.7	99.7	99.3	99.9	99.4
涂料、油墨、颜料及类似产品制造	96.6	99.1	98.9	99.4	101.0
合成材料制造	86.8	95.8	95.0	103.1	99.7
专用化学产品制造	93.5	99.3	99.7	99.4	99.6
炸药、火工及焰火产品制造	102.0	100.2	99.7	98.6	100.4
日用化学产品制造	94.2	101.0	100.0	98.8	96.4
医药制造业	102.1	101.0	100.5	100.1	99.7
化学药品原料药制造	106.1	104.9	100.5	99.8	98.1
化学药品制剂制造	101.0	103.8	100.6	98.9	100.2
中药饮片加工	94.3	100.0	100.0	100.0	98.6
中成药生产	100.2	99.1	100.2	100.0	100.1
兽用药品制造	111.2	102.1	100.5	100.2	101.1
生物药品制品制造	101.1	97.1	101.5	102.3	101.4
卫生材料及医药用品制造	98.2	98.2	100.0	100.1	99.9
药用辅料及包装材料	98.2	98.2	100.0	100.1	99.9
化学纤维制造业	92.6	98.7	99.9	99.1	100.3
纤维素纤维原料及纤维制造	94.9	98.0	100.0	99.0	99.8
合成纤维制造	85.1	100.8	99.7	99.5	102.0
生物基材料制造	94.9	98.0	100.0	99.0	99.8

5月	6月	7月	8月	9月	10月	11月	12月
99.6	98.6	98.6	99.6	99.5	100.3	100.7	101.0
100.5	99.8	99.6	99.7	99.8	100.0	99.9	100.0
100.5	101.3	99.8	100.6	99.2	99.6	99.9	99.4
100.5	101.3	99.8	100.6	99.2	99.6	99.9	99.4
99.7	100.6	100.0	100.5	100.3	100.2	99.6	99.8
100.0	104.9	103.9	101.0	101.0	98.3	100.7	99.7
100.0	100.0	100.0	100.0	100.0	100.2	99.8	99.8
99.6	100.5	100.0	100.4	100.3	100.3	99.5	100.0
100.0	100.0	98.7	101.2	100.0	100.0	100.0	98.7
100.3	100.5	100.0	100.0	100.0	99.3	99.3	98.4
102.2	103.5	97.0	98.8	98.2	99.0	98.3	99.5
103.2	98.0	96.6	99.0	99.2	99.7	100.7	100.7
101.5	107.2	97.2	98.6	97.5	98.6	96.7	98.7
98.5	99.3	100.2	99.7	101.3	99.7	98.6	98.4
97.9	99.4	100.8	100.0	103.0	101.5	97.4	97.3
97.8	99.1	100.3	99.3	100.6	99.9	97.2	99.1
99.9	100.2	100.0	99.9	99.9	99.9	99.9	101.7
100.5	98.3	100.3	99.3	99.7	99.4	101.2	99.3
98.2	98.5	98.3	98.8	99.2	100.0	99.6	100.1
99.4	99.6	100.0	100.1	100.8	96.6	100.6	98.3
100.5	100.1	100.4	100.2	100.2	100.7	100.4	100.6
99.1	99.4	100.3	99.2	101.3	100.1	100.5	98.0
100.9	99.5	100.0	99.5	99.7	100.0	101.4	99.8
103.2	97.8	99.7	97.8	100.1	100.4	103.9	99.9
99.8	99.7	99.6	100.7	99.9	99.3	100.2	98.5
95.6	100.0	100.0	100.0	100.0	100.0	100.0	100.0
101.6	99.8	100.6	99.9	99.7	99.6	100.9	99.1
101.6	102.0	100.7	100.7	96.7	100.9	102.8	101.4
99.5	99.9	99.5	100.0	99.8	100.2	100.0	100.0
99.9	100.0	100.0	100.0	100.0	100.0	100.0	100.0
99.9	100.0	100.0	100.0	100.0	100.0	100.0	100.0
99.3	99.4	99.1	99.2	99.0	98.6	100.4	99.5
99.7	99.7	100.0	99.8	99.6	99.2	100.0	100.0
97.8	98.3	96.0	97.3	97.0	96.6	101.7	97.7
99.7	99.7	100.0	99.8	99.6	99.2	100.0	100.0

5-9 续表 3

(上月=100)

大中类行业名称	全年	1月	2月	3月	4月
橡胶和塑料制品业	99.9	100.7	99.7	99.8	99.7
橡胶制品业	107.1	101.9	100.7	100.3	99.9
塑料制品业	96.4	100.1	99.3	99.5	99.6
非金属矿物制品业	100.2	100.1	99.9	100.1	99.2
水泥、石灰和石膏制造	106.0	99.6	97.8	97.6	100.0
石膏、水泥制品及类似制品制造	106.9	101.3	100.9	102.0	99.3
砖瓦、石材等建筑材料制造	98.0	101.5	99.9	99.5	97.0
玻璃制造	105.2	100.3	98.2	101.3	99.5
玻璃制品制造	100.0	99.9	99.7	100.2	101.2
玻璃纤维和玻璃纤维增强塑料制品制造	95.2	100.8	96.1	99.2	99.7
陶瓷制品制造	105.0	99.0	98.8	103.3	99.5
耐火材料制品制造	102.8	100.2	102.1	99.7	100.8
石墨及其他非金属矿物制品制造	89.2	98.9	99.2	100.4	97.7
黑色金属冶炼和压延加工业	97.7	97.3	100.7	101.1	103.4
炼铁	102.0	99.0	100.8	99.8	99.2
炼钢	91.5	99.8	100.0	100.0	100.2
钢压延加工	99.3	97.0	100.7	101.5	104.5
铁合金冶炼	91.1	94.3	102.7	99.8	99.4
有色金属冶炼和压延加工业	103.5	99.1	99.6	100.7	100.4
常用有色金属冶炼	97.8	98.0	99.0	101.3	100.6
贵金属冶炼	118.5	102.7	101.0	98.6	99.6
稀有稀土金属冶炼	93.8	100.4	101.7	99.5	93.6
有色金属合金制造	98.3	94.4	100.0	101.2	102.0
有色金属压延加工	104.1	98.9	99.3	101.2	101.3
金属制品业	100.3	100.0	100.2	100.6	100.0
结构性金属制品制造	100.5	100.2	100.1	100.6	99.4
金属工具制造	104.1	98.3	99.8	108.2	94.7
集装箱及金属包装容器制造	100.7	100.5	100.0	100.5	101.7
金属丝绳及其制品制造	106.9	98.2	99.9	99.9	100.0
建筑、安全用金属制品制造	93.2	98.2	96.8	99.5	101.2
搪瓷制品制造	100.0	100.0	100.0	100.0	100.0
金属制日用品制造	102.7	101.5	99.6	99.8	101.0
锻造及其他金属制品制造	99.2	100.4	100.6	100.4	100.5
通用设备制造业	101.9	100.0	99.9	100.0	100.1
锅炉及原动设备制造	100.5	100.0	100.5	100.0	100.0

5月	6月	7月	8月	9月	10月	11月	12月
99.3	101.0	100.5	99.7	99.4	100.2	100.0	99.9
99.5	103.1	100.7	101.0	100.1	100.3	99.6	99.9
99.3	99.9	100.3	99.1	99.1	100.2	100.2	99.9
100.4	99.2	100.3	99.5	100.0	100.0	101.0	100.4
103.1	100.3	97.3	98.2	100.3	99.0	111.0	102.5
99.6	101.2	100.8	99.1	100.5	100.2	101.4	100.5
98.5	98.4	99.2	98.0	101.4	100.2	102.1	102.3
99.6	100.4	100.9	100.2	101.3	101.9	101.0	100.4
98.5	102.6	97.4	103.1	98.5	99.5	99.6	100.0
102.1	97.7	99.6	99.9	99.8	100.1	100.3	100.0
97.8	100.1	103.1	102.4	100.5	100.1	99.8	100.7
100.0	99.0	100.3	100.5	99.9	100.4	100.0	99.8
102.2	97.4	101.7	98.2	98.8	99.7	96.0	98.6
100.4	98.1	100.0	100.4	99.1	98.7	98.0	100.7
100.5	99.6	101.1	102.0	97.1	100.3	100.8	101.9
100.3	101.4	95.8	99.8	97.8	96.6	98.8	100.7
100.5	97.1	100.8	100.0	99.4	99.1	98.2	100.6
100.1	101.0	99.5	105.2	99.5	97.3	91.7	101.1
101.1	100.8	100.6	101.3	101.6	98.8	99.5	100.0
100.6	100.2	99.9	99.3	101.1	99.5	99.2	99.3
100.7	104.6	104.4	105.7	104.1	97.9	98.8	99.6
100.0	101.3	99.6	101.1	100.0	98.5	100.0	98.2
100.9	99.3	98.8	101.1	100.8	99.2	100.2	100.7
102.0	99.7	99.9	101.3	101.1	98.5	100.1	100.9
98.9	98.9	100.7	99.7	99.8	101.2	100.6	99.8
99.5	98.9	100.9	100.1	100.5	100.2	99.9	100.3
104.6	97.6	98.1	100.0	103.4	99.9	100.0	100.0
98.9	99.6	98.9	99.8	100.1	100.3	100.2	100.2
100.5	99.1	100.0	103.7	98.1	109.4	98.7	99.5
103.3	97.7	96.2	105.5	95.5	100.0	100.0	99.5
100.0	100.0	100.0	100.0	100.0	100.0	100.0	100.0
99.2	101.2	99.4	100.0	99.6	101.4	100.6	99.5
97.5	98.9	101.5	98.1	99.7	100.5	101.6	99.6
99.6	99.8	99.9	101.7	100.3	100.3	100.0	100.2
100.0	100.0	100.0	100.0	100.0	100.0	100.0	100.0

5-9 续表 4

(上月=100)

大中类行业名称	全年	1月	2月	3月	4月
金属加工机械制造	101.8	100.3	100.0	99.8	100.2
物料搬运设备制造	100.0	101.4	100.4	100.1	99.4
泵、阀门、压缩机及类似机械制造	109.0	99.9	100.2	100.1	100.0
轴承、齿轮和传动部件制造	99.4	97.9	98.9	99.9	101.8
烘炉、风机、包装等设备制造	99.8	100.2	99.4	100.0	100.0
文化、办公用机械制造	100.0	100.0	100.0	100.0	100.0
通用零部件制造	98.9	99.5	99.6	99.9	99.9
其他通用设备制造	109.3	98.6	99.9	100.3	100.9
专用设备制造业	101.7	100.0	99.9	100.2	100.5
采矿、冶金、建筑专用设备制造	101.5	100.0	99.8	100.1	100.0
化工、木材、非金属加工专用设备制造	97.8	101.3	99.6	97.7	100.5
食品、饮料、烟草及饲料生产专用设备制造	101.3	100.5	100.1	99.7	100.4
印刷、制药、日化及日用品生产专用设备制造	100.6	99.9	99.9	100.3	100.0
纺织、服装和皮革加工专用设备制造	99.6	101.0	98.7	100.5	102.4
电子和电工机械专用设备制造	105.9	112.0	100.0	100.0	99.5
农、林、牧、渔专用机械制造	99.1	99.0	99.9	100.6	100.0
医疗仪器设备及器械制造	104.0	100.2	100.0	100.0	101.5
环保、邮政、社会公共服务及其他专用设备制造	110.5	100.0	101.2	101.9	103.9
汽车制造业	100.8	100.1	101.4	100.3	99.9
汽车整车制造	98.6	100.4	100.4	100.5	98.2
汽车用发动机制造	98.6	100.4	100.4	100.5	98.2
改装汽车制造	104.2	97.1	104.6	104.6	101.8
低速汽车制造	100.0	100.0	100.0	100.0	100.0
汽车车身、挂车制造	102.5	99.6	99.9	100.0	99.9
汽车零部件及配件制造	101.4	100.2	101.8	99.9	100.5
铁路、船舶、航空航天和其他运输设备制造业	100.4	100.3	99.3	100.1	99.5
铁路运输设备制造	95.2	100.0	100.2	100.0	98.0
船舶及相关装置制造	100.0	100.0	100.0	100.0	100.0
摩托车制造	101.6	100.5	98.8	100.0	99.6
助动车制造	100.5	100.1	99.9	100.3	100.3
电气机械和器材制造业	98.9	99.4	100.6	99.5	100.0
电机制造	95.8	99.5	100.4	98.6	99.9
输配电及控制设备制造	98.6	97.9	102.0	99.8	98.5
电线、电缆、光缆及电工器材制造	98.2	99.3	100.3	99.9	100.3

5月	6月	7月	8月	9月	10月	11月	12月
99.0	100.1	99.9	101.1	101.4	100.0	100.0	100.0
99.6	99.6	99.4	100.1	99.8	100.0	100.3	100.0
100.2	98.2	100.5	106.3	101.6	101.2	100.1	100.6
98.1	102.4	99.0	101.7	99.7	100.8	99.3	100.0
100.4	99.8	100.1	100.1	100.1	100.0	99.8	99.8
100.0	100.0	100.0	100.0	100.0	100.0	100.0	100.0
99.5	100.0	100.0	100.2	100.0	100.1	100.0	100.0
99.9	99.5	102.3	107.0	99.7	100.2	99.3	101.6
100.5	100.2	99.9	100.1	100.0	100.0	100.3	100.0
100.8	100.2	99.6	100.2	100.0	100.6	100.2	100.0
99.6	100.2	101.0	99.8	99.9	99.4	98.9	100.0
100.6	99.8	100.0	100.2	99.7	100.1	100.2	100.0
100.4	99.7	101.1	99.9	99.9	99.7	99.9	100.0
98.1	100.6	99.9	99.8	98.9	98.8	100.0	100.9
95.0	100.0	100.0	100.0	100.0	100.0	100.0	100.0
100.0	99.8	99.9	100.1	100.2	100.0	99.7	100.0
100.0	100.3	99.7	100.4	99.9	100.0	101.5	100.3
102.0	101.8	100.0	99.9	100.0	97.0	102.5	99.9
100.6	99.8	100.1	100.1	98.8	100.3	99.4	99.9
101.5	98.9	100.0	100.3	99.8	100.0	99.2	99.5
101.5	98.9	100.0	100.3	99.8	100.0	99.2	99.5
106.8	99.8	101.8	100.1	81.2	109.8	100.0	99.3
100.0	100.0	100.0	100.0	100.0	100.0	100.0	100.0
102.5	100.2	99.9	100.3	99.9	100.0	99.9	100.2
99.5	100.2	100.0	100.0	100.1	99.7	99.4	100.1
100.4	100.2	99.7	100.4	100.3	100.1	100.1	99.9
100.1	99.9	97.9	100.0	100.0	99.5	99.7	99.8
100.0	100.0	100.0	100.0	100.0	100.0	100.0	100.0
100.7	100.3	100.1	100.7	100.6	100.2	100.3	99.9
100.0	100.0	100.0	100.0	100.0	100.0	100.0	100.0
98.4	100.2	100.3	99.8	100.4	99.7	100.0	100.4
99.7	99.3	99.6	99.4	97.6	100.6	100.4	100.8
99.3	100.0	101.3	99.9	101.3	99.2	99.8	99.6
96.6	101.6	99.8	99.7	99.7	100.2	100.2	100.6

5-9 续表 5

(上月=100)

大中类行业名称	全年	1月	2月	3月	4月
电池制造	93.6	102.0	98.8	95.7	104.1
家用电力器具制造	102.8	99.4	100.3	100.3	100.5
非电力家用器具制造	96.2	99.7	99.5	100.1	100.5
照明器具制造	103.5	100.8	100.0	100.9	100.0
其他电气机械及器材制造	106.2	101.1	100.0	101.2	100.3
计算机、通信和其他电子设备制造业	89.0	99.2	99.1	99.3	99.1
计算机制造	99.1	100.3	99.6	100.0	100.2
通信设备制造	86.2	99.0	99.0	99.0	98.9
广播电视设备制造	100.0	100.0	100.0	100.0	100.0
智能消费设备制造	97.6	100.4	100.4	99.8	100.0
电子器件制造	100.7	100.5	99.5	99.4	99.3
电子元件及电子专用材料制造	100.0	99.9	99.5	100.8	100.0
其他电子设备制造	97.6	100.4	100.4	99.8	100.0
仪器仪表制造业	98.6	99.8	99.5	100.1	99.9
通用仪器仪表制造	99.8	99.3	99.3	99.9	99.6
专用仪器仪表制造	99.9	101.1	99.1	100.6	100.4
光学仪器制造	96.7	100.2	100.1	100.1	100.0
衡器制造	84.3	100.0	100.0	100.1	100.0
其他仪器仪表制造业	99.5	99.7	100.2	99.7	100.8
其他制造业	95.4	99.3	100.1	99.4	100.5
日用杂品制造	97.7	98.8	100.2	99.0	100.9
其他未列明制造业	92.5	100.0	100.0	100.0	100.0
金属制品、机械和设备修理业	100.0	100.0	100.0	100.0	100.0
铁路、船舶、航空航天等运输设备修理	100.0	100.0	100.0	100.0	100.0
电力、热力生产和供应业	98.7	99.2	100.3	100.6	99.2
电力生产	98.8	98.3	101.5	101.4	98.2
电力供应	98.3	99.7	99.7	100.1	99.8
热力生产和供应	105.2	102.7	99.7	100.0	100.2
燃气生产和供应业	99.6	101.3	100.3	99.4	98.9
燃气生产和供应业	99.6	101.3	100.3	99.4	98.9
生物质燃气生产和供应业	99.6	101.3	100.3	99.4	98.9
水的生产和供应业	109.3	103.9	100.0	100.0	100.0
自来水生产和供应	107.9	104.7	100.0	100.0	100.0
污水处理及其再生利用	114.6	100.5	100.0	100.0	100.0

5月	6月	7月	8月	9月	10月	11月	12月
95.7	98.3	99.3	99.8	102.0	98.9	99.6	99.6
99.7	99.7	100.9	100.1	100.0	100.2	101.3	100.3
99.5	101.1	96.3	99.2	100.4	99.8	100.0	100.1
100.0	100.0	100.0	100.1	100.0	100.0	100.0	101.6
99.1	99.4	102.5	100.1	100.5	99.0	100.3	102.5
99.2	99.5	97.3	98.5	98.5	99.7	99.7	99.4
99.5	99.5	100.1	100.0	100.4	100.0	99.7	99.9
99.0	99.0	96.9	98.1	98.0	99.8	99.6	99.1
100.0	100.0	100.0	100.0	100.0	100.0	100.0	100.0
100.0	99.9	100.1	99.9	97.7	98.8	100.1	100.5
99.6	102.3	100.7	99.2	100.2	99.4	99.2	101.5
100.0	101.7	98.1	100.0	100.2	99.8	100.0	100.0
100.0	99.9	100.1	99.9	97.7	98.8	100.1	100.5
100.6	98.7	100.0	100.4	99.7	99.8	99.7	100.5
100.4	100.2	100.0	100.7	99.7	99.8	100.1	100.7
101.6	96.4	100.6	99.4	99.1	99.2	99.9	102.8
100.9	95.3	100.0	100.1	100.0	100.0	100.0	100.0
100.0	100.0	98.9	100.2	100.5	100.9	93.1	89.9
99.4	100.0	99.7	101.2	100.0	99.7	99.2	100.0
98.8	105.6	91.9	99.4	100.2	94.5	106.1	100.4
97.8	101.9	98.8	99.9	100.3	99.5	99.4	101.2
100.0	110.0	84.1	98.6	100.0	87.7	116.3	99.5
100.0	100.0	100.0	100.0	100.0	100.0	100.0	100.0
100.0	100.0	100.0	100.0	100.0	100.0	100.0	100.0
100.3	99.6	100.0	99.7	100.2	99.9	99.8	99.8
100.9	99.9	100.3	99.1	101.0	99.6	99.4	99.3
99.9	99.4	99.7	100.0	99.7	100.1	100.1	100.0
100.9	101.7	100.0	100.0	100.0	100.0	100.0	100.0
98.6	98.9	99.2	99.4	100.4	99.7	101.2	102.5
98.6	98.9	99.2	99.4	100.4	99.7	101.2	102.5
98.6	98.9	99.2	99.4	100.4	99.7	101.2	102.5
100.0	100.6	102.8	101.0	100.0	100.0	100.7	100.0
100.0	100.8	100.0	101.3	100.0	100.0	100.9	100.0
100.0	100.0	114.1	100.0	100.0	100.0	100.0	100.0

5-10 各月分类工业生产者

(2015年=100)

项目名称	全年	1月	2月	3月	4月	5月
总指数	**109.7**	**109.2**	**109.1**	**109.4**	**109.6**	**109.8**
核心指数	109.2	109.2	109.1	109.2	109.3	109.4
高技术	90.3	93.1	92.8	92.3	92.0	91.7
能源	122.4	124.6	123.4	124.5	124.3	124.8
按轻重工业分						
轻工业	103.4	101.9	101.9	102.2	102.5	102.7
以农产品为原料	104.3	102.3	102.3	102.9	103.2	103.5
以非农产品为原料	100.0	100.6	100.2	99.9	100.0	99.7
重工业	112.4	112.4	112.2	112.5	112.6	112.8
采掘	123.2	121.1	120.8	122.4	122.3	124.8
原料	119.3	119.8	119.1	119.3	119.0	119.3
加工	108.4	108.5	108.6	108.8	108.9	108.9
按两大部类分						
生产资料	114.1	114.0	113.8	114.1	114.2	114.4
采掘	123.2	121.1	120.8	122.4	122.3	124.8
原料	120.0	120.7	119.8	120.1	119.8	119.8
加工	110.7	110.6	110.7	110.8	111.2	111.1
生活资料	98.6	97.3	97.4	97.8	97.9	98.1
食品	104.0	99.5	99.9	100.9	101.6	102.3
衣着	98.9	99.5	99.7	100.2	99.7	98.7
一般日用品	98.8	99.3	99.2	99.0	98.4	98.8
耐用消费品	85.6	89.0	88.3	87.9	87.4	87.0
按初级中间最终产品分						
初级产品	123.2	121.0	120.8	122.3	122.2	124.7
矿产品	123.2	121.0	120.8	122.3	122.2	124.7
中间产品	112.0	111.2	111.2	111.4	111.7	111.8
最终产品	102.2	101.7	101.8	102.1	102.0	102.0
最终投资品	103.1	103.8	103.9	103.9	103.7	103.4
最终消费品	100.7	98.6	98.9	99.5	99.6	99.9
按工业部门分						
冶金工业	129.2	124.9	125.1	126.3	127.6	129.3
电力工业	94.4	94.3	94.6	95.2	94.5	94.7
煤炭及炼焦工业	156.2	164.9	160.1	160.5	160.3	160.1
石油工业	113.7	109.9	110.7	114.8	116.4	119.2
化学工业	106.4	108.4	107.8	107.2	106.9	106.1
机械工业	97.4	98.0	98.2	98.1	98.1	97.7
建筑材料工业	113.7	113.7	113.8	113.9	113.4	113.4
森林工业	102.5	101.5	101.4	101.8	102.4	102.8
食品工业	103.2	99.0	99.3	100.2	100.8	101.5
纺织工业	107.0	108.6	108.6	108.5	109.4	109.3
缝纫工业	97.6	98.6	99.0	99.6	98.9	97.7
皮革工业	110.3	110.3	110.3	110.4	110.0	109.9
造纸工业	111.2	115.9	113.0	112.1	112.3	112.2
文教艺术用品工业	100.4	100.0	100.0	99.6	99.5	100.0
其它工业	110.1	112.8	112.2	112.2	110.5	111.7

出厂价格定基指数(2019年)

6月	7月	8月	9月	10月	11月	12月
109.6	**109.5**	**109.7**	**109.8**	**110.1**	**110.4**	**110.1**
109.1	109.2	109.3	109.3	109.1	109.0	109.0
91.1	89.9	89.0	88.2	87.9	88.2	87.9
124.8	123.0	122.2	120.2	120.1	119.1	118.0
102.7	102.6	102.9	103.6	104.9	106.6	105.8
103.4	103.4	103.7	104.5	106.3	108.4	107.3
100.0	99.6	99.9	100.0	99.9	100.0	100.2
112.6	112.5	112.5	112.4	112.2	111.9	111.8
125.0	125.1	125.9	124.3	123.9	122.3	120.9
119.8	119.5	119.5	120.2	119.6	118.8	118.1
108.4	108.4	108.3	108.1	108.0	108.1	108.2
114.1	114.2	114.3	114.2	114.0	113.8	113.6
125.0	125.1	125.9	124.3	123.9	122.3	120.9
120.4	120.1	120.1	120.9	120.3	119.3	118.7
110.5	110.7	110.7	110.6	110.5	110.6	110.7
98.2	97.9	98.1	98.6	100.0	101.7	100.9
102.6	102.7	103.7	105.2	108.2	111.3	109.8
98.7	98.8	98.1	97.9	97.9	98.8	98.7
99.1	98.8	98.8	98.6	98.4	98.9	98.6
86.5	85.0	84.1	83.1	83.0	83.0	82.8
124.9	125.0	125.9	124.2	123.9	122.3	120.8
124.9	125.0	125.9	124.2	123.9	122.3	120.8
111.6	111.7	111.9	112.3	112.7	113.2	112.8
101.8	101.8	101.9	102.1	102.7	103.3	103.0
102.9	102.9	102.7	102.5	102.6	102.5	102.5
100.1	100.1	100.6	101.2	102.6	104.3	103.5
129.4	130.3	131.9	132.7	131.7	130.2	130.5
94.4	94.3	94.1	94.2	94.2	94.0	93.8
161.4	158.4	156.5	150.7	150.4	147.6	143.4
118.3	113.2	112.8	111.5	111.8	112.1	113.9
105.9	106.1	105.7	106.2	106.1	105.8	104.9
97.5	97.2	97.2	96.8	96.9	96.9	96.9
112.9	112.9	112.7	113.1	113.2	115.5	116.3
102.4	102.6	102.3	103.1	103.2	103.3	103.4
101.8	102.0	102.9	104.5	107.5	110.5	109.0
107.7	106.9	106.0	105.1	104.6	105.4	104.1
97.3	97.5	96.3	96.5	96.2	96.5	96.6
110.1	110.2	110.3	109.6	109.9	111.2	111.1
111.1	109.8	109.4	109.0	109.2	109.7	110.4
101.2	101.0	101.6	101.0	100.6	100.5	99.9
110.5	111.1	110.3	109.4	109.1	106.4	105.6

5-11 各月分大类工业生产者

(2015年=100)

大类行业名称	全年	1月	2月	3月	4月
煤炭开采和洗选业	133.6	141.9	139.7	140.0	139.3
石油和天然气开采业	95.1	89.3	88.1	94.4	97.7
黑色金属矿采选业	136.8	123.2	129.4	130.3	132.0
有色金属矿采选业	119.6	110.5	111.2	113.3	112.9
非金属矿采选业	109.1	109.4	110.2	109.1	108.9
农副食品加工业	104.9	97.8	98.5	99.6	100.4
食品制造业	100.7	101.0	100.9	101.5	101.6
酒、饮料和精制茶制造业	102.5	102.8	102.2	102.6	101.9
烟草制品业	102.1	99.9	99.9	99.9	102.9
纺织业	107.3	109.1	109.1	109.0	109.8
纺织服装、服饰业	95.9	96.4	96.9	97.7	97.2
皮革、毛皮、羽毛及其制品和制鞋业	105.9	106.1	106.2	106.1	105.7
木材加工和木、竹、藤、棕、草制品业	104.3	102.7	102.8	103.5	104.4
家具制造业	99.6	99.0	98.6	98.6	99.1
造纸和纸制品业	111.2	115.9	113.0	112.1	112.3
印刷和记录媒介复制业	99.0	99.0	98.9	98.3	98.1
文教、工美、体育和娱乐用品制造业	103.6	104.2	103.8	103.3	103.1
石油、煤炭及其他燃料加工业	181.7	182.4	176.7	179.9	181.8
化学原料和化学制品制造业	108.0	111.7	110.6	109.4	109.3
医药制造业	106.2	105.7	106.2	106.3	106.0
化学纤维制造业	109.6	112.8	112.7	111.7	112.1
橡胶和塑料制品业	102.9	103.5	103.2	102.9	102.6
非金属矿物制品业	114.0	114.7	114.6	114.8	113.9
黑色金属冶炼和压延加工业	159.2	155.3	156.5	158.1	163.4
有色金属冶炼和压延加工业	115.9	112.8	112.4	113.2	113.6
金属制品业	114.2	114.4	114.6	115.3	115.3
通用设备制造业	103.2	102.6	102.6	102.6	102.6
专用设备制造业	101.1	100.1	100.0	100.2	100.7
汽车制造业	104.0	102.5	103.9	104.2	104.1
铁路、船舶、航空航天和其他运输设备制造业	97.1	97.5	96.8	96.8	96.4
电气机械和器材制造业	96.4	96.9	97.5	97.1	97.1
计算机、通信和其他电子设备制造业	80.1	84.7	83.9	83.3	82.5
仪器仪表制造业	99.0	99.8	99.3	99.4	99.3
其他制造业	108.9	111.5	111.7	111.0	111.6
金属制品、机械和设备修理业	99.6	99.6	99.6	99.6	99.6
电力、热力生产和供应业	94.3	94.3	94.6	95.2	94.5
燃气生产和供应业	102.5	105.5	105.8	105.1	104.0
水的生产和供应业	116.5	113.8	113.8	113.8	113.8

出厂价格定基指数(2019年)

5月	6月	7月	8月	9月	10月	11月	12月
138.3	136.0	134.0	132.5	127.0	127.4	125.8	121.6
102.1	104.0	94.7	95.8	92.7	94.5	92.9	95.2
135.8	140.1	150.9	153.6	138.6	139.0	133.9	134.3
118.0	119.8	122.0	124.4	127.6	126.5	124.4	124.9
108.5	108.6	109.2	109.1	109.6	109.5	109.4	107.8
101.6	102.4	102.9	104.5	107.2	112.0	117.0	114.2
101.5	100.3	99.7	99.6	100.1	100.3	100.7	101.0
101.7	102.5	102.7	102.7	102.4	102.6	102.9	103.0
102.9	102.9	102.9	102.9	102.9	102.9	102.9	102.9
109.6	108.1	107.3	105.9	105.1	104.7	105.4	104.2
95.8	95.3	95.4	95.1	95.4	95.0	95.5	95.7
105.5	105.7	106.0	105.9	105.4	105.6	106.4	106.1
104.9	104.3	104.2	103.9	104.9	105.0	105.2	105.4
99.5	99.4	100.2	100.0	99.9	99.9	99.6	101.5
112.2	111.1	109.8	109.4	109.0	109.2	109.7	110.4
98.6	99.9	99.7	100.2	99.4	99.0	99.0	98.4
102.8	103.3	103.3	103.8	104.1	104.3	103.9	103.7
185.7	192.2	186.5	184.2	180.8	179.1	176.0	175.1
107.6	106.8	107.1	106.7	108.2	107.9	106.4	104.7
107.0	106.4	106.4	105.9	105.5	105.6	107.1	106.8
111.2	110.6	109.5	108.7	107.6	106.1	106.5	105.9
101.9	102.9	103.4	103.1	102.6	102.8	102.8	102.7
114.3	113.4	113.7	113.2	113.2	113.2	114.3	114.8
164.1	160.9	160.9	161.5	160.1	158.0	154.9	156.0
114.9	115.8	116.5	118.0	119.9	118.5	117.9	117.8
114.0	112.8	113.6	113.2	112.9	114.3	114.9	114.7
102.3	102.1	102.0	103.8	104.1	104.5	104.4	104.6
101.3	101.5	101.4	101.5	101.4	101.4	101.7	101.7
104.8	104.6	104.7	104.8	103.6	103.9	103.3	103.2
96.8	97.0	96.7	97.1	97.4	97.5	97.6	97.6
95.6	95.8	96.0	95.9	96.2	95.9	96.0	96.4
81.9	81.5	79.3	78.0	76.9	76.7	76.4	76.0
100.0	98.6	98.7	99.0	98.7	98.5	98.2	98.6
110.2	116.4	107.0	106.3	106.5	100.6	106.7	107.1
99.6	99.6	99.6	99.6	99.6	99.6	99.6	99.6
94.7	94.4	94.3	94.0	94.2	94.1	94.0	93.8
102.5	101.4	100.6	100.0	100.4	100.0	101.2	103.8
113.8	114.5	117.7	118.9	118.9	118.9	119.8	119.8

5-12 工业生产者出厂价格完整同比指数(2019年)

(上年=100)

项目名称	指 数	项目名称	指 数
煤炭开采和洗选业	98.2	谷物磨制	99.7
烟煤和无烟煤开采洗选	98.1	稻谷加工	99.7
其他煤炭采选	100.0	小麦加工	99.7
石油和天然气开采业	89.0	玉米加工	99.7
石油开采	87.5	杂粮加工	99.7
陆地石油开采	87.5	其他谷物磨制	99.7
海洋石油开采	87.5	饲料加工	101.4
天然气开采	108.3	宠物饲料加工	101.4
陆地天然气开采	108.3	其他饲料加工	101.4
海洋天然气及可燃冰开采	108.3	植物油加工	99.2
黑色金属矿采选业	119.4	食用植物油加工	99.5
铁矿采选	119.4	非食用植物油加工	89.1
有色金属矿采选业	108.9	屠宰及肉类加工	118.1
常用有色金属矿采选	104.4	牲畜屠宰	133.1
铜矿采选	104.8	禽类屠宰	103.2
铅锌矿采选	91.9	肉制品及副产品加工	102.3
铝矿采选	112.8	蔬菜、菌类、水果和坚果加工	106.4
贵金属矿采选	111.1	蔬菜加工	108.4
金矿采选	111.1	食用菌加工	108.4
银矿采选	106.6	水果和坚果加工	102.3
稀有稀土金属矿采选	103.3	其他农副食品加工	103.2
钨钼矿采选	103.3	淀粉及淀粉制品制造	103.7
非金属矿采选业	102.6	豆制品制造	104.8
土砂石开采	103.6	蛋品加工	108.0
石灰石、石膏开采	95.6	食品制造业	99.8
建筑装饰用石开采	99.2	焙烤食品制造	98.2
粘土及其他土砂石开采	109.1	糕点、面包制造	99.0
化学矿开采	90.4	饼干及其他焙烤食品制造	97.6
采盐	92.9	糖果、巧克力及蜜饯制造	89.3
石棉及其他非金属矿采选	102.3	糖果、巧克力制造	89.3
石墨、滑石采选	102.3	方便食品制造	99.3
农副食品加工业	106.2	米、面制品制造	99.4

5-12 续表 1

(上年=100)

项目名称	指　数	项目名称	指　数
速冻食品制造	100.0	茶饮料及其他饮料制造	99.8
方便面制造	98.6	精制茶加工	98.1
其他方便食品制造	98.6	烟草制品业	102.5
乳制品制造	101.7	烟叶复烤	101.6
液体乳制造	101.7	卷烟制造	102.4
乳粉制造	101.7	其他烟草制品制造	104.9
其他乳制品制造	101.7	纺织业	98.8
罐头食品制造	105.0	棉纺织及印染精加工	98.3
肉、禽类罐头制造	106.3	棉纺纱加工	98.1
蔬菜、水果罐头制造	104.8	棉织造加工	99.6
调味品、发酵制品制造	101.4	棉印染精加工	103.6
味精制造	100.7	毛纺织及染整精加工	95.2
酱油、食醋及类似制品制造	101.7	毛条和毛纱线加工	91.2
其他调味品、发酵制品制造	101.7	毛织造加工	101.6
其他食品制造	104.8	麻纺织及染整精加工	110.4
营养食品制造	110.7	麻织造加工	110.4
保健食品制造	97.2	丝绢纺织及印染精加工	99.6
冷冻饮品及食用冰制造	98.6	缫丝加工	99.8
盐加工	89.8	绢纺和丝织加工	98.7
食品及饲料添加剂制造	97.0	化纤织造及印染精加工	101.0
酒、饮料及精制茶制造业	98.7	化纤织造加工	101.0
酒的制造	97.7	针织或钩针编织物及其制品制造	91.7
酒精制造	90.8	针织或钩针编织物织造	91.7
白酒制造	101.2	家用纺织制成品制造	103.2
啤酒制造	103.9	床上用品制造	101.6
葡萄酒制造	96.0	毛巾类制品制造	104.1
其他酒制造	98.4	窗帘、布艺类产品制造	99.6
饮料制造	100.2	产业用纺织制成品制造	107.0
碳酸饮料制造	103.5	纺织带和帘子布制造	108.3
瓶(罐)装饮用水制造	97.8	其他产业用纺织制成品制造	101.0
果菜汁及果菜汁饮料制造	99.4	纺织服装、服饰业	100.1
含乳饮料和植物蛋白饮料制造	101.9	机织服装制造	100.4

5-12 续表 2

(上年＝100)

项目名称	指　数	项目名称	指　数
运动机织服装制造	100.4	木门窗制造	101.7
其他机织服装制造	100.4	木楼梯制造	101.7
针织或钩针编织服装制造	98.9	木地板制造	102.1
运动休闲针织服装制造	98.9	竹、藤、棕、草制品制造	101.9
其他针织或钩针编织服装制造	98.9	棕制品制造	101.9
服饰制造	98.7	家具制造业	99.9
皮革、毛皮、羽毛及其制品和制鞋业	100.5	木质家具制造	98.5
皮革鞣制加工	101.8	金属家具制造	102.0
皮革制品制造	99.9	其他家具制造	100.4
皮箱、包(袋)制造	97.3	造纸和纸制品业	93.5
皮手套及皮装饰制品制造	109.8	纸浆制造	102.9
其他皮革制品制造	100.0	木竹浆制造	93.6
毛皮鞣制及制品加工	101.1	非木竹浆制造	114.5
毛皮鞣制加工	101.0	造纸	91.6
其他毛皮制品加工	101.3	机制纸及纸板制造	91.2
羽毛(绒)加工及制品制造	96.6	加工纸制造	100.9
羽毛(绒)加工	97.3	纸制品制造	97.2
羽毛(绒)制品加工	95.9	纸和纸板容器制造	99.9
制鞋业	100.8	其他纸制品制造	90.9
皮鞋制造	100.4	印刷和记录媒介复制业	99.3
橡胶鞋制造	101.5	印刷	99.3
木材加工和木、竹、藤、棕、草制品业	101.2	书、报刊印刷	104.9
木材加工	107.2	本册印制	100.0
锯材加工	107.6	包装装潢及其他印刷	98.7
单板加工	105.1	文教、工美、体育和娱乐用品制造业	99.6
人造板制造	100.2	文教办公用品制造	114.4
胶合板制造	102.3	教学用模型及教具制造	114.4
纤维板制造	94.1	乐器制造	100.7
刨花板制造	99.6	中乐器制造	100.7
其他人造板制造	102.1	工艺美术及礼仪用品制造	98.9
木制品制造	102.1	雕塑工艺品制造	101.3
建筑用木料及木材组件加工	102.3	金属工艺品制造	100.0

5-12 续表 3

(上年＝100)

项目名称	指　数	项目名称	指　数
漆器工艺品制造	100.2	氮肥制造	100.5
天然植物纤维编织工艺品制造	103.5	磷肥制造	95.3
地毯、挂毯制造	89.3	钾肥制造	97.1
珠宝首饰及有关物品制造	101.9	复混肥料制造	100.2
其他工艺美术及礼仪用品制造	99.8	有机肥料及微生物肥料制造	97.7
玩具制造	101.6	农药制造	100.4
电玩具制造	101.6	化学农药制造	100.2
塑胶玩具制造	101.6	生物化学农药及微生物农药制造	101.9
金属玩具制造	101.6	涂料、油墨、颜料及类似产品制造	96.5
弹射玩具制造	101.6	涂料制造	97.3
娃娃玩具制造	101.6	油墨及类似产品制造	100.2
儿童乘骑玩耍的童车类产品制造	101.6	工业颜料制造	93.3
其他玩具制造	101.6	工艺美术颜料制造	93.3
游艺器材及娱乐用品制造	99.5	染料制造	94.1
露天游乐场所游乐设备制造	99.5	密封用填料及类似品制造	105.3
石油、煤炭及其他燃料加工业	97.7	合成材料制造	94.2
精炼石油产品制造	96.5	初级形态塑料及合成树脂制造	95.0
原油加工及石油制品制造	96.5	合成纤维单(聚合)体制造	85.0
煤炭加工	98.4	其他合成材料制造	113.2
炼焦	97.8	专用化学产品制造	95.0
煤制合成气生产	99.9	化学试剂和助剂制造	93.1
煤制液体燃料生产	97.8	专项化学用品制造	104.3
煤制品制造	99.1	林产化学产品制造	93.1
其他煤炭加工	97.8	文化用信息化学品制造	87.7
化学原料和化学制品制造业	95.0	医学生产用信息化学品制造	87.7
基础化学原料制造	91.0	环境污染处理专用药剂材料制造	92.1
无机酸制造	93.7	其他专用化学产品制造	95.4
无机碱制造	89.9	炸药、火工及焰火产品制造	101.7
无机盐制造	105.2	炸药及火工产品制造	101.7
有机化学原料制造	81.6	日用化学产品制造	95.6
其他基础化学原料制造	88.6	肥皂及洗涤剂制造	96.9
肥料制造	100.0	化妆品制造	84.7

5-12 续表 4

(上年=100)

项目名称	指　数	项目名称	指　数
香料、香精制造	96.3	塑料制品业	96.7
其他日用化学产品制造	100.0	塑料薄膜制造	96.7
医药制造业	102.6	塑料板、管、型材制造	99.1
化学药品原料药制造	105.2	塑料丝、绳及编织品制造	97.5
化学药品制剂制造	106.5	泡沫塑料制造	82.7
中药饮片加工	96.1	塑料人造革、合成革制造	105.3
中成药生产	103.4	塑料包装箱及容器制造	88.2
兽用药品制造	108.3	人造草坪制造	96.6
生物药品制品制造	99.8	非金属矿物制品业	102.4
生物药品制造	99.8	水泥、石灰和石膏制造	114.6
基因工程药物和疫苗制造	99.8	水泥制造	114.6
卫生材料及医药用品制造	97.3	石膏、水泥制品及类似制品制造	109.2
药用辅料及包装材料	97.3	水泥制品制造	109.6
化学纤维制造业	98.5	石棉水泥制品制造	101.3
纤维素纤维原料及纤维制造	96.9	轻质建筑材料制造	131.1
化纤浆粕制造	100.7	砖瓦、石材等建筑材料制造	98.1
人造纤维(纤维素纤维)制造	95.9	粘土砖瓦及建筑砌块制造	97.2
合成纤维制造	103.1	建筑用石加工	103.8
锦纶纤维制造	107.0	防水建筑材料制造	100.3
涤纶纤维制造	97.7	玻璃制造	100.5
其他合成纤维制造	95.9	平板玻璃制造	101.5
生物基材料制造	96.9	特种玻璃制造	100.0
生物基化学纤维制造	96.9	其他玻璃制造	100.0
生物基、淀粉基新材料制造	96.9	玻璃制品制造	101.6
橡胶和塑料制品业	99.3	技术玻璃制品制造	105.2
橡胶制品业	104.9	日用玻璃制品制造	100.1
轮胎制造	101.7	玻璃包装容器制造	100.5
橡胶板、管、带制造	106.0	制镜及类似品加工	95.1
橡胶零件制造	95.0	玻璃纤维和玻璃纤维增强塑料制品制造	96.5
日用及医用橡胶制品制造	98.2	玻璃纤维及制品制造	89.4
运动场地用塑胶制造	121.0	玻璃纤维增强塑料制品制造	97.6
其他橡胶制品制造	121.0	陶瓷制品制造	98.5

5-12 续表 5

(上年＝100)

项目名称	指 数	项目名称	指 数
建筑陶瓷制品制造	96.4	结构性金属制品制造	101.1
卫生陶瓷制品制造	98.8	金属结构制造	99.7
特种陶瓷制品制造	100.9	金属门窗制造	102.8
日用陶瓷制品制造	107.7	金属工具制造	102.4
耐火材料制品制造	104.0	切削工具制造	102.4
耐火陶瓷制品及其他耐火材料制造	104.0	集装箱及金属包装容器制造	103.7
石墨及其他非金属矿物制品制造	95.3	金属压力容器制造	104.3
石墨及碳素制品制造	84.5	金属包装容器及材料制造	102.9
其他非金属矿物制品制造	101.0	金属丝绳及其制品制造	102.1
黑色金属冶炼和压延加工业	96.1	建筑、安全用金属制品制造	95.3
炼铁	97.9	建筑装饰及水暖管道零件制造	92.6
炼钢	97.3	其他建筑、安全用金属制品制造	100.0
钢压延加工	95.3	搪瓷制品制造	100.0
铁合金冶炼	102.3	搪瓷日用品及其他搪瓷制品制造	100.0
有色金属冶炼和压延加工业	100.6	金属制日用品制造	98.9
常用有色金属冶炼	97.6	金属制餐具和器皿制造	100.7
铜冶炼	97.8	其他金属制日用品制造	94.6
铅锌冶炼	89.3	锻造及其他金属制品制造	101.9
铝冶炼	102.1	黑色金属铸造	102.6
镁冶炼	99.0	锻件及粉末冶金制品制造	99.6
贵金属冶炼	112.3	交通及公共管理用金属标牌制造	100.0
金冶炼	112.3	通用设备制造业	101.2
银冶炼	109.6	锅炉及原动设备制造	102.4
稀有稀土金属冶炼	97.0	锅炉及辅助设备制造	104.2
钨钼冶炼	97.0	内燃机及配件制造	99.2
有色金属合金制造	95.8	金属加工机械制造	101.1
有色金属压延加工	99.4	金属切削机床制造	98.2
铜压延加工	99.2	金属成形机床制造	106.8
铝压延加工	99.3	铸造机械制造	100.3
稀有稀土金属压延加工	100.0	其他金属加工机械制造	102.3
其他有色金属压延加工	102.9	物料搬运设备制造	100.3
金属制品业	101.4	轻小型起重设备制造	99.7

5-12 续表 6

(上年＝100)

项目名称	指　数	项目名称	指　数
生产专用起重机制造	100.0	增材制造装备制造	101.2
生产专用车辆制造	100.0	其他未列明通用设备制造业	101.2
连续搬运设备制造	103.4	专用设备制造业	101.1
电梯、自动扶梯及升降机制造	100.0	采矿、冶金、建筑专用设备制造	100.4
客运索道制造	103.8	矿山机械制造	99.8
机械式停车设备制造	103.8	石油钻采专用设备制造	102.4
其他物料搬运设备制造	103.8	深海石油钻探设备制造	102.4
泵、阀门、压缩机及类似机械制造	103.7	建筑工程用机械制造	101.4
泵及真空设备制造	101.3	建筑材料生产专用机械制造	100.7
气体压缩机械制造	103.6	冶金专用设备制造	99.3
阀门和旋塞制造	104.5	隧道施工专用机械制造	101.4
液压动力机械及元件制造	102.9	化工、木材、非金属加工专用设备制造	99.0
液力动力机械元件制造	102.9	炼油、化工生产专用设备制造	102.2
气压动力机械及元件制造	102.9	模具制造	96.4
轴承、齿轮和传动部件制造	100.4	食品、饮料、烟草及饲料生产专用设备制造	102.7
滚动轴承制造	104.1	食品、酒、饮料及茶生产专用设备制造	104.9
滑动轴承制造	104.1	农副食品加工专用设备制造	102.5
齿轮及齿轮减、变速箱制造	95.5	烟草生产专用设备制造	100.0
其他传动部件制造	100.1	印刷、制药、日化及日用品生产专用设备制造	100.4
烘炉、风机、包装等设备制造	100.0	制浆和造纸专用设备制造	100.3
风机、风扇制造	100.4	制药专用设备制造	98.6
气体、液体分离及纯净设备制造	97.9	其他日用品生产专用设备制造	102.8
制冷、空调设备制造	100.9	纺织、服装和皮革加工专用设备制造	100.9
包装专用设备制造	102.7	纺织专用设备制造	100.9
文化、办公用机械制造	100.0	电子和电工机械专用设备制造	105.8
其他文化、办公用机械制造	100.0	电工机械专用设备制造	105.8
通用零部件制造	100.4	农、林、牧、渔专用机械制造	99.2
金属密封件制造	103.2	拖拉机制造	97.1
紧固件制造	97.1	机械化农业及园艺机具制造	100.2
弹簧制造	94.3	畜牧机械制造	89.2
机械零部件加工	101.8	农林牧渔机械配件制造	101.0
其他通用设备制造	101.2	其他农、林、牧、渔业机械制造	100.0

5-12 续表 7

(上年＝100)

项目名称	指　数	项目名称	指　数
医疗仪器设备及器械制造	102.3	电容器及其配套设备制造	83.2
医疗、外科及兽医用器械制造	102.4	配电开关控制设备制造	100.5
机械治疗及病房护理设备制造	100.0	电力电子元器件制造	103.1
环保、邮政、社会公共服务及其他专用设备制造	109.4	光伏设备及元器件制造	75.3
环境保护专用设备制造	112.0	其他输配电及控制设备制造	105.6
社会公共安全设备及器材制造	100.4	电线、电缆、光缆及电工器材制造	98.2
水资源专用机械制造	100.8	电线、电缆制造	97.6
汽车制造业	101.3	光纤制造	100.2
汽车整车制造	99.9	光缆制造	100.2
汽柴油车整车制造	99.9	绝缘制品制造	101.1
新能源车整车制造	99.9	其他电工器材制造	100.0
汽车用发动机制造	99.9	电池制造	93.8
改装汽车制造	105.2	锂离子电池制造	92.6
低速汽车制造	100.0	铅蓄电池制造	95.5
汽车车身、挂车制造	100.2	锌锰电池制造	95.5
汽车零部件及配件制造	101.7	其他电池制造	95.5
铁路、船舶、航空航天和其他运输设备制造业	99.0	家用电力器具制造	100.8
铁路运输设备制造	97.5	家用制冷电器具制造	99.2
高铁设备、配件制造	99.4	家用空气调节器制造	112.4
铁路机车车辆配件制造	99.4	家用厨房电器具制造	106.8
铁路专用设备及器材、配件制造	96.6	非电力家用器具制造	99.5
船舶及相关装置制造	97.6	燃气及类似能源家用器具制造	99.5
金属船舶制造	97.6	太阳能器具制造	99.5
摩托车制造	98.9	照明器具制造	101.3
摩托车整车制造	98.9	照明灯具制造	101.7
助动车制造	100.5	舞台及场地用灯制造	101.7
电气机械和器材制造业	98.6	智能照明器具制造	100.3
电机制造	95.1	灯用电器附件及其他照明器具制造	100.3
发电机及发电机组制造	99.9	其他电气机械及器材制造	99.5
电动机制造	93.0	电气信号设备装置制造	96.8
输配电及控制设备制造	99.4	其他未列明电气机械及器材制造	104.5
变压器、整流器和电感器制造	94.3	计算机、通信和其他电子设备制造业	91.1

5-12 续表 8

(上年＝100)

项目名称	指　数	项目名称	指　数
计算机制造	99.5	其他通用仪器制造	100.0
计算机零部件制造	99.0	专用仪器仪表制造	98.0
工业控制计算机及系统制造	100.0	环境监测专用仪器仪表制造	99.0
信息安全设备制造	100.0	电子测量仪器制造	97.5
其他计算机制造	100.0	光学仪器制造	99.2
通信设备制造	89.3	衡器制造	98.2
通信系统设备制造	99.8	其他仪器仪表制造业	99.8
通信终端设备制造	89.2	其他制造业	99.1
广播电视设备制造	99.6	日用杂品制造	101.8
应用电视设备及其他广播电视设备制造	99.6	鬃毛加工、制刷及清扫工具制造	112.6
智能消费设备制造	99.7	其他日用杂品制造	96.7
可穿戴智能设备制造	99.6	其他未列明制造业	95.9
智能车载设备制造	99.6	金属制品、机械和设备修理业	100.0
其他智能消费设备制造	99.7	铁路、船舶、航空航天等运输设备修理	100.0
电子器件制造	89.9	铁路运输设备修理	100.0
半导体分立器件制造	89.1	电力、热力生产和供应业	98.4
显示器件制造	89.9	电力生产	98.8
半导体照明器件制造	89.9	火力发电	98.9
光电子器件制造	89.9	热电联产	98.9
其他电子器件制造	89.9	水力发电	96.6
电子元件及电子专用材料制造	99.9	生物质能发电	100.0
电阻电容电感元件制造	99.9	其他电力生产	100.0
敏感元件及传感器制造	99.9	电力供应	97.9
电声器件及零件制造	99.9	热力生产和供应	104.6
电子专用材料制造	99.9	燃气生产和供应业	106.4
其他电子元件制造	99.9	燃气生产和供应业	106.4
其他电子设备制造	99.6	天然气生产和供应业	106.4
仪器仪表制造业	99.3	液化石油气生产和供应业	106.4
通用仪器仪表制造	99.8	煤气生产和供应业	106.4
电工仪器仪表制造	98.3	生物质燃气生产和供应业	106.4
绘图、计算及测量仪器制造	106.2	水的生产和供应业	107.3
实验分析仪器制造	97.5	自来水生产和供应	107.2
供应用仪器仪表制造	100.0	污水处理及其再生利用	107.5

5-13 各月分类工业生产者购进价格同比指数(2019年)

(上年同期=100)

项目名称	全年	1月	2月	3月	4月	5月	6月
总 指 数	**101.2**	**101.0**	**100.7**	**101.1**	**101.6**	**101.2**	**101.7**
按初级中间最终产品分							
初级产品	102.4	100.9	100.8	102.4	103.2	103.2	103.1
农产品	102.9	99.3	98.5	100.5	101.1	101.0	101.1
矿产品	101.7	102.3	103.0	104.3	105.0	105.4	105.0
废料	103.9	103.2	103.3	102.4	104.2	103.2	102.7
中间产品	100.7	101.0	100.7	100.6	101.0	100.3	101.1
九大类原材料购进价格指数							
燃料、动力类	98.2	102.3	100.9	101.0	101.3	100.8	100.3
黑色金属材料类	105.0	101.7	103.0	103.3	105.9	107.1	107.7
钢材	98.9	99.6	99.1	98.3	99.4	99.2	99.0
其它	112.9	104.5	107.9	109.8	114.6	117.7	119.3
有色金属材料及电线类	98.1	97.7	99.5	101.3	99.6	97.9	99.2
化工原料类	96.6	99.3	99.1	98.3	99.2	97.9	96.9
木材及纸浆类	98.4	99.4	99.5	99.0	98.4	98.1	98.8
建筑材料类及非金属类	111.1	109.3	107.4	107.2	109.7	109.4	112.3
其它工业原材料及半成品类	101.1	99.8	99.8	99.8	100.1	100.0	100.8
农副产品类	102.9	99.2	98.4	100.5	101.1	101.0	101.1
纺织原料类	98.3	100.6	100.5	100.7	101.0	98.9	98.0

5-13 续表 (上年同期=100)

项目名称	7月	8月	9月	10月	11月	12月
总 指 数	**101.9**	**101.2**	**100.7**	**100.7**	**101.4**	**101.2**
按初级中间最终产品分						
初级产品	103.8	103.0	102.5	102.5	102.2	101.1
农产品	102.2	102.8	104.7	106.8	109.1	107.5
矿产品	105.4	102.9	100.1	98.0	95.2	94.3
废料	102.7	104.2	104.2	105.1	105.3	106.5
中间产品	101.1	100.5	100.0	100.0	101.1	101.2
九大类原材料购进价格指数						
燃料、动力类	98.8	97.0	94.7	94.6	93.0	94.1
黑色金属材料类	109.6	108.7	104.6	103.9	101.6	102.9
钢材	98.2	99.4	98.5	98.8	98.4	98.8
其它	124.9	120.9	112.4	110.4	105.6	108.1
有色金属材料及电线类	100.7	98.0	97.7	95.9	95.2	94.5
化工原料类	97.2	94.8	93.9	94.1	94.7	93.6
木材及纸浆类	97.0	95.3	96.7	98.0	99.6	101.1
建筑材料类及非金属类	112.4	115.1	113.9	111.5	112.7	112.5
其它工业原材料及半成品类	100.9	101.1	101.4	102.0	104.3	103.4
农副产品类	102.2	102.8	104.7	106.9	109.1	107.6
纺织原料类	98.2	96.9	96.8	95.1	96.2	96.6

5-14 各月分类工业生产者购进价格环比指数(2019年)

(上月=100)

项目名称	全年	1月	2月	3月	4月	5月	6月
总 指 数	**101.2**	**99.3**	**99.7**	**100.1**	**100.3**	**99.9**	**100.5**
按初级中间最终产品分							
初级产品	101.1	99.2	100.2	100.5	100.1	100.1	100.1
农产品	107.5	99.5	99.8	100.4	100.1	100.1	100.3
矿产品	94.3	98.8	100.4	100.7	100.0	100.0	99.9
废料	106.5	101.3	101.0	99.7	100.4	100.4	100.7
中间产品	101.2	99.3	99.5	99.9	100.4	99.9	100.7
九大类原材料购进价格指数							
燃料、动力类	94.1	97.9	99.2	100.0	100.1	99.5	100.0
黑色金属材料类	102.9	98.9	101.5	100.7	100.8	100.8	101.1
钢材	98.8	98.1	99.6	99.9	100.7	100.1	99.9
其它	108.1	100.0	104.0	101.6	101.0	101.6	102.6
有色金属材料及电线类	94.5	98.8	100.1	100.4	98.8	99.5	101.0
化工原料类	93.6	99.2	99.8	99.7	99.8	99.0	98.9
木材及纸浆类	101.1	99.4	99.6	100.1	101.1	101.2	99.7
建筑材料类及非金属类	112.5	101.3	98.2	100.4	102.3	100.4	102.3
其它工业原材料及半成品类	103.4	99.5	100.0	99.6	100.1	100.0	100.9
农副产品类	107.6	99.5	99.8	100.4	100.1	100.1	100.3
纺织原料类	96.6	99.4	99.8	100.4	100.1	99.6	99.1

5-14 续表

(上月=100)

项目名称	7月	8月	9月	10月	11月	12月
总 指 数	**99.9**	**100.1**	**100.3**	**100.5**	**100.8**	**99.7**
按初级中间最终产品分						
初级产品	100.6	100.3	100.5	100.4	100.2	99.0
农产品	100.2	102.1	102.6	101.7	101.8	98.9
矿产品	101.0	98.4	98.5	99.1	98.3	99.0
废料	99.8	101.7	100.7	100.5	99.9	100.2
中间产品	99.7	100.0	100.2	100.5	101.1	100.0
九大类原材料购进价格指数						
燃料、动力类	99.0	98.8	98.9	100.6	99.3	100.8
黑色金属材料类	102.5	100.3	97.4	99.9	98.7	100.3
钢材	99.7	101.6	99.7	100.1	99.8	99.7
其它	105.6	98.8	95.0	99.7	97.5	100.9
有色金属材料及电线类	100.2	97.7	101.1	99.0	98.9	99.0
化工原料类	99.9	99.2	100.3	100.4	99.0	98.3
木材及纸浆类	98.4	99.6	100.8	100.8	100.7	99.6
建筑材料类及非金属类	100.2	102.6	100.6	100.2	102.3	101.2
其它工业原材料及半成品类	99.7	100.3	100.3	100.9	102.7	99.4
农副产品类	100.2	102.1	102.6	101.7	101.9	98.9
纺织原料类	100.0	99.4	99.9	98.0	100.8	99.9

5-15 各月分类工业生产者购进价格定基指数(2019年)

(2015年=100)

项目名称	全年	1月	2月	3月	4月	5月	6月
总 指 数	**112.1**	**111.3**	**111.0**	**111.1**	**111.4**	**111.4**	**111.9**
按初级中间最终产品分							
初级产品	115.5	113.9	114.1	114.7	114.8	114.8	115.0
农产品	102.6	99.6	99.4	99.8	99.9	100.0	100.3
矿产品	129.0	129.5	130.0	130.9	130.9	130.9	130.7
废料	111.5	108.7	109.7	109.4	109.8	110.3	111.0
中间产品	110.7	110.3	109.8	109.7	110.1	110.0	110.7
九大类原材料购进价格指数							
燃料、动力类	115.6	118.3	117.4	117.3	117.4	116.8	116.8
黑色金属材料类	127.6	122.6	124.4	125.3	126.3	127.3	128.7
钢材	114.2	113.8	113.3	113.2	113.9	114.0	113.9
其它	146.2	134.5	139.8	142.1	143.5	145.8	149.5
有色金属材料及电线类	123.2	124.7	124.9	125.4	123.9	123.3	124.5
化工原料类	106.5	109.1	108.9	108.6	108.4	107.3	106.1
木材及纸浆类	108.3	107.4	107.0	107.1	108.3	109.6	109.3
建筑材料类及非金属类	124.5	119.7	117.6	118.1	120.8	121.3	124.1
其它工业原材料及半成品类	104.5	103.6	103.5	103.1	103.2	103.3	104.1
农副产品类	102.5	99.5	99.3	99.7	99.8	99.9	100.2
纺织原料类	102.0	103.2	103.0	103.4	103.6	103.1	102.2

5-15 续表

(2015年=100)

项目名称	7月	8月	9月	10月	11月	12月
总 指 数	**111.9**	**112.0**	**112.4**	**112.9**	**113.8**	**113.5**
按初级中间最终产品分						
初级产品	115.6	115.9	116.6	117.1	117.3	116.1
农产品	100.5	102.5	105.2	106.9	108.9	107.7
矿产品	132.1	130.0	128.0	126.8	124.7	123.5
废料	110.9	112.7	113.5	114.0	113.9	114.2
中间产品	110.4	110.4	110.7	111.2	112.5	112.4
九大类原材料购进价格指数						
燃料、动力类	115.7	114.3	113.0	113.7	112.9	113.8
黑色金属材料类	131.9	132.3	128.9	128.8	127.1	127.5
钢材	113.6	115.4	115.0	115.2	114.9	114.6
其它	157.9	156.0	148.2	147.8	144.1	145.4
有色金属材料及电线类	124.8	121.8	123.2	121.9	120.5	119.4
化工原料类	106.0	105.1	105.4	105.8	104.8	103.0
木材及纸浆类	107.6	107.2	108.1	108.9	109.6	109.2
建筑材料类及非金属类	124.3	127.5	128.3	128.5	131.4	132.9
其它工业原材料及半成品类	103.8	104.1	104.5	105.4	108.3	107.6
农副产品类	100.4	102.5	105.1	106.9	108.9	107.7
纺织原料类	102.2	101.5	101.5	99.5	100.3	100.2

5-16 工业生产者购进价格完整同比指数(2019年)

(上年＝100)

项目名称	指　数	项目名称	指　数
农业	100.7	香味料	100.9
谷物种植	100.7	茶及其他饮料作物种植	100.9
稻谷种植	100.4	中药材种植	98.5
小麦种植	99.8	其他农业	110.4
玉米种植	102.2	林业	93.6
其他谷物种植	98.2	木材和竹材采运	102.0
谷子	106.3	木材采运	102.0
高粱	92.3	针叶原木	104.1
大麦	113.9	非针叶原木	100.8
谷物茎、秆、根	98.1	其他木材	102.5
豆类、油料和薯类种植	103.4	林产品采集	91.2
豆类种植	101.7	木竹材林产品采集	102.1
大豆	101.9	非木竹材林产品采集	89.8
其他豆类及豆秸	90.5	天然橡胶	86.9
油料种植	107.0	天然树脂、树胶、栲胶原料	111.8
花生	105.8	其他非木竹材林产品	101.3
油菜籽	104.5	畜牧业	107.0
芝麻	116.7	牲畜饲养	110.5
薯类种植	100.3	牛的饲养	103.3
木薯	100.3	猪的饲养	114.0
棉、麻、糖、烟草种植	98.8	羊的饲养	95.1
棉花种植	97.1	家禽饲养	103.5
麻类种植	112.9	鸡的饲养	112.0
烟草种植	111.2	鸭的饲养	91.9
蔬菜、食用菌及园艺作物种植	106.1	其他畜牧业	94.6
蔬菜种植	98.8	蚕茧	88.2
食用菌种植	116.1	农、林、牧、渔服务业	99.4
水果种植	99.5	农业服务业	99.4
仁果类和核果类水果种植	100.0	农产品初加工服务	99.4
其他水果种植	99.4	煤炭开采和洗选业	97.2
坚果、含油果、香料和饮料作物种植	100.4	烟煤和无烟煤开采洗选	97.4
坚果种植	91.6	无烟煤	97.6
香料作物种植	101.0	烟煤	98.2
调味香料	101.0	洗煤	93.9

5-16 续表 1

（上年＝100）

项目名称	指　数	项目名称	指　数
筛选煤	101.7	建筑装饰用石开采	106.5
其他煤炭采选	89.2	天然大理石荒料	111.1
石油和天然气开采业	95.2	天然花岗石荒料	106.2
石油开采	95.2	耐火土石开采	106.8
原油	95.2	耐火粘土	106.2
天然气开采	94.0	萤石	104.9
黑色金属矿采选业	117.4	其他耐火土石类	109.1
铁矿采选	117.7	粘土及其他土砂石开采	114.0
铁矿石成品矿	117.9	粘土	101.7
铁矿石原矿	108.2	砂石	129.4
锰矿、铬矿采选	85.3	其他粘土及其他土砂石	104.2
铬矿石	85.3	化学矿开采	102.1
有色金属矿采选业	96.5	磷矿石	102.4
常用有色金属矿采选	94.5	其他化学矿	101.3
铜矿采选	94.9	采盐	95.8
铅锌矿采选	88.6	海盐	100.0
镍钴矿采选	100.5	井盐	94.8
镍矿	100.5	其他采盐	88.6
铝矿采选	103.2	石棉及其他非金属矿采选	103.5
镁矿采选	97.1	石棉、云母矿采选	100.2
其他常用有色金属矿采选	100.4	石棉	100.3
钛矿	100.0	石墨、滑石采选	102.6
其他常用有色金属矿	111.5	石墨	98.4
贵金属矿采选	122.3	滑石	102.6
金矿采选	122.3	其他未列明非金属矿采选	104.1
稀有稀土金属矿采选	90.5	农副食品加工业	105.7
钨钼矿采选	90.3	谷物磨制	100.9
钼矿	90.3	小麦粉	101.8
其他稀有金属矿采选	99.6	小麦专用粉	96.6
非金属矿采选业	109.0	大米	99.8
土砂石开采	111.8	其他谷物磨制产品	99.7
石灰石、石膏开采	120.4	饲料加工	94.4
石灰石	124.1	浓缩饲料	81.7
石膏类	85.5	混合饲料	101.4

5-16 续表 2

(上年＝100)

项目名称	指　数	项目名称	指　数
预混合饲料	102.8	调味品、发酵制品制造	76.3
蛋白质饲料	100.1	味精制造	96.5
其他饲料加工	96.8	其他调味品、发酵制品制造	73.7
植物油加工	98.6	复合调味品	109.6
食用植物油加工	98.7	发酵类制品	68.2
毛油(初榨植物油)	100.0	其他食品制造	93.1
精制食用植物油	99.1	盐加工	92.3
其他食用植物油	98.6	食用盐	90.0
非食用植物油加工	98.4	非食用盐	97.1
制糖业	96.6	食品及饲料添加剂制造	99.8
原糖	96.4	食品添加剂	99.8
成品糖	96.9	酒、饮料和精制茶制造业	101.0
加工糖	95.5	酒的制造	101.1
屠宰及肉类加工	124.1	酒精制造	102.8
牲畜屠宰	124.8	白酒制造	92.5
鲜、冷藏肉	124.8	啤酒制造	104.1
禽类屠宰	125.4	葡萄酒制造	85.7
肉制品及副产品加工	101.3	其他酒制造	95.4
动物肠衣	101.3	饮料制造	100.9
其他未列明肉制品	101.4	果菜汁及果菜汁饮料制造	100.6
水产品加工	93.5	固体饮料制造	101.6
水产饲料制造	93.5	精制茶加工	101.4
蔬菜、水果和坚果加工	102.3	精制茶	101.4
蔬菜加工	97.1	纺织业	98.3
水果和坚果加工	103.4	棉纺织及印染精加工	97.8
其他农副食品加工	102.3	棉纺纱加工	97.1
淀粉及淀粉制品制造	102.9	已梳皮棉	95.8
豆制品制造	106.1	纱	100.4
蛋品加工	92.0	线	99.2
其他未列明农副食品加工	96.4	棉织造加工	99.7
食品制造业	93.0	布	100.6
乳制品制造	106.3	其他棉织造加工	94.2
液体乳	106.1	毛纺织及染整精加工	98.5
固体及半固体乳制品	107.3	毛条和毛纱线加工	100.8

5-16 续表 3

(上年＝100)

项目名称	指　数	项目名称	指　数
毛织造加工	97.8	竹、藤、棕、草等制品制造	102.6
毛机织物(呢绒)	97.8	竹制品制造	102.6
丝绢纺织及印染精加工	100.6	造纸和纸制品业	95.6
缫丝加工	100.6	纸浆制造	95.0
绢纺和丝织加工	102.8	木竹浆制造	101.0
蚕丝及交织机织物	104.6	非木竹浆制造	93.2
其他绢纺和丝织加工	101.4	非木材纤维纸浆	94.9
非家用纺织制成品制造	105.3	废纸纸浆	93.5
纺织带和帘子布制造	105.3	化学溶解浆及其他纸浆	90.6
帘子布	106.9	造纸	95.9
其他纺织带和帘子布	95.1	机制纸及纸板制造	95.8
皮革、毛皮、羽毛及其制品和制鞋业	102.2	未涂布印刷书写用纸	92.9
皮革鞣制加工	98.8	新闻纸	95.3
成品革	100.7	其他机制纸及纸板	96.4
其他皮革	98.9	加工纸制造	123.5
毛皮鞣制及制品加工	103.8	纸制品制造	99.7
毛皮鞣制加工	103.8	纸和纸板容器制造	99.7
羽毛(绒)加工及制品制造	101.7	其他纸制品制造	99.6
羽毛(绒)加工	101.7	其他纸制品	99.6
制鞋业	89.1	石油加工、炼焦和核燃料加工业	93.3
橡胶鞋制造	89.1	精炼石油产品制造	94.6
木材加工和木、竹、藤、棕、草制品业	100.7	原油加工及石油制品制造	94.6
木材加工	100.7	汽油	105.3
锯材加工	99.6	柴油	104.2
木片加工	102.0	润滑油基础油	98.3
其他木材加工	99.6	燃料油	96.4
人造板制造	102.7	石脑油	79.4
胶合板制造	100.0	溶剂油	88.2
纤维板制造	106.9	石油液化气	100.0
刨花板制造	100.0	石油焦	91.5
木制品制造	94.0	石油沥青	101.1
木门窗、楼梯制造	95.5	白色油	93.5
地板制造	98.2	其它原油加工及石油制品制造	100.0
复合木地板	98.2	炼焦	91.3

5-16 续表 4

(上年=100)

项目名称	指 数	项目名称	指 数
焦炭	91.2	羧酸及其衍生物	86.1
煤焦油	96.5	氨基化合物	88.6
化学原料和化学制品制造业	95.3	含氮基化合物	102.8
基础化学原料制造	95.5	醚	87.6
无机酸制造	104.9	醛	85.0
硫酸	105.9	酮	74.8
盐酸	98.4	其他有机化学原料	97.0
其它无机酸产品	79.4	其他基础化学原料制造	94.0
无机碱制造	95.7	非金属无机氧化物	96.0
烧碱	89.3	金属氧化物	97.4
纯碱类	99.7	气体及稀有气体	99.5
其它无机碱产品	103.4	硫磺	71.8
无机盐制造	102.6	磷	107.9
非金属卤化物及硫化物	97.1	其他未列明基础化学原料	91.9
金属硫化物及硫酸盐	99.7	肥料制造	99.0
金属硝酸盐、亚硝酸盐	100.7	氮肥制造	100.5
金属氧化物酸盐、金属过氧化物酸盐	98.0	氮肥(折含N100%)	100.5
磷化物、金属磷酸盐	99.6	磷肥制造	93.2
氟化物及其盐	103.5	钾肥制造	100.4
氯化物及其盐	102.0	复混肥料制造	98.4
氯氧化物及氢氧基氯化物	102.3	农药制造	99.0
氰化物、氧氰化物及氰络合物	87.7	化学农药制造	99.0
硅化物及硅酸盐	119.7	杀虫(杀螨)用原药及制剂	98.5
硼化物、硼酸盐和过硼酸盐	100.0	杀菌用原药及制剂	100.0
碳化物及碳酸盐	105.8	其他化学农药	101.6
贵金属化合物	105.4	涂料、油墨、颜料及类似产品制造	98.4
有机化学原料制造	93.9	涂料制造	98.2
链烯烃	82.3	水性涂料	98.2
芳烃	98.9	油墨及类似产品制造	100.6
无环烃饱和氯化衍生物	99.4	印刷油墨	100.5
无环烃不饱和氯化衍生物	102.0	其它油墨及类似产品制造	103.0
烃磺化、硝化或亚硝化衍生物	95.2	颜料制造	95.8
无环醇及其衍生物	95.5	无机颜料	95.8
酚	84.8	合成材料制造	93.8

5-16 续表 5

(上年＝100)

项目名称	指　数	项目名称	指　数
初级形态塑料及合成树脂制造	96.6	化学药品原料药制造	104.8
合成橡胶制造	90.3	抗菌素(抗感染药)	106.0
顺丁橡胶	89.2	消化系统用药	100.0
丁苯橡胶	89.0	解热镇痛药	100.0
丁腈橡胶	95.3	维生素类	80.1
氯丁橡胶	100.0	中枢神经系统用药	94.4
其他合成橡胶	101.9	激素类药	104.4
合成纤维单(聚合)体制造	87.2	心血管系统用药	101.6
合成纤维单体	87.1	呼吸系统用药	104.9
合成纤维聚合物	103.4	调解水、电解质、酸碱平衡药	116.5
其他合成材料制造	94.2	制剂用辅料及附加剂	100.0
油脂类高分子聚合物	94.2	其他化学药品原料药	100.3
专用化学产品制造	90.9	中成药生产	104.9
化学试剂和助剂制造	97.0	其他中成药	105.4
化学试剂	99.6	兽用药品制造	105.4
催化剂及载体	104.3	兽用药品	105.4
橡胶助剂	95.0	生物药品制造	100.3
炭黑	96.6	生物制剂	100.9
其他化学试剂和助剂	96.3	血液制品制剂	99.8
林产化学产品制造	102.9	化学纤维制造业	94.7
松香类产品	90.6	纤维素纤维原料及纤维制造	107.4
其他林产化学产品	114.8	化纤浆粕制造	115.4
信息化学品制造	87.7	人造纤维(纤维素纤维)制造	99.9
电子半导体材料	87.7	人造纤维短纤维	99.9
其他专用化学产品制造	94.1	合成纤维制造	94.4
炸药、火工及焰火产品制造	102.4	锦纶纤维制造	103.5
炸药及火工产品制造	102.4	涤纶纤维制造	94.2
炸药	102.5	其他合成纤维制造	98.2
火工产品	102.1	橡胶和塑料制品业	99.7
日用化学产品制造	104.2	橡胶制品业	103.6
香料、香精制造	104.2	轮胎制造	101.9
香料	147.3	斜交轮胎外胎	100.2
香精	98.3	橡胶内胎	102.1
医药制造业	103.8	日用及医用橡胶制品制造	84.2

5-16 续表 6

(上年=100)

项目名称	指　数	项目名称	指　数
医疗、卫生用橡胶制品	84.2	石灰	97.9
其他橡胶制品制造	108.0	熟石膏	105.8
硬质橡胶及其制品	108.3	砖瓦、石材等建筑材料制造	123.5
塑料制品业	98.1	其他建筑材料制造	123.5
塑料薄膜制造	102.1	玻璃制造	102.0
聚乙烯(PE)塑料薄膜	102.4	平板玻璃制造	102.9
聚丙烯(PP)塑料薄膜	97.9	浮法玻璃	103.1
聚氯乙烯(PVC)塑料薄膜	91.4	压延玻璃	100.0
聚酯塑料薄膜	101.2	其他玻璃制造	95.9
其他塑料薄膜	103.3	玻璃制品制造	100.5
塑料板、管、型材制造	94.6	技术玻璃制品制造	100.0
塑料板、片	94.6	钢化玻璃	100.8
塑料丝、绳及编织品制造	109.7	夹层玻璃	100.0
塑料编织布	99.5	光学玻璃制造	101.4
塑料单丝	111.8	光学仪器用玻璃	100.2
塑料编织袋	105.5	信号玻璃器及其他玻璃制光学元件	108.8
泡沫塑料制造	97.0	日用玻璃制品制造	100.0
聚乙烯泡沫塑料	81.6	玻璃包装容器制造	101.3
聚苯乙烯泡沫塑料	82.4	玻璃纤维和玻璃纤维增强塑料制品制造	100.6
聚氨酯泡沫塑料	99.2	玻璃纤维及制品制造	100.6
塑料人造革、合成革制造	102.0	玻璃纤维工业用玻璃球	102.1
塑料人造革	102.0	玻璃纤维布	100.0
塑料包装箱及容器制造	93.5	玻璃纤维增强塑料制品制造	99.7
塑料容器	93.5	陶瓷制品制造	98.2
其他塑料制品制造	96.3	特种陶瓷制品制造	97.9
塑料粒料	93.5	功能陶瓷制品	97.9
其他未列明塑料制品	99.1	日用陶瓷制品制造	100.5
非金属矿物制品业	111.8	耐火材料制品制造	121.7
水泥、石灰和石膏制造	112.0	石棉制品制造	84.6
水泥制造	114.1	耐火陶瓷制品及其他耐火材料制造	125.1
通用硅酸盐水泥	113.9	致密定形耐火制品	103.7
专用水泥	107.3	隔热耐火制品	149.6
硅酸盐水泥熟料	115.5	其他耐火材料制品	104.6
石灰和石膏制造	102.2	石墨及其他非金属矿物制品制造	102.9

5-16 续表 7

(上年＝100)

项目名称	指 数	项目名称	指 数
石墨及碳素制品制造	97.4	热轧薄板	97.8
石墨制品	100.2	冷轧薄板	104.2
炭制品	94.5	中厚宽钢带	98.3
炭素新材料	95.4	冷轧薄宽钢带	102.6
其他石墨及碳素产品	107.1	热轧窄钢带	105.8
其他非金属矿物制品制造	105.7	冷轧窄钢带	93.6
磨具	100.7	镀层板带	93.8
磨料	107.5	无缝钢管	98.8
其他非金属矿物制品	104.1	焊接钢管	98.9
黑色金属冶炼和压延加工业	99.7	其他钢材	100.0
炼铁	102.9	铁合金冶炼	100.9
生铁	103.0	普通铁合金	96.9
其他炼铁产品	99.2	特种铁合金	102.6
炼钢	101.3	有色金属冶炼和压延加工业	99.0
非合金钢粗钢	102.8	常用有色金属冶炼	95.4
低合金钢粗钢	97.5	铜冶炼	95.9
合金钢粗钢	99.8	粗铜	96.3
不锈钢粗钢	100.3	精炼铜(电解铜)	95.4
其他炼钢	98.4	铅锌冶炼	93.2
黑色金属铸造	101.4	铅	87.7
铸铁件	100.8	锌	95.8
铸钢件	101.7	镍钴冶炼	98.0
钢压延加工	98.7	镍	98.0
非合金钢钢坯	100.1	铝冶炼	95.6
低合金钢钢坯	94.2	氧化铝	93.5
合金钢钢坯	93.9	原铝(电解铝)	98.4
大型型钢	99.1	再生铝	96.0
中小型型钢	99.9	镁冶炼	98.1
钢筋	94.5	其他常用有色金属冶炼	101.6
棒材	96.5	碱金属及碱土金属	101.6
线材(盘条)	94.8	贵金属冶炼	115.3
特厚板	98.1	金冶炼	115.3
厚钢板	102.5	冶炼产金	115.3
中板	98.4	银冶炼	108.4

5-16 续表 8

(上年=100)

项目名称	指　数	项目名称	指　数
再生银	108.4	铁丝	92.0
稀有稀土金属冶炼	103.4	钢丝	96.1
钨钼冶炼	99.6	铜丝	96.9
钨	99.8	钢丝绳	103.1
钼	99.3	其他金属丝绳及其制品	95.6
稀土金属冶炼	103.5	建筑、安全用金属制品制造	103.8
混合稀土金属	103.5	安全、消防用金属制品制造	110.2
有色金属合金制造	99.9	其他安全、消防用金属制品	110.2
铝合金	98.7	其他金属制品制造	99.0
镁合金	100.1	锻件及粉末冶金制品制造	99.1
稀土金属合金	101.0	锻件	99.1
其他有色金属合金	103.2	其他未列明金属制品制造	98.9
有色金属铸造	101.5	其他未列明的金属制品制造	98.9
有色金属压延加工	97.0	通用设备制造业	93.4
铜压延加工	100.4	锅炉及原动设备制造	99.5
铝压延加工	96.3	内燃机及配件制造	99.5
铝棒材	97.9	船舶用汽、柴油发动机	98.9
铝型材	98.5	其他内燃机	99.6
铝板材	93.6	泵、阀门、压缩机及类似机械制造	101.8
铝箔材	100.1	泵及真空设备制造	103.7
其他铝材及附件	97.3	动力式泵	103.7
铝盘条、铝粉及片状粉末	106.7	气体压缩机械制造	103.1
稀有稀土金属压延加工	103.9	冰箱压缩机	103.1
钼加工材	103.9	其他气体压缩机械及零件	100.8
其他有色金属压延加工	105.9	阀门和旋塞制造	97.9
铅压延加工材	100.0	阀门	97.9
锌压延加工材	114.4	液压和气压动力机械及元件制造	96.3
镁、钛及其他相关常用有色金属加工材	109.0	液压元件	96.3
金属制品业	98.3	轴承、齿轮和传动部件制造	99.4
集装箱及金属包装容器制造	113.6	轴承制造	99.8
金属包装容器制造	113.6	轴承零配件	99.8
钢铁制包装容器	114.3	齿轮及齿轮减、变速箱制造	100.1
其他金属包装容器	97.8	齿轮	99.8
金属丝绳及其制品制造	97.1	齿轮传动装置(齿轮箱)	101.5

5-16 续表 9

(上年=100)

项目名称	指 数	项目名称	指 数
其他传动部件制造	88.1	输配电及控制设备制造	90.9
其他齿轮、传动和驱动部件及零件	88.1	变压器、整流器和电感器制造	103.8
烘炉、风机、衡器、包装等设备制造	98.2	互感器	110.3
制冷、空调设备制造	98.2	静止式变流器	100.0
制冷、空调设备零部件	97.6	配电开关控制设备制造	98.5
通用零部件制造	81.6	高压开关设备	95.7
金属密封件制造	81.6	隔离开关及断续开关	97.5
其他通用零部件制造	88.2	避雷器、电压限幅器及电涌抑制器	99.8
汽车制造业	97.8	高压开关、保护或连接用组合装置	100.0
汽车零部件及配件制造	97.8	电力电子元器件制造	61.7
机动车(汽车)零配件	98.0	继电器	100.0
汽车底盘、车架、车身及其零配件	97.4	其他电力电子元器件	56.6
铁路、船舶、航空航天和其他运输设备制造业	101.8	电线、电缆、光缆及电工器材制造	97.0
铁路运输设备制造	100.2	电线、电缆制造	97.3
铁路机车车辆配件制造	100.2	绝缘电线	96.7
铁路机车转向架、轴、轮	100.0	其他电线、电缆	100.0
铁道车辆用制动装置及其零件	100.5	光纤、光缆制造	91.3
摩托车制造	102.6	光纤	91.3
摩托车零部件及配件制造	102.6	电池制造	99.4
自行车制造	99.8	其他电池制造	99.4
助动自行车制造	99.8	铅酸蓄电池	99.4
助动自行车零件	99.8	家用电力器具制造	100.0
电气机械和器材制造业	95.6	家用清洁卫生电器具制造	100.0
电机制造	100.5	电热水器	100.0
发电机及发电机组制造	100.2	照明器具制造	100.9
直流发电机	100.0	电光源制造	100.9
电机及发电机组专用零件	100.2	其他电光源、灯具零件	100.9
电动机制造	100.3	计算机、通信和其他电子设备制造业	99.5
交流电动机	97.3	计算机制造	99.8
交直流两用电动机	103.6	计算机整机制造	99.7
其他电机及零件	100.2	微型计算机设备	99.7
微电机及其他电机制造	106.1	计算机零部件制造	100.0
驱动微电机	106.1	计算机外围设备制造	100.0

5-16 续表 10

(上年＝100)

项目名称	指 数	项目名称	指 数
输入设备及装置	100.0	执行器	99.2
通信设备制造	102.3	其他供应用仪表及通用仪器	100.2
通信系统设备制造	103.1	光学仪器及眼镜制造	100.0
卫星通信设备	99.9	光学仪器制造	100.0
通信传输设备零件	104.8	其他光学仪器及零件、附件	100.0
电子器件制造	102.6	废弃资源综合利用业	103.9
电子真空器件制造	120.4	金属废料和碎屑加工处理	104.7
真空开关管	120.4	熔炼用废钢	106.8
半导体分立器件制造	100.8	熔炼用废铁	101.4
传感器	96.6	有色金属废料与碎屑	95.7
集成电路制造	103.9	非金属废料和碎屑加工处理	97.4
集成电路成品	103.9	造纸废料、废纸	95.2
其他集成电路	101.1	塑料废料	100.1
光电子器件及其他电子器件制造	100.4	其他非金属废料和碎屑	99.9
显示器件	100.4	电力、热力生产和供应业	101.1
电子元件制造	97.0	电力供应	101.1
电子元件及组件制造	94.1	热力生产和供应	100.4
电容器	100.0	热力生产	100.6
磁性材料元件	100.6	热力供应	100.3
电子元件、组件零件	93.1	燃气生产和供应业	105.8
其他电子元件及组件	103.7	煤气生产	108.9
印制电路板制造	99.9	人工煤气供应	100.0
刚性印制电路板	98.0	天然气供应	105.0
挠性印制电路板	100.0	液化天然气(LNG)供应	91.3
其他印制电路板	100.0	水的生产和供应业	94.7
仪器仪表制造业	99.9	自来水生产和供应	94.3
通用仪器仪表制造	99.2	自来水生产	93.1
电工仪器仪表制造	98.8	自来水供应	100.3
其他电工仪器仪表	88.4	其他水的处理、利用与分配	101.5
供应用仪表及其他通用仪器制造	99.7		

5-17 历年固定资产投资价格指数

(上年=100)

年　份	总指数	建筑安装、装饰工程	人工费	材料费	机械使用费	设备、工器具购置	其它费用
1989		113.4	105.5	120.0			
1990		113.9	156.4	114.3			
1991	109.4	109.7				108.6	109.6
1992	119.8	122.5	111.7	123.8		115.0	112.0
1993	126.7	128.8	202.4	125.7		121.4	125.0
1994	106.0	103.2	117.4	100.3		113.1	105.4
1995	105.9	103.8	112.8	100.9		111.3	104.0
1996	103.9	103.9	102.3	103.8	110.3	103.8	104.6
1997	102.9	103.9	115.5	100.7	113.1	101.2	102.2
1998	98.7	98.1	101.8	96.2	103.4	100.0	98.5
1999	98.0	98.1	100.8	97.3	101.3	97.5	98.9
2000	102.9	105.0	111.5	104.2	104.5	99.0	100.4
2001	100.4	101.5	101.3	101.9	100.5	97.3	101.2
2002	98.7	99.5	100.7	99.0	100.5	95.9	100.2
2003	103.8	105.8	103.5	107.5	100.6	99.2	102.1
2004	110.1	113.6	104.1	118.8	101.3	103.9	102.5
2005	101.4	101.3	104.4	100.4	101.6	101.5	101.9
2006	101.6	101.5	110.0	99.7	100.8	101.5	101.7
2007	104.6	106.3	109.8	106.3	100.8	101.4	101.9
2008	109.0	112.1	114.1	117.1	102.6	102.5	103.3
2009	96.4	94.6	110.2	88.2	105.0	98.8	102.5
2010	103.5	104.9	109.9	103.8	102.4	100.5	101.3
2011	107.4	110.1	111.0	111.0	103.6	102.3	103.0
2012	101.0	101.4	111.0	98.6	102.4	99.7	101.9
2013	99.9	99.8	107.5	97.1	101.9	99.7	101.2
2014	100.0	100.1	106.8	97.8	101.4	99.4	100.7
2015	97.6	96.5	103.3	93.6	101.2	99.0	100.5
2016	99.2	99.1	102.2	97.8	101.2	98.6	100.7
2017	107.4	110.9	104.1	115.2	101.1	100.8	100.8
2018	105.4	107.4	105.2	109.1	101.8	101.5	101.0
2019	103.2	103.8	104.5	103.9	101.6	100.4	102.8

5-18 分季度固定资产投资价格指数(2019年)

(上年同期=100)

项　目	年平均	一季度	二季度	三季度	四季度
总 指 数	**103.2**	**105.2**	**104.2**	**102.4**	**101.1**
建筑安装、装饰工程	103.8	106.7	105.3	102.6	100.8
人工费	104.5	104.6	104.8	104.1	104.5
材料费	103.9	108.0	105.9	102.4	99.6
金属材料	95.6	103.4	97.1	93.2	89.1
非金属材料	109.1	111.6	111.7	108.1	105.5
化工材料	102.8	103.9	103.6	101.9	101.9
木、竹材及其制品	99.6	100.4	99.6	97.0	101.5
装饰材料及配件	100.2	101.1	101.1	100.0	98.6
水暖及厨卫洁具	103.7	103.9	103.9	107.1	100.0
电气电料	101.5	100.7	103.1	100.7	101.5
仪表及其他	100.7	101.0	101.0	100.8	100.0
机械使用费	101.6	102.7	102.0	101.0	100.6
设备、工器具购置	100.4	100.4	100.1	100.4	100.6
其他费用	102.8	101.8	102.5	103.3	103.6

5-19 郑州市分月商品住宅

(上年同月=100)

项　目	1月	2月	3月	4月	5月
新建商品住宅	**110.0**	**109.9**	**110.5**	**110.4**	**108.9**
90平方米及以下	109.9	110.1	110.6	110.6	109.5
90－144平方米	109.8	109.6	110.2	110.2	108.7
144平方米以上	110.8	110.3	110.7	110.2	107.6
二手住宅	**101.3**	**101.1**	**101.1**	**101.4**	**101.5**
90平方米及以下	101.8	101.5	101.5	101.7	101.6
90-144平方米	100.7	100.6	100.5	101.0	101.4
144平方米以上	101.5	101.4	101.3	101.6	101.7

5-19 续表

(上月=100)

项　目	1月	2月	3月	4月	5月
新建商品住宅	**100.3**	**100.0**	**100.4**	**100.5**	**100.3**
90平方米及以下	100.4	100.2	100.4	100.6	100.1
90－144平方米	100.2	99.9	100.3	100.3	100.3
144平方米以上	100.1	99.8	100.5	100.3	100.6
二手住宅	**99.8**	**99.7**	**99.8**	**100.2**	**100.1**
90平方米及以下	99.8	99.6	99.8	100.0	99.9
90-144平方米	99.8	99.7	99.7	100.3	100.2
144平方米以上	100.0	99.8	99.9	100.2	100.2

销售价格指数(2019年)

6月	7月	8月	9月	10月	11月	12月
107.5	**106.4**	**105.1**	**104.8**	**103.8**	**102.4**	**101.7**
108.3	107.4	105.7	105.4	104.8	103.5	102.5
107.2	105.8	104.7	104.3	102.7	101.1	100.4
106.1	104.9	104.2	104.3	104.0	102.8	102.7
100.6	**99.4**	**98.2**	**97.7**	**97.5**	**97.4**	**96.9**
100.0	99.1	98.2	97.2	96.3	95.9	95.7
100.6	99.4	97.8	97.7	98.4	98.5	97.5
101.8	100.1	99.2	98.6	98.4	98.0	98.2

6月	7月	8月	9月	10月	11月	12月
100.5	**100.3**	**100.3**	**100.2**	**100.0**	**99.5**	**99.6**
100.8	100.4	100.1	100.3	100.2	99.6	99.4
100.4	100.1	100.3	99.9	99.6	99.4	99.5
100.1	100.2	100.7	100.4	100.4	99.6	100.1
99.6	**99.9**	**99.7**	**99.6**	**99.8**	**99.4**	**99.3**
99.2	100.1	100.0	99.2	99.2	99.3	99.5
99.7	99.8	99.3	100.1	100.4	99.7	98.8
100.5	99.4	99.8	99.6	99.9	99.2	99.8

5-20 洛阳市分月商品住宅

(上年同月=100)

项　　目	1月	2月	3月	4月	5月
新建商品住宅	**112.1**	**112.7**	**112.4**	**112.7**	**114.1**
90平方米及以下	111.2	112.4	112.5	112.3	113.2
90－144平方米	112.5	112.8	112.7	113.3	115.0
144平方米以上	111.7	112.6	111.5	111.4	112.3
二手住宅	**110.2**	**110.0**	**109.6**	**110.1**	**110.7**
90平方米及以下	111.1	110.6	110.8	110.7	111.3
90–144平方米	109.8	109.8	109.1	109.3	110.0
144平方米以上	109.8	109.5	108.9	111.0	111.2

5-20 续表

(上月=100)

项　　目	1月	2月	3月	4月	5月
新建商品住宅	**101.5**	**100.5**	**100.2**	**101.0**	**101.7**
90平方米及以下	100.6	101.0	100.4	101.5	101.4
90－144平方米	101.9	100.2	100.3	101.1	101.9
144平方米以上	101.4	100.9	99.7	100.4	101.1
二手住宅	**100.0**	**100.0**	**99.8**	**101.1**	**100.8**
90平方米及以下	99.7	99.9	100.5	100.8	101.0
90–144平方米	100.0	100.1	99.5	100.9	100.8
144平方米以上	100.3	99.9	99.7	101.9	100.3

销售价格指数(2019年)

6月	7月	8月	9月	10月	11月	12月
116.7	**116.1**	**115.9**	**116.2**	**116.4**	**114.7**	**114.0**
115.9	116.2	115.2	116.1	117.3	115.2	114.7
117.3	116.3	116.4	116.3	116.3	114.7	113.9
115.8	115.5	115.3	116.2	116.2	114.0	113.6
111.1	**111.1**	**109.9**	**110.4**	**110.4**	**109.2**	**109.0**
111.8	112.4	112.0	112.7	113.0	111.6	110.9
110.5	110.7	108.6	108.4	108.2	107.4	107.5
111.1	110.5	110.1	111.4	111.2	109.7	109.4

6月	7月	8月	9月	10月	11月	12月
102.5	**100.5**	**100.6**	**102.0**	**101.6**	**100.7**	**100.4**
102.8	100.7	100.4	101.8	102.0	100.7	100.5
102.0	100.5	100.7	101.9	101.6	100.8	100.3
103.5	100.3	100.5	102.7	101.3	100.5	100.6
100.9	**101.5**	**100.6**	**102.0**	**100.5**	**100.7**	**100.8**
101.0	101.8	101.4	102.3	100.9	100.6	100.6
100.9	101.4	100.0	101.4	100.3	101.1	100.9
100.6	101.5	100.8	102.6	100.4	100.3	100.8

5-21 平顶山市分月商品住宅

(上年同月=100)

项 目	1月	2月	3月	4月	5月
新建商品住宅	**107.6**	**108.2**	**109.5**	**108.8**	**108.5**
90平方米及以下	109.4	110.6	112.5	111.8	111.3
90－144平方米	106.6	107.2	108.1	107.6	107.3
144平方米以上	108.9	108.6	110.3	108.9	109.4
二手住宅	**108.6**	**108.8**	**108.8**	**108.6**	**108.5**
90平方米及以下	110.0	110.1	110.3	110.2	109.9
90–144平方米	107.0	107.1	107.2	107.0	107.5
144平方米以上	108.9	109.6	108.9	108.6	108.0

5-21 续表

(上月=100)

项 目	1月	2月	3月	4月	5月
新建商品住宅	**100.2**	**101.1**	**101.3**	**100.6**	**100.6**
90平方米及以下	100.9	101.7	101.7	100.6	99.8
90－144平方米	100.0	101.0	101.0	100.6	100.8
144平方米以上	100.0	100.7	101.5	100.4	101.2
二手住宅	**100.8**	**100.7**	**100.2**	**100.7**	**100.5**
90平方米及以下	100.8	100.5	100.2	100.6	100.3
90–144平方米	100.7	100.7	100.6	100.6	100.9
144平方米以上	100.9	101.0	99.8	100.8	100.2

销售价格指数(2019年)

6月	7月	8月	9月	10月	11月	12月
109.9	**110.8**	**110.4**	**109.0**	**109.3**	**108.7**	**108.5**
111.7	112.3	112.0	111.1	111.9	110.8	110.0
109.0	110.2	109.9	108.7	108.9	108.3	108.4
110.4	110.7	110.0	107.1	106.8	107.7	107.1
108.9	**108.2**	**107.2**	**106.6**	**106.7**	**106.8**	**107.3**
109.9	108.7	107.9	106.6	106.6	106.9	106.8
108.2	107.7	106.7	106.4	107.0	106.9	108.5
108.6	108.1	106.8	106.8	106.4	106.3	106.1

6月	7月	8月	9月	10月	11月	12月
101.0	**101.6**	**100.3**	**100.0**	**100.6**	**100.5**	**100.5**
100.8	101.1	100.9	100.4	101.1	100.2	100.5
101.1	102.0	100.2	100.1	100.4	100.3	100.6
100.6	100.8	100.0	99.2	100.6	101.4	100.4
100.4	**100.4**	**100.0**	**100.8**	**100.7**	**100.7**	**101.0**
100.6	100.1	100.4	100.6	100.9	101.0	100.6
100.4	100.5	99.9	100.9	101.0	100.5	101.5
100.3	100.6	99.6	101.1	100.1	100.7	100.7

5-22 郑州、洛阳、平顶山市

郑州市(2015年=100)

项目	1月	2月	3月	4月	5月
新建商品住宅	**142.7**	**142.7**	**143.3**	**143.9**	**144.3**
90平方米及以下	144.9	145.2	145.8	146.7	146.8
90－144平方米	142.0	141.8	142.3	142.8	143.3
144平方米以上	138.1	137.8	138.4	138.8	139.6
二手住宅	**132.2**	**131.7**	**131.4**	**131.6**	**131.7**
90平方米及以下	133.5	133.0	132.7	132.7	132.5
90-144平方米	131.7	131.3	130.9	131.3	131.6
144平方米以上	130.3	130.0	129.9	130.2	130.4

5-22 续表 1

洛阳市(2015年=100)

项目	1月	2月	3月	4月	5月
新建商品住宅	**128.0**	**128.6**	**128.8**	**130.2**	**132.3**
90平方米及以下	133.9	135.3	135.9	138.0	139.9
90－144平方米	127.6	127.8	128.2	129.6	132.1
144平方米以上	124.7	125.9	125.5	126.0	127.4
二手住宅	**117.4**	**117.4**	**117.2**	**118.5**	**119.4**
90平方米及以下	119.8	119.6	120.2	121.2	122.4
90-144平方米	116.9	116.9	116.3	117.3	118.3
144平方米以上	115.8	115.7	115.3	117.5	117.9

5-22 续表 2

平顶山市(2015年=100)

项目	1月	2月	3月	4月	5月
新建商品住宅	**120.0**	**121.3**	**122.8**	**123.5**	**124.2**
90平方米及以下	117.8	119.7	121.7	122.5	122.2
90－144平方米	120.7	121.9	123.1	123.9	124.8
144平方米以上	120.3	121.2	123.0	123.5	125.0
二手住宅	**115.1**	**115.8**	**116.1**	**116.9**	**117.5**
90平方米及以下	112.2	112.7	112.9	113.6	113.9
90-144平方米	115.3	116.0	116.7	117.4	118.5
144平方米以上	119.5	120.6	120.3	121.3	121.6

商品住宅销售价格定基指数(2019年)

6月	7月	8月	9月	10月	11月	12月
145.0	**145.4**	**145.8**	**146.1**	**146.1**	**145.3**	**144.7**
147.9	148.5	148.6	149.1	149.4	148.9	148.0
143.9	144.1	144.6	144.4	143.9	143.0	142.3
139.8	140.0	141.0	141.6	142.1	141.5	141.6
131.3	**131.1**	**130.6**	**130.2**	**129.9**	**129.2**	**128.3**
131.5	131.6	131.6	130.6	129.5	128.6	128.0
131.2	131.0	130.0	130.1	130.6	130.3	128.7
131.0	130.2	129.9	129.4	129.3	128.2	128.0

6月	7月	8月	9月	10月	11月	12月
135.6	**136.3**	**137.1**	**139.8**	**142.1**	**143.1**	**143.7**
143.8	144.8	145.4	148.0	150.9	152.0	152.8
134.7	135.4	136.3	138.9	141.1	142.2	142.6
131.9	132.3	132.9	136.5	138.3	139.0	139.8
120.4	**122.2**	**123.0**	**125.5**	**126.1**	**127.0**	**128.0**
123.7	125.9	127.6	130.6	131.8	132.5	133.3
119.4	121.0	121.0	122.8	123.2	124.5	125.6
118.6	120.4	121.4	124.5	125.0	125.4	126.3

6月	7月	8月	9月	10月	11月	12月
125.5	**127.5**	**127.9**	**127.9**	**128.7**	**129.3**	**129.9**
123.2	124.6	125.7	126.2	127.5	127.7	128.4
126.2	128.8	129.1	129.2	129.7	130.1	130.8
125.8	126.8	126.8	125.8	126.6	128.4	128.9
118.0	**118.5**	**118.5**	**119.5**	**120.3**	**121.2**	**122.4**
114.6	114.8	115.3	115.9	116.9	118.1	118.9
118.9	119.5	119.4	120.5	121.6	122.3	124.1
122.0	122.7	122.3	123.7	123.8	124.6	125.5

主要统计指标解释

工业生产者出厂价格指数 是反映一定时期内全部工业产品第一次出售时的出厂价格总水平的变动趋势和变动幅度的相对数。工业生产者出厂价格是指工业企业向商业（物资）部门或商业企业、其他生产单位、个人出售产品的价格，它是工业产品进入流通领域的最初价格，是制定工业产品批发价格和零售价格的基础。工业生产者出厂价格指数按轻重工业分类，可以分为轻工业出厂价格指数和重工业出厂价格指数；按两大部类分类，可以分为生产资料出厂价格指数和生活资料价格指数。

工业生产者购进价格指数 是反映工业企业作为生产投入，从物资交易市场或能源、原材料生产企业购买原材料、燃料及动力产品时，所支付的价格水平变动趋势和程度的统计指标，它是扣除工业企业物质消耗成本中的价格变动影响的重要依据。目前，编制的工业生产者购进价格指数所调查的产品包括燃料、动力类，黑色金属材料类，有色金属材料及电线类，化工原料类，木材及纸浆类，建筑材料及非金属类，其它工业原材料及半成品类，农副产品类，纺织原料类共九大类的产品。

国家统计局从 2011 年 1 月开始实施新的工业生产者价格统计调查制度方法。“工业品价格统计”改称为“工业生产者价格统计”，相应地将“工业品出厂价格指数”和“原材料、燃料、动力购进价格指数”分别改称为“工业生产者出厂价格指数”和“工业生产者购进价格指数”。

2016 年制度更名为《工业生产者价格统计报表制度》，基期年份更新为 2015 年，调整调查项目目录。

按国家统计局的要求，新的国家标准《国民经济行业分类》（GB/T4754−2017）从 2017 年统计年报和 2018 年定期统计报表起统一使用新标准。2018 年工业生产者出厂价格指数行业分类标准按新的国民经济行业分类标准执行。

为适应分析的需要，在工业生产者出厂价格指数分类中增加了核心指数、高技术指数、能源类指数、初级产品、中间产品、最终产品等新的分类指数。

核心指数是指扣除农副食品加工产品、煤炭、石油、发电等能源类相关产品的其他产品价格变动总体情况的度量指标。

高技术指数是指核电、生物制品、部分药品及医疗器械、飞机制造、大部分通讯电子产品、部分仪表、机床等科技含量比较高的产品价格变动总体情况的度量指标。

能源指数是指煤炭开采、石油天然气开采及加工、核能发电、火力发电、风能发电等能源类产品价格变动总体情况的度量指标。

初级产品指数是指直接开采的产品及废旧物资回收直接粗加工的产品价格波动指数。

中间产品指数是指工业加工处理后可能重新投入生产环节的产品价格变动总体情况的度量指标。

最终产品指数是指工业加工处理后可能投入最终消费或者投资的产品价格变动总体情况的度量指标。

部分产品可以既是中间产品，又是最终产品。

固定资产投资价格指数 是反映全社会、国民经济各行业及各类工程固定资产投资中涉及的各类投资品和取费项目价格变动趋势和变动幅度的相对数。固定资产投资价格指数按构成分为：建筑安装工程投资价格指数，设备、工器具投资价格指数，其它费用投资价格指数。建筑安装工程投资价格指数主要有，人工费价格指数，材料费价格指数，机械使用费价格指数。

商品住宅销售价格指数 商品住宅销售价格指数是综合反映商品住宅价格水平总体变化趋势和变化幅度的相对数。中国商品住宅销售价格指数由 70 个大中城市的新建商品住宅销售价格指数和二手住宅销售价格指数组成，河南只有郑州、洛阳、平顶山三市作为国家调查城市，开展商品住宅销售价格指数调查编制工作。

自 2018 年 1 月起，国家统计局取消保障性住房销售价格统计指标，只编发新建商品住宅销售价格指数，不再编发新建住宅销售价格指数。调查范围为 70 个大中城市的市辖区，不包括县。新建商品住宅销售价格、面积、金额等资料直接采用当地房地产管理部门的网签数据；二手住宅销售价格调查为非全面调查，采用重点调查和典型调查相结合的方法，按照房地产经纪机构上报、房地产管理部门提供与调查员实地采价相结合的方式收集基础数据。

农产品价格

资料整理：贾世云

6-1 历年农产品生产者价格指数

(上年=100)

农产品名称	2001年	2005年	2010年	2015年	2016年	2017年	2018年	2019年
总 指 数		**100.7**	**112.5**	**100.7**	**103.2**	**94.9**	**97.9**	**119.9**
农业产品	**105.2**	**99.8**	**120.5**	**95.9**	**96.4**	**99.8**	**100.1**	**103.2**
谷物	121.0	96.5	111.3	94.3	91.4	103.8	100.8	99.9
小麦	124.3	97.4	110.5	98.3	95.6	107.5	98.6	98.7
稻谷	102.6	97.5	105.4	98.0	100.2	94.2	92.7	100.3
玉米	117.9	94.4	115.0	86.5	81.2	100.3	107.0	101.7
薯类	94.4	111.5	115.9	95.1	111.7	105.8	118.7	106.7
豆类	93.9	88.8	112.0	84.9	92.3	93.8	92.0	102.8
油料	94.8	97.0	118.1	98.8	102.0	91.0	89.6	113.1
花生	92.4	97.1	118.1	102.0	105.1	91.6	87.9	114.6
油菜籽	103.2	87.3	105.4	99.6	100.0	86.2		
芝麻	101.6	105.0	103.0	96.1	78.5	94.5	98.4	105.2
棉花(籽棉)	85.0	100.4	141.8	96.4	97.0	101.5	89.4	
烟草	114.9	104.3	103.9	105.2	96.7	104.4	102.7	97.7
蔬菜	101.6	111.3	138.4	100.9	112.7	85.2	96.9	109.6
水果	85.2	118.0	120.5	87.0	98.2	108.4	108.6	126.5
林业产品		**104.9**	**92.3**	**84.9**	**102.9**	**103.7**	**105.8**	**102.3**
牧业(畜产品)		**102.0**	**99.5**	**109.2**	**114.0**	**86.6**	**94.0**	**148.4**
牛	126.8	112.6	105.9	100.2	97.9	97.2	108.2	121.7
羊	112.8	116.7	110.2	88.0	75.2	119.9	116.0	118.6
猪	95.8	96.4	97.7	116.9	123.4	81.4	81.2	162.4
家禽		102.5	113.3	93.3	101.8	90.8	127.5	106.9
禽蛋	118.7	104.9	105.9	94.2	92.3	85.8	120.8	106.1
渔业	**89.2**	**103.0**	**102.0**	**99.4**	**99.3**	**100.9**	**102.8**	**95.8**

6-2 分季度农产品生产者价格指数(2019年)

(以上年同期价格为100)

农产品名称	全年	一季度	二季度	三季度	四季度
总 指 数	**119.9**	**98.4**	**126.1**	**113.1**	**142.1**
种植业产品	**103.2**	**104.4**	**123.3**	**99.5**	**101.7**
谷物	99.9	99.0	102.9	100.2	99.2
小麦	98.7	92.1	104.3	99.1	100.4
稻谷	100.3	94.3	97.5	104.4	99.4
玉米	101.7	105.8	97.8	105.3	98.3
薯类	106.7	117.6		114.7	89.8
豆类	102.8	105.4			100.5
油料	113.1	103.3	101.2	118.1	123.7
花生	114.6	102.7	100.0	123.9	127.6
油菜籽					
芝麻	105.2	109.6	118.8	94.5	100.1
棉花(籽棉)					
烟草	97.7			98.2	104.8
蔬菜	109.6	85.8	175.9	84.5	97.9
水果	126.5	198.6	141.1	108.2	65.4
林业产品	**102.3**	**92.2**	**98.8**	**126.9**	**98.5**
牧业(畜产品)	**148.4**	**93.3**	**132.5**	**146.1**	**223.4**
牛	121.7	125.7	115.8	123.1	122.2
羊	118.6	134.6	115.7	122.3	107.0
猪	162.4	86.8	145.1	161.4	254.9
家禽	106.9	100.2	108.6	110.9	109.3
禽蛋	106.1	90.2	108.8	112.8	111.8
渔业	**95.8**	**95.7**	**103.4**	**90.1**	**97.9**

6-3 各月农产品集贸市场平均价格(2019年)

单位：元/公斤

农产品名称	1月	2月	3月	4月	5月	6月	7月	8月	9月	10月	11月	12月
粮食类												
籼稻(中等)	2.30	2.60	2.60	2.56	2.40	2.40	2.52	2.40	2.20	2.20	2.20	2.20
粳稻(中等)	3.00	2.80	2.75	2.75	2.80	2.95	2.80	2.80	2.90	2.80	2.65	2.65
小麦(中等)	2.33	2.35	2.33	2.32	2.30	2.24	2.23	2.21	2.24	2.29	2.30	2.30
玉米(中等)	1.82	1.83	1.82	1.81	1.83	1.84	1.88	1.87	1.82	1.77	1.76	1.76
大豆(中等)	5.32	5.27	5.23	5.23	5.32	5.31	5.29	5.32	5.29	5.28	5.26	5.25
籼米(中等)	5.04	5.04	5.00	4.97	4.95	4.95	5.04	5.07	5.02	5.04	4.90	4.90
粳米(中等)	5.01	5.00	5.01	5.00	4.97	5.05	5.06	5.07	4.98	4.96	4.93	4.90
经济类												
棉花[籽棉](中准级)	6.40	6.60	6.30	6.20	6.10	6.10	6.10	6.10	6.10	6.10	6.14	6.20
花生仁(中等)	10.17	10.16	10.29	10.64	11.04	11.04	11.20	11.45	11.14	11.28	11.45	11.63
油菜籽(普通)	5.65	5.80	5.80	6.80	5.80	6.10	5.90	5.85	5.80	5.75	5.75	5.70
畜产品类												
活猪(中等)	10.79	11.39	14.44	14.78	14.78	16.62	17.78	23.63	27.12	37.31	32.25	32.21
仔猪(普通)	19.69	22.29	29.60	35.10	34.86	36.73	39.95	51.70	62.75	81.65	83.30	76.02
猪肉(去骨统肉)	19.57	19.40	23.17	24.12	24.00	26.40	27.33	35.63	41.40	56.87	50.00	48.63
活牛(中等)	27.23	27.00	26.86	27.14	26.86	27.25	27.57	28.41	29.71	32.09	32.61	32.71
牛肉(去骨统肉)	64.08	64.50	63.42	64.17	64.50	65.00	65.25	67.21	69.46	73.83	74.58	74.25
活羊(中等)	30.31	30.36	30.09	29.68	30.09	30.73	31.18	32.29	33.55	35.25	35.68	35.55
羊肉(去骨统肉)	72.82	73.86	72.54	73.27	73.00	73.62	73.92	76.23	77.58	80.77	80.85	80.77
活鸡(普通肉鸡)	15.08	14.94	15.20	15.36	15.56	15.06	15.67	17.13	17.74	18.23	17.51	17.47
鸡蛋(普通鲜蛋)	8.99	7.44	7.06	7.98	9.09	8.07	9.71	10.72	11.49	11.30	9.86	9.57
水产品类												
草鱼(1-2公斤)	14.00	13.75	13.59	13.23	13.26	13.40	13.67	14.00	14.16	13.78	13.61	13.48
鲤鱼(1-2公斤)	12.93	12.75	12.46	12.30	12.38	12.46	12.64	12.88	13.13	13.12	12.94	12.80
鲢鱼(1-2公斤)	8.96	9.04	8.83	8.83	8.91	8.99	9.47	9.43	9.37	9.57	9.41	9.43
带鱼(0.5-1公斤)	21.00	19.00	19.00	19.00	19.33	19.33	19.67	19.67	20.33	20.20	20.17	20.17
蔬菜类												
大白菜(中等)	0.79	0.98	1.39	2.43	1.89	2.22	2.48	2.31	2.15	1.62	1.22	1.23
黄瓜(中等)	7.83	8.06	6.29	3.58	3.13	2.39	2.34	3.49	4.29	5.62	6.76	7.18
西红柿(中等)	7.20	7.89	7.36	6.46	4.28	2.05	2.77	3.09	3.91	4.76	4.72	7.55
菜椒(中等)	5.58	6.65	9.04	6.48	5.50	3.53	3.75	3.48	3.99	4.24	4.10	5.14
四季豆(中等)	9.82	10.70	12.41	9.70	7.35	6.25	6.44	6.39	7.51	7.92	8.39	10.86
水果类												
红富士苹果(中等)	8.79	9.04	9.06	9.74	11.41	13.08	13.56	13.16	10.97	9.20	8.65	8.38
香蕉(中等)	5.75	5.63	5.42	5.68	5.68	5.34	4.75	4.87	5.08	4.80	4.55	4.38
橙子(中等)	10.20	9.45	9.65	10.25	11.11	11.45	11.45	11.51	10.65	10.58	11.07	10.33

主要统计指标解释

农产品生产者价格指数 是指农产品生产者第一手（直接）出售其产品时实际获得的单位产品价格，采取抽样调查和重点调查相结合的方法。农产品生产者价格指数是反映一定时期内，农产品生产者出售的农产品价格水平变动趋势及幅度的相对数。该指数可以客观反映农产品生产价格水平和结构变动情况，满足农业与国民经济核算需要。其中某代表品生产价格指数是通过对全部有出售该产品行为的调查单位的个体指数进行几何平均求得的，类价格指数是通过对其所属的类（或代表品）的价格指数进行加权平均求得的。季度累计价格指数的计算方法与分季指数的计算方法相同。

农产品集贸市场价格 是指农产品主产区集贸市场主要农产品的成交价格。

七 人民生活

资料整理：汪清　左俊勇　吴婕　李静

7-1 居民家庭基本情况(2019年)

指　　标	单位	绝对数
基本情况		
户均常住人口	人	3.8
户均劳动力人数	人	2.1
平均每户家庭从业人口比重	%	55.3
平均每一从业人口负担人数	人	1.8
户主文化程度		
未上过学	%	2.0
小学	%	17.3
初中	%	46.8
高中	%	19.6
大学专科	%	8.9
大学本科	%	5.0
研究生	%	0.3
常住从业人员就业类型		
雇主	%	0.9
公职人员	%	2.9
事业单位人员	%	6.5
国有企业雇员	%	3.7
其他雇员	%	45.4
农业自营	%	31.4
非农自营	%	9.2
常住从业人员从事主要行业		
第一产业	%	32.8
第二产业	%	21.3
第三产业	%	46.0

7-2 居民可支配收入(2019年)

指　　标	绝对数(元)	构成(%)
可支配收入	**23724.86**	**100.0**
工资性收入	**11962.64**	**50.4**
工资	11100.77	46.8
实物福利	35.91	0.2
其他	825.96	3.5
经营净收入	**4961.21**	**20.9**
第一产业经营净收入	1650.74	7.0
农业	1342.81	5.7
林业	53.03	0.2
牧业	242.26	1.0
渔业	12.64	0.1
第二产业经营净收入	611.53	2.6
第三产业经营净收入	2698.94	11.4
财产净收入	**1588.67**	**6.7**
转移净收入	**5212.34**	**22.0**

7-3 居民现金可支配收入(2019年)

指　　标	绝对数(元)	构成(%)
现金收入	**22344.88**	**100.0**
现金工资性收入	**11926.73**	**53.4**
工资	11100.77	49.7
其他工资性收入	825.96	3.7
现金经营性收入	**4961.75**	**22.2**
第一产业现金经营收入	1651.28	7.4
农业	1343.35	6.0
林业	53.03	0.2
牧业	242.26	1.1
渔业	12.64	0.1
第二产业现金经营收入	611.53	2.7
第三产业现金经营收入	2698.94	12.1
现金财产性收入	**630.29**	**2.8**
现金转移性收入	**4826.10**	**21.6**

7-4 居民生活消费支出(2019年)

指　　标	绝对数(元)	构成(%)
消费支出	**16253.38**	**100.0**
食品烟酒	4125.18	25.4
衣着	1226.49	7.5
居住	3713.00	22.8
生活用品及服务	1101.49	6.8
交通通信	1976.01	12.2
教育文化娱乐	2016.84	12.4
医疗保健	1739.53	10.7
其他用品和服务	354.83	2.2

7-5 居民现金生活消费支出(2019年)

指　　标	绝对数(元)	构成(%)
现金消费支出	**13516.46**	**100.0**
食品烟酒	4100.14	30.3
衣着	1226.45	9.1
居住	1387.13	10.3
生活用品及服务	1097.13	8.1
交通通信	1974.57	14.6
教育文化娱乐	2016.67	14.9
医疗保健	1364.88	10.1
其他用品和服务	349.49	2.6

7–6 居民主要食品消费量(2019年)

指　标	单位	绝对量
粮食消费量	公斤	**132.20**
小麦	公斤	87.36
稻谷	公斤	23.70
玉米	公斤	4.64
薯类消费量	公斤	2.86
豆类消费量	公斤	9.29
油脂类消费量	公斤	**7.84**
植物油	公斤	7.78
动物油	公斤	0.07
蔬菜及菜制品消费量	公斤	**89.29**
肉类	公斤	**17.55**
猪肉	公斤	11.98
牛肉	公斤	1.39
羊肉	公斤	1.01
其他肉类及制品	公斤	3.17
禽类	公斤	**6.94**
水产品	公斤	**4.72**
蛋类及蛋制品	公斤	**14.59**
奶和奶制品	公斤	**13.07**
干鲜瓜果类	公斤	**62.52**
糖果糕点类	公斤	**6.37**
酒	公斤	**5.97**

7–7 居民每百户年末主要耐用消费品拥有量(2019年)

指　标	单位	绝对数
家用汽车	辆	30.72
摩托车	辆	28.21
助力车	台	117.83
洗衣机	台	99.81
电冰箱(柜)	台	97.99
微波炉	台	28.41
彩色电视机	台	115.20
空调	台	140.62
热水器	台	82.65
洗碗机	台	1.28
排油烟机	台	46.58
固定电话	线	11.57
移动电话	部	261.00
其中：接入互联网	部	177.79
计算机	台	46.48
其中：接入互联网	台	32.14
照相机	台	6.97
中高档乐器	架	3.84
健身器材	台	3.47

7-8 历年城镇居民家庭基本情况

单位：户、人、元

年 份	调 查 户 数	家 庭 人 口	平均每户就业人口	每一就业者负担人数	平均每人全年总收入	#平均每人生活费收入	#平均每人可支配收入	平均每人全年总支出
1978		4.65	2.08	2.24	315.86	291.00	315.00	
1980	948	4.60	2.16	2.13	365.12	341.60	365.00	
1981	1000	4.58	2.36	1.94	395.59	369.73	395.00	
1982	1020	4.51	2.39	1.89	429.50	402.23	429.00	
1983	1020	4.42	2.44	1.81	456.98	422.06	452.50	
1984	1542	4.29	2.37	1.81	501.46	466.82	497.49	
1985	1800	4.11	2.25	1.83	605.15	560.95	600.59	
1986	1781	4.02	2.21	1.82	728.57	667.55	724.21	705.56
1987	1781	3.91	2.18	1.79	818.29	744.25	814.20	775.24
1988	1860	3.80	2.15	1.77	950.99	862.12	946.10	992.56
1989	1862	3.70	2.10	1.76	1116.00	1015.01	1111.46	1078.03
1990	1860	3.60	2.09	1.72	1274.62	1152.95	1267.73	1188.91
1991	2040	3.49	2.01	1.73	1388.93	1249.50	1384.81	1355.56
1992	2200	3.47	2.03	1.71	1609.37	1459.15	1608.03	1532.10
1993	2200	3.43	2.00	1.72	1962.75	1792.88	1962.75	1870.02
1994	2200	3.37	1.90	1.77	2619.44	2398.35	2618.55	2598.42
1995	2200	3.34	1.89	1.77	3302.14	3029.47	3299.46	3161.27
1996	2400	3.33	1.89	1.76	3756.78	3450.11	3755.44	3586.22
1997	2440	3.29	1.92	1.71	4111.54	3713.47	4093.62	3945.82
1998	2440	3.24	1.85	1.75	4238.49	3797.27	4219.42	4073.45
1999	2440	3.21	1.82	1.77	4553.74	4077.48	4532.36	4320.88
2000	2820	3.23	1.66	1.94	4784.04	4303.74	4766.26	4486.47
2001	2920	3.18	1.60	1.98	5292.09	4781.95	5267.42	4894.74
2002	2551	3.07	1.52	2.02	6515.52		6245.40	5745.12
2003	2444	3.03	1.52	1.99	7245.00		6926.12	6465.61
2004	2414	3.00	1.53	1.96	8073.36		7704.90	6734.01
2005	2408	2.97	1.53	1.94	9145.98		8667.97	7830.68
2006	2459	2.94	1.53	1.92	10339.20		9810.26	8722.49
2007	2459	2.90	1.53	1.90	12082.99		11477.05	10039.21
2008	2399	2.88	1.44	2.00	13907.80		13231.11	11135.44
2009	2399	2.85	1.43	1.99	15408.04		14371.56	12902.14
2010	2400	2.84	1.46	1.95	17141.80		15930.26	13802.49
2011	2299	2.87	1.48	1.94	19526.92		18194.80	15477.17
2012	2298	2.85	1.50	1.90	21897.23		20442.62	17300.48
2013	2300	2.99	1.55	1.92	23686.53		22398.03	17837.95
2014新口径	3263	3.17	1.80	1.76	25595.32		23672.06	20337.92
2015	3305	3.17	1.76	1.80	27484.28		25575.61	21339.12
2016	3367	3.11	1.66	1.88	29220.70		27232.92	22644.47
2017	3342	3.10	1.66	1.86	31910.18		29557.86	25419.94
2018	3850	3.40	1.75	1.94	34638.43		31874.19	27415.50
2019	3670	3.37	2.19	1.54	36817.71		34200.97	28932.48

注：本表1978年数据为估算数；1980数据为推算数。1981—1991年城镇居民可支配收入根据当年生活费收入测算。2014年为新口径(下同)。

7-9 历年城镇居民家庭平均每人消费支出

单位：元

年 份	平均每人消费支出	食 品 支 出	衣 着 支 出	居 住 支 出	家庭设备用品服务	交通通信支 出	娱乐教育文化服务	医疗保健支 出	其它商品与 服 务
1978	274.00	163.00	43.00	12.00	20.00	5.20	14.00	2.90	13.90
1980	335.02	192.66	50.19	15.30	24.30	8.86	20.84	3.22	19.65
1981	363.23	205.18	54.88	16.91	26.74	10.04	25.31	3.68	20.49
1982	382.47	214.17	56.49	19.70	29.03	12.19	25.27	3.93	21.69
1983	405.00	232.07	57.97	19.92	28.55	13.64	28.31	3.83	20.71
1984	431.68	244.37	65.23	22.65	32.56	11.47	28.63	5.01	21.76
1985	556.72	277.74	80.90	33.76	55.15	12.19	62.50	7.69	26.79
1986	653.83	333.59	96.56	39.35	62.66	15.64	63.97	8.75	33.31
1987	711.27	379.57	100.18	41.09	66.80	16.52	57.22	9.68	40.21
1988	896.55	465.99	124.21	42.02	104.28	17.18	82.66	16.23	43.98
1989	963.97	533.19	131.09	44.17	86.31	16.88	86.84	18.96	46.53
1990	1067.67	585.27	156.43	54.19	91.90	19.33	86.93	23.24	50.38
1991	1199.95	644.26	191.31	59.16	92.98	23.95	101.38	29.61	57.30
1992	1342.58	716.99	221.79	67.88	108.89	27.53	102.65	38.92	57.93
1993	1609.24	798.78	260.17	96.38	148.94	49.29	136.80	50.01	68.89
1994	2155.15	1074.18	347.31	131.89	185.55	92.86	159.78	70.07	93.51
1995	2673.95	1338.93	437.45	159.31	220.24	114.35	200.18	96.67	106.82
1996	3009.35	1439.32	488.52	281.61	215.52	131.74	211.41	125.97	115.26
1997	3378.02	1506.25	491.33	352.46	256.77	171.60	299.00	159.64	140.97
1998	3415.65	1454.99	442.34	406.54	280.23	193.65	320.88	172.84	144.19
1999	3497.53	1427.65	431.79	421.31	288.55	217.00	337.76	208.14	165.32
2000	3830.71	1386.76	460.99	547.19	312.97	246.24	407.26	280.78	188.52
2001	4110.17	1424.90	484.16	650.25	333.24	299.89	427.88	298.74	191.10
2002	4504.68	1517.04	570.48	499.44	324.48	477.60	586.32	389.64	139.80
2003	4941.60	1662.30	602.64	566.30	345.68	533.86	629.91	443.27	157.63
2004	5294.19	1855.44	650.30	578.60	332.06	569.85	694.56	436.53	176.84
2005	6038.02	2067.51	806.39	651.98	376.27	636.57	805.08	472.31	221.91
2006	6685.18	2215.32	919.31	737.00	431.02	762.08	847.12	520.57	252.76
2007	7826.72	2707.44	1053.13	795.39	549.14	858.33	936.55	626.55	300.19
2008	8837.46	3079.82	1141.76	963.59	633.32	915.12	988.95	790.87	324.03
2009	9566.99	3272.75	1270.74	1004.37	684.79	1033.99	1048.14	875.52	376.70
2010	10838.49	3575.75	1444.63	1080.10	866.72	1374.76	1137.16	941.32	418.04
2011	12336.47	4212.76	1706.94	1087.08	977.52	1573.64	1373.94	919.83	484.76
2012	13732.96	4607.47	1885.99	1190.81	1145.42	1730.35	1525.33	1085.47	562.13
2013	14821.98	4913.87	1916.99	1315.28	1281.06	1768.28	1911.16	1054.54	660.81
2014新口径	16184.46	4662.45	1823.36	3136.02	1389.25	1735.02	1721.92	1204.14	512.28
2015	17154.30	4818.75	1797.63	3391.14	1382.18	1874.12	1991.87	1365.49	533.12
2016	18087.79	5067.71	1746.62	3753.39	1430.23	1993.75	2078.78	1524.52	492.79
2017	19422.27	5187.76	1779.34	4226.57	1572.09	2269.62	2226.94	1611.50	548.47
2018	20974.63	5390.39	1705.04	5017.40	1489.39	2510.60	2429.90	1923.67	508.24
2019	21941.67	5536.57	1706.48	5187.17	1528.84	2691.33	2673.86	2066.89	550.54

注：本表1978年数据为估算数；1980年数据为推算数。2014年后的食品支出指的是食品烟酒的支出。

7-10 城镇居民家庭居住情况(2019年)

指　　标	计量单位	数值
家庭居住人口数	**人/户**	**3.37**
现住房总建筑面积	**平方米/人**	**41.56**
现住房房屋来源	**%**	
租赁公房	%	0.85
租赁私房	%	2.00
自建住房	%	34.27
购买商品房	%	42.80
购买房改住房	%	10.26
购买保障性住房	%	4.13
拆迁安置房	%	3.36
继承或获赠住房	%	0.29
免费借用房	%	1.13
雇主提供免费住房	%	0.15
其他来源	%	0.74
本住户居住空间样式	**%**	
单栋楼房	%	25.65
单栋平房	%	10.61
四居室及以上单元房	%	4.37
三居室单元房	%	35.13
二居室单元房	%	21.26
一居室单元房	%	2.07
筒子楼或连片平房	%	0.55
其他	%	0.33
住户主要饮用水来源情况	**%**	
经过净化处理的自来水	%	90.25
受保护的井水和泉水	%	7.80
不受保护的井水和泉水	%	1.38
江河湖泊水	%	0.17
收集雨水	%	
桶装水	%	0.29
其他水源	%	0.09
住户厕所类型	**%**	
水冲式卫生厕所	%	90.70
水冲式非卫生厕所	%	5.91
卫生旱厕	%	1.74
普通旱厕	%	1.41
无厕所	%	0.21
住户洗澡设施情况	**%**	
统一供热水	%	4.60
家庭自装热水器	%	85.50
其他	%	3.49
无洗澡设施	%	6.39
住户主要取暖设备状况	**%**	
由市政或小区集中供暖	%	27.77
自行供暖	%	55.38
无取暖设备	%	16.71

7-11 城镇居民家庭人口情况(2019年)

单位：人

指　　标	城镇平均	按比例分组				
		城镇低收入户	城镇中低收入户	城镇中等收入户	城镇中高收入户	城镇高收入户
期内住户常住成员数	3.28	3.76	3.72	3.35	2.97	2.60
是否离退休人员	2.22	2.26	2.41	2.30	2.18	1.94
行政事业单位离退休	0.07	0.01	0.03	0.06	0.10	0.16
其他单位离退休	0.26	0.10	0.19	0.29	0.42	0.32
未退休	1.88	2.16	2.19	1.95	1.65	1.47
户均就业人数	1.66	1.65	1.86	1.76	1.57	1.45
雇主	0.02	0.00	0.02	0.02	0.01	0.03
公职人员	0.08	0.03	0.04	0.06	0.10	0.15
事业单位人员	0.17	0.04	0.11	0.18	0.22	0.28
国有企业雇员	0.12	0.07	0.07	0.12	0.18	0.15
其他雇员	0.93	1.04	1.23	1.03	0.79	0.54
农业自营	0.18	0.34	0.21	0.18	0.11	0.08
非农自营	0.17	0.14	0.18	0.17	0.15	0.21

7-12 城镇居民家庭人均收入(2019年)

单位：元

指　　标	城镇平均	按比例分组				
		城镇低收入户	城镇中低收入户	城镇中等收入户	城镇中高收入户	城镇高收入户
可支配收入	**34200.97**	**13919.66**	**22228.86**	**30437.49**	**42103.86**	**78151.78**
工资性收入	19146.40	9378.49	14375.17	18378.61	22547.81	37994.55
工资	18048.27	8854.62	13481.77	17622.92	21249.61	35517.93
按月发放的工资	15729.10	7181.34	12204.69	15929.38	19337.83	29475.27
补发工资	449.75	121.76	159.13	317.90	495.65	1481.12
不按月发放的奖金、津贴、过节费等	1869.42	1551.52	1117.95	1375.63	1416.13	4561.54
实物福利	70.52	29.47	47.34	48.19	94.37	168.13
其他	1027.60	494.41	846.07	707.51	1203.83	2308.49
住房公积金	478.23	43.87	152.02	377.70	622.96	1572.49
辞退金	10.78	0.79	11.78	0.98	2.26	46.30
自由职业劳动所得(如稿费、翻译费)	63.55	13.76	32.62	51.66	59.06	203.41
安家费	8.80					55.72
股票期权	33.20			22.74		181.11
其他劳动所得	433.03	435.99	649.65	254.43	519.54	249.46
经营净收入	5212.30	1200.05	2366.31	3554.75	4782.54	17958.45
财产净收入	3188.26	1329.61	1939.02	2849.82	4265.95	7036.89
利息净收入	37.46	-8.36	-15.83	-21.85	-62.07	368.87
红利收入	178.16	107.93	131.13	144.13	181.89	391.25
储蓄性保险净收益	11.84	0.94	5.14	1.69	0.40	63.55
转让承包土地经营权租金净收入	69.21	96.33	80.77	45.00	36.20	78.89
出租房屋财产性收入	746.57	116.01	354.13	625.41	1080.10	2050.60
出租机械、专利、版权等资产的收入	4.80	1.09	0.46	10.56	0.03	14.52
其他财产净收入	52.46	10.51	28.33	33.67	16.91	213.72
房屋虚拟租金	2087.76	1005.16	1354.88	2011.22	3012.50	3855.49
转移净收入	6654.01	2011.51	3548.36	5654.30	10507.55	15161.89
转移性收入	7938.70	2629.68	4330.35	6836.37	12033.82	18041.29
养老金或离退休金	5464.55	1307.57	2463.84	4873.98	9539.31	12321.75
离退休金	5316.56	1134.00	2338.30	4780.15	9431.47	12066.59
(城镇)居民社会养老保险	39.10	62.54	46.30	22.86	30.65	23.38
新型农村养老保险	44.51	80.09	51.14	24.42	34.99	17.37
其他养老金	64.39	30.94	28.09	46.55	42.21	214.40
社会救济和补助	39.40	50.02	45.39	21.73	16.74	62.28
政策性生活补贴	67.69	31.05	46.33	41.73	60.04	195.36
报销医疗费	512.96	206.17	241.35	400.02	522.57	1500.82
家庭外出从业人员寄回带回收入	1494.85	738.89	1248.73	1161.73	1504.90	3405.03
赡养收入	275.23	203.29	206.49	251.78	322.57	460.57
其他经常转移收入	37.59	45.46	22.96	38.98	39.52	42.85
失业保险金	6.51	5.65	4.34	9.52	9.49	3.82
经常性捐赠收入	2.71	0.67	3.99	7.65	0.04	0.61
经常性赔偿收入	0.00	0.01				0.00
其他转移性收入	27.93	38.93	14.62	21.71	29.88	36.24
从政府和组织得到的实物产品和服务折价	17.39	8.36	21.13	28.40	14.25	15.05
现金政策性惠农补贴	29.04	38.88	34.13	18.03	13.91	37.57
转移性支出	1284.69	618.17	782.00	1182.07	1526.28	2879.40

7-13 城镇居民家庭人均支出(2019年)

单位：元

指　　标	城镇平均	按比例分组				
		城镇低收入户	城镇中低收入户	城镇中等收入户	城镇中高收入户	城镇高收入户
总支出	**28932.48**	**14886.05**	**20157.54**	**26494.80**	**34843.33**	**59369.53**
消费支出	21971.57	12014.61	16237.65	21015.39	27017.86	40917.38
食品烟酒	5549.77	3265.96	4381.83	5468.49	7051.38	9127.58
衣着	1706.49	915.13	1327.49	1641.51	2044.53	3157.30
居住	5189.51	2749.45	3556.45	4676.06	6750.05	10159.63
生活用品及服务	1528.84	744.76	1036.76	1354.08	1798.69	3346.78
交通通信	2691.33	1123.60	2003.04	2992.05	3189.07	5116.70
教育文化娱乐	2673.86	1806.52	2214.71	2598.51	3079.49	4293.46
医疗保健	2081.08	1219.23	1369.47	1865.03	2448.20	4277.86
其他用品和服务	550.70	189.96	347.90	419.65	656.46	1438.06
生产经营费用支出	922.82	335.45	483.92	879.39	859.51	2566.86
财产性支出	119.64	29.16	50.04	110.72	235.53	240.05
生活贷款利息支出	107.29	27.56	45.64	60.13	231.22	239.95
住房贷款利息支出	103.11	26.80	34.83	58.63	229.57	233.95
其他生活贷款利息支出	4.18	0.76	10.80	1.50	1.65	6.00
其他财产性支出	12.36	1.60	4.40	50.59	4.30	0.10
转移性支出	1284.69	618.17	782.00	1182.07	1526.28	2879.40
个人所得税	61.66	21.69	10.96	29.46	43.11	256.53
社会保障支出	1085.58	537.19	698.60	1053.51	1345.34	2225.26
个人缴纳的养老保险	719.45	325.13	422.72	704.22	905.75	1556.01
个人缴纳的医疗保险	294.76	200.17	237.70	302.53	329.23	471.81
个人缴纳的失业保险	27.97	4.62	19.21	19.96	47.74	64.29
其他社会保障支出	43.40	7.27	18.98	26.80	62.62	133.14
外来从业人员寄给家人的支出	4.40	4.89	0.69	3.07	11.47	2.91
赡养支出	54.34	27.07	25.44	31.51	64.46	155.10
其他转移性支出	78.71	27.34	46.30	64.52	61.90	239.60
部分商业保险支出	274.65	56.23	111.40	160.18	245.67	1017.60
意外伤害保险	25.74	9.31	9.64	19.78	43.43	61.80
商业医疗保险(含大病保险)	109.12	27.54	53.77	66.80	95.46	381.07
其他非储蓄性商业保险	20.67	5.70	16.39	39.74	24.86	20.48
其他储蓄性商业保险	119.12	13.68	31.59	33.85	81.92	554.26
购置资产及非经常性转移支出	3320.78	1641.76	1621.33	2436.86	3937.07	8751.49
购置资产支出	1007.48	672.60	161.40	676.19	1311.77	2818.39
建造住房支出	113.61	166.77	56.45	135.18	122.99	77.73
购买住房支出	757.36	335.11	90.57	319.30	1017.33	2627.44
购建第一产业生产性固定资产	12.84	4.58	4.56	11.60	18.45	32.62
购建第二产业生产性固定资产支出	6.54		1.84	17.09	1.39	15.39
购建第三产业生产性固定资产支出	90.52	151.86	7.98	172.76	80.82	22.37
购建其他资产支出	26.60	14.28		20.26	70.80	42.85
非经常性转移支出	2313.30	969.16	1459.94	1760.67	2625.30	5933.10
博彩支出	5.30	1.78	1.71	5.28	1.87	19.56
婚丧嫁娶礼金支出	1027.12	560.39	720.32	1032.83	1129.78	2053.05
一次性赔偿支出	6.96	0.88	2.98	4.83	24.45	5.33
一次性馈赠支出	1080.24	326.99	552.51	608.25	1147.14	3506.27
其他非经常性转移支出	56.72	33.30	64.61	27.79	111.62	57.15
借贷性支出	1038.34	190.66	871.21	710.19	1021.40	2996.75
存入储蓄款	21.20	14.95	3.52	22.51	15.66	60.56
借出款	33.66	0.99	1.62	1.63	21.14	183.81
归还借款	93.92	36.16	97.74	100.91	61.82	202.11
购买有价证券	2.91	0.02	7.77		2.25	4.73
其他投资支出	8.00	3.20	2.75	13.31	1.24	23.49
归还住房贷款	716.87	110.86	674.21	489.40	834.55	1854.17
归还汽车贷款	63.20	23.47	34.55	54.98	58.89	179.67
归还教育贷款						
归还其他贷款	97.91	0.92	49.05	27.46	25.84	484.14
其他借贷支出	0.66	0.10				4.06

7-14 城镇居民家庭人均购买生活消费品及服务现金支出(2019年)

单位：元

指标	城镇平均	按比例分组				
		城镇低收入户	城镇中低收入户	城镇中等收入户	城镇中高收入户	城镇高收入户
购买生活消费品及服务	**18035.06**	**10027.08**	**13660.83**	**17496.52**	**21960.18**	**32783.66**
食品烟酒	**5387.50**	**3220.82**	**4325.74**	**5397.51**	**6900.81**	**8506.11**
食品	3392.67	2289.34	2915.00	3505.93	4297.21	4604.31
谷物	416.71	353.78	392.45	416.93	481.73	474.69
小麦	1.08	0.52	1.18	0.24	2.85	0.93
面粉	58.89	53.21	57.81	59.00	71.93	54.49
稻谷	0.28	0.01	0.98	0.13	0.01	0.14
大米	90.07	71.86	89.14	89.53	109.99	97.60
玉米	6.50	3.92	4.89	5.94	9.12	10.54
小米	17.60	13.55	16.42	17.13	22.44	20.68
其他谷物	4.28	2.00	4.79	4.57	6.32	4.38
面粉制品	214.88	193.53	198.16	217.17	228.36	253.38
其他谷物制品	23.15	15.19	19.08	23.22	30.72	32.57
薯类	61.52	13.56	13.53	15.18	17.54	14.97
红薯	15.37	11.10	12.85	16.78	19.87	18.73
马铃薯	20.04	17.92	18.31	20.66	23.75	20.84
其他薯类及制品	26.11	21.45	23.74	26.28	32.76	29.02
豆类	56.91	44.45	51.23	56.75	72.57	66.85
大豆	3.38	1.78	3.49	2.87	5.88	3.54
其他豆类及制品	53.53	42.67	47.73	53.87	66.69	63.31
食用油	114.27	92.08	102.78	117.88	138.69	132.79
食用植物油	113.14	90.86	101.50	117.10	137.80	131.29
食用动物油	1.13	1.21	1.29	0.78	0.89	1.50
蔬菜和食用菌	407.27	283.98	338.81	445.09	526.01	512.73
鲜菜	353.73	248.36	293.50	388.18	453.45	445.59
干菜及制品	17.03	11.24	16.72	16.17	23.48	20.22
鲜菌	24.95	16.38	19.85	27.50	33.35	32.71
干菌及制品	11.56	8.00	8.74	13.24	15.73	14.22
肉类	694.81	418.66	582.24	732.79	925.37	971.10
猪肉	336.46	242.35	293.61	361.58	422.37	413.46
牛肉	116.55	58.70	96.24	113.55	172.61	175.15
羊肉	91.40	38.24	73.49	105.32	136.61	129.86
其他肉类及制品	150.39	79.38	118.89	152.35	193.78	252.64
禽类	176.52	113.80	155.90	181.46	237.39	227.45
鸡	103.57	76.77	96.74	109.02	131.19	116.47
鸭	10.61	7.47	10.19	10.11	11.89	15.16
鹅	2.11	0.96	2.64	0.45	2.24	5.06
其他禽类及制品	60.23	28.61	46.33	61.88	92.07	90.76
水产品	139.41	70.84	96.64	140.78	198.06	238.07
鱼类	78.13	44.85	58.16	80.95	109.15	119.29
虾类	35.05	12.84	22.51	35.47	51.77	67.65
蟹类	4.92	1.36	1.79	4.77	6.94	12.77
贝类	2.37	1.00	1.47	2.04	3.33	5.10
藻类	3.01	2.67	2.48	3.09	3.74	3.38
其他水产品及制品	15.93	8.12	10.22	14.47	23.14	29.89
蛋类	146.60	116.02	133.68	151.67	169.82	179.30
鲜蛋	137.30	111.00	125.10	142.58	158.29	164.69
蛋制品	9.30	5.01	8.58	9.09	11.53	14.61

7-14 续表 1

单位：元

指　　标	城镇平均	按比例分组				
		城镇低收入户	城镇中低收入户	城镇中等收入户	城镇中高收入户	城镇高收入户
奶类	348.63	218.15	299.04	356.27	440.60	505.86
鲜奶	133.49	76.55	105.75	134.80	182.78	203.35
酸奶	64.53	33.20	45.53	61.94	84.41	120.59
奶粉	126.41	88.90	123.07	134.33	149.80	151.95
其他奶制品	24.20	19.50	24.69	25.20	23.60	29.97
干鲜瓜果类	468.94	264.06	378.99	472.39	608.96	749.02
鲜瓜果	370.56	206.94	301.88	380.11	474.73	589.43
瓜果制品	26.19	14.71	18.99	24.51	37.35	43.74
坚果类	72.19	42.41	58.12	67.77	96.87	115.85
糖果糕点类	142.45	86.85	111.07	143.29	178.96	230.23
食糖	8.81	7.67	8.48	7.81	11.55	9.29
糖果	17.50	9.26	12.41	14.25	23.33	34.96
糕点	100.71	61.30	78.23	109.64	119.78	160.15
其他糖果糕点	15.43	8.61	11.95	11.59	24.29	25.84
其他食品	218.65	176.23	217.28	226.91	242.67	247.64
调味品	85.08	63.62	75.55	85.93	106.49	106.49
其他食品	133.57	112.61	141.73	140.98	136.18	141.15
饮料	142.58	84.07	116.15	135.73	175.91	240.95
茶叶	48.15	14.63	31.47	40.98	67.86	110.22
咖啡	1.90	0.51	0.70	1.66	4.01	3.70
其他固体饮料	7.22	4.77	6.08	6.22	11.04	9.59
瓶装饮用水	13.89	9.37	10.98	14.25	19.06	18.74
果汁饮料	8.85	5.00	7.13	7.28	11.11	16.67
其他液体饮料	62.58	49.80	59.80	65.35	62.85	82.04
烟酒	557.67	272.50	391.87	456.39	718.99	1178.41
烟草	271.09	165.02	221.46	244.66	350.58	448.81
卷烟	270.44	164.86	221.25	242.43	350.11	448.61
烟丝、烟叶	0.65	0.16	0.21	2.22	0.47	0.19
酒类	286.58	107.48	170.41	211.73	368.41	729.61
啤酒	22.87	16.47	20.17	24.54	28.47	28.12
白酒	247.69	85.61	144.29	175.81	315.73	658.02
果酒	11.07	3.01	3.69	6.73	18.73	30.99
其他酒	4.95	2.39	2.26	4.66	5.48	12.47
饮食服务	1294.57	574.91	902.72	1299.46	1708.71	2482.43
食堂用餐	56.03	43.34	52.11	50.27	69.79	73.04
其他在外饮食	1236.80	530.24	849.05	1247.24	1636.68	2407.62
食品加工服务费	1.74	1.34	1.56	1.95	2.24	1.78
衣着	**1663.27**	**914.54**	**1324.81**	**1629.61**	**2015.73**	**2935.43**
衣类	1303.01	699.47	1007.44	1250.90	1599.28	2379.68
服装	1255.42	676.12	968.66	1199.44	1540.54	2300.06
服装材料	2.00	1.28	1.97	2.13	2.05	2.92
其他衣类及配件	42.00	20.76	34.59	45.80	51.65	69.23
衣类加工服务费	3.59	1.30	2.22	3.54	5.03	7.47
鞋类	360.26	215.07	317.37	378.70	416.45	555.75
鞋	357.91	213.34	315.24	376.95	413.56	551.99
鞋类配件及加工服务费	2.35	1.74	2.13	1.75	2.89	3.76

7-14 续表 2

单位：元

指　　标	城镇平均	按比例分组				
		城镇低收入户	城镇中低收入户	城镇中等收入户	城镇中高收入户	城镇高收入户
居住	**1893.44**	**921.09**	**1235.00**	**1538.66**	**2275.80**	**4340.92**
租赁房房租	155.92	82.81	99.65	143.75	164.28	353.66
租赁公房房租	16.95	4.60	8.58	24.89	11.22	43.81
租赁私房房租	138.98	78.21	91.07	118.87	153.06	309.86
住房维修及管理	824.77	213.91	365.43	510.43	935.47	2687.74
住房装潢	528.03	121.57	185.64	268.84	479.43	2019.26
住房维修	140.09	50.06	88.69	105.24	243.88	280.05
物业管理费	116.07	32.66	62.10	103.33	152.15	296.21
其他	40.58	9.62	28.99	33.02	60.01	92.21
水电燃料及其他	912.74	624.37	769.92	884.47	1176.04	1299.52
水	103.62	60.55	84.76	108.70	138.25	151.15
电	467.46	358.12	427.87	469.41	563.74	580.90
燃料	192.25	144.79	167.95	196.04	239.78	241.63
柴	0.01	0.04		0.02		
草	0.02				0.01	0.08
煤炭	8.62	14.91	11.80	3.54	5.07	4.97
沼气	0.12		0.09	0.09	0.29	0.18
管道天然气	117.95	59.03	82.18	131.17	168.51	185.76
管道煤气	2.23	1.43	2.90	2.86	1.03	3.00
管道液化石油气	2.50	0.93	2.49	3.96	2.46	3.06
罐装液化石油气	56.32	65.72	65.93	48.98	52.11	42.32
汽油(生活燃料)	3.60	2.16	2.28	4.46	8.48	1.19
柴油(生活燃料)	0.33	0.04	0.05	0.76	0.35	0.63
其他油(生活燃料)	0.30	0.11	0.05	0.02	1.31	0.17
其他生活燃料	0.25	0.42	0.18	0.19	0.15	0.26
取暖费	116.35	29.01	61.61	80.01	190.16	292.04
其他	33.06	31.90	27.73	30.31	44.11	33.80
生活用品及服务	**1510.32**	**742.27**	**1034.30**	**1349.18**	**1788.46**	**3254.42**
家具及室内装饰品	324.47	134.36	153.74	257.18	313.91	954.85
家具	298.90	126.16	138.83	234.93	276.95	896.06
家具材料	8.35	4.17	4.40	6.08	8.68	22.84
室内装饰品	17.22	4.03	10.52	16.17	28.27	35.95
家用器具	408.53	195.64	311.27	332.04	499.97	866.87
耐用消费品	355.35	173.78	271.85	287.18	417.24	768.52
洗衣机	35.83	9.29	25.93	42.51	50.01	66.03
电冰箱(柜)	35.98	25.74	20.71	25.92	63.02	56.46
空调器	175.80	76.48	158.15	137.63	138.67	440.90
吸尘器	2.48	0.13	0.54	3.24	4.83	5.27
抽油烟机	12.89	4.91	11.82	6.24	21.59	25.37
微波炉	2.53	0.75	1.91	3.23	2.88	4.81
非太阳能热水器	22.57	12.63	17.91	19.22	42.64	26.44
太阳能热水器	6.10	5.37	4.56	3.60	6.18	12.54
燃气炉具	12.22	4.87	7.82	10.56	14.60	29.12
太阳能炉具	0.50	2.09				
洗碗机	0.31	0.26	0.08		0.04	1.40
消毒碗柜	0.36		0.01	0.13	0.17	1.89
其他	47.34	31.25	22.40	34.90	72.48	95.71
小家电	53.18	21.86	39.43	44.86	82.72	98.35

7–14 续表 3

单位：元

指　　标	城镇平均	按比例分组				
		城镇低收入户	城镇中低收入户	城镇中等收入户	城镇中高收入户	城镇高收入户
家用纺织品	114.70	49.06	69.36	125.87	156.27	219.01
床上用品	95.52	41.08	58.78	109.74	129.01	175.55
窗帘门帘	10.34	4.44	5.59	6.26	15.92	25.13
其他家用纺织品	8.84	3.55	4.98	9.87	11.35	18.33
家庭日用杂品	287.48	191.10	250.60	286.21	367.24	399.78
洗涤及卫生用品	75.47	59.58	72.04	78.75	84.48	90.29
厨具、餐具、茶具	54.22	25.73	41.27	47.32	87.05	88.50
家用手工工具	3.48	1.53	1.97	2.73	2.56	10.56
其他	154.31	104.26	135.32	157.41	193.15	210.43
个人用品	307.52	149.20	220.24	291.09	372.94	621.07
化妆品	191.93	75.75	124.86	168.35	238.48	442.71
其他个人用品	115.59	73.45	95.38	122.74	134.46	178.36
家庭服务	67.62	22.90	29.09	56.79	78.14	192.84
家政服务	31.78	4.03	6.71	21.67	29.00	125.73
家庭设备修理费	35.84	18.87	22.38	35.12	49.14	67.11
交通通信	**2421.20**	**1023.41**	**1839.56**	**2719.93**	**2877.10**	**4485.13**
交通	1770.38	627.74	1309.62	2061.47	2059.85	3468.29
交通工具	899.16	273.70	739.50	1213.09	938.54	1629.27
汽车	751.46	156.46	625.23	1051.81	748.09	1451.92
摩托车	12.36	1.72	7.59	20.61	25.12	10.70
自行车	5.06	3.74	3.89	7.39	5.58	5.21
电动自行车	86.37	72.67	83.55	98.88	85.84	95.71
其他交通工具	43.91	39.11	19.23	34.39	73.91	65.73
交通费	196.26	66.98	125.50	146.92	282.48	461.26
飞机	42.92	8.56	12.66	22.17	71.53	133.31
火车	81.90	23.11	51.97	64.44	123.49	190.22
长途汽车	21.10	12.20	20.43	17.78	24.29	36.21
市内公共交通	15.53	7.12	11.37	13.75	22.05	29.28
出租汽车费	24.60	12.88	17.81	18.57	27.77	56.32
其他交通费	10.21	3.10	11.27	10.22	13.36	15.92
交通工具用燃料	466.26	201.71	323.32	497.79	607.06	875.98
汽油	458.00	195.98	316.32	492.47	593.29	864.39
柴油	4.56	1.51	3.64	2.17	10.90	6.57
其他燃料和润滑剂	3.70	4.22	3.37	3.15	2.86	5.02
交通工具使用及维修	208.71	85.35	121.30	203.67	231.78	501.78
交通工具零配件和维修	132.44	64.64	91.42	120.22	154.42	285.28
停车费	16.94	5.96	3.85	17.74	17.35	50.86
车辆使用税费(含过桥过路费)	42.22	10.18	20.80	48.54	48.69	106.24
其他	17.10	4.58	5.23	17.17	11.32	59.40
通信	650.82	395.67	529.94	658.46	817.25	1016.84
通信工具	224.26	122.97	178.34	232.27	282.37	368.98
电话机	0.19		0.29	0.39	0.25	
移动电话机	211.23	115.87	169.97	217.39	266.65	345.64
其他通信工具及零配件	12.84	7.10	8.08	14.49	15.47	23.34
通信服务	426.56	272.70	351.60	426.19	534.88	647.85
固定电话费	8.78	4.65	6.46	7.29	12.79	15.84
移动电话费	362.94	236.49	299.26	364.59	449.35	548.14
上网费	48.42	27.95	41.02	48.90	63.84	72.33
邮费	3.54	1.27	2.65	2.97	5.10	7.25
其他通信服务费	2.89	2.34	2.21	2.44	3.79	4.29

7-14 续表 4

单位：元

指　　标	城镇平均	按比例分组				
		城镇低收入户	城镇中低收入户	城镇中等收入户	城镇中高收入户	城镇高收入户
教育文化娱乐	**2617.60**	**1806.37**	**2199.18**	**2594.34**	**3042.25**	**4006.32**
教育	1733.10	1464.81	1766.67	1859.60	1772.95	1884.47
学前教育	288.22	204.34	276.76	245.77	334.93	434.08
教育用品	4.73	6.00	3.03	3.40	3.52	8.31
学杂费	137.77	108.59	122.08	97.03	177.32	212.83
培训费	47.73	17.72	24.34	51.50	55.97	112.83
赞助费	2.32	1.62		9.60		
一揽子教育服务(含食宿)	86.54	64.45	118.72	68.29	91.08	91.88
其他费用	9.12	5.95	8.58	15.95	7.04	8.23
小学教育	273.41	233.09	219.07	300.07	303.96	344.81
教育用品	15.17	17.65	20.26	11.06	12.71	12.08
学杂费	19.41	16.93	13.37	23.81	16.11	29.89
培训费	149.41	101.08	99.34	177.80	184.03	220.06
赞助费	2.53	0.29	0.51	3.39	5.46	4.52
一揽子教育服务(含食宿)	62.55	79.20	61.70	63.54	64.28	35.44
其他费用	24.34	17.94	23.89	20.49	21.37	42.82
初中教育	257.06	212.81	257.98	354.49	268.96	185.00
教育用品	19.06	17.08	22.19	22.71	17.43	14.65
学杂费	34.88	23.30	31.77	62.65	39.30	16.53
培训费	85.63	36.15	72.34	122.32	116.20	98.96
赞助费	5.14	0.73	3.58	20.61		
一揽子教育服务(含食宿)	86.04	111.12	79.58	100.72	88.18	36.34
其他费用	26.30	24.43	48.52	25.49	7.86	18.53
高中教育	277.91	219.74	330.98	330.62	288.31	210.63
教育用品	14.39	13.92	14.84	14.80	17.71	10.25
学杂费	38.75	36.23	47.64	35.36	53.36	17.97
培训费	60.20	25.12	71.49	41.40	85.06	93.53
赞助费	11.07	3.00	13.49	28.54	8.40	0.40
一揽子教育服务(含食宿)	132.19	128.35	159.31	165.14	113.78	77.19
其他费用	21.32	13.12	24.22	45.38	9.99	11.30
中专职高教育	13.74	24.13	3.00	19.51	7.09	13.45
教育用品	0.28	0.36	0.43		0.03	0.59
学杂费	3.28	9.77	0.02	4.70		
培训费	1.37	0.11	0.05			8.40
一揽子教育服务(含食宿)	7.03	13.90	2.48	6.21	6.95	4.37
其他费用	1.77		0.01	8.60	0.11	0.09
大专及以上教育	465.04	445.20	529.89	447.83	427.38	465.17
教育用品	3.06	3.31	3.56	3.37	2.92	1.75
学杂费	116.02	133.62	162.42	71.14	117.90	77.89
培训费	27.46	9.94	6.20	36.03	33.11	67.37
一揽子教育服务(含食宿)	302.69	281.84	343.19	318.25	270.91	291.06
其他费用	15.80	16.49	14.53	19.03	2.54	27.09
成人教育	157.72	125.50	148.98	161.31	142.33	231.33
教育用品	17.10	22.89	10.72	40.23	4.66	1.74
培训费	82.92	40.31	93.32	86.97	70.28	141.08
其他费用	57.69	62.30	44.95	34.10	67.40	88.51

7-14 续表 5

单位：元

指　　标	城镇平均	按比例分组				
		城镇低收入户	城镇中低收入户	城镇中等收入户	城镇中高收入户	城镇高收入户
文化娱乐	884.50	341.56	432.51	734.74	1269.30	2121.85
文娱耐用消费品	133.70	48.69	82.19	110.11	181.29	313.87
组合音响	0.80	0.49	1.69	0.20	0.86	0.70
彩色电视机	36.36	18.91	23.92	34.12	52.26	65.94
影碟机	0.03		0.03			0.14
摄像机	0.29	0.07			0.05	1.64
照相机	4.65		1.51	1.46	11.28	12.93
家用台式电脑	11.69	2.08	6.49	9.31	21.06	26.36
家用笔记本电脑	30.03	15.53	24.44	21.38	17.94	84.38
中高档乐器	19.11	0.11	3.24	22.35	50.01	32.42
健身器材	7.44	0.85	2.69	2.91	1.18	36.89
其他文娱耐用消费品	12.56	7.25	12.29	8.29	13.36	25.52
文娱耐用消费品的零配件及维修	10.76	3.39	5.89	10.09	13.30	26.95
其他文娱用品	193.30	119.42	149.45	185.51	233.21	333.94
书、报、杂志及音像制品	37.65	26.53	28.59	41.64	40.54	59.17
文具纸张	34.38	32.84	35.29	36.96	33.02	33.58
体育户外用品	12.41	4.82	7.91	12.72	13.28	29.03
游戏用品和玩具	49.28	25.75	40.79	48.50	58.01	88.42
园艺花卉及有关产品	18.03	8.27	10.88	13.38	29.38	36.46
宠物及有关产品	12.14	3.47	6.48	8.33	19.38	30.27
其他文娱用品及维修	29.41	17.74	19.50	23.98	39.61	57.01
文化娱乐服务	557.49	173.45	200.86	439.12	854.80	1474.04
团体旅游	392.46	100.61	120.76	293.41	633.23	1085.20
景点门票	56.07	22.26	28.58	53.66	81.32	121.91
体育健身活动	21.11	2.59	8.50	12.48	20.19	79.23
电影、话剧、演出票	17.62	5.90	8.41	18.20	23.07	41.85
有线电视费	17.80	8.74	10.91	21.07	27.41	26.63
其他文化娱乐服务	52.44	33.36	23.70	40.30	69.58	119.21
医疗保健	**2027.26**	**1218.17**	**1363.15**	**1859.62**	**2426.82**	**3978.40**
医疗器具及药品	626.11	349.94	452.73	528.36	843.75	1177.50
药品	488.11	315.03	395.63	452.73	650.78	748.40
滋补保健品	103.98	25.57	50.62	45.47	159.51	312.70
医疗卫生器具	8.93	5.10	2.67	7.09	12.96	21.65
保健器具	25.07	4.24	3.82	23.07	20.50	94.74
医疗服务	1401.15	868.23	910.42	1331.26	1583.07	2800.90
门诊医疗总费用	431.55	279.19	334.91	447.02	585.07	611.71
住院医疗总费用	969.59	589.03	575.51	884.24	998.01	2189.19
其他用品和服务	**514.48**	**180.40**	**339.08**	**407.67**	**633.21**	**1276.93**
其他用品	246.03	76.19	161.47	191.19	313.99	619.30
首饰及手表	134.71	24.52	76.63	90.32	177.85	393.85
其他杂项用品	111.31	51.67	84.85	100.87	136.14	225.45
其他服务	268.45	104.21	177.61	216.48	319.23	657.63
旅馆住宿费	51.72	13.49	20.85	44.10	92.45	118.70
美容美发洗浴	156.35	72.08	91.04	127.01	142.83	430.01
其他杂项服务	60.38	18.64	65.72	45.37	83.94	108.92

7-15　城镇居民家庭平均每人购买食品数量(2019年)

单位：千克、盒

指　　标	城镇平均	按比例分组				
		最　低 收入户	更低户	低收入户	较　低 收入户	中　间 收入户
面粉	16.05	15.89	16.11	15.93	18.28	13.93
大米	16.90	14.74	17.50	16.65	19.75	16.48
食用植物油	7.87	6.88	7.63	8.49	8.78	7.89
鲜菜	97.84	79.42	85.16	105.46	122.36	107.12
猪肉	13.20	10.48	11.76	14.26	15.85	15.08
牛肉	2.09	1.03	1.68	2.06	3.19	3.10
羊肉	1.59	0.69	1.25	1.92	2.37	2.16
鸡	5.63	4.54	5.35	6.05	6.91	5.73
鸭	0.58	0.47	0.49	0.55	0.61	0.90
鱼类	4.56	3.14	3.63	4.84	6.17	5.93
虾类	0.74	0.31	0.58	0.81	0.98	1.28
鲜蛋	15.58	13.25	14.13	16.19	17.67	18.06
鲜奶	11.31	6.66	9.66	11.31	15.07	16.56
酸奶	5.48	3.02	3.94	5.07	6.57	10.72
奶粉	0.68	0.50	0.77	0.70	0.74	0.73
鲜瓜果	67.87	49.02	61.07	69.81	80.49	89.70
坚果类	4.26	3.12	3.66	4.12	5.49	5.68
糕点	4.93	3.50	3.86	5.69	5.86	6.64
茶叶	0.20	0.09	0.14	0.21	0.29	0.34
卷烟	19.66	14.59	18.24	19.16	23.74	25.52
啤酒	3.64	2.94	3.26	3.80	4.39	4.24
白酒	2.32	1.27	1.72	2.02	2.85	4.54
果酒	0.14	0.06	0.05	0.08	0.22	0.37

注：卷烟单位为盒。

7-16 城镇居民家庭购买非食品数量(2019年)

指标	计量单位	城镇平均	按比例分组				
			城镇低收入户	城镇中低收入户	城镇中等收入户	城镇中高收入户	城镇高收入户
鞋	双/人	3.27	2.76	3.18	3.82	3.29	3.43
水	吨/人	37.48	24.95	33.07	38.21	46.14	52.25
电	度/人	803.20	614.61	737.71	800.61	973.97	997.25
煤炭	千克/人	9.49	17.73	12.94	3.68	5.36	4.05
管道天然气	立方米/人	48.32	23.62	32.24	50.43	77.72	73.67
管道煤气	立方米/人	0.73	0.70	0.77	0.91	0.50	0.77
管道液化石油气	千克/人	0.53	0.23	0.48	0.82	0.45	0.75
罐装液化石油气	千克/人	9.06	9.92	10.18	7.88	9.44	7.21
洗衣机	台/百户	1.87	0.83	1.73	1.79	2.59	2.95
电冰箱(柜)	台/百户	1.35	0.91	0.87	1.03	2.48	1.88
空调器	台/百户	4.09	2.42	4.13	3.65	4.23	6.96
吸尘器	台/百户	0.28	0.09	0.19	0.18	0.32	0.77
抽油烟机	台/百户	0.97	0.44	1.20	0.48	1.32	1.66
微波炉	台/百户	0.36	0.20	0.35	0.28	0.40	0.65
非太阳能热水器	台/百户	1.41	0.92	1.31	1.23	2.43	1.39
太阳能热水器	台/百户	0.43	0.32	0.54	0.24	0.44	0.65
燃气炉具	套/百户	1.59	1.32	1.73	1.85	1.65	1.41
太阳能炉具	套/百户	0.03	0.10				
洗碗机	台/百户	0.03	0.03	0.02		0.02	0.12
消毒碗柜	台/百户	0.03		0.00	0.05	0.06	0.06
汽车	辆/百户	0.74	0.33	0.46	0.86	0.96	1.37
摩托车	辆/百户	0.19	0.06	0.22	0.22	0.25	0.24
自行车	辆/百户	0.88	0.48	1.07	1.18	0.82	0.91
电动自行车	辆/百户	3.68	3.15	3.53	4.14	3.73	4.09
电话机	部/百户	0.14		0.27	0.22	0.19	
移动电话机	部/百户	12.05	8.09	10.91	12.48	14.60	16.32
组合音响	台/百户	0.12	0.13	0.05	0.08	0.27	0.09
彩色电视机	台/百户	1.34	0.82	1.21	1.09	1.76	2.14
影碟机	台/百户	0.01		0.02			0.07
摄像机	台/百户	0.02	0.03			0.03	0.07
照相机	台/百户	0.10		0.04	0.07	0.16	0.31
家用台式电脑	台/百户	0.30	0.08	0.17	0.25	0.61	0.57
家用笔记本电脑	台/百户	0.56	0.31	0.48	0.50	0.35	1.34

7-17 城镇居民家庭平均每百户主要消费品年末拥有量(2019年)

指　　标	单位	城镇平均	按比例分组				
			城镇低收入户	城镇中低收入户	城镇中等收入户	城镇中高收入户	城镇高收入户
家用汽车	辆	37.15	6.73	9.84	12.81	14.37	17.82
摩托车	辆	16.60	4.59	5.17	4.31	4.69	5.19
助力车	台	119.12	32.63	35.57	36.61	37.31	35.27
洗衣机	台	101.35	26.14	27.99	30.82	36.17	39.70
电冰箱(柜)	台	99.42	25.72	27.05	31.02	35.27	39.81
微波炉	台	39.71	7.19	10.50	13.89	18.18	24.43
彩色电视机	台	115.76	29.31	32.15	35.80	41.16	46.22
其中：接入有线电视	台						
空调	台	178.03	38.41	46.98	58.16	68.97	82.42
热水器	台	92.00	22.17	25.61	29.20	34.27	39.25
其中：太阳能热水器	台						
消毒碗柜	台						
洗碗机	台	1.50	0.42	0.58	0.22	0.54	1.07
排油烟机	台	71.21	15.16	19.64	24.68	30.21	33.57
固定电话	线	14.33	2.97	3.92	4.35	6.02	8.07
移动电话	部	254.81	66.60	72.99	77.70	85.10	94.17
其中：接入互联网	部	188.95	45.47	51.74	58.39	62.96	71.63
计算机	台	61.16	12.56	17.28	19.61	24.83	31.06
其中：接入互联网	台	45.16	8.20	12.03	14.13	17.91	25.35
摄像机	台						
照相机	台	11.39	0.91	1.54	3.57	5.96	10.68
中高档乐器	架	6.43	0.75	1.29	2.07	2.89	5.68
健身器材	台	5.19	0.67	0.88	1.15	2.20	5.22

7-18 历年农村居民收支

(指数以上年为100，按可比口径计算) 单位：元

年 份	农民家庭人均可支配收入	可支配收入指 数	农民家庭人均生活消费支出	#食品
1978	104.71		81.70	
1979	133.56		110.83	67.32
1980	160.78		135.51	78.49
1981	215.57		165.57	89.08
1982	216.74		177.90	101.18
1983	272.00		196.35	113.71
1984	301.17		219.64	122.46
1985	328.78		260.19	145.83
1986	333.64	99.7	292.48	159.88
1987	377.72	110.1	309.90	164.03
1988	401.32	98.2	346.73	179.42
1989	457.06	102.5	390.05	199.99
1990	526.95	105.5	437.73	240.93
1991	539.29	102.3	454.68	242.83
1992	588.48	104.9	472.61	264.02
1993	695.85	109.0	564.93	334.52
1994	909.81	103.4	731.78	426.17
1995	1231.97	109.5	929.39	544.26
1996	1579.19	113.8	1206.43	670.89
1997	1733.89	107.4	1270.52	693.09
1998	1864.05	106.5	1240.30	700.78
1999	1948.36	106.4	1163.98	617.46
2000	1985.82	103.9	1315.83	654.13
2001	2097.86	104.9	1375.60	668.77
2002	2215.74	105.1	1451.51	697.02
2003	2235.68	99.6	1508.67	726.57
2004	2553.15	108.1	1664.09	808.27
2005	2870.58	107.5	1891.57	858.97
2006	3261.03	112.1	2229.28	911.48
2007	3851.60	112.2	2676.41	1017.43
2008	4454.24	107.2	3044.21	1165.81
2009	4806.95	107.5	3388.47	1220.36
2010	5523.73	111.0	3682.21	1371.17
2011	6604.03	112.7	4319.95	1559.74
2012	7524.94	111.3	5032.14	1701.75
2013	8475.34	109.5	5627.73	1938.47
2014	9966.07	109.4	7277.21	2153.81
2015	10852.86	107.6	7887.45	2301.27
2016	11696.74	105.7	8586.59	2447.29
2017	12719.18	107.5	9211.52	2495.89
2018	13830.74	106.5	10392.01	2778.29
2019	15163.70	106.3	11546.00	107.80

注：2013年以前为纯收入口径。

7-19 农民家庭人口与劳动力状况

项目	单位	2005年	2010年	2015年	2016年	2017年	2018年	2019年
调查户数	**户**	**4200**	**4200**	**3806**	**3837**	**3838**	**3429**	**3409**
调查户常住人口	**人**	**17591**	**17007**	**13403**	**13359**	**13034**	**11982**	**11649**
平均每户常住人口	人	4.19	4.05	3.52	3.79	3.37	3.49	3.39
整半劳动力	人	2.87	2.92	2.21	2.23	2.16	2.21	2.09
劳动力占常住人口比重	%	68.5	72.2	62.8	64.2	64.1	63.3	63.5
平均每个劳动力负担人口	人	1.46	1.39	1.59	1.56	1.56	1.58	1.62
平均每百个常住人口中								
学龄前人数	人	6.44	6.21	6.65	7.29	5.74	7.98	7.28
6-15岁人数	人	14.69	10.27	16.79	17.14	17.54	18.70	19.68
16-60岁人数	人	72.63	73.91	61.64	61.12	61.13	55.83	52.27
61岁及以上人数	人	6.24	9.66	14.91	14.46	15.59	17.75	19.06

7-20 农民家庭劳动力就业情况

项目	单位	2005年	2010年	2015年	2016年	2017年	2018年	2019年
每百个就业劳动力文化程度								
未上过学	人	6.65	5.26	4.00	2.66	3.71	5.31	5.13
小学	人	18.48	16.20	19.89	18.85	20.47	24.32	25.49
初中	人	61.23	60.90	59.75	59.7	59.68	54.06	52.80
高中	人	10.52	12.91	12.68	14.99	12.07	12.02	12.18
大学专科	人	2.11	2.78	2.63	2.85	3.06	3.11	3.18
大学本科	人	1.01	1.95	0.95	0.89	0.94	1.14	1.16
研究生				0.10	0.06	0.07	0.04	0.05
每百个就业劳动力从事的主要行业								
一产业就业劳动力	人	66.75	56.88	58.94	50.85	56.47	54.67	28.29
二产业就业劳动力	人	17.27	24.15	21.61	26.12	22.47	21.22	22.57
三产业就业劳动力	人	15.98	18.97	19.44	23.03	21.06	24.11	21.91

7-21 农民家庭居住情况

项　　目	单 位	2005年	2010年	2015年	2016年	2017年	2018年	2019年
期末人均住房情况								
住房面积	平方米	27.21	34.69	43.60	46.65	47.84	47.88	50.04
#租用住房面积	平方米	0.04	0.09	0.42	0.25	0.10	0.62	
住房价值	万元	0.58	1.12	3.10	3.69	3.79	4.71	5.36
主要建筑材料								
钢筋混凝土	%			14.29	17.86	17.74	23.94	24.50
砖混材料	%			61.13	62.02	62.28	60.32	60.48
砖瓦砖木	%			23.42	19.02	18.88	15.10	14.64
竹草土坯	%			0.78	0.74	0.74	0.37	0.30
其他	%			0.38	0.37	0.37	0.28	0.13
住宅外道路路面情况								
水泥或柏油路面	%	26.07	44.88	52.49	59.51	61.13	72.25	74.05
沙石或石板等硬质路面	%	8.93	11.95	15.79	16.08	15.90	12.25	11.92
其他	%	65.00	43.17	31.72	24.41	22.97	15.51	14.09
住户主要饮用水来源情况								
经过净化处理的自来水	%			33.84	45.41	46.74	55.11	59.76
受保护的井水和泉水	%			32.82	31.34	31.32	33.62	33.03
不受保护的井水和泉水	%			28.56	18.94	17.87	9.51	6.67
江河湖泊水	%			0.49	0.61	0.61	0.76	0.36
收集雨水	%						0.03	
桶装水	%			0.02	0.04	0.02	0.06	0.04
其他水源	%			4.28	3.65	3.45	0.91	0.20
住户厕所类型								
水冲式卫生厕所	%			4.76	7.20	7.33	17.80	51.64
水冲式非卫生厕所	%			1.44	2.57	2.43	3.55	31.94
卫生旱厕	%			21.28	22.78	23.29	26.85	7.20
普通旱厕	%			71.83	66.74	66.26	51.60	9.18
无厕所	%			0.69	0.70	0.69	0.21	0.09
住户主要取暖用能源状况								
柴草	%			13.03	13.20	12.68	7.89	7.76
煤炭	%			23.61	20.59	14.46	9.48	5.71
罐装液化石油气	%			3.04	5.04	4.69	4.73	4.58
管道液化石油气	%				0.03	0.07		0.08
管道煤气	%						0.06	0.06
管道天然气	%			0.18	0.48	0.42	0.75	0.91
电	%			18.36	23.82	30.38	48.38	54.88
燃料用油	%				0.03	0.03	0.07	0.07
沼气	%			0.15	0.36	0.34	0.05	0.05
其他	%			2.16	2.55	2.26	2.55	2.64
无取暖行为	%			39.47	33.89	34.67	26.05	23.31
主要炊用能源状况								
柴草	%			30.64	26.10	26.87	18.16	15.56
煤炭	%			18.86	15.03	10.99	6.81	2.92
罐装液化石油气	%			28.57	33.81	33.53	38.58	36.27
管道液化石油气	%			0.66	0.28	0.36	0.24	0.62
管道煤气	%				0.13	0.13	0.16	0.15
管道天然气	%			0.78	0.82	0.86	2.79	4.69
电	%			17.46	21.52	24.86	31.69	37.37
燃料用油	%						0.03	0.06
沼气	%			1.75	1.15	1.36	0.88	0.54
其他	%			1.01	0.61	0.55	0.41	1.62
无炊用行为	%			0.28	0.55	0.50	0.25	0.25

7-22 农民家庭土地经营情况

项　　目	单 位	2005年	2010年	2015年	2016年	2017年	2018年	2019年
平均每百人土地经营情况								
期末实际经营的土地面积	亩	160.69	174.61	198.55	206.82	208.14	222.01	226.65
耕地	亩	151.65	168.00	183.81	189.90	194.67	189.14	190.89
有效灌溉面积	亩	110.62	125.20	151.97	158.86	163.56	157.52	160.00
山地	亩	0.92	2.38	8.78	10.94	7.81	28.06	28.31
园地	亩	3.30	3.40	4.47	4.31	4.43	3.67	6.07
牧草地	亩	0.09	0.08	0.05				0.04
养殖水面	亩	4.74	0.75	1.45	1.68	1.23	1.13	1.34
期内主要粮食播种面积	亩	233.70	269.52	284.36	289.26	286.04	267.48	272.30
#小麦播种面积	亩	125.69	134.93	140.40	141.86	142.82	141.33	145.11
水稻播种面积	亩	11.69	15.69	22.88	24.46	28.13	19.63	19.92
玉米播种面积	亩	71.62	103.40	110.98	108.74	101.05	93.97	95.68
豆类播种面积	亩	19.56	12.86	8.44	11.77	11.07	10.64	8.54
薯类播种面积	亩	3.39	1.93	1.66	2.43	2.97	1.90	3.07
经济作物播种面积	亩	70.12	35.18	32.70	40.65	47.51	58.18	51.93
#棉花播种面积	亩	19.10	5.24	0.39	0.31	0.11	0.32	0.07
油料播种面积	亩	30.15	16.09	22.43	29.65	36.34	41.16	35.18
蔬菜播种面积	亩	12.45	7.98	5.54	6.19	7.31	11.10	8.55
果用瓜播种面积	亩	2.55	2.92	3.58	4.49	3.64	5.39	7.76

7-23 农民家庭生产经营情况

项　　目	单 位	2005年	2010年	2015年	2016年	2017年	2018年	2019年
谷物产量	公斤/人	845.87	1170.43	1447.88	1397.22	1355.77	1266.84	1304.83
#小麦产量	公斤/人	461.33	599.19	692.56	666.40	686.50	614.66	732.59
稻谷产量	公斤/人	67.83	80.22	143.06	151.83	161.73	131.31	103.74
玉米产量	公斤/人	312.21	489.62	611.02	578.39	507.50	520.57	467.81
薯类产量	公斤/人	4.31	5.67	8.79	11.83	14.07	11.10	5.96
豆类产量	公斤/人	26.62	21.27	19.90	22.86	19.04	24.57	15.75
棉花产量	公斤/人	25.68	10.94	0.94	0.56	0.29	0.44	0.11
油料产量	公斤/人	50.23	34.45	65.33	88.46	111.86	120.27	101.56

7-24 农民家庭出售产品情况

项　　目	单　位	2005年	2010年	2015年	2016年	2017年	2018年	2019年
出售粮食数量	公斤/人	367.21	540.63	897.57	972.61	882.04	916.28	1004.34
#小麦	公斤/人	177.84	260.74	420.91	417.62	444.00	410.28	565.34
稻谷	公斤/人	40.70	43.55	121.88	109.51	106.18	111.01	85.98
玉米	公斤/人	133.44	222.44	354.13	421.53	306.23	370.17	335.51
薯类	公斤/人	0.31	2.08	4.03	5.19	6.62	2.10	3.03
豆类	公斤/人	13.61	11.49	15.89	17.41	13.94	19.78	14.48
出售棉花数量	公斤/人	17.96	4.42	0.42	0.34	0.32	0.03	0.10
出售油料数量	公斤/人	22.70	15.12	32.47	54.46	63.33	105.92	86.57
出售麻类数量	公斤/人	0.60	0.47	0.38	0.50	0.04	0.27	
出售烟叶数量	公斤/人	3.11	4.12	4.30	2.87	2.64	7.38	5.15
出售蔬菜数量	公斤/人	116.79	126.29	144.62	137.53	153.65	171.30	149.38
出售水果数量	公斤/人	49.22	39.25	50.45	42.68	42.69	50.76	56.27
出售猪肉数量	公斤/人	39.54	47.95	54.21	44.56	51.73	45.06	27.84
出售牛肉数量	公斤/人	3.96	3.13	1.49	2.74	2.49	4.87	4.07
出售羊肉数量	公斤/人	1.36	1.18	3.10	2.54	2.05	3.03	3.16
出售家禽数量	公斤/人	4.59	6.84	6.72	10.76	16.12	5.42	7.26
出售蛋类数量	公斤/人	13.67	17.46	12.66	11.81	9.16	9.37	14.04
出售水产品数量	公斤/人	4.24	4.05	7.24	7.64	10.02	1.84	3.00

7-25 农民家庭主要食品消费量

项　　目	单　位	2005年	2010年	2015年	2016年	2017年	2018年	2019年
粮食消费量	公斤/人	211.62	188.47	132.45	126.91	128.28	124.80	137.13
小麦	公斤/人	170.48	145.21	91.75	88.26	89.93	85.03	92.37
稻谷	公斤/人	19.58	20.84	24.19	21.97	22.49	22.62	22.92
玉米	公斤/人	16.86	15.51	5.98	5.84	4.93	4.90	7.05
薯类消费量	公斤/人	0.86	0.95	2.05	1.88	1.98	2.13	2.72
豆类消费量	公斤/人	2.93	1.87	4.87	6.13	5.64	6.78	8.44
油脂类消费量	公斤/人	4.36	4.85	7.61	7.49	7.54	7.95	7.68
植物油	公斤/人	4.25	4.79	7.53	7.41	7.47	7.86	7.62
动物油	公斤/人	0.11	0.05	0.08	0.07	0.07	0.09	0.06
蔬菜及菜制品消费量	公斤/人	100.75	88.03	67.72	73.71	72.59	71.41	76.34
肉类	公斤/人	8.68	12.42	12.79	12.36	12.72	15.68	14.81
猪肉	公斤/人	5.46	8.03	9.74	9.04	9.24	11.75	10.94
牛肉	公斤/人	0.83	0.34	0.66	0.67	0.67	0.67	0.79
羊肉	公斤/人	0.14	0.15	0.47	0.54	0.57	0.58	0.52
其他肉类及制品	公斤/人			1.92	2.11	2.24	2.68	2.56
禽类	公斤/人	1.57	2.28	3.88	4.53	4.24	5.21	5.69
水产品	公斤/人	1.30	1.50	2.53	2.80	2.51	2.66	3.30
蛋类及蛋制品	公斤/人	8.48	9.10	10.73	11.29	13.02	11.33	13.04
奶和奶制品	公斤/人	0.85	2.44	5.03	5.82	6.12	7.01	7.98
干鲜瓜果类	公斤/人	15.39	20.96	39.10	46.40	49.23	46.20	52.83
糖果糕点类	公斤/人			4.56	4.86	4.55	4.74	5.46
酒	公斤/人	5.97	6.24	6.71	6.54	6.75	6.02	5.86

7-26 农民家庭平均每百户主要耐用消费品年末拥有量

项　　目	单位	2005年	2010年	2015年	2016年	2017年	2018年	2019年
家用汽车	辆	0.33	1.76	11.99	18.10	19.28	22.32	24.32
摩托车	辆	39.14	54.88	65.18	58.12	55.33	44.25	39.60
助力车	辆			87.64	101.60	104.80	114.65	121.24
洗衣机	台	55.67	84.64	92.92	95.15	95.86	97.32	98.50
电冰箱(柜)	台	13.48	46.12	79.11	87.63	88.25	93.98	96.23
微波炉	台	0.67	5.12	8.99	8.75	8.75	11.40	13.67
彩色电视机	台	81.69	106.26	112.61	115.08	116.28	113.23	114.36
其中：接入有线电视	台	10.07	30.83	51.50	52.86	46.49	34.49	
空调	台	5.19	22.86	54.78	70.37	74.79	94.28	103.13
热水器	台	3.24	16.26	48.32	57.94	59.46	70.08	72.42
其中：太阳能热水器	台			39.40	48.21	49.10	54.39	
洗碗机	台			0.45	0.84	0.77	0.50	0.88
排油烟机	台	0.48	3.02	6.29	10.45	11.57	16.65	20.13
固定电话	部	51.33	34.26	20.06	13.93	13.63	11.58	8.07
移动电话	部	55.38	151.67	220.99	242.07	244.92	262.71	269.69
其中：接入互联网	部	1.69	13.45	67.71	100.86	106.58	157.51	173.24
计算机	台	0.57	7.50	26.56	31.13	31.23	29.19	30.07
其中：接入互联网	台	0.24	5.00	19.92	22.59	20.72	20.55	18.61
照相机	架	2.14	2.83	3.10	2.28	2.63	1.29	1.64
中高档乐器	台	0.07	0.21	0.23	0.46	0.48	0.48	0.67
健身器材	台			0.45	0.84	1.30	1.19	1.38

7-27 农民家庭平均每人总收入

单位：元

项　　目	2005年	2010年	2015年	2016年	2017年	2018年	2019年
总收入	**3945.67**	**7293.38**	**13666.79**	**14383.60**	**15629.73**	**16844.67**	**18175.60**
工资性收入	**853.95**	**1943.86**	**3728.36**	**4227.98**	**4770.37**	**5335.62**	**5866.65**
工资			2807.33	3253.79	3706.62	4480.08	5205.27
实物福利			3.78	4.34	7.73	4.78	6.53
其他			917.24	969.84	1056.01	850.75	654.85
经营性收入	**2965.64**	**4968.63**	**7082.78**	**7140.18**	**7408.71**	**7448.56**	**7693.24**
第一产业经营收入	2532.24	4099.02	5319.44	5275.01	5397.36	5164.69	5333.78
农业	1801.64	2977.76	4055.98	3921.63	3997.35	4029.87	4243.75
林业	34.24	51.45	105.12	115.54	89.59	136.01	120.17
牧业	672.68	1041.67	1089.49	1162.45	1217.95	979.44	915.41
渔业	23.68	28.14	68.86	75.39	92.47	19.37	54.45
第二产业经营收入	129.81	241.37	392.19	348.17	370.93	538.94	488.85
第三产业经营收入	303.59	628.24	1371.15	1517.00	1640.41	1744.92	1870.62
财产性收入	**35.85**	**59.29**	**161.11**	**173.75**	**205.18**	**233.70**	**243.50**
转移性收入	**90.24**	**321.59**	**2694.55**	**2841.70**	**3245.47**	**3826.79**	**4372.21**
家庭外出从业人员寄回带回收入			1877.18	2011.64	2302.68	2540.37	2912.56

7-28 农民家庭平均每人总收入构成

单位：%

项　　目	2005年	2010年	2015年	2016年	2017年	2018年	2019年
总收入	**100.0**	**100.0**	**100.0**	**100.0**	**100.0**	**100.0**	**100.0**
工资性收入	**21.6**	**26.7**	**27.3**	**29.4**	**30.5**	**31.7**	**32.3**
工资			20.5	22.6	23.7	26.6	28.6
实物福利			0.0	0.0	0.0	0.0	0.0
其他			6.7	6.7	6.8	5.1	3.6
经营性收入	**75.2**	**68.1**	**51.8**	**49.6**	**47.4**	**44.2**	**42.3**
第一产业经营收入	64.2	56.2	38.9	36.7	34.5	30.7	29.3
农业	45.7	40.8	29.7	27.3	25.6	23.9	23.3
林业	0.9	0.7	0.8	0.8	0.6	0.8	0.7
牧业	17.0	14.3	8.0	8.1	7.8	5.8	5.0
渔业	0.6	0.4	0.5	0.5	0.6	0.1	0.3
第二产业经营收入	3.3	3.3	2.9	2.4	2.4	3.2	2.7
第三产业经营收入	7.7	8.6	10.0	10.6	10.5	10.4	10.3
财产性收入	**0.9**	**0.8**	**1.2**	**1.2**	**1.3**	**1.4**	**1.3**
转移性收入	**2.3**	**4.4**	**19.7**	**19.8**	**20.8**	**22.7**	**24.1**
家庭外出从业人员寄回带回收入			13.7	14.0	14.7	15.1	16.0

7-29 农民家庭平均每人总支出

单位：元

项　　目	2005年	2010年	2015年	2016年	2017年	2018年	2019年
总支出	**3106.97**	**5767.35**	**12175.63**	**13006.08**	**13978.72**	**15926.43**	**17077.31**
消费支出	**1891.57**	**3682.21**	**7887.45**	**8586.59**	**9211.52**	**10392.01**	**11545.99**
生产经营费用支出	**944.69**	**1562.48**	**2339.18**	**2247.18**	**2394.96**	**2399.66**	**2368.69**
第一产业经营费用支出	841.82	1320.02	1907.83	1791.93	1923.33	1897.98	1876.72
农业	470.37	723.59	1203.18	1063.12	1080.71	1225.05	1263.69
林业	3.89	2.36	15.34	15.73	13.11	23.08	26.23
牧业	357.09	586.91	651.39	669.95	782.87	638.57	554.99
渔业	10.49	7.15	37.92	43.13	46.64	11.28	31.81
第二产业经营费用支出	40.72	91.66	109.46	97.95	129.55	139.41	66.20
第三产业经营费用支出	62.15	150.80	321.89	357.29	342.08	362.27	425.78
财产性支出	**4.95**	**7.11**	**4.15**	**5.77**	**5.71**	**12.31**	**12.20**
转移性支出	**133.65**	**323.36**	**189.22**	**184.06**	**243.37**	**343.75**	**383.24**
部分商业保险支出			**33.12**	**40.70**	**41.35**	**84.16**	**81.75**
购置资产及非经常性转移支出			**1484.28**	**1710.55**	**1775.60**	**2238.54**	**905.20**
借贷性支出			**238.22**	**231.24**	**306.21**	**456.00**	**414.64**

7-30 农民家庭平均每人总支出构成

单位：%

项　　目	2005年	2010年	2015年	2016年	2017年	2018年	2019年
总支出	**100.0**	**100.0**	**100.0**	**100.0**	**100.0**	**100.0**	**100.0**
消费支出	**60.9**	**63.8**	**64.8**	**66.0**	**65.9**	**65.3**	**67.6**
生产经营费用支出	**30.4**	**27.1**	**19.2**	**17.3**	**17.1**	**15.1**	**13.9**
第一产业经营费用支出	27.1	22.9	15.7	13.8	13.8	11.9	11.0
农业	15.1	12.5	9.9	8.2	7.7	7.7	7.4
林业	0.1	0.0	0.1	0.1	0.1	0.1	0.2
牧业	11.5	10.2	5.3	5.2	5.6	4.0	3.2
渔业	0.3	0.1	0.3	0.3	0.3	0.1	0.2
第二产业经营费用支出	1.3	1.6	0.9	0.8	0.9	0.9	0.4
第三产业经营费用支出	2.0	2.6	2.6	2.7	2.4	2.3	2.5
财产性支出	**0.2**	**0.1**	**0.0**	**0.0**	**0.0**	**0.1**	**0.1**
转移性支出	**4.3**	**5.6**	**1.6**	**1.4**	**1.7**	**2.2**	**2.2**
部分商业保险支出			**0.3**	**0.3**	**0.3**	**0.5**	**0.5**
购置资产及非经常性转移支出			**12.2**	**13.2**	**12.7**	**14.1**	**5.3**
借贷性支出			**2.0**	**1.8**	**2.2**	**2.9**	**2.4**

7-31 农民家庭平均每人生活消费支出

单位：元

项　　目	2005年	2010年	2015年	2016年	2017年	2018年	2019年
全年生活消费支出	**1891.57**	**3682.21**	**7887.45**	**8586.59**	**9211.52**	**10392.01**	**11545.99**
食品	858.97	1371.17	2301.27	2447.29	2495.89	2778.29	3030.24
衣着	132.36	261.52	655.17	677.41	712.35	736.11	819.23
居住	317.97	765.18	1643.28	1767.81	2005.50	2273.68	2478.78
家庭设备、用品及服务	82.69	254.47	560.58	588.10	647.16	697.48	738.86
交通和通讯	159.73	401.44	970.34	1210.89	1245.38	1285.97	1369.01
文化、教育、娱乐用品及服务	177.66	250.47	851.38	948.76	1030.30	1226.85	1459.30
医疗保健	123.41	287.83	768.98	797.80	908.95	1226.62	1461.81
其他商品和服务	38.76	90.14	136.45	148.54	165.98	167.03	188.76

7-32 农民家庭平均每人生活消费支出构成

单位：%

项 目	2005年	2010年	2015年	2016年	2017年	2018年	2019年
全年生活消费支出	**100.0**	**100.0**	**100.0**	**100.0**	**100.0**	**100.0**	**100.0**
食品	45.4	37.2	29.2	28.5	28.5	26.7	26.2
衣着	7.0	7.1	8.3	7.9	7.9	7.1	27.0
居住	16.8	20.8	20.8	20.6	20.6	21.9	302.6
家庭设备、用品及服务	4.4	6.9	7.1	6.8	6.8	6.7	29.8
交通和通讯	8.4	10.9	12.3	14.1	14.1	12.4	185.3
文化、教育、娱乐用品及服务	9.4	6.8	10.8	11.0	11.0	11.8	106.6
医疗保健	6.5	7.8	9.7	9.3	9.3	11.8	100.2
其他商品和服务	2.0	2.4	1.7	1.7	1.7	1.6	12.9

7-33 农民家庭平均每人可支配收入

单位：元

项 目	2005年	2010年	2015年	2016年	2017年	2018年	2019年
可支配收入	**2870.58**	**5523.73**	**10852.86**	**11696.74**	**12719.18**	**13830.74**	**15163.75**
工资性收入	**853.95**	**1943.86**	**3728.36**	**4227.98**	**4770.37**	**5335.62**	**5866.65**
工资			2807.33	3253.79	3706.62	4480.08	5205.27
实物福利			3.78	4.34	7.73	4.78	6.53
其他			917.24	969.84	1056.01	850.75	654.85
经营净收入	**1913.66**	**3240.43**	**4462.22**	**4643.18**	**4747.24**	**4790.71**	**5076.84**
第一产业经营净收入	1610.82	2658.12	3265.14	3338.90	3321.13	3126.69	3318.95
农业	1260.82	2154.11	2721.77	2737.55	2787.44	2692.99	2875.96
林业	30.22	49.00	89.28	98.60	75.73	112.15	93.32
牧业	306.82	434.27	423.76	471.16	412.79	315.44	331.01
渔业	12.96	20.74	30.34	31.59	45.16	6.11	18.67
第二产业经营净收入	80.67	137.21	262.89	238.19	230.66	367.30	398.30
第三产业经营净收入	222.17	445.10	934.18	1066.09	1195.45	1296.72	1359.59
财产净收入	**35.85**	**59.29**	**156.96**	**167.97**	**199.47**	**221.39**	**231.29**
转移净收入	**67.13**	**280.14**	**2505.33**	**2657.61**	**3002.11**	**3483.02**	**3988.97**

7-34 农民家庭平均每人可支配收入构成

单位：%

项目	2005年	2010年	2015年	2016年	2017年	2018年	2019年
可支配收入	**100.0**	**100.0**	**100.0**	**100.0**	**100.0**	**100.0**	**100.0**
工资性收入	**29.7**	**35.2**	**34.4**	**36.1**	**37.5**	**38.6**	**38.7**
工资			25.9	27.8	29.1	32.4	34.3
实物福利			0.0	0.0	0.1		0.0
其他			8.5	8.3	8.3	6.2	4.3
经营净收入	**66.7**	**58.7**	**41.1**	**39.7**	**37.3**	**34.6**	**33.5**
第一产业经营净收入	56.1	48.1	30.1	28.5	26.1	22.6	21.9
农业	43.9	39.0	25.1	23.4	21.9	19.5	19.0
林业	1.1	0.9	0.8	0.8	0.6	0.8	0.6
牧业	10.7	7.9	3.9	4.0	3.2	2.3	2.2
渔业	0.5	0.4	0.3	0.3	0.4		0.1
第二产业经营净收入	2.8	2.5	2.4	2.0	1.8	2.7	2.6
第三产业经营净收入	7.7	8.1	8.6	9.1	9.4	9.4	9.0
财产净收入	**1.2**	**1.1**	**1.4**	**1.4**	**1.6**	**1.6**	**1.5**
转移净收入	**2.3**	**5.1**	**23.1**	**22.7**	**23.6**	**25.2**	**26.3**

7-35 农民家庭平均每人现金收入

单位：元

项目	2005年	2010年	2015年	2016年	2017年	2018年	2019年
现金可支配收入	**3015.69**	**5899.95**	**12311.29**	**13171.81**	**14236.22**	**15714.00**	**17153.69**
现金工资性收入	**850.94**	**1942.05**	**3724.58**	**4223.63**	**4762.64**	**5330.83**	**5860.11**
工资			2807.33	3253.79	3706.62	4480.08	5205.27
其他工资性收入			917.24	969.84	1056.01	850.75	654.85
现金经营净收入	**2046.46**	**3586.81**	**5878.51**	**6079.09**	**6182.46**	**6583.77**	**6941.83**
第一产业现金经营净收入	1614.99	2717.20	4115.17	4213.92	4171.11	4299.90	4582.36
农业	918.61	1623.14	2874.50	2902.96	2797.20	3207.19	3525.17
林业	26.25	49.51	90.78	82.15	72.85	105.09	103.43
牧业	648.04	1016.82	1081.65	1153.92	1209.15	968.70	899.61
渔业	22.09	27.73	68.24	74.89	91.91	18.92	54.16
第二产业现金经营净收入	128.95	241.37	392.19	348.17	370.93	538.94	488.85
第三产业现金经营净收入	302.52	628.24	1371.15	1517.00	1640.41	1744.92	1870.62
现金财产净收入	**31.88**	**54.78**	**161.11**	**173.75**	**205.18**	**233.70**	**243.50**
现金转移净收入	**86.40**	**316.31**	**2547.09**	**2695.35**	**3085.95**	**3565.70**	**4108.25**

7-36　农民家庭平均每人现金收入构成

单位：%

项　　目	2005年	2010年	2015年	2016年	2017年	2018年	2019年
现金可支配收入	**100.0**	**100.0**	**100.0**	**100.0**	**100.0**	**100.0**	**100.0**
现金工资性收入	**28.2**	**32.9**	**30.3**	**32.1**	**33.5**	**33.9**	**34.2**
工资			22.8	24.7	26.0	28.5	30.3
其他工资性收入			7.5	7.4	7.4	5.4	3.8
现金经营净收入	**67.9**	**60.8**	**47.7**	**46.2**	**43.4**	**41.9**	**40.5**
第一产业现金经营净收入	53.6	46.1	33.4	32.0	29.3	27.4	26.7
农业	30.5	27.5	23.3	22.0	19.6	20.4	20.6
林业	0.9	0.8	0.7	0.6	0.5	0.7	0.6
牧业	21.5	17.2	8.8	8.8	8.5	6.2	5.2
渔业	0.7	0.5	0.6	0.6	0.6	0.1	0.3
第二产业现金经营净收入	4.3	4.1	3.2	2.6	2.6	3.4	2.8
第三产业现金经营净收入	10.0	10.6	11.1	11.5	11.5	11.1	10.9
现金财产净收入	**1.1**	**0.9**	**1.3**	**1.3**	**1.4**	**1.5**	**1.4**
现金转移净收入	**2.9**	**5.4**	**20.7**	**20.5**	**21.7**	**22.7**	**23.9**

7-37　农民家庭平均每人现金支出

单位：元

项　　目	2005年	2010年	2015年	2016年	2017年	2018年	2019年
现金支出	**2657.85**	**5767.35**	**10906.80**	**11569.41**	**12512.32**	**14136.15**	**15144.33**
现金消费支出	**1520.18**	**3682.21**	**6635.06**	**7167.24**	**7762.56**	**8632.07**	**9628.37**
生产经营现金费用支出	**868.03**	**1562.48**	**2322.74**	**2229.86**	**2377.51**	**2369.33**	**2353.33**
第一产业经营现金费用支出	765.60	1320.02	1891.39	1774.61	1905.88	1867.64	1861.35
农业	451.87	723.59	1194.18	1053.61	1070.30	1206.12	1255.64
林业	3.89	2.36	15.34	15.73	13.10	23.06	26.23
牧业	299.39	586.91	643.95	662.14	775.84	627.24	547.71
渔业	10.45	7.15	37.92	43.13	46.64	11.22	31.77
第二产业经营现金费用支出	40.60	91.66	109.46	97.95	129.55	139.41	66.20
第三产业经营现金费用支出	61.84	150.80	321.89	357.29	342.08	362.27	425.78
现金财产性支出	**4.95**	**7.11**	**4.15**	**5.77**	**5.71**	**12.31**	**12.20**
现金转移性支出	**132.64**	**323.36**	**189.22**	**184.06**	**243.37**	**343.75**	**383.24**
部分商业保险支出			**33.12**	**40.70**	**41.35**	**84.16**	**81.75**
购置资产及非经常性转移支出			**1484.28**	**1710.55**	**1775.60**	**2238.54**	**2270.79**
借贷性支出			**238.22**	**231.24**	**306.21**	**456.00**	**414.64**

7-38 农民家庭平均每人现金支出构成

单位：%

项 目	2005年	2010年	2015年	2016年	2017年	2018年	2019年
现金支出	**100.0**	**100.0**	**100.0**	**100.0**	**100.0**	**100.0**	**100.0**
现金消费支出	**57.2**	**63.8**	**60.8**	**61.9**	**62.0**	**61.1**	**63.6**
生产经营现金费用支出	**32.7**	**27.1**	**21.3**	**19.3**	**19.0**	**16.8**	**15.5**
第一产业经营现金费用支出	28.8	22.9	17.3	15.3	15.2	13.2	12.3
农业	17.0	12.5	10.9	9.1	8.6	8.5	8.3
林业	0.1	0.0	0.1	0.1	0.1	0.2	0.2
牧业	11.3	10.2	5.9	5.7	6.2	4.4	3.6
渔业	0.4	0.1	0.3	0.4	0.4	0.1	0.2
第二产业经营现金费用支出	1.5	1.6	1.0	0.8	1.0	1.0	0.4
第三产业经营现金费用支出	2.3	2.6	3.0	3.1	2.7	2.6	2.8
现金财产性支出	**0.2**	**0.1**	**0.0**	**0.0**	**0.0**	**0.1**	**0.1**
现金转移性支出	**5.0**	**5.6**	**1.7**	**1.6**	**1.9**	**2.4**	**2.5**
部分商业保险支出			**0.3**	**0.4**	**0.3**	**0.6**	**0.5**
购置资产及非经常性转移支出			**13.6**	**14.8**	**14.2**	**15.8**	**15.0**
借贷性支出			**2.2**	**2.0**	**2.4**	**3.2**	**2.7**

7-39 农民家庭平均每人生活消费现金支出

单位：元

项 目	2005年	2010年	2015年	2016年	2017年	2018年	2019年
全年生活消费现金支出	**1520.20**	**3292.00**	**6635.06**	**7167.24**	**7762.56**	**8632.07**	**9628.37**
食品	533.67	1024.32	2135.59	2296.02	2349.08	2688.37	2920.48
衣着	131.94	261.44	655.16	677.25	712.23	736.04	819.15
居住	272.55	722.56	701.49	645.18	863.27	850.59	933.36
家庭设备、用品及服务	82.62	253.81	560.43	587.06	646.91	695.87	733.34
交通和通讯	159.73	401.44	970.31	1210.39	1245.29	1285.90	1368.96
文化、教育、娱乐用品及服务	177.66	250.47	851.38	948.73	1030.24	1226.38	1459.29
医疗保健	123.41	287.83	624.34	654.25	749.71	982.70	1205.96
其他商品和服务	38.59	90.14	136.37	148.36	165.83	166.22	187.83

7-40 农民家庭平均每人生活消费现金支出构成

单位：%

项 目	2005年	2010年	2015年	2016年	2017年	2018年	2019年
全年生活消费现金支出	**100.0**	**100.0**	**100.0**	**100.0**	**100.0**	**100.0**	**100.0**
食品	35.1	31.1	32.2	32.0	30.3	31.1	30.3
衣着	8.7	7.9	9.9	9.4	9.2	8.5	8.5
居住	17.9	21.9	10.6	9.0	11.1	9.9	9.7
家庭设备、用品及服务	5.4	7.7	8.4	8.2	8.3	8.1	7.6
交通和通讯	10.5	12.2	14.6	16.9	16.0	14.9	14.2
文化、教育、娱乐用品及服务	11.7	7.6	12.8	13.2	13.3	14.2	15.2
医疗保健	8.1	8.7	9.4	9.1	9.7	11.4	12.5
其他商品和服务	2.5	2.7	2.1	2.1	2.1	1.9	2.0

7-41 按收入分组的农民家庭人口与劳动力状况(2019年)

项 目	单 位	低收入户	中低收入户	中等收入户	中高收入户	高收入户
调查户数	**户**	**682**	**682**	**682**	**682**	**682**
调查户常住人口	**人**	**2526**	**2444**	**2419**	**2287**	**1973**
平均每户常住人口	人	3.72	3.54	3.47	3.34	2.87
整半劳动力	人	1.97	1.99	2.10	2.09	2.06
劳动力占常住人口比重	%	0.5	0.6	0.6	0.6	0.7
平均每个劳动力负担人口	人	1.88	1.78	1.65	1.60	1.39
平均每百个常住人口中						
5岁及以下	人	8.26	7.98	7.37	6.82	5.58
6-15岁	人	22.01	22.57	19.98	18.89	13.67
16-19岁	人	5.21	5.85	5.06	5.61	5.29
20-24岁	人	3.37	3.25	3.65	3.79	4.62
25-29岁	人	3.40	3.90	4.21	4.92	5.85
30-34岁	人	4.12	5.00	5.28	4.89	3.37
35-40岁	人	4.09	5.62	4.91	4.66	4.35
41-50岁	人	10.64	10.16	11.90	14.33	19.62
51-60岁	人	11.84	13.72	16.06	19.08	23.12
61-65岁	人	6.25	7.32	7.56	6.44	7.65
66岁及以上	人	16.85	12.83	12.62	9.09	7.59

7-42 按收入分组的农民家庭劳动力就业情况(2019年)

项 目	单 位	低收入户	中低收入户	中等收入户	中高收入户	高收入户
每百个就业劳动力文化程度						
未上过学	人	3.85	3.32	3.65	2.37	2.03
小学	人	18.14	16.23	15.14	12.86	13.98
初中	人	25.29	29.05	33.19	35.40	38.08
高中	人	4.36	6.20	6.83	8.10	12.40
大学专科	人	1.08	1.19	1.14	2.79	3.83
大学本科	人	0.33	0.30	0.57	0.88	1.61
研究生			0.06		0.08	0.01
每百个就业劳动力从事的主要行业						
一产业就业劳动力	人	29.74	26.91	26.89	25.38	27.07
二产业就业劳动力	人	7.86	9.99	11.41	12.67	14.82
三产业就业劳动力	人	7.37	10.59	13.54	16.60	21.02

7-43　按收入分组的农民家庭居住情况(2019年)

项　　目	单 位	低收入户	中低收入户	中等收入户	中高收入户	高收入户
期末人均住房情况						
住房面积	平方米	41.87	44.12	49.41	51.58	66.85
住房价值	万元	4.37	4.64	5.12	5.37	7.80
主要建筑材料						
钢筋混凝土	%	22.61	23.27	22.14	27.99	26.43
砖混材料	%	58.53	59.00	62.78	58.86	63.04
砖瓦砖木	%	17.99	17.55	14.90	12.99	9.74
竹草土坯	%	0.51	0.18	0.18		0.64
其他	%	0.36			0.15	0.15
住宅外道路路面情况						
水泥或柏油路面	%	70.97	71.45	74.48	76.92	76.25
沙石或石板等硬质路面	%	15.44	12.29	10.50	9.58	11.72
其他	%	13.59	16.26	15.02	13.50	12.03
住户主要饮用水来源情况						
经过净化处理的自来水	%	55.78	61.08	59.05	61.25	61.47
受保护的井水和泉水	%	34.62	33.09	34.89	31.84	30.63
不受保护的井水和泉水	%	9.22	5.06	5.23	6.40	7.40
江河湖泊水	%	0.18	0.19	0.42	0.51	0.51
收集雨水	%					
桶装水	%	0.20				
其他水源	%		0.59	0.41		
住户厕所类型						
水冲式卫生厕所	%	49.13	48.49	53.75	51.15	55.36
水冲式非卫生厕所	%	34.02	32.80	30.47	32.93	29.41
卫生旱厕	%	7.25	8.15	7.39	7.87	5.32
普通旱厕	%	9.44	10.17	8.22	8.15	9.88
无厕所	%		0.32	0.07		0.07
住户主要取暖用能源状况						
柴草	%	12.90	6.17	6.44	6.27	7.01
煤炭	%	4.64	6.01	5.55	8.35	3.97
罐装液化石油气	%	4.43	3.55	5.93	4.74	4.25
管道液化石油气	%				0.35	0.07
管道煤气	%		0.15			0.16
管道天然气	%	0.17	0.89	0.98	1.18	1.35
电	%	49.66	57.60	55.42	55.53	56.05
燃料用油	%	0.07		0.07		0.18
沼气	%				0.23	
其他	%	2.54	3.51	0.96	3.35	2.85
无取暖行为	%	25.60	22.13	24.65	20.00	24.11
主要炊用能源状况						
柴草	%	24.63	15.04	13.64	11.90	12.53
煤炭	%	3.08	3.62	1.98	4.00	1.92
罐装液化石油气	%	32.33	36.13	39.03	35.51	38.24
管道液化石油气	%	0.57	0.85	0.41	0.29	0.99
管道煤气	%	0.16		0.27		0.32
管道天然气	%	1.82	3.05	4.39	6.11	8.08
电	%	34.25	38.90	37.97	39.60	36.03
燃料用油	%		0.14			0.17
沼气	%	0.98	0.63	0.69	0.23	0.18
其他	%	2.03	1.65	1.15	2.22	1.03
无炊用行为	%	0.14		0.47	0.15	0.51

7-44 按收入分组的农民家庭土地经营情况(2019年)

项　　目	单 位	低收入户	中低收入户	中等收入户	中高收入户	高收入户
平均每百人土地经营情况						
期末实际经营土地面积	亩	185.01	166.54	201.68	254.60	352.21
耕地面积	亩	128.72	142.34	173.87	216.98	321.42
其中：有效灌溉面积	亩	92.91	114.08	149.62	188.06	283.35
林地面积	亩	44.83	22.99	23.52	30.49	16.67
园地面积	亩	11.47	1.06	4.05	1.57	12.92
牧草地面积	亩					0.23
养殖水面面积	亩		0.15	0.24	5.57	0.97
期内主要粮食播种面积	亩	170.73	198.55	244.79	303.25	491.96
小麦播种面积	亩	88.49	107.97	136.47	158.56	258.97
水稻播种面积	亩	9.14	11.42	17.10	36.19	28.80
玉米播种面积	亩	61.17	70.46	81.34	99.27	184.56
大豆播种面积	亩	3.80	7.80	8.02	8.07	16.73
薯类播种面积	亩	8.13	0.90	1.85	1.15	2.89
期内主要经济作物播种面积	亩	46.07	33.11	47.87	58.17	80.34
棉花播种面积	亩	0.07	0.00	0.01	0.12	0.19
油料作物播种面积	亩	24.26	25.04	35.51	40.26	55.52
蔬菜播种面积	亩	9.75	5.48	7.52	11.86	8.16
水果播种面积	亩	11.99	2.10	4.31	5.69	15.82

7-45 按收入分组的农民家庭生产经营情况(2019年)

项　　目	单 位	低收入户	中低收入户	中等收入户	中高收入户	高收入户
谷物产量	公斤/人	745.39	977.58	1194.74	1575.58	2250.44
#小麦产量	公斤/人	421.77	552.27	710.94	859.05	1236.34
稻谷产量	公斤/人	39.98	67.42	81.05	194.93	152.29
玉米产量	公斤/人	281.80	357.48	402.14	521.27	861.75
薯类产量	公斤/人	7.02	4.06	5.48	2.91	11.08
豆类产量	公斤/人	6.74	11.37	17.41	13.98	32.88
棉花产量	公斤/人	0.13	0.00	0.02	0.31	0.11
油料产量	公斤/人	53.73	72.22	108.36	118.12	172.18

7-46 按收入分组的农民家庭出售产品情况(2019年)

项 目	单 位	低收入户	中低收入户	中等收入户	中高收入户	高收入户
出售粮食数量	公斤/人	641.13	732.90	841.81	1131.01	1768.56
#小麦	公斤/人	358.14	414.65	512.60	631.63	1005.93
稻谷	公斤/人	46.10	49.28	77.45	147.38	121.66
玉米	公斤/人	232.80	267.15	251.05	350.70	637.03
薯类	公斤/人	5.10	1.23	3.03	2.45	3.23
豆类	公斤/人	6.97	10.67	15.57	13.51	28.74
出售棉花数量	公斤/人	0.01		0.00	0.40	0.13
出售油料数量	公斤/人	56.77	62.93	108.40	88.12	126.14
出售麻类数量	公斤/人					
出售烟叶数量	公斤/人	0.25	3.20	1.72	2.98	20.57
出售蔬菜数量	公斤/人	67.94	80.34	130.52	223.16	276.83
出售水果数量	公斤/人	11.04	9.42	35.84	30.79	226.89
出售肉猪数量	公斤/人	34.22	7.45	9.41	32.95	60.97
出售肉牛数量	公斤/人	0.34	0.41	0.11	4.25	17.99
出售菜羊数量	公斤/人	0.18	1.36	4.23	3.69	7.35
出售家禽总重量	公斤/人	0.83	1.05	24.14	4.09	6.55
出售蛋类数量	公斤/人	4.23	0.17	0.22	1.50	75.12
出售水产品数量	公斤/人	5.53	0.15	1.46	1.96	0.89

7-47 按收入分组的农民家庭主要食品消费量(2019年)

项 目	单 位	低收入户	中低收入户	中等收入户	中高收入户	高收入户
粮食消费量	**公斤/人**	**117.70**	**126.09**	**130.23**	**140.80**	**179.94**
小麦	公斤/人	78.58	83.94	93.17	95.27	116.25
稻谷	公斤/人	21.60	24.17	20.95	22.21	26.28
玉米	公斤/人	4.75	5.37	2.52	6.27	18.45
薯类消费量	公斤/人	2.18	2.56	2.46	2.71	3.97
豆类消费量	公斤/人	6.84	6.99	7.69	10.28	11.08
油脂类消费量	**公斤/人**	**6.66**	**7.03**	**7.53**	**7.94**	**9.70**
植物油	公斤/人	6.57	7.00	7.48	7.91	9.60
动物油	公斤/人	0.09	0.03	0.06	0.03	0.10
蔬菜及菜制品消费量	**公斤/人**	**62.30**	**68.89**	**74.79**	**79.65**	**101.71**
肉类	**公斤/人**	**11.42**	**13.14**	**14.28**	**16.17**	**20.30**
猪肉	公斤/人	8.85	9.80	10.66	11.77	14.40
牛肉	公斤/人	0.41	0.66	0.70	0.90	1.44
羊肉	公斤/人	0.29	0.50	0.43	0.57	0.93
其他肉类及制品	公斤/人	1.88	2.19	2.49	2.94	3.53
禽类	**公斤/人**	**4.11**	**5.52**	**5.34**	**6.35**	**7.62**
水产品	**公斤/人**	**2.55**	**2.79**	**3.26**	**3.84**	**4.32**
蛋类及蛋制品	**公斤/人**	**11.54**	**12.06**	**12.21**	**13.12**	**17.08**
奶和奶制品	**公斤/人**	**6.07**	**7.87**	**7.10**	**8.49**	**11.08**
干鲜瓜果类	**公斤/人**	**40.59**	**47.52**	**50.42**	**58.54**	**71.50**
糖果糕点类	**公斤/人**	**5.14**	**5.12**	**4.99**	**5.80**	**6.49**
酒	**公斤/人**	**4.21**	**4.64**	**5.28**	**6.54**	**9.40**

7−48　按收入分组的农民家庭平均每百户主要耐用消费品年末拥有量(2019年)

项　目	单 位	低收入户	中低收入户	中等收入户	中高收入户	高收入户
家用汽车	台	4.38	0.07	6.51	0.07	7.13
摩托车	台	9.92	0.10	10.29	0.11	11.06
助力车	台	29.58	0.34	34.19	0.35	35.30
洗衣机	台	24.86	0.28	27.63	0.29	28.61
电冰箱(柜)	台	24.61	0.27	26.57	0.28	27.79
微波炉	台	2.33	0.03	3.36	0.03	3.33
彩色电视机	台	29.48	0.32	31.53	0.33	33.19
空调	辆	22.77	0.27	27.30	0.28	28.33
热水器	辆	16.53	0.20	19.65	0.22	21.53
洗碗机	部	0.12	0.00	0.19	0.00	0.37
排油烟机	台	3.66	0.04	4.13	0.07	6.47
固定电话	台	2.24	0.02	2.09	0.02	2.29
移动电话	台	67.78	0.75	74.46	0.78	78.04
其中：接入互联网	台	40.49	0.46	45.65	0.48	48.43
计算机	架	6.07	0.06	6.12	0.09	8.81
其中：接入互联网	台	3.33	0.04	3.94	0.06	5.48
照相机	台	0.32	0.00	0.35	0.00	0.37
中高档乐器	台	0.18		0.05	0.00	0.29
健身器材	台	0.25	0.00	0.26	0.00	0.30

7−49　农民家庭平均每户年末生产性固定资产原值

单位：元

指标名称	2005年	2010年	2015年	2016年	2017年	2018年	2019年
农业固定资产原价	4353.48	5990.78	6848.49	6264.57	6526.41	5763.14	5290.28
生产性用房及建筑物	675.79	1192.92	1525.05	1364.15	1343.56	996.85	844.93
役畜	248.36	199.46	138.28	103.31	115.55	59.18	50.62
农业设施			508.59	330.71	395.71	313.86	400.85
农业机械	3039.92	3999.67	4392.50	4273.89	4966.60	4046.55	3850.94
林业固定资产原价	7.80	5.35	26.10	62.43	37.79	40.17	31.26
生产性用房及建筑物	0.24	0.42	11.21	3.75	3.72	4.91	6.11
机械设备	7.56	0.98	11.44	48.33	23.42	19.85	21.98
牧业固定资产原价	534.36	1221.65	749.67	1104.88	1125.81	1310.58	1494.93
生产性用房及建筑物	261.52	618.31	342.67	631.63	644.59	932.94	603.29
产品畜	259.07	547.07	369.29	456.32	471.85	294.97	885.35
渔业固定资产原价	15.07	14.82	31.31	34.80	33.78	101.57	202.05
农林牧渔服务业固定资产原价			36.05	158.63	168.80		2.52
期末非农产业固定资产原价							
采矿业	138.10	107.14	4.96	7.57	4.88	26.86	10.15
制造业	301.21	416.91	353.13	201.46	239.90	1055.21	906.80
电力、热力、燃气及水生产和供应业		54.76	475.98	0.70	0.69		0.15
建筑业	60.12	136.05	202.61	413.28	296.11	579.34	320.59
批发和零售业	169.58	370.48	2966.26	1489.95	1610.18	1317.73	1358.82
交通运输、仓储和邮政业	692.95	1193.25	1857.63	2180.93	2274.54	1522.48	1609.71
住宿和餐饮业	84.48	121.47	305.05	190.15	193.37	479.00	265.35
房地产业			3.54	16.19	12.27	14.36	13.05
租赁和商务服务业			49.85	107.68	69.33	72.73	70.92
居民服务、修理和其他服务业			705.27	551.07	507.99	377.59	641.65
其他行业	34.19	64.55	95.29	169.57	372.88	658.47	383.42

7-50 农民家庭平均每百户拥有主要生产性固定资产数量

指　标	单 位	2005年	2010年	2015年	2016年	2017年	2018年	2019年
生产性用房及建筑物	平方米	1208.12	1490.96	805.81	872.52	675.52	880.36	1013.29
大中型农用拖拉机	台	5.58	10.11	2.31	2.64	3.51	3.04	2.54
小型农用拖拉机	台	44.18	31.17	41.92	36.49	33.69	35.62	32.42
农用排灌动力机械	台	14.73	14.51	26.33	22.75	21.00	14.00	14.24
插秧机	台			0.73	0.34	0.16	0.69	0.60
收割机	台	1.82	2.20	1.44	1.46	1.22	1.20	1.20
脱粒机	台	6.51	7.15	12.44	12.40	9.91	7.08	7.17
役畜	头	12.92	5.57	30.05	7.68	35.58	6.10	
产品畜	头	31.69	26.83	43.62	51.08	49.39	44.85	146.44

7-51 按收入分组的农民家庭平均每户年末生产性固定资产原值(2019年)

项　目	单位	低收入户	中低收入户	中等收入户	中高收入户	高收入户
期末农业生产性固定资产原价	——					
农业固定资产原价	元	3655.87	4289.89	4072.84	5479.18	8948.19
生产性用房及建筑物	元	659.33	457.05	629.98	1123.75	1353.63
役畜	元		2.46	77.03	65.72	107.81
农业设施	元	141.39	890.44	253.37	271.06	448.00
农业机械	元	2705.36	2836.36	3000.23	3827.24	6881.10
林业固定资产原价	元	1.82	17.48	30.18	20.38	86.35
生产性用房及建筑物	元	1.82	2.19	5.43	5.82	15.28
机械设备	元		15.30	14.33	14.56	65.68
牧业固定资产原价	元	2641.62	509.46	713.70	1512.31	2096.35
生产性用房及建筑物	元	1135.14	144.48	169.05	274.78	1292.02
产品畜	元	1490.61	364.29	478.54	1232.02	860.94
渔业固定资产原价	元	385.71		126.50	496.25	1.89
农林牧渔服务业固定资产原价	元		5.57			7.05
期末非农产业固定资产原价	——					
采矿业	元				50.76	
制造业	元	27.97	3860.54	102.34	313.14	231.31
电力、热力、燃气及水生产和供应业	元					0.77
建筑业	元	269.51	167.84	151.62	287.94	725.43
批发和零售业	元	681.72	333.63	1355.79	1209.77	3210.71
交通运输、仓储和邮政业	元	1088.99	1932.65	1367.12	1498.99	2160.10
住宿和餐饮业	元	73.29	164.68	93.13	507.66	487.54
房地产业	元		65.30			
租赁和商务服务业	元	207.31			39.17	108.08
居民服务、修理和其他服务业	元	99.91	525.52	754.72	325.61	1501.53
其他行业	元	106.29	749.61	74.31	756.18	230.68

7−52　按收入分组的农民家庭平均每百户拥有主要生产性固定资产数量(2019年)

项　　目	单位	低收入户	中低收入户	中等收入户	中高收入户	高收入户
生产性用房及建筑物	平方米	675.62	419.50	680.80	1353.52	1935.47
大中型农用拖拉机	台	2.43	1.22	1.73	1.61	5.69
小型农用拖拉机	台	29.30	26.88	35.16	33.94	36.81
农用排灌动力机械	台	12.35	11.39	13.89	14.65	18.89
插秧机	台	0.28	0.40	0.45	0.69	1.17
收割机	台	0.74	0.64	0.83	1.51	2.27
脱粒机	台	6.71	5.33	7.61	7.74	8.47
产品畜	头	37.49	13.87	26.86	27.86	625.50

7−53　按收入分组的农民家庭平均每人总收入(2019年)

单位：元

项　　目	低收入户	中低收入户	中等收入户	中高收入户	高收入户
总收入	**32372.51**	**42998.69**	**55638.32**	**70615.08**	**106199.93**
工资性收入	**8449.86**	**13375.77**	**20073.80**	**26960.21**	**30502.38**
工资	7139.30	11593.90	17459.53	23947.98	28018.26
实物福利	4.36	17.14	19.29	32.22	37.63
其他	1306.20	1764.72	2594.98	2980.02	2446.49
经营性收入	**13114.72**	**15164.91**	**20292.96**	**26410.81**	**55297.01**
第一产业经营收入	11226.76	11268.11	15603.96	20393.84	31839.78
农业	8086.55	9978.33	13555.27	16692.52	23561.75
林业	360.26	306.23	219.82	318.03	830.67
牧业	2489.58	926.62	1725.51	2963.80	7395.04
渔业	290.37	56.93	103.36	419.49	52.32
第二产业经营收入	173.00	995.51	221.48	682.50	6202.37
第三产业经营收入	1714.96	2901.29	4467.52	5334.47	17254.85
财产性收入	**477.06**	**523.29**	**594.28**	**780.51**	**1748.37**
转移性收入	**10330.87**	**13934.72**	**14677.29**	**16463.54**	**18652.19**
家庭外出从业人员寄回带回收入	6553.63	10139.46	9967.49	11284.57	11390.62

7-54 按收入分组的农民家庭平均每人总支出(2019年)

单位：元

项　目	低收入户	中低收入户	中等收入户	中高收入户	高收入户
总支出	**47125.44**	**48485.56**	**54003.41**	**60145.37**	**79495.24**
消费支出	**31839.57**	**35140.32**	**38147.23**	**41513.06**	**48932.30**
生产经营费用支出	**8108.86**	**4721.28**	**5981.84**	**7127.32**	**14177.25**
第一产业经营费用支出	6970.91	3702.28	5116.31	6295.72	9700.99
农业	3815.13	3075.71	4243.84	4551.60	5718.30
林业	130.72	47.94	71.02	90.87	103.74
牧业	2920.13	440.62	782.28	1411.03	3844.40
渔业	104.94	138.01	19.17	242.23	34.55
第二产业经营费用支出	114.19	403.78	12.48	124.18	466.38
第三产业经营费用支出	1023.75	615.21	853.05	707.41	4009.87
财产性支出	**23.21**	**30.51**	**24.74**	**33.35**	**94.86**
转移性支出	**1570.13**	**1111.77**	**1190.64**	**1276.51**	**1342.87**
部分商业保险支出	**73.79**	**166.74**	**347.69**	**305.18**	**491.19**
购置资产及非经常性转移支出	**5026.00**	**6550.10**	**7505.18**	**7873.54**	**11506.71**
借贷性支出	**483.89**	**764.83**	**806.09**	**2016.42**	**2950.06**

7-55 按收入分组的农民家庭平均每人可支配收入(2019年)

单位：元

项　目	低收入户	中低收入户	中等收入户	中高收入户	高收入户
可支配收入	**22054.31**	**36298.01**	**47851.62**	**61344.75**	**89265.22**
工资性收入	**8449.86**	**13375.77**	**20073.80**	**26960.21**	**30502.38**
工资	7139.30	11593.90	17459.53	23947.98	28018.26
实物福利	4.36	17.14	19.29	32.22	37.63
其他	1306.20	1764.72	2594.98	2980.02	2446.49
经营净收入	**4389.86**	**9606.51**	**13721.64**	**18450.34**	**39800.03**
第一产业经营净收入	3810.18	7244.71	10158.10	13597.58	21396.60
农业	4027.70	6616.62	9039.91	11775.65	17246.90
林业	229.41	257.13	146.79	225.80	721.18
牧业	-606.66	452.03	895.64	1451.95	3410.88
渔业	159.72	-81.08	75.75	144.17	17.65
第二产业经营净收入	38.98	323.16	192.07	514.87	5672.16
第三产业经营净收入	540.71	2038.64	3371.47	4337.90	12731.26
财产净收入	**453.85**	**492.78**	**569.54**	**747.16**	**1653.51**
转移净收入	**8760.75**	**12822.95**	**13486.65**	**15187.04**	**17309.31**

7－56　按收入分组的农民家庭平均每人现金可支配收入(2019年)

单位：元

项　　目	低收入户	中低收入户	中等收入户	中高收入户	高收入户
现金收入(未扣除生产费用)	**21444.75**	**34585.17**	**45150.43**	**57578.39**	**85203.26**
现金工资性收入	**8445.50**	**13358.62**	**20054.51**	**26928.00**	**30464.74**
工资	7139.30	11593.90	17459.53	23947.98	28018.26
其他工资性收入	1306.20	1764.72	2594.98	2980.02	2446.49
现金经营性收入	**4206.67**	**8441.51**	**11776.45**	**15742.53**	**37530.12**
第一产业现金经营收入	3456.66	5563.71	7952.98	10557.15	18549.15
农业	3588.21	5022.15	6812.50	8687.54	14325.25
林业	153.63	186.50	107.64	179.17	680.26
牧业	-469.58	436.28	949.38	1514.77	3526.77
渔业	184.40	-81.22	83.46	175.67	16.87
第二产业现金经营收入	58.81	591.72	209.00	558.32	5735.99
第三产业现金经营收入	691.21	2286.08	3614.47	4627.06	13244.98
现金财产性收入	**453.85**	**492.78**	**569.54**	**747.16**	**1653.51**
现金转移性收入	**8338.73**	**12292.26**	**12749.93**	**14160.70**	**15554.89**
家庭外出从业人员寄回带回收入	6553.63	10139.46	9967.49	11284.57	11390.62

7－57　按收入分组的农民家庭平均每人现金支出(2019年)

单位：元

项　　目	低收入户	中低收入户	中等收入户	中高收入户	高收入户
现金支出	**41650.71**	**42798.39**	**47629.00**	**53434.16**	**71001.12**
现金消费支出	**26396.97**	**29514.69**	**31832.72**	**34847.33**	**40499.44**
生产经营现金费用支出	**8076.73**	**4659.74**	**5921.94**	**7081.84**	**14115.99**
第一产业经营现金费用支出	6938.78	3640.74	5056.41	6250.24	9639.73
农业	3795.07	3044.54	4218.35	4519.05	5691.09
林业	130.72	47.94	71.02	90.87	103.74
牧业	2908.05	410.44	748.31	1398.09	3810.36
渔业	104.94	137.82	18.74	242.23	34.55
第二产业经营现金费用支出	114.19	403.78	12.48	124.18	466.38
第三产业经营现金费用支出	1023.75	615.21	853.05	707.41	4009.87
现金财产性支出	**23.21**	**30.51**	**24.74**	**33.35**	**94.86**
现金转移性支出	**1570.13**	**1111.77**	**1190.64**	**1276.51**	**1342.87**
部分商业保险支出	**73.79**	**166.74**	**347.69**	**305.18**	**491.19**
购置资产及非经常性转移支出	**5026.00**	**6550.10**	**7505.18**	**7873.54**	**11506.71**
借贷性支出	**483.89**	**764.83**	**806.09**	**2016.42**	**2950.06**

7-58 按收入分组的农民家庭平均每人生活消费支出(2019年)

单位：元

项　　目	低收入户	中低收入户	中等收入户	中高收入户	高收入户
全年生活消费支出	**8445.52**	**9810.47**	**10893.16**	**12295.28**	**16911.42**
食品	2343.21	2516.53	2704.73	3180.10	4165.60
衣着	583.89	705.55	769.86	911.89	1215.65
居住	1824.81	2194.34	2370.73	2603.83	3562.67
家庭设备、用品及服务	535.68	573.63	732.04	851.79	1082.38
交通和通讯	768.12	1143.06	1232.30	1392.47	2563.64
文化、教育、娱乐用品及服务	1203.23	1329.58	1550.09	1564.94	1718.34
医疗保健	1064.98	1153.87	1363.29	1590.58	2323.92
其他商品和服务	121.58	193.90	170.11	199.68	279.23

7-59 按收入分组的农民家庭平均每人生活消费现金支出(2019年)

单位：元

项　　目	低收入户	中低收入户	中等收入户	中高收入户	高收入户
全年生活消费支出	**7092.15**	**8339.65**	**9180.28**	**10422.65**	**14118.23**
食品	2341.58	2511.55	2698.60	3169.64	4152.02
衣着	583.87	705.51	769.86	911.81	1215.60
居住	584.29	877.53	875.11	1047.51	1391.80
家庭设备、用品及服务	531.33	566.89	726.48	846.25	1076.97
交通和通讯	768.12	1143.02	1232.23	1392.46	2563.51
文化、教育、娱乐用品及服务	1203.22	1329.58	1550.08	1564.94	1718.33
医疗保健	960.22	1012.76	1158.15	1290.90	1721.16
其他商品和服务	119.51	192.81	169.78	199.14	278.83

7-60 贫困地区农民家庭平均每人总收入

单位：元

项目	2000年	2005年	2010年	2015年	2016年	2017年	2018年	2019年
全年总收入（未扣除生产费用）	**2348.31**	**3151.89**	**5577.39**	**11696.51**	**12344.28**	**13516.33**	**14391.86**	**15816.52**
工资性收入	**454.22**	**763.18**	**1709.82**	**2424.47**	**2829.11**	**3257.37**	**3919.55**	**4536.64**
工资	88.77	76.43	135.15	1477.61	1806.91	2082.38	2867.03	3643.87
实物福利	135.81	195.48	452.61	1.23	0.91	1.11	8.31	5.68
其他	229.64	491.27	1122.07	945.64	1021.28	1173.88	1044.21	887.09
经营性收入	**1788.70**	**2260.04**	**3582.47**	**6374.38**	**6442.34**	**6714.12**	**6316.75**	**6664.22**
第一产业经营收入	**1553.94**	**1986.31**	**3050.84**	**5097.82**	**4868.79**	**5004.18**	**4546.92**	**4787.33**
农业	1162.36	1457.49	2310.89	3937.37	3770.77	3876.47	3574.68	3877.27
林业	43.22	52.85	107.30	155.42	126.80	154.54	186.78	136.51
牧业	343.27	467.94	613.46	988.84	954.92	951.89	757.10	712.39
渔业	5.09	8.03	19.18	16.19	16.30	21.28	28.36	61.15
第二产业经营收入	**63.84**	**70.83**	**141.75**	**297.63**	**364.69**	**491.91**	**421.99**	**319.89**
第三产业经营收入	**170.92**	**202.90**	**389.88**	**978.93**	**1208.86**	**1218.03**	**1347.84**	**1557.00**
财产性收入	**12.21**	**28.58**	**28.86**	**96.63**	**122.98**	**133.55**	**170.41**	**129.53**
转移性收入	**93.18**	**100.09**	**256.24**	**2801.02**	**2949.85**	**3411.29**	**3985.15**	**4486.13**
其中：家庭外出从业人员								
寄回带回收入				2128.88	2277.60	2656.84	2956.70	3191.69

注：2007年以前为44个扶贫开发重点县数据，2008—2012年为31个国家级扶贫开发重点县数据，2013年以后为53个贫困县数据。2014年开始为新口径数据。

7-61 贫困地区农民家庭平均每人总支出

单位：元

项　目	2000年	2005年	2010年	2015年	2016年	2017年	2018年	2019年
全年总支出	**1771.76**	**2573.91**	**4567.50**	**10646.53**	**10976.24**	**11903.28**	**13170.07**	**14469.43**
生产经营费用支出	**433.97**	**700.13**	**1225.27**	**2106.26**	**1930.84**	**2103.82**	**1908.00**	**2000.26**
第一产业经营费用支出	**381.61**	**630.77**	**1058.27**	**1784.36**	**1524.61**	**1623.22**	**1551.18**	**1544.93**
农业	247.80	406.12	754.92	1223.34	1057.88	1128.54	1119.12	1138.89
林业	2.21	7.52	13.39	18.91	10.45	10.09	13.39	23.98
牧业	130.42	215.07	282.58	538.66	451.75	482.97	402.89	352.71
渔业	1.18	2.06	7.38	3.46	4.53	1.63	15.77	29.36
第二产业经营费用支出	**15.98**	**24.74**	**63.71**	**81.19**	**118.21**	**187.19**	**63.03**	**45.13**
第三产业经营费用支出	**36.38**	**44.62**	**103.28**	**240.71**	**288.02**	**293.41**	**293.79**	**410.20**
部分商业保险支出				13.41	16.16	15.41	49.25	**79.93**
购置资产及非经常性转移支出				1368.04	1369.82	1353.85	1686.61	1828.58
借贷性支出				**134.99**	**130.47**	**169.12**	**229.48**	**270.18**
消费支出	**1128.84**	**1694.82**	**3088.58**	**6865.51**	**7360.17**	**8044.71**	**8979.10**	**9958.13**
食品烟酒	567.39	823.10	1306.01	2157.17	2261.08	2339.16	2555.32	2831.93
衣着	76.86	109.15	224.72	539.16	558.01	602.10	669.58	749.13
居住	155.79	289.02	654.85	1482.22	1559.60	1749.62	2035.67	2210.34
生活用品及服务	49.08	73.14	178.58	502.32	550.83	574.41	653.39	689.23
交通通信	50.89	127.63	297.07	784.73	916.71	1008.21	1035.97	1093.06
教育文化娱乐	128.04	160.65	175.69	658.09	755.31	879.22	986.39	1137.72
医疗保健	54.67	84.82	196.00	598.70	607.22	720.06	890.76	1082.54
其他用品和服务	46.12	27.31	55.67	143.11	151.42	171.92	152.01	164.18
财产性支出	**16.56**	**2.38**	**2.92**	**2.02**	**3.15**	**3.28**	**5.23**	**5.02**
转移性支出	**67.69**	**93.12**	**214.77**	**156.31**	**165.62**	**213.08**	**312.41**	**327.34**

注：2007年以前为44个扶贫开发重点县数据，2008—2012年为31个国家级扶贫开发重点县数据，2013年以后为53个贫困县数据。2014年开始为新口径数据。

7-62 贫困地区农民家庭平均每人可支配收入

单位：元

项　　目	2000年	2005年	2010年	2015年	2016年	2017年	2018年	2019年
全年可支配收入	**1749.31**	**2330.90**	**4208.78**	**9176.02**	**10020.66**	**10945.31**	**11966.02**	**13282.35**
工资性收入	**454.22**	**763.18**	**1709.82**	**2424.47**	**2829.11**	**3257.37**	**3919.55**	**4536.64**
工资				1477.61	1806.91	2082.38	2867.03	3643.87
实物福利				1.23	0.91	1.11	8.31	5.68
其他				945.64	1021.28	1173.88	1044.21	887.09
经营净收入	**1215.22**	**1472.65**	**2254.07**	**4013.96**	**4287.49**	**4359.46**	**4208.58**	**4462.41**
第一产业经营净收入	**1050.51**	**1276.41**	**1904.26**	**3163.01**	**3201.51**	**3219.91**	**2861.45**	**3112.90**
农业	835.46	994.33	1485.23	2575.58	2586.79	2603.64	2347.92	2626.82
林业	40.30	44.58	93.01	135.90	114.72	143.69	172.85	112.06
牧业	171.22	231.70	314.56	439.04	488.40	453.09	331.17	345.41
渔业	3.53	5.80	11.46	12.49	11.60	19.48	9.51	28.61
第二产业经营净收入	**42.10**	**44.04**	**74.82**	**203.63**	**234.15**	**292.08**	**348.77**	**264.06**
第三产业经营净收入	**122.61**	**152.20**	**274.99**	**647.32**	**851.83**	**847.47**	**998.37**	**1085.45**
财产净收入	**12.21**	**29.04**	**28.86**	**91.78**	**119.83**	**130.27**	**165.18**	**124.51**
转移净收入	**67.66**	**66.03**	**216.03**	**2645.80**	**2784.23**	**3198.21**	**3672.71**	**4158.79**
其中：家庭外出从业人员寄回带回收入				2128.88	2277.60	2656.84	2956.70	3191.69

注：2007年以前为44个扶贫开发重点县数据，2008—2012年为31个国家级扶贫开发重点县数据，2013年以后为53个贫困县数据。2014年开始为新口径数据。

7-63 贫困地区农民家庭平均每人现金收入

单位：元

项　　目	2000年	2005年	2010年	2015年	2016年	2017年	2018年	2019年
全年现金收入(未扣除生产费用)	**1500.48**	**2237.64**	**4234.55**	**10160.85**	**11109.43**	**12137.11**	**13297.81**	**14506.54**
现金工资性收入	**450.17**	**763.18**	**1708.34**	**2423.25**	**2828.20**	**3256.26**	**3911.24**	**4530.96**
工资				1477.61	1806.91	2082.38	2867.03	3643.87
其他工资性收入				945.64	1021.28	1173.88	1044.21	887.09
现金经营性收入	**960.63**	**1358.43**	**2250.75**	**4961.61**	**5333.35**	**5471.12**	**5377.29**	**5563.10**
第一产业现金经营收入	**739.87**	**1084.70**	**1719.69**	**3685.05**	**3759.79**	**3761.18**	**3607.46**	**3686.21**
农业	452.32	598.97	1030.96	2564.01	2710.76	2686.89	2700.20	2834.72
林业	23.96	42.77	96.61	132.76	94.52	118.25	142.98	105.02
牧业	260.74	435.95	576.07	972.46	938.70	935.19	736.59	686.00
渔业	2.85	7.01	16.04	15.83	15.81	20.86	27.68	60.47
第二产业现金经营收入	**58.11**	**70.83**	**141.18**	**297.63**	**364.69**	**491.91**	**421.99**	**319.89**
第三产业现金经营收入	**162.65**	**202.90**	**389.87**	**978.93**	**1208.86**	**1218.03**	**1347.84**	**1557.00**
现金财产性收入	**10.60**	**28.58**	**27.11**	**95.37**	**122.98**	**133.55**	**170.41**	**129.53**
现金转移性收入	**79.08**	**87.45**	**248.35**	**2680.63**	**2824.91**	**3276.18**	**3838.87**	**4282.95**
家庭外出从业人员寄回带回收入				2128.88	2277.60	2656.84	2956.70	3191.69

注：2007年以前为44个扶贫开发重点县数据，2008—2012年为31个国家级扶贫开发重点县数据，2013年以后为53个贫困县数据。2014年开始为新口径数据。

7-64 贫困地区农民家庭平均每人现金支出

单位：元

项　目	2000年	2005年	2010年	2015年	2016年	2017年	2018年	2019年
全年现金支出	**1317.56**	**2033.84**	**4056.58**	**9454.47**	**9734.81**	**10578.99**	**11612.30**	**12710.22**
生产经营现金费用支出	**339.65**	**562.10**	**1071.24**	**2078.91**	**1903.04**	**2061.43**	**1881.37**	**1978.47**
第一产业经营现金费用支出	**290.79**	**501.90**	**909.73**	**1757.01**	**1496.80**	**1580.83**	**1524.55**	**1523.15**
农业	210.30	345.09	655.81	1208.24	1037.08	1093.92	1102.43	1125.03
林业	2.16	6.27	12.68	18.88	10.45	10.04	13.39	23.98
牧业	77.48	149.22	236.36	526.44	444.75	475.24	393.04	344.93
渔业	0.85	1.32	4.87	3.45	4.53	1.62	15.69	29.21
第二产业经营现金费用支出	**15.74**	**23.83**	**60.50**	**81.19**	**118.21**	**187.19**	**63.03**	**45.13**
第三产业经营现金费用支出	**33.12**	**36.37**	**101.01**	**240.71**	**288.02**	**293.41**	**293.79**	**410.20**
部分商业保险支出				**13.41**	**16.16**	**15.41**	**49.25**	**79.93**
购置资产及非经常性转移支出				**1368.04**	**1369.82**	**1353.85**	**1686.61**	**1828.58**
借贷性支出				**134.99**	**130.47**	**169.12**	**229.48**	**270.18**
现金消费支出	**786.88**	**1294.62**	**2643.34**	**5700.80**	**6146.55**	**6762.81**	**7447.95**	**8220.70**
食品烟酒	263.59	473.12	901.51	1929.50	2087.55	2161.32	2405.80	2679.08
衣着	73.87	109.15	224.72	539.04	557.88	601.94	669.35	748.79
居住	120.64	238.81	614.11	665.12	644.38	777.56	800.88	828.41
生活用品及服务	49.07	73.14	178.57	501.49	548.87	572.71	651.81	684.99
交通通信	50.89	127.63	297.07	784.73	916.70	1008.17	1035.83	1092.80
教育文化娱乐	128.04	160.65	175.69	657.78	754.74	879.20	985.61	1137.63
医疗保健	54.67	84.82	196.00	480.05	485.15	590.02	747.80	887.80
其他用品和服务	46.11	27.30	55.67	143.08	151.28	171.88	150.88	161.21
现金财产性支出	**6.67**	**2.38**	**2.92**	**2.02**	**3.15**	**3.28**	**5.23**	**5.02**
现金转移性支出	**66.42**	**91.38**	**213.13**	**156.31**	**165.62**	**213.08**	**312.41**	**327.34**

注：2007年以前为44个扶贫开发重点县数据，2008—2012年为31个国家级扶贫开发重点县数据，2013年以后为53个贫困县数据。2014年开始为新口径数据。

7-65 主要年份农村农户固定资产投资情况

单位：万元

指标	2000年	2005年	2010年	2015年	2016年	2017年	2018年	2019年
农村投资总额	**2549526**	**450200**	**7866446**	**7090634**	**6611615**	**6065769**	**6292064**	**5801276**
按投资来源分								
国内贷款	209704	8114	35450	97688	247007	258350	285469	270071
自筹资金	3758	4468528	7732178	6922895	6321870	5756872	5947315	5472752
其他资金	2294758	25358	98818	70051	42737	50547	59280	58453
按投资构成分								
建筑工程	1834257	3293919	6923459	6413649	5842618	5241444	5424050	4634375
安装工程	10741	5524	7873					
设备工器具购置	604245	947275	800540	595780	617002	440058	521988	736505
其他	100283	255283	134574	81205	151995	384267	346027	430395
按投资方向分								
农林牧渔业	495605	916446	850420	724561	906768	1018041	1138885	833672
采矿业				126				
制造业	111632	45436	40859	66211	41796	32486	32223	41069
电力煤气及水的生产和供应业		10799	4006	7544		7560	2302	3138
建筑业	19399	118045	26340	45680		5807	76408	56923
交通运输仓储和邮电业	170367	349604	280767	312028	143329	109709	140793	554194
信息传输、计算机服务和软件		5630			99292			
批发和零售	28518	36392	34536	40094		153575	78764	61357
住宿和餐饮		2060	2544	36945		9577	51605	45490
金融业								
房地产业	1678599	2699392	6412652	5592884	5350269	4641694	4660315	4153432
租赁和商务服务业		1093		28344	51334	61392	8597	17086
科学研究、技术服务和地质勘探业								
水利、环境和公共设施管理业		1593		2935	3344	8277	7083	
居民服务和其他服务业		314408	214322	233283	15482	17651	95090	34914
教育								
卫生、社会保障和社会福利业	36240							
文化、体育和娱乐业	137	1101						
公共管理和社会组织	9029							

7–66 农村劳动力外出从业情况构成

单位：%

项　　目	2010年	2011年	2012年	2013年	2014年	2015年	2016年	2017年	2018年	2019年
年末就业状况	**100**	**100**	**100**	**100**	**100**	**100**	**100**	**100**	**100**	**100**
本地务农	51.2	51.4	48.1	40.8	40.1	40.1	38.8	38.9	35.3	32.2
本地非农自营	5.6	5.6	5.6	6.6	6.9	6.8	7.0	7.2	6.1	6.2
本地非农务工	8.9	10.0	11.5	18.2	18.5	19.7	19.7	20.3	19.1	20.0
外出从业	28.2	26.9	28.2	26.5	26.3	26.8	28.0	28.9	31.3	32.4
未从业及其他	6.1	6.1	6.6	7.9	8.2	6.6	6.5	4.7	8.2	9.2
外出从业地区(人)	**100**	**100**	**100**	**100**	**100**	**100**	**100**	**100**	**100**	**100**
本省	38.9	42.0	43.0	51.4	51.3	54.3	54.8	53.2	50.2	50.4
乡外县内	49.5	39.3	39.9	43.7	42.2	46.4	41.3	42.9	42.4	45.4
县外省内	50.5	60.7	60.1	56.3	57.8	53.6	58.7	57.1	57.6	54.6
省外	61.1	58.0	57.0	48.6	48.7	45.7	45.2	46.8	49.8	49.6
东部地区	81.1	81.9	79.9	81.6	80.9	80.1	78.5	78.1	81.4	79.1
北京	12.2	9.8	10.0	12.5	13.1	11.1	14.0	10.3	12.2	11.0
上海	6.5	10.1	9.2	6.8	7.4	8.6	8.6	7.1	11.0	11.8
江苏	11.6	13.5	12.9	17.8	16.4	15.9	16.1	13.8	17.4	17.7
浙江	13.8	15.7	17.1	16.8	18.0	18.1	17.4	13.8	20.9	21.5
广东	40.4	33.4	34.3	30.2	30.3	32.2	28.9	20.8	26.4	25.4
中部地区	10.2	9.8	9.1	7.8	9.4	9.6	10.7	10.6	8.5	9.8
西部地区	8.4	7.8	10.5	10.2	9.0	9.8	8.8	9.3	8.7	9.5
其他地区	0.3	0.5	0.5	0.4	0.7	0.5	2.0	2.0	1.4	1.6
外出从事行业	**100**	**100**	**100**	**100**	**100**	**100**	**100**	**100**	**100**	**100**
一产业	1.2	2.0	2.0	1.6	1.3	1.1	1.7	1.5	1.4	1.0
二产业	64.9	68.9	67.8	65.2	63.8	62.1	58.5	57.2	56.4	55.9
制造业	54.7	53.4	52.5	44.2	46.9	45.6	44.3	45.9	48.7	48.5
建筑业	40.7	42.5	43.8	51.3	49.6	50.3	50.6	49.0	47.4	47.9
三产业	33.9	29.0	30.2	33.2	34.9	36.8	39.8	41.3	42.2	43.1
批发和零售业	7.5	5.3	4.9	23.5	24.2	26.6	21.5	19.7	16.3	15.9
住宿和餐饮业	5.6	5.5	6.0	18.1	20.0	16.1	17.7	18.0	15.6	17.2
外出务工月均收入(元)	**1640**	**2108**	**2315**	**2858**	**2930**	**3123**	**3295**	**3500**	**3827**	**4133**
社会保障与福利情况										
外出从业的劳动关系	100	100	100	100	100	100	100	100	100	100
无固定期限劳动合同工	14.3	15.0	14.5	14.3	17.0	17.0	9.3	9.0	10.5	15.2
一年及以上劳动合同工	9.6	9.5	9.7	13.2	13.9	10.5	11.9	10.8	11.1	11.4
一年以下劳动合同工	2.5	2.5	2.7	2.6	2.7	2.7	2.6	2.5	3.7	4.2
没有劳动合同	61.4	68.1	68.3	64.8	59.1	62.6	68.6	70.2	65.8	61.0
自营及其他	12.2	4.9	4.8	5.1	7.3	7.2	7.5	7.5	9.0	8.2

注：1.2012年以前为全省42个县，2013年以后为全省92个县(区)。
　　2.外出从业地区类型里“中部地区”不包含河南。
　　3.外出从业不含本地非农自营和本地非农务工。

7-66 续表

单位：%

项　　目	2010年	2011年	2012年	2013年	2014年	2015年	2016年	2017年	2018年	2019年
单位或雇主提供伙食情况	100	100	100	100	100	100	100	100	100	100
每天提供三顿	42.3	39.8	41.1	37.7	35.7	28.7	30.9	30.2	29.9	29.4
每天提供两顿	6.6	9.5	10.3	8.3	8.9	12.7	10.1	10.0	10.4	13.7
每天提供一顿	9.3	10.9	12.7	13.1	12.2	15.4	14.9	16.3	15.4	13.3
不提供，但补贴部分伙食费	3.8	5.5	5.9	5.0	5.6	5.1	5.0	5.4	4.7	4.3
不提供，也没有补贴	38.0	34.3	30.0	35.9	37.6	38.1	39.1	38.1	39.7	39.3
单位或雇主提供住宿情况	100	100	100	100	100	100	100	100	100	100
提供住宿	57.8	66.3	64.3	55.0	52.6	56.5	53.3	54.0	56.9	55.6
不提供住宿，但住房有补贴	6.8	5.0	7.5	7.8	8.3	5.7	5.3	5.1	4.7	5.4
不提供住宿，也没有住房补贴	35.4	28.7	28.2	37.2	39.1	37.8	41.4	40.9	38.4	39.0
单位或雇主拖欠工资情况										
被拖欠工资人数	2.2	0.8	0.6	0.7	0.5	1.8	2.0	1.5	0.8	0.6
被拖欠工资的金额(万元)		10.6	7.7	17.3	17.3	54.2	84.7	44.6	35.0	50.7
五险一金缴纳情况										
缴纳养老保险	5.9	4.6	5.1	9.0	10.7	9.1	8.5	8.6	9.1	9.8
缴纳工伤保险	15.9	11.6	14.1	15.7	17.4	15.2	18.3	17.7	19.1	22.8
缴纳医疗保险	8.0	7.5	7.4	9.4	12.2	10.2	18.3	9.7	10.1	10.9
缴纳失业保险	3.3	2.5	2.4	3.9	4.5	5.1	5.6	6.1	6.9	7.2
缴纳生育保险	1.9	1.3	1.3	2.8	3.0	3.4	3.8	5.2	6.2	6.1
缴纳住房公积金	1.8	2.4	2.5	3.6	4.2	4.2	4.9	4.9	5.9	5.8

主要统计指标解释

一、住户收支与生活状况调查指标解释

从 2013 年度起，国家统计局对分别进行的城乡住户调查实施了一体化改革，规范了城乡划分范围，统一了城乡居民收入指标名称、分类和统计标准，建立了城乡统一的一体化住户调查，并据此采集全国居民有关数据。

（一）居民可支配收入

居民可支配收入指居民可用于最终消费支出和储蓄的总和，即居民可用于自由支配的收入。既包括现金收入，也包括实物收入。按照收入的来源，可支配收入包含四项，分别为：工资性收入、经营性净收入、转移性净收入和财产性净收入。

工资性收入　指就业人员通过各种途径得到的全部劳动报酬和各种福利，包括受雇于单位或个人、从事各种自由职业、兼职和零星劳动得到的全部劳动报酬和福利。

经营净收入　指住户或住户成员从事生产经营活动所获得的净收入，是全部经营收入中扣除经营费用、生产性固定资产折旧和生产税之后得到的净收入。计算公式具体为：

经营净收入=经营收入−经营费用−生产性固定资产折旧−生产税

财产净收入　指住户或住户成员将其所拥有的金融资产、住房等非金融资产和自然资源交由其他机构单位、住户或个人支配而获得的回报并扣除相关的费用之后得到的净收入。财产净收入包括利息净收入、红利收入、储蓄性保险净收益、转让承包土地经营权租金净收入、出租房屋净收入、出租其他资产净收入和自有住房折算净租金等。财产净收入不包括转让资产所有权的溢价所得。

转移净收入　计算公式为：转移净收入=转移性收入−转移性支出

转移性收入　指国家、单位、社会团体对住户的各种经常性转移支付和住户之间的经常性收入转移。包括养老金或退休金、社会救济和补助、政策性生产补贴、政策性生活补贴、救灾款、经常性捐赠和赔偿、报销医疗费、住户之间的赡养收入，本住户非常住成员寄回带回的收入等。转移性收入不包括住户之间的实物馈赠。

转移性支出　指居民家庭对国家、单位、住户或个人的经常性或义务性转移支付。包括缴纳的税款、各项社会保障支出、赡养支出、经常性捐赠和赔偿支出以及其他经常转移支出等。

（二）居民消费支出

居民消费支出是指居民用于满足家庭日常生活消费需要的全部支出，既包括现金消费支出，也包括实物消费支出。消费支出可划分为食品烟酒、衣着、居住、生活用品及服务、交通通信、教育文化娱乐、医疗保健以及其他用品及服务八大类。

食品烟酒　指用于各种食品和烟草、酒类的支出。

衣着　指与居民穿着有关的支出，包括服装、服装材料、鞋类、其他衣类及配件、衣着相关加工服务的支出。

居住　指与居住有关的支出，包括房租、水、电、燃料、物业管理等方面的支出，也包括自有住房折算租金。

生活用品及服务　指家庭及个人的各类生活品及家庭服务。包括家具及室内装饰品、家用器具、家用纺织品、家庭日用杂品、个人用品和家庭服务。

交通通信　指用于交通和通信工具及相关的各种服务费、维修费和车辆保险等支出。

教育文化娱乐 指用于教育、文化和娱乐方面的支出。

医疗保健 指用于医疗和保健的药品、用品和服务的总费用。包括医疗器具及药品，以及医疗服务。

其他用品及服务 指无法直接归入上述各类支出的其他用品与服务支出。

二、2012 年及以前的分城镇和农村住户调查指标解释

2012 年及以前年份，中国的住户调查一直分城乡分别开展。由于分别调查，农村与城镇居民收入、支出等指标的统计口径有所不同，数据也不完全可比，城镇调查城镇居民可支配收入，农村调查农村居民纯收入。城镇居民收入与支出数据，指现金收入或现金支出，不包括实物收支；其中，计算城镇居民人均可支配收入和消费支出时，不包括自有住房折算租金，也不包括购建房支出。农村居民收入与支出数据，分为总收支和现金收支，即农村居民的总收支部分包括了自产自用的实物收支；其中，计算农村居民人均纯收入和消费支出时，也不包括自有住房折算租金，但农村居民居住消费支出中，包括了购建房支出。

为了保持历史数据的可比，本年鉴中 2012 年及以前年份的数据和指标解释仍保持了原城镇住户调查和农村住户调查方案的原貌。

（一）城镇住户调查主要收支指标解释

1．城镇居民家庭总收入

家庭总收入 指居民家庭中生活在一起的所有家庭成员在调查期得到的工薪收入、经营净收入、财产性收入、转移性收入的总和，不包括出售财物和借贷收入。收入的统计标准以实际发生的数额为准，无论收入是补发还是预发，只要是调查期得到的都应如实计算，不作分摊。

工薪收入 指就业人员通过各种途径得到的全部劳动报酬，包括所从事的主要职业的工资以及从事第二职业、其他兼职和零星劳动得到的其它劳动收入。

经营净收入 指家庭成员从事生产经营活动所获得的净收入。是全部生产经营收入中扣除生产成本和税金后所得的收入。如当期收入小于生产费用的开支，其差额记入“其他借贷支出 ”中。

财产性收入 指家庭拥有的动产（如银行存款、有价证券）、不动产（如房屋、车辆、土地、收藏品等）所获得的收入。包括出让财产使用权所获得的利息、租金、专利收入；财产营运所获得的红利收入、财产增值收益等。

利息收入 指资产所有者按预先约定的利率获得的高于存款本金以外的那部分收入。包括各类定期和活期存款利息、债券利息、储蓄性奖券和存款的“中奖”收入。利息与红利的差异：利息一般是预先约定的，与企业的经营状况无关，而红利的多少与企业的经营效益直接有关，一般不预先约定。利息收入是应得收入，包括银行代扣的利息所得税。

转移性收入 指国家、单位、社会团体对居民家庭的各种转移支付和居民家庭间的收入转移。包括政府对个人收入转移的离退休金、失业救济金、赔偿等；单位对个人收入转移的辞退金、保险索赔、住房公积金、家庭间的赠送和赡养等。

记账补贴 指居民家庭因承担记账工作从统计部门、工作单位和其它途径所得到的现金。不包括实物部分。

2．城镇居民可支配收入

可支配收入 指居民家庭可用于最终消费支出和其它非义务性支出以及储蓄的总和，即居民家庭可以用来自由支配的收入。它是家庭总收入扣除交纳的所得税、个人交纳的社会保障费以及调查户的记账补贴后的收入。计算公式为：

可支配收入=家庭总收入−交纳所得税−个人交纳的社会保障支出−记账补贴

3．城镇居民家庭总支出

家庭总支出 指家庭除借贷支出以外的全部实际支出。包括消费支出、购房建房支出、转移性支出、财产性支出、社会保障支出。支出统计是以实际购得的商品或服务的总价值填报，不论其付款方式是一次

付清、分期付款，还是赊购，只要商品或服务已被消费就要按其总价值计量。如果采用分期付款或赊购形式，则要在借贷收入类相应的项目填入实付款与总的应付款的差额。

4．城镇居民消费支出

消费支出 指居民家庭用于满足家庭日常生活消费需要的全部支出，包括食品、衣着、居住、家庭设备及用品、交通通信、文教娱乐、医疗保健、其他等八大类。消费支出构成是按照商品或服务的用途进行分类，如果消费支出的目的与用途不一致时，必须按照用途归入相应类内。

服务性消费支出 指居民家庭用于本家庭支付社会提供的各种文化和生活方面的非商品性服务费用。不包括为别人付款的服务。服务消费与商品消费不同，其特点在于其劳动过程和消费过程在时间与空间上的统一。

财产性支出 指家庭购买或维护财产所支付的利息等有关费用。

社会保障支出 指居民家庭成员参加国家法律、法规规定的社会保障项目中由个人交纳的保障支出。不包括职工所在单位交纳的那部分社会保障金。

食品支出 指居民为摄取身体所需要的营养和满足某种嗜好而进食的各种消费品，包括在商店、集市、工作单位食堂和饮食业购买的主食、副食、烟草、酒、饮料以及干鲜瓜果、糖果、糕点、奶制品等。

衣着支出 指各种穿着用品及加工穿着品的各种材料，包括棉、麻、丝、毛和各种人造纤维、合成纤维纺织的各种布匹、呢绒、绸缎及其加工的服装，各种鞋、袜、帽及其他零星穿着用品等。

居住支出 指与居住有关的支出，包括住房、水、电、燃料方面的支出。其中的住房支出：指居民家庭用于住房的直接支出，包括房租、房屋维修支出、物业管理费、房屋装潢支出。不包括购建房支出，也不包括自有住房虚拟租金。

家庭设备及用品支出 指家庭各类日用消费品及家庭服务。包括日用耐用消费品、室内装饰品、床上用品、家庭日用杂品、家具、家庭服务。不含个人用品和服务。

交通通信支出 指用于交通和通信工具和相关的各种服务费、维修等支出。

交通 指购置交通工具及零配件、支付各种交通费、修理服务费、油料费等的支出。

通信 指家庭用于通信方面的全部支出。包括通信工具、电话费、邮费及其他通信费用。

文教娱乐支出 指居民家庭用于教育和文化娱乐方面的支出。

文化娱乐用品 指居民家庭用于购置家庭文娱用耐用消费品和其它文娱用品的支出。其中，购买家庭影院的根据其设备配置情况分别记为彩色电视机、影碟机、组合音响等。

文化娱乐服务 指和文化娱乐活动有关的各种服务费用。

教育支出 是指按一定的目的要求，对受教育者的德育、智育、体育、爱好、技能等诸方面施以影响的一种有计划的活动，与这一活动直接相关的支出即为教育支出。包括学费、教材费、家教费、赞助费、寄宿学生的住宿费等。

医疗保健支出 指用于医疗和保健的药品、用品和服务费用。包括医疗器具、保健用品、医药费、滋补保健品、医疗保健服务及其他医疗保健费用。实行医疗改革的单位，医疗基金（医保卡）支付的全部费用计入工资及补贴收入中，同时记入相应的医疗保健支出中。个人先现金支付然后到单位报销的医疗费在记入相应消费的同时，如果是在职职工则记入工资性收入，如果是离退休职工则记入离退休金中。

其他支出 指无法直接归入上述各类支出以外的个人用品和其他商品与服务支出。

其他商品 指七大类以外的个人用品和各种其他商品。

服务 指用于个人消费中的服务费，包括旅馆住宿费、理发洗澡费、美容费等。

（二）农村住户调查主要收支指标解释

1．农村居民总收入与总支出

总收入 指调查期内农村住户和住户成员从各种来源渠道得到的收入总和。按收入的性质划分为工资性收入、家庭经营收入、财产性收入和转移性收入。

工资性收入 指农村住户成员受雇于单位或个人，靠出卖劳动而获得的收入。

在非企业组织中劳动得到的收入 指农村住户成员在不具备企业性质的行政事业单位和各种组织中劳动得到的收入。包括村干部和民办教师的工资(奖金、补贴)，乡及以上行政、事业单位工作人员的工资(奖金、补贴)等。

在本地劳动得到的收入 指农村住户成员在住户所属乡(镇)地域范围内受雇于单位或个人，靠出卖劳动而获得的收入。

常住人口外出从业得到的收入 指农村住户成员到住户所属乡(镇)地域范围以外从业得到的收入。

家庭经营收入 指农村住户以家庭为生产经营单位进行生产筹划和管理而获得的收入。农村住户家庭经营活动按行业划分为农业、林业、牧业、渔业、工业、建筑业、交通运输业邮电业、批发和零贸易餐饮业、社会服务业、文教卫生业和其他家庭经营。

农业收入 指包括谷物种植业，豆类和薯类作物种植业，棉、麻等植物性纺织原料种植业，油料、糖料作物种植业，烟草种植业，药材种植业，蔬菜、瓜类作物种植业，饲料作物种植业，茶、桑、果树种植业。

种植业收入 是指农村住户当年从承包地和自营地上收获的粮食、经济作物、蔬菜、茶叶、水果、水生植物（如菱、藕等）等的主产品和副产品的全部收入。但生产用的绿肥和青饲料不作为收入，用来沤肥的副产品以及野生植物的采集和家庭兼营商品性手工业不作为种植业收入。

林业收入 是指农村住户当年采伐竹木收入、出售树苗和从人工栽培的竹林上不经砍伐而取得的各种林产品收入，如生漆、棕片、五倍籽、松脂、紫胶、竹笋、油桐籽、油茶籽、乌桕籽、核桃、各种林木子实，以及修剪竹木枝叶（荆条、柳条、蒲葵叶）等等；包括野生林木的采集产品收入；但不包括桑叶、茶叶、水果、花卉，它们算在种植业收入中。

畜牧业收入 是指农村住户当年出售、屠宰的畜禽、小动物和畜禽产品收入。包括家畜（仔畜、架子猪也包括在内)、家禽（包括幼禽）及其他小动物收入；也包括出售鹌鹑、鸽子等收入，按出售和屠宰的产品计算。畜禽的繁殖和增重，不计算收入；活的家畜、家禽及其他小动物的产品（如蛋类、羊毛、蜂蜜、蜂蜡等）收入，按全部产品计算；动物屠宰和死后的畜产品（如猪鬃、羊皮、蚕茧等）收入，按全部产品计算。牧区和半牧区农民出卖大牲畜的收入，应作为畜牧业收入；农户出售肉牛的收入和专门饲养大牲畜出售的收入应作为畜牧业收入，但变卖属于固定资产的役畜的现金收入，不能作为牧业收入，而应计算在出售财物收入中；包括野生动物的狩猎及其产品的采集收入。

渔业收入 是指农村住户当年捕捞天然水生的和人工养殖的鱼、虾、蟹、贝、藻类等淡水水产品和海水水产品的全部收入。包括养殖观赏鱼类的收入。

工业收入 是指农村住户的个体企业（有固定场所和生产设备、有专业生产劳动力，年内生产三个月以上）利用手工和机械进行自然资源开采，农副产品,工业品加工和修理以及从事手工业(手工业指依靠手工劳动，使用简单工具从事的工业性生产活动，包括各种制作、刺绣、编织、雕刻、加工等手工业。)所得全部产品收入，来料加工的产品，按加工费计算收入。自制自用的产品不计收入。

建筑业收入 是指农村住户成员当年从事房屋或建筑物的新建和维修以及设备安装所得到的劳动报酬，参加国家举办的基本建设工程所得到的收入。

交通运输业、邮电业收入 是指农村住户成员当年从事对本户以外的单位或个人进行货物运送、旅客运送及从事邮电行业活动的收入。

批零和零售贸易、餐饮业收入 是指从事批发贸易、零售商业和餐饮业活动的收入。

社会服务业 是指从事于日常生活及社会公共服务等服务活动的收入。包括从事社会服务业、金融保险业、房地产管理、旅馆、车店、理发、照相、洗染、缝纫、修理、导游等收入。

文教卫生业 指在文教卫生等单位从事有关活动的收入。如在教育、文化艺术事业、广播电视业从事有关活动的收入；在体育事业单位、体育设施管理单位、体育队、体育训练机构等从事体育活动的收入；在医疗、防治、检疫及其他卫生事业的收入等。

财产性收入 指金融资产或有形非生产性资产的所有者向其他机构单位提供资金或将有形非生产性资产供其支配，作为回报而从中获得的收入。

转移性收入 指农村住户和住户成员无需付出任何对应物而获得的货物、服务、资金或资产所有权等，不包括无偿提供的用于固定资本形成的资金。一般情况下，是指农村住户在二次分配中的所有收入。包括在外人口寄回和带回、农村外部亲友赠送、救济金、保险赔偿收入、退休金、土地征用补偿收入等。

总支出 是指农村住户全年用于生产、生活和再分配等方面的全部实际支出。包括家庭经营费用支出、购置生产性固定资产支出、税费支出、生活消费支出、转移性支出和财产性支出。

家庭经营费用支出 指农村住户以家庭为基本生产经营单位从事生产经营活动而消费的商品和服务、自产自用产品。所消费的未计算为住户收入的自产自用产品，不计算为费用支出；库存的化肥、农药也不计算为本期费用支出。

农业生产支出 指用于农业生产活动费用。如种籽、肥料、农药、小农具购置和修理、油料费、耕畜的饲料、饲草费、机耕费、排灌费、电费等，此外还包括家庭兼营商品性手工业等所支付的有关费用。

种植业生产支出 是指种植各种农作物所支付的生产费用。如种籽、肥料、农药、小农具购置和修理、油料费、耕畜的饲料、饲草费、机耕费、排灌费、电费等。

林业生产支出 是指经营林业生产而支付的费用。如树种、树苗、肥料、农药、电费及小型工具的购置维修等开支，但不包括林业的基本建设投资。

牧业生产支出 是指经营牧业生产所支付的费用。如购买仔畜（包括架子猪）、幼禽支出；肉用牛、羊的饲料、饲草支出；生猪、家禽等的饲料、燃料、防疫医疗费；电费和小型用具购置、维修等支出。但耕畜的饲料费应列为“种植业生产费用支出”。

渔业生产支出 是指养殖水生动物、培养海藻和捕捞生产过程中的开支。包括鱼苗、饵料、电费以及小型渔具和用具的购置、维修及油料费等支出。但不包括添置的固定资产支出。

工业生产支出 是指进行工业生产所支付的生产费用。包括工业生产耗用的原料、燃料、电费及小型工具的购置、维修等开支，还包括来料加工产品所耗用的燃料、电费，但不包括自产自用和来料加工产品所耗用的原材料。

建筑业生产支出 是指为了从事本户以外的房屋或建筑物的新建与维修以及设备安装而耗用的建筑材料、电器设备、燃料、电费以及小型工具的购置、维修等开支。

交通运输业生产支出 是指为从事对本户以外单位或个人进行货物运送和旅客运送所耗用燃料和小型工具的购置、维修等开支。

批零和零售贸易、餐饮业生产支出 是指从事批发贸易、零售商业、和餐饮业活动时所购买的生产用具支出、租用铺面支出、帮工工资支出、燃料支出、电费支出及其他费用开支。

社会服务业生产支出 指用于包括金融保险业、房地产管理、旅馆、车店、理发、照相、洗染、缝纫、修理、导游等日常生活及社会公共服务等服务活动的费用支出。

文教卫生业生产支出 指在文教卫生等单位从事有关活动的支出。如在教育、文化艺术事业、广播电视业从事有关活动的支出；在体育事业单位、体育设施管理单位、体育队、体育训练机构等从事体育活动的支出；在医疗、防治、检疫及其他卫生事业的支出等。

其他家庭生产经营支出 是指上述各项家庭经营费用支出以外的其他支出，包括各项劳务所支出的费用。

购置生产性固定资产支出 指农村住户用于建造和购置生产性固定资产所支出的费用。

税费支出：是指农村住户从事生产经营活动以现金和实物形式缴纳的各种税费。

消费支出 指农村住户用于物质生活和精神生活方面的消费支出。消费支出分为食品支出、衣着支出、居住支出、家庭设备及用品支出、交通通信支出、文教娱乐支出、医疗保健支出、其他支出。

食品支出 指农村居民年内消费各类食品支出。包括主食、副食、其他食品、在外饮食和食品加工费支出。

衣着支出 指农村住户用于各种穿着用品及加工穿着用品的材料支出。包括棉花、丝棉、化纤棉、驼毛、棉布、各种化纤布、绸、缎、呢绒、各类成衣、棉、毛、丝、麻纺织品，背心、汗衫、棉毛衫裤、卫生衫裤、袜子等针织品，毛线、毛线织品、各种鞋、帽等消费品及衣着的加工修理费(指农村住户为加工或修补服装、鞋帽等衣着所支付的服务费)。但不包括用各种布料做的床上用品，室内装饰品。

居住支出 指与农村住户居住有关的所有支出。包括新建(购)房屋、房屋维修、居住服务、租赁住房所付的租金、生活用水、生活用电、用于生活的燃料等支出。

家庭设备及用品支出 指农村住户消费的各种耐用消费品、其他家庭用品及用品的加工修理费用。

交通通信支出 指农村住户用于交通和通讯的工具、各种服务费、维修费用支出。

文教娱乐支出 指农村住户用于文化、教育、娱乐方面的支出。包括文化教育娱乐用品支出和文化教育娱乐服务支出。

医疗保健支出 指农村住户用于医疗和保健的药品、医疗器械和服务费用。包括医药卫生保健用品、医疗保健服务费和医疗卫生设备、用品加工修理费等。

其他支出 指上述各类支出以外的商品和服务支出。

财产性支出 为获得其他住户财产(包括无形资产)的使用权而支付的各种费用。

转移性支出 指农村住户和住户成员没有获得任何对应物而支出的货物、服务、资金或资产所有权等，不包括无偿提供的用于固定资本形成的资金。一般情况下，指农村住户在二次分配中的所有支出。

2．农村居民现金收入与支出

现金收入 指农村住户和住户成员在调查期内得到以现金形态表现的收入。按来源分成工资性收入、家庭经营现金收入、财产性收入、转移性收入。

现金支出 指农村住户在调查期内用于生产、生活和再分配所支付的现金。包括家庭经营费用支出、缴纳的税费、购买生产性固定资产、生活消费、财产性和转移性支出。

3．农村居民纯收入

纯收入 指农村住户当年从各个来源得到的总收入相应地扣除所发生的费用后的收入总和。纯收入主要用于再生产投入和当年生活消费支出，也可用于储蓄和各种非义务性支出。“农民人均纯收入”按人口平均的纯收入水平，反映的是一个地区或一个农户农村居民的平均收入水平。计算方法：

纯收入＝总收入－家庭经营费用支出－税费支出－生产性固定资产折旧－农村内部亲友赠送

八 县域经济

资料整理：洪曼绮

8-1 各县(市、区)人口及就业人员(2019年)

县市区	年末总户数(万户)	年末总人口(万人)	常住人口(万人)	#城镇	城镇化率(%)	就业人员(万人)	第一产业	第二、三产业
郑州市								
中原区	26.73	111.39	111.39	101.99	91.56	48.40	0.44	47.96
二七区	21.02	84.76	84.76	77.18	91.05	28.20	0.32	27.88
管城区	18.87	85.11	85.11	74.55	87.60	52.90	1.38	51.52
金水区	42.25	178.92	178.92	164.89	92.16	105.00	1.07	103.93
上街区	3.96	16.25	16.25	14.97	92.16	5.80	0.34	5.46
惠济区	7.44	31.10	31.10	23.94	76.98	21.00	3.27	17.73
中牟县	18.13	120.63	120.63	67.17	55.68	88.20	22.81	65.39
巩义市	21.09	85.55	84.39	50.47	59.81	51.80	12.10	39.70
荥阳市	17.62	67.00	67.00	39.37	58.77	42.80	8.64	34.16
新密市	20.96	81.70	81.70	50.34	61.62	50.10	9.60	40.50
新郑市	19.52	101.27	101.27	62.66	61.87	74.50	16.44	58.06
登封市	17.41	72.65	72.65	42.31	58.24	41.60	14.65	26.95
开封市								
龙亭区	12.80	32.04	44.23	35.99	81.36	26.20	3.73	22.47
顺河区	8.49	23.08	25.06	21.88	87.29	10.35	1.26	9.09
鼓楼区	5.41	15.71	15.76	15.05	95.50	7.71	1.41	6.30
禹王台区	4.69	13.73	14.37	11.33	78.81	5.16	1.52	3.64
祥符区	22.30	77.87	67.27	27.03	40.19	47.68	22.06	25.62
杞县	38.51	114.57	89.13	35.66	40.01	70.61	29.35	41.26
通许县	17.96	65.49	51.57	20.58	39.90	38.91	19.26	19.65
尉氏县	27.10	98.27	84.81	34.02	40.12	53.78	29.16	24.62
兰考县	29.39	87.01	65.29	28.46	43.59	62.31	22.75	39.56
洛阳市								
老城区	6.36	17.31	20.37	19.23	94.40	5.10	0.42	4.68
西工区	10.76	33.14	37.67	35.81	95.06	19.12	0.51	18.60
瀍河区	6.35	17.91	20.01	18.96	94.75	6.21	0.98	5.23
涧西区	19.68	60.50	71.55	64.08	89.56	24.43	0.79	23.64
吉利区	2.18	6.87	7.23	5.26	72.86	4.65	0.84	3.81
洛龙区	22.08	68.43	74.14	51.69	69.72	43.86	6.04	37.82
孟津县	15.91	47.01	43.67	22.62	51.80	27.90	9.31	18.60
新安县	15.66	53.65	49.41	24.60	49.78	35.88	10.66	25.22
栾川县	10.56	34.77	35.42	18.33	51.75	25.19	5.71	19.48
嵩县	17.14	61.11	52.40	20.04	38.24	32.18	14.27	17.91
汝阳县	12.91	49.36	42.33	16.44	38.84	27.31	12.33	14.98
宜阳县	19.85	70.67	60.83	24.23	39.84	39.13	15.30	23.83
洛宁县	13.87	49.71	42.92	16.00	37.29	25.87	12.52	13.35
伊川县	25.79	85.19	77.85	36.76	47.22	51.47	17.00	34.47
偃师市	18.27	61.38	56.43	35.05	62.12	39.34	10.15	29.19

8-1 续表 1

县市区	年末总户数(万户)	年末总人口(万人)	常住人口(万人)	#城镇	城镇化率(%)	就业人员(万人)	第一产业	第二、三产业
平顶山市								
新华区	12.70	39.96	40.95	39.26	95.88	21.22	0.89	20.34
卫东区	10.92	30.04	32.15	31.62	98.36	10.20	1.06	9.14
石龙区	1.97	6.24	5.13	4.61	89.83	2.87	0.77	2.10
湛河区	8.16	25.65	30.16	24.78	82.16	13.24	2.75	10.49
宝丰县	16.89	54.35	50.07	22.61	45.16	34.14	13.89	20.26
叶县	23.07	92.43	78.41	31.73	40.47	48.61	26.86	21.75
鲁山县	24.55	96.41	78.68	31.69	40.28	50.87	22.42	28.45
郏县	21.16	64.86	57.82	25.48	44.06	37.64	17.77	19.87
舞钢市	10.39	35.11	32.17	19.31	60.04	20.23	8.55	11.68
汝州市	31.39	110.13	97.03	47.70	49.16	69.56	30.20	39.35
安阳市								
文峰区	15.62	34.67	45.10	40.23	89.20	16.37	0.80	15.57
北关区	8.23	28.26	31.03	26.91	86.73	19.32	1.73	17.59
殷都区	7.48	26.43	28.70	25.24	87.96	34.72	9.07	25.65
龙安区	7.38	27.12	29.26	16.84	57.55	17.62	7.28	10.34
安阳县	32.94	98.42	84.56	38.25	45.23	34.84	17.16	17.68
汤阴县	14.50	51.35	44.31	22.24	50.20	32.26	11.86	20.40
滑县	46.89	139.68	107.80	37.76	35.03	77.24	30.03	47.21
内黄县	19.80	79.52	66.89	22.83	34.13	52.08	17.32	34.76
林州市	32.56	109.34	81.57	46.16	56.59	68.05	18.62	49.43
鹤壁市								
鹤山区	3.27	13.06	12.90	11.04	85.62	4.02	1.05	2.97
山城区	5.87	24.56	24.31	21.24	87.38	4.18	1.04	3.14
淇滨区	12.00	26.76	29.87	23.93	80.13	22.94	2.76	20.18
浚县	19.55	72.28	68.12	27.51	40.38	45.70	16.74	28.96
淇县	8.77	29.86	27.96	16.31	58.32	20.58	5.76	14.82
新乡市								
红旗区	12.30	33.00	45.74	43.80	95.75	21.43	0.98	20.45
卫滨区	7.58	22.40	22.57	22.57	100.00	8.14	0.95	7.19
凤泉区	3.62	14.56	15.86	9.47	59.72	7.30	2.44	4.86
牧野区	11.01	31.26	34.09	33.01	96.82	14.06	1.45	12.61
新乡县	8.60	35.20	34.86	19.93	57.18	27.90	0.97	26.93
获嘉县	11.87	44.74	41.48	19.87	47.91	26.92	12.41	14.51
原阳县	18.86	75.78	65.12	24.14	37.07	42.53	21.54	20.99
延津县	14.71	51.12	45.79	18.12	39.57	28.18	13.50	14.68
封丘县	23.95	83.72	71.86	28.04	39.02	39.78	16.62	23.16
长垣市	25.84	88.18	78.93	39.32	49.81	53.25	8.70	44.55
卫辉市	15.90	53.08	49.14	23.18	47.17	25.71	12.30	13.41
辉县市	26.37	86.77	75.99	37.81	49.75	46.95	17.30	29.65

8-1 续表 2

县市区	年末总户数(万户)	年末总人口(万人)	常住人口(万人)	#城镇	城镇化率(%)	就业人员(万人)	第一产业	第二、三产业
焦作市								
解放区	9.01	30.07	30.61	30.12	98.43	9.82	0.05	9.77
中站区	3.08	11.89	10.82	7.18	66.35	6.30	1.57	4.73
马村区	3.56	14.39	14.21	9.22	64.91	4.70	0.89	3.81
山阳区	11.77	45.44	49.29	37.01	75.08	12.79	0.81	11.98
修武县	7.02	27.44	25.65	13.60	53.01	18.24	4.34	13.90
博爱县	10.34	40.23	37.43	20.92	55.90	24.24	7.51	16.73
武陟县	19.21	73.68	67.33	31.47	46.74	44.57	19.07	25.50
温县	14.11	46.06	42.21	21.85	51.75	32.32	12.43	19.89
沁阳市	12.48	49.44	44.52	28.02	62.94	32.78	10.36	22.42
孟州市	11.37	39.24	37.64	19.81	52.64	30.35	5.43	24.92
濮阳市								
华龙区	23.30	62.92	74.20	59.80	80.59	55.43	9.73	45.70
清丰县	22.35	72.85	63.94	21.10	33.00	42.11	16.09	26.02
南乐县	14.94	54.84	45.82	16.40	35.80	29.98	12.09	17.89
范县	17.29	56.60	45.57	16.67	36.59	29.17	12.24	16.93
台前县	11.02	38.88	32.64	11.68	35.78	22.27	9.34	12.93
濮阳县	31.44	114.80	98.87	42.28	42.76	63.57	25.03	38.54
许昌市								
魏都区	15.99	45.55	52.53	50.70	96.52	15.64	0.05	15.59
建安区	29.01	91.46	79.75	35.49	44.50	45.91	19.15	26.76
鄢陵县	20.48	68.39	57.41	25.55	44.50	30.07	10.54	19.53
襄城县	26.76	89.03	69.55	30.47	43.81	43.50	24.65	18.85
禹州市	43.76	126.98	116.70	59.02	50.57	73.48	31.27	42.22
长葛市	21.08	79.07	70.27	40.32	57.38	54.07	11.37	42.70
漯河市								
源汇区	9.72	34.59	34.46	24.03	69.74	26.51	5.90	20.61
郾城区	14.45	53.53	51.73	29.99	57.98	34.40	13.87	20.53
召陵区	13.45	55.95	50.43	27.07	53.68	31.11	14.10	17.01
舞阳县	16.94	62.69	56.44	26.53	47.00	36.71	16.19	20.52
临颍县	20.38	78.57	73.76	36.38	49.32	47.56	18.33	29.23

8-1 续表 3

县市区	年末总户数(万户)	年末总人口(万人)	常住人口(万人)	#城镇	城镇化率(%)	就业人员(万人)	第一产业	第二、三产业
三门峡市								
湖滨区	9.89	30.42	32.62	30.37	93.11	18.38	3.10	15.28
陕州区	11.81	35.06	35.13	17.63	50.18	19.00	9.49	9.51
渑池县	12.67	35.93	35.38	18.41	52.04	21.58	7.13	14.45
卢氏县	12.94	37.08	36.02	15.24	42.31	20.10	11.49	8.61
义马市	5.07	16.81	14.81	14.30	96.56	8.73	0.70	8.03
灵宝市	21.11	75.55	73.69	35.42	48.07	48.30	22.07	26.23
南阳市								
宛城区	30.56	90.28	94.19	61.43	65.22	55.43	23.63	31.80
卧龙区	33.39	101.30	96.22	62.95	65.42	57.59	15.65	41.94
南召县	22.39	66.41	54.36	22.69	41.74	35.35	18.60	16.75
方城县	35.73	110.78	85.46	34.73	40.64	64.27	37.11	27.16
西峡县	15.18	47.76	43.18	22.14	51.28	38.55	5.20	33.35
镇平县	28.34	104.94	86.94	37.35	42.96	49.46	21.03	28.43
内乡县	23.20	72.76	56.71	24.21	42.69	33.24	14.25	18.99
淅川县	21.09	72.66	62.55	27.90	44.61	47.15	18.90	28.25
社旗县	22.03	75.05	63.45	26.71	42.09	43.25	24.35	18.89
唐河县	42.91	146.79	120.31	52.56	43.69	66.10	36.94	29.17
新野县	23.64	84.59	63.08	26.90	42.65	48.80	21.99	26.81
桐柏县	15.91	48.55	40.12	19.15	47.72	26.89	8.79	18.09
邓州市	49.84	180.01	136.59	60.09	43.99	88.04	49.09	38.95
商丘市								
梁园区	27.01	95.15	98.13	53.16	54.17	61.13	18.88	42.25
睢阳区	29.74	86.87	87.63	43.25	49.36	54.10	11.05	43.05
民权县	29.41	93.70	70.07	27.54	39.30	58.78	22.67	36.11
睢县	25.18	89.54	66.92	26.78	40.02	58.67	23.98	34.69
宁陵县	23.56	66.98	50.78	19.09	37.59	43.15	22.74	20.41
柘城县	33.70	104.90	68.22	26.86	39.37	51.70	20.20	31.50
虞城县	45.50	112.09	82.15	33.31	40.55	65.56	26.09	39.47
夏邑县	44.51	123.06	85.31	36.03	42.23	62.76	22.78	39.98
永城市	46.52	158.11	124.15	62.70	50.50	93.75	22.45	71.30

8-1 续表 4

县市区	年末总户数(万户)	年末总人口(万人)	常住人口(万人)	#城镇	城镇化率(%)	就业人员(万人)	第一产业	第二、三产业
信阳市								
浉河区	21.84	67.11	67.49	47.38	70.20	37.20	14.35	22.85
平桥区	29.10	87.26	74.76	43.96	58.80	46.98	19.25	27.73
罗山县	22.47	77.56	54.93	24.27	44.19	39.83	19.27	20.56
光山县	29.01	86.31	59.57	24.87	41.75	44.20	21.83	22.37
新县	13.04	37.37	29.05	14.61	50.28	22.39	7.90	14.49
商城县	24.46	80.07	52.97	22.07	41.66	38.52	15.25	23.27
固始县	55.63	179.16	110.25	49.45	44.85	101.83	30.48	71.35
潢川县	28.27	88.53	67.96	35.89	52.81	44.71	28.84	15.87
淮滨县	24.54	78.47	56.95	24.06	42.25	43.71	21.41	22.31
息县	32.38	106.08	72.46	30.05	41.47	60.58	32.36	28.22
周口市								
川汇区	19.64	54.90	72.26	47.11	65.19	23.32	3.96	19.36
淮阳区	38.62	133.64	97.36	40.26	41.35	85.44	35.44	50.00
扶沟县	21.32	77.63	58.76	24.37	41.48	46.08	16.44	29.64
西华县	27.50	98.56	73.45	30.43	41.43	57.71	19.08	38.63
商水县	32.36	126.36	87.73	33.94	38.69	76.84	28.52	48.32
沈丘县	34.49	133.18	93.08	38.93	41.82	76.56	29.67	46.89
郸城县	42.74	137.23	95.34	39.46	41.39	84.05	31.02	53.03
太康县	43.91	153.24	102.82	41.15	40.02	86.82	38.32	48.50
鹿邑县	40.30	124.49	88.37	40.29	45.59	76.90	31.41	45.49
项城市	37.33	126.92	97.05	48.65	50.13	73.39	20.67	52.72
驻马店市								
驿城区	23.94	83.07	104.36	72.89	69.84	62.25	18.80	43.45
西平县	25.82	91.02	68.10	27.66	40.62	64.86	12.64	52.22
上蔡县	40.31	154.54	97.38	39.15	40.20	82.08	39.06	43.02
平舆县	34.98	102.63	71.11	30.75	43.24	64.47	29.56	34.91
正阳县	25.95	84.47	62.27	22.31	35.83	54.63	27.03	27.60
确山县	17.02	53.81	40.27	17.96	44.59	33.08	14.01	19.07
泌阳县	27.63	93.77	67.44	29.08	43.12	57.75	13.65	44.10
汝南县	23.09	87.07	65.53	26.60	40.59	54.86	30.41	24.45
遂平县	16.44	57.35	43.07	19.37	44.96	33.41	15.01	18.40
新蔡县	33.09	115.03	85.05	32.07	37.71	68.91	18.92	49.99

8-2 各县(市、区)生产

县市区	生产总值（亿元）	第一产业	第二产业	第三产业
郑州市				
中原区	1184.86	0.11	496.85	687.90
二七区	754.76	0.05	177.82	576.89
管城区	1625.72	1.06	799.35	825.30
金水区	2620.17	0.46	363.79	2255.91
上街区	158.52	0.03	74.16	84.33
惠济区	278.16	3.78	94.77	179.61
中牟县	1216.39	35.24	623.88	557.27
巩义市	801.21	11.91	470.98	318.32
荥阳市	535.52	27.01	264.73	243.78
新密市	683.10	19.97	356.25	306.87
新郑市	1273.66	25.02	662.79	585.86
登封市	448.06	16.23	230.17	201.66
开封市				
龙亭区	292.41	5.65	79.59	207.16
顺河区	139.86	2.50	71.28	66.08
鼓楼区	98.23	2.15	16.29	79.78
禹王台区	95.18	3.33	38.44	53.41
祥符区	269.04	55.08	113.81	100.15
杞县	356.20	83.89	125.03	147.29
通许县	286.39	53.71	113.40	119.27
尉氏县	436.98	53.73	214.95	168.30
兰考县	389.87	58.21	176.43	155.23
洛阳市				
老城区	217.61	1.46	145.33	70.81
西工区	458.46	0.29	151.02	307.15
瀍河区	119.15	0.59	32.97	85.60
涧西区	601.43	2.03	268.28	331.13
吉利区	180.55	1.48	124.71	54.37
洛龙区	613.66	12.26	202.73	398.67
孟津县	328.14	24.50	192.73	110.92
新安县	501.89	23.65	287.91	190.33
栾川县	267.55	14.44	142.55	110.56
嵩县	198.37	29.93	67.62	100.83
汝阳县	180.49	14.14	79.10	87.24
宜阳县	306.16	38.03	124.33	143.81
洛宁县	205.11	31.24	75.96	97.91
伊川县	419.55	29.26	191.71	198.59
偃师市	443.57	21.70	245.51	176.36
平顶山市				
新华区	320.99	1.65	179.00	140.33
卫东区	290.46	1.10	167.07	122.28
石龙区	38.02	0.41	22.83	14.78
湛河区	218.48	2.36	91.67	124.44
宝丰县	324.08	17.58	166.78	139.72
叶县	207.02	48.12	61.43	97.47
鲁山县	160.63	26.81	47.68	86.15
郏县	196.80	23.76	89.32	83.72
舞钢市	136.07	12.08	72.43	51.56
汝州市	475.73	39.80	194.37	241.57

总值和指数(2019年)

人均生产总值(元)(按常住人口计算)	生产总值指数(%)(上年=100)	第一产业	第二产业	第三产业	人均生产总值指数(%)
107973	107.0	87.8	107.3	106.8	103.8
89546	107.4	49.8	107.2	107.5	104.5
192758	106.2	94.4	105.6	107.0	104.3
147452	106.6	102.3	107.2	106.5	104.3
103444	105.6	12.0	104.0	107.4	98.0
90525	106.5	101.8	108.1	105.7	104.3
102741	106.9	93.3	107.0	108.2	103.7
95260	105.8	96.8	107.0	104.1	105.1
81216	104.1	96.4	104.6	104.7	100.7
83810	105.6	97.0	105.7	106.3	105.1
127199	108.0	96.9	108.3	108.4	104.5
62065	101.6	96.1	100.2	104.5	100.2
66585	106.8	100.4	107.5	106.7	104.8
55881	106.0	102.6	106.2	105.9	105.0
62451	107.2	100.0	108.7	107.0	105.6
66790	107.2	102.6	110.1	105.1	105.1
40141	106.8	103.4	108.2	107.4	106.2
39867	106.8	104.2	108.2	107.3	107.3
55387	107.2	103.6	109.0	107.1	107.8
51438	107.6	104.4	108.7	107.2	108.1
59942	108.0	102.8	109.8	107.6	107.1
108342	110.6	100.6	111.5	109.2	107.9
123122	108.9	102.3	111.5	107.5	106.7
60462	109.3	102.2	114.5	107.5	106.7
84599	107.6	102.7	107.3	107.9	105.4
252074	97.0	102.6	92.8	109.8	95.1
84295	107.7	102.1	108.3	107.7	103.9
75548	108.7	103.9	110.3	107.1	107.9
102000	108.4	104.0	110.8	105.0	107.8
75883	108.5	103.6	111.0	105.9	108.0
37965	108.1	103.7	109.9	108.4	107.8
42352	108.3	103.7	109.9	107.7	109.0
49974	108.2	103.9	109.7	108.0	108.8
47413	107.7	103.7	108.7	108.4	108.3
53499	108.2	103.8	109.4	107.7	108.9
78004	108.0	103.6	109.8	106.0	108.7
78357	107.0	101.3	107.7	106.1	106.9
90316	108.8	101.1	109.1	108.5	108.8
73969	107.3	100.5	108.2	105.9	107.4
72224	107.3	102.1	106.9	107.9	107.4
64744	108.0	102.3	108.4	108.6	107.9
26393	107.2	102.4	109.4	108.6	107.2
20406	106.6	102.3	108.6	106.8	106.6
34030	108.1	102.3	109.6	108.5	108.1
42292	108.0	102.3	109.6	106.7	107.9
49077	107.6	102.2	108.2	108.1	106.2

8-2 续表 1

县市区	生产总值(亿元)	第一产业	第二产业	第三产业
安阳市				
文峰区	245.70	1.04	70.24	174.41
北关区	155.98	1.37	49.13	105.47
殷都区	324.86	10.06	216.29	98.51
龙安区	171.51	3.10	128.02	40.39
安阳县	92.05	13.25	22.88	55.91
汤阴县	162.49	25.77	63.61	73.12
滑县	372.60	67.40	143.78	161.42
内黄县	168.07	64.41	35.29	68.37
林州市	535.87	11.59	269.15	255.13
鹤壁市				
鹤山区	77.45	3.07	58.06	16.31
山城区	133.44	4.03	91.05	38.36
淇滨区	246.24	6.38	121.03	118.83
浚县	286.70	29.33	164.20	93.17
淇县	234.96	21.02	149.28	64.66
新乡市				
红旗区	541.80	2.04	257.70	282.06
卫滨区	128.87	0.97	43.48	84.42
凤泉区	79.29	1.77	40.48	37.04
牧野区	215.20	1.54	106.85	106.80
新乡县	211.27	8.71	124.43	78.13
获嘉县	153.48	17.40	67.41	68.68
原阳县	232.03	33.66	88.71	109.66
延津县	147.51	24.17	51.36	71.98
封丘县	233.03	48.60	84.48	99.96
长垣市	469.32	49.14	252.57	167.62
卫辉市	170.63	24.86	65.70	80.07
辉县市	338.81	40.77	156.94	141.10
焦作市				
解放区	176.78	0.22	30.36	146.19
中站区	118.20	0.62	82.18	35.40
马村区	63.60	1.42	35.31	26.88
山阳区	383.97	5.05	166.86	212.06
修武县	150.65	9.95	69.39	71.31
博爱县	292.94	18.68	181.20	93.05
武陟县	463.26	38.92	259.45	164.89
温县	290.96	30.41	140.17	120.37
沁阳市	447.28	21.61	264.90	160.76
孟州市	373.47	22.90	250.39	100.19

人均生产总值(元)(按常住人口计算)	生产总值指数(%)(上年=100)				人均生产总值指数(%)
		第一产业	第二产业	第三产业	
54588	98.2	89.9	97.3	98.7	96.7
50388	102.8	95.9	96.2	106.1	104.3
47401	98.6	97.0	96.5	105.1	97.0
58726	99.7	96.8	97.9	108.3	97.5
20624	105.1	99.8	99.5	109.7	104.9
36688	108.8	100.0	115.0	107.1	108.1
34677	105.8	102.3	107.4	106.3	105.6
25160	98.9	98.2	95.7	101.8	98.6
65723	106.2	76.6	106.4	108.9	105.7
59853	105.7	103.1	106.8	102.0	105.6
54925	106.0	103.0	106.3	105.4	106.3
82951	107.3	102.9	109.5	105.1	108.2
42103	107.9	103.1	110.0	105.7	108.1
87669	107.0	103.3	108.8	103.1	107.3
118582	110.3	101.8	112.3	108.2	109.3
57197	104.0	101.9	109.8	100.8	102.8
50025	107.1	98.3	109.6	103.0	106.3
63238	106.8	97.4	108.6	104.9	106.2
60665	107.7	100.9	108.0	108.7	107.3
37037	107.8	103.8	110.0	106.6	107.6
35663	108.3	104.0	111.6	106.8	108.4
32251	107.1	102.8	108.8	107.7	107.3
32462	107.7	104.2	112.4	105.5	107.7
59847	108.1	103.1	110.3	105.8	106.6
34748	107.8	104.0	111.2	106.7	107.9
44613	100.4	102.4	97.7	103.4	100.1
57858	106.5	104.2	102.5	107.4	106.1
109718	109.9	104.0	109.8	110.2	109.0
44800	104.9	104.2	104.5	105.7	104.5
78104	108.3	104.3	109.0	107.6	107.0
58850	106.2	104.5	106.8	105.9	105.5
77657	108.6	104.1	108.8	109.3	109.0
68956	107.9	104.2	109.2	106.6	107.1
69022	108.1	104.3	109.3	107.8	107.9
100575	108.1	104.0	108.6	107.9	107.5
99383	108.2	104.2	109.0	106.9	107.6

8-2 续表 2

县市区	生产总值（亿元）	第一产业	第二产业	第三产业
濮阳市				
华龙区	623.57	24.11	254.66	344.80
清丰县	195.79	47.44	63.16	85.19
南乐县	168.96	38.45	48.41	82.10
范县	213.64	21.17	97.78	94.68
台前县	115.69	11.82	42.62	61.25
濮阳县	263.85	50.13	64.26	149.46
许昌市				
魏都区	416.94	0.17	155.43	261.34
建安区	546.65	27.34	298.65	220.67
鄢陵县	370.27	37.17	156.67	176.43
襄城县	452.49	38.29	193.99	220.21
禹州市	833.20	31.01	471.77	330.43
长葛市	776.12	28.30	557.90	189.92
漯河市				
源汇区	231.92	9.67	74.30	147.95
郾城区	271.48	22.90	101.50	147.07
召陵区	461.62	30.82	256.39	174.40
舞阳县	253.46	31.97	122.32	99.17
临颍县	359.99	42.43	175.42	142.14
三门峡市				
湖滨区	288.02	6.05	119.52	162.46
陕州区	243.36	23.84	116.11	103.41
渑池县	218.99	19.86	113.79	85.34
卢氏县	115.65	26.63	34.33	54.69
义马市	140.99	1.62	92.69	46.69
灵宝市	436.54	58.18	228.28	150.08
南阳市				
宛城区	430.28	32.58	142.74	254.96
卧龙区	550.76	25.37	158.05	367.34
南召县	169.41	21.74	68.86	78.80
方城县	252.48	44.02	82.92	125.53
西峡县	251.15	32.94	101.73	116.48
镇平县	256.93	35.58	81.14	140.20
内乡县	245.39	41.69	109.39	94.31
淅川县	233.37	41.39	84.01	107.98
社旗县	172.50	40.68	45.71	86.10
唐河县	360.64	82.72	98.62	179.30
新野县	263.38	51.44	74.92	137.03
桐柏县	178.58	24.69	73.58	80.31
邓州市	450.04	94.62	146.19	209.23

人均生产总值(元)(按常住人口计算)	生产总值指数(%)(上年=100)	第一产业	第二产业	第三产业	人均生产总值指数(%)
78862	106.9	103.4	103.8	110.2	106.3
31075	107.2	103.2	112.5	105.6	107.5
36926	107.2	103.6	109.0	107.8	109.1
47815	107.0	104.1	109.3	105.0	109.1
35498	107.7	104.2	105.4	110.3	109.6
27516	105.1	103.5	100.7	108.1	104.5
79744	106.3	51.5	106.6	106.2	105.4
68735	106.9	102.3	107.0	107.6	106.3
64643	105.5	102.1	104.5	107.6	104.9
65210	107.0	102.0	108.6	106.6	106.4
71566	107.8	102.2	108.4	107.7	107.3
110771	107.7	102.1	108.6	105.7	107.0
67341	107.2	102.5	108.9	106.5	107.2
52511	107.3	102.2	109.0	106.6	107.2
91581	107.7	102.6	108.7	106.9	107.7
44932	107.5	102.5	109.1	106.9	107.5
48832	107.7	102.6	109.1	107.1	107.7
88428	107.7	103.3	109.6	106.5	107.4
69330	108.0	104.1	109.0	107.5	107.8
61952	107.1	104.2	108.2	106.1	106.9
32133	108.2	105.3	111.4	107.6	108.0
95295	105.0	103.3	104.5	106.1	104.8
59261	107.9	103.2	109.1	107.8	107.8
45770	106.1	103.2	104.3	108.0	105.6
57192	108.2	103.1	107.8	108.9	108.1
31027	107.2	103.9	109.0	106.3	106.7
29658	107.4	103.5	109.3	107.5	108.9
58313	107.0	103.8	108.7	106.1	106.7
29613	107.1	103.7	109.0	106.8	106.1
43179	107.0	103.6	108.5	106.5	107.1
37292	107.9	103.7	109.4	108.3	110.4
27135	107.1	103.9	109.0	107.8	105.4
30006	106.9	103.9	107.8	107.9	106.9
41661	107.2	103.7	109.2	107.2	106.4
44303	106.8	103.7	107.5	107.2	104.3
33160	105.6	101.3	107.7	106.5	107.5

8-2 续表 3

县市区	生产总值（亿元）	第一产业	第二产业	第三产业
商丘市				
梁园区	333.17	32.15	144.76	156.26
睢阳区	313.11	41.81	111.53	159.77
民权县	323.99	50.04	123.73	150.22
睢县	222.88	46.05	85.90	90.92
宁陵县	181.71	28.80	70.34	82.58
柘城县	271.87	48.28	112.74	110.85
虞城县	338.38	51.81	152.19	134.39
夏邑县	317.77	52.03	132.16	133.58
永城市	615.79	77.95	265.80	272.04
信阳市				
浉河区	330.73	37.68	99.54	193.50
平桥区	389.68	44.00	167.70	177.98
罗山县	232.36	51.05	84.24	97.08
光山县	230.52	53.69	73.97	102.85
新县	163.05	28.74	64.88	69.42
商城县	235.19	45.54	96.68	92.98
固始县	409.55	85.80	126.69	197.07
潢川县	301.53	56.84	112.77	131.92
淮滨县	225.92	41.26	91.70	92.97
息县	253.91	53.10	87.06	113.75
周口市				
川汇区	317.16	7.44	145.98	163.74
淮阳区	270.81	52.01	118.17	100.63
扶沟县	225.50	41.05	103.11	81.35
西华县	279.47	52.53	124.42	102.52
商水县	300.53	54.66	128.99	116.88
沈丘县	332.04	51.48	139.89	140.67
郸城县	327.84	52.19	154.18	121.46
太康县	372.71	62.14	154.13	156.44
鹿邑县	398.88	57.36	169.05	172.46
项城市	374.18	43.67	168.41	162.10
驻马店市				
驿城区	536.11	31.36	233.33	271.42
西平县	240.21	54.82	80.50	104.89
上蔡县	260.76	47.80	106.64	106.32
平舆县	254.60	44.06	106.43	104.11
正阳县	242.40	57.73	92.29	92.39
确山县	182.85	36.76	69.61	76.49
泌阳县	285.76	56.57	118.96	110.23
汝南县	243.27	53.90	102.85	86.52
遂平县	226.42	34.10	106.03	86.29
新蔡县	272.25	50.81	85.49	135.95

人均生产总值(元)(按常住人口计算)	生产总值指数(%)(上年=100)				人均生产总值指数(%)
		第一产业	第二产业	第三产业	
34194	105.3	102.2	103.5	107.9	103.7
36059	106.5	102.2	107.1	107.6	105.9
46106	107.5	102.2	108.8	108.6	107.6
33323	107.5	102.5	109.5	109.0	107.1
35749	107.8	102.2	108.7	109.5	107.4
39768	107.2	102.3	108.4	108.6	107.3
41066	107.2	102.4	108.1	108.2	107.7
36989	107.5	102.6	108.7	108.8	108.3
49655	108.4	103.8	109.8	108.1	108.0
49091	105.8	102.5	106.3	106.4	105.3
52240	107.4	102.5	108.4	107.7	107.3
43094	106.3	102.5	106.5	108.9	103.5
38273	106.4	102.7	107.1	108.5	107.2
56252	106.0	102.6	106.3	107.5	104.7
44502	105.3	102.5	108.0	103.8	104.8
37249	107.7	103.1	109.6	108.8	107.1
44470	106.2	100.7	106.7	109.5	104.8
39294	107.9	101.8	108.9	110.7	108.1
34452	103.3	102.0	95.7	112.6	107.3
43931	105.6	102.2	104.7	106.9	105.0
34321	107.9	102.4	108.8	110.4	107.1
27774	107.2	102.5	107.8	109.6	108.8
38315	107.1	102.5	108.7	108.3	108.0
37984	107.1	102.6	107.9	109.6	108.2
34204	107.6	102.4	108.1	109.5	108.0
35630	107.8	102.4	108.4	110.2	109.0
36180	108.5	102.7	109.3	110.8	109.8
45278	108.5	103.0	109.7	109.3	107.8
38502	107.6	102.3	105.6	112.2	109.0
51766	107.6	102.0	108.4	107.7	105.0
35242	107.2	102.4	108.9	108.8	107.1
26760	107.8	102.2	110.2	108.4	107.7
35729	107.3	102.5	109.8	107.0	108.1
38893	107.2	102.1	110.3	107.8	107.7
45357	106.6	102.3	107.5	108.2	106.4
42338	106.7	102.6	108.0	107.8	106.6
37090	107.9	102.4	110.6	108.7	108.2
52508	106.6	101.9	109.3	105.1	106.1
32088	108.2	103.4	110.7	108.9	107.9

8−3 各县(市、区)固定资产投资、建筑业及规模以上工业主要指标(2019年)

县市区	工业增加值增速(%)	营业收入(亿元)	利润总额(亿元)	固定资产投资增速(%)	#房地产开发	建筑业总产值(亿元)
郑州市						
中原区	6.2	953.84	76.71	8.5	11.7	539.18
二七区	18.6	203.49	12.48	0.8	-3.1	340.32
管城区	4.5	1648.80	172.13	-3.6	17.8	219.07
金水区	6.6	100.22	7.98	3.5	7.8	1802.70
上街区	4.7	111.10	1.03	10.1	31.3	33.21
惠济区	7.1	144.44	1.97	7.8	17.1	184.21
中牟县	12.2	555.71	50.32	-0.9	-12.2	112.27
巩义市	6.5	981.72	109.12	9.1	-3.6	27.09
荥阳市	5.3	237.10	12.91	11.4	-24.8	96.35
新密市	5.0	257.22	36.33	-38.2	-11.6	49.58
新郑市	1.9	3314.81	26.84	16.2	-0.7	32.22
登封市	-1.2	245.94	8.30	4.8	-24.0	15.57
开封市						
龙亭区	15.7	292.77	7.96	15.0	29.7	17.36
顺河区	3.7	74.51	15.24	-20.6	-7.8	124.20
鼓楼区	8.4	52.41	1.03	11.8	-44.8	10.34
禹王台区	8.3	91.39	2.20	11.6	-47.1	36.67
祥符区	7.3	176.88	18.19	11.4	151.4	17.73
杞县	8.6	141.72	13.71	11.3	35.6	8.14
通许县	8.3	74.56	4.82	11.4	46.5	21.69
尉氏县	8.7	341.96	33.70	11.5	-6.2	22.59
兰考县	9.8	222.57	19.05	10.0	41.3	124.10
洛阳市						
老城区	9.5	7.88	0.32	16.0	12.3	28.37
西工区	9.3	254.49	10.55	16.8	-6.4	151.87
瀍河区	9.0	211.89	0.82	9.1	16.7	173.90
涧西区	9.9	789.80	36.78	8.2	-3.7	57.40
吉利区	9.6	456.44	2.94	15.7	-53.9	23.75
洛龙区	10.2	498.29	41.92	32.0	75.2	82.93
孟津县	9.7	467.83	66.04	15.8	70.4	17.80
新安县	9.8	736.97	38.49	-8.7	2.4	26.22
栾川县	10.1	328.98	21.55	16.5	24.9	50.83
嵩县	9.7	55.99	3.75	13.2	130.2	6.74
汝阳县	9.4	49.67	5.31	13.3	56.4	7.13
宜阳县	9.3	158.98	16.11	12.6	-1.1	13.80
洛宁县	9.3	174.22	20.47	15.6	-11.1	11.68
伊川县	9.2	275.47	3.05	-9.6	71.2	4.19
偃师市	7.5	437.63	52.05	10.1	21.4	16.39
平顶山市						
新华区	8.2	305.34	16.21	27.2	-11.6	22.79
卫东区	11.1	331.80	14.92	10.2	-20.9	56.18
石龙区	5.6	66.31	3.31	17.4		8.82
湛河区	6.4	176.94	1.86	19.6	-24.2	57.22
宝丰县	10.0	248.92	21.57	0.3	-17.9	4.18
叶县	8.1	160.91	6.25	13.6	-48.2	11.59
鲁山县	9.4	128.04	3.64	19.9	69.4	11.86
郏县	9.5	129.24	10.50	19.9	-4.9	8.72
舞钢市	9.6	275.69	6.48	23.0	-30.3	3.53
汝州市	8.0	313.50	25.00	-14.5	1.4	14.99

8-3 续表 1

县市区	工业增加值增速(%)	营业收入(亿元)	利润总额(亿元)	固定资产投资增速(%)	#房地产开发	建筑业总产值(亿元)
安阳市						
文峰区	-4.1	127.31	5.60	3.9	-5.8	23.88
北关区	-11.2	16.65	0.29	2.2	42.3	117.04
殷都区	-4.3	418.65	5.32	24.1	76.7	88.93
龙安区	-1.8	286.30	1.12	-32.6	-0.3	10.21
安阳县	0.2	426.46	7.99	11.3	50.0	45.89
汤阴县	17.0	164.88	13.39	-7.2	-13.0	23.58
滑县	9.7	141.21	11.95	-33.5	30.1	34.31
内黄县	-4.6	53.76	3.86	7.1	81.4	4.05
林州市	8.8	208.64	-12.00	-17.7	-30.9	652.16
鹤壁市						
鹤山区	7.4	83.53	9.00	20.1	-100.0	2.72
山城区	5.1	68.58	1.70	14.6	5.0	5.90
淇滨区	8.8	497.94	14.32	16.9	-0.3	47.87
浚县	8.5	272.11	17.57	16.3	16.0	14.47
淇县	9.2	287.75	9.98	19.7	10.1	3.20
新乡市						
红旗区	12.7	564.58	37.26	18.9	3.1	62.71
卫滨区	12.2	83.80	-0.21	12.5	-27.5	17.84
凤泉区	9.4	78.87	-0.51	26.1	66.7	10.98
牧野区	10.3	186.46	4.95	-43.4	-58.3	108.40
新乡县	8.3	291.63	16.04	15.3	124.9	30.67
获嘉县	11.5	78.46	2.62	31.5	83.2	25.19
原阳县	12.4	129.54	5.80	31.4	15.3	13.65
延津县	9.4	85.02	3.09	31.5	20.1	10.14
封丘县	11.5	47.77	2.34	10.8	-27.6	147.66
长垣市	9.9	435.77	27.94	10.0	-10.7	313.48
卫辉市	11.5	121.65	6.28	25.3	76.5	17.27
辉县市	-5.0	264.56	13.96	10.0	-4.4	19.89
焦作市						
解放区	0.1	18.97	1.11	12.9	6.3	21.47
中站区	9.0	259.91	29.51	12.9		11.15
马村区	2.1	99.32	3.93	12.5	-23.3	12.64
山阳区	8.0	729.95	55.10	13.1	11.0	15.38
修武县	8.5	218.20	6.00	12.3	2.8	3.53
博爱县	8.6	416.90	29.04	10.1	30.2	3.41
武陟县	9.0	470.82	35.85	10.0	4.1	4.84
温县	9.3	231.56	19.07	12.4	-8.7	3.58
沁阳市	8.7	452.57	48.57	12.0	-21.1	6.37
孟州市	8.7	465.92	53.77	12.2	-59.7	5.24

8-3　续表 2

县市区	工业增加值增速(%)	营业收入(亿元)	利润总额(亿元)	固定资产投资增速(%)	#房地产开发	建筑业总产值(亿元)
濮阳市						
华龙区	9.5	558.37	0.84	21.6	29.4	84.09
清丰县	7.7	39.69	2.13	22.5	44.1	8.74
南乐县	7.3	70.40	4.00	4.3	51.8	3.01
范县	9.1	185.06	5.88	-21.1	4.3	2.74
台前县	7.9	52.56	2.53	20.7	-13.2	3.87
濮阳县	3.3	94.17	4.96	-5.8	9.4	16.38
许昌市						
魏都区	8.2	359.37	9.86	5.2	29.5	86.61
建安区	7.2	585.00	43.95	4.5	23.9	22.54
鄢陵县	8.0	53.41	4.72	8.4	32.0	30.44
襄城县	8.7	385.40	35.29	5.2	34.6	13.65
禹州市	8.7	1369.37	184.18	8.6	27.4	7.15
长葛市	8.9	2002.80	192.68	0.1	61.1	8.68
漯河市						
源汇区	8.3	159.29	7.25	8.1	-20.6	16.01
郾城区	8.3	99.91	2.48	15.5	95.6	24.89
召陵区	8.4	1197.23	73.37	13.9	18.7	13.70
舞阳县	8.4	92.74	-0.07	5.5	19.6	4.18
临颍县	8.6	372.00	34.51	11.3	87.0	18.45
三门峡市						
湖滨区	10.0	98.65	3.22	10.5	3.3	166.36
陕州区	9.1	518.56	22.81	10.3	46.7	5.19
渑池县	8.7	146.38	9.28	10.1	185.5	13.20
卢氏县	9.0	21.03	4.45	10.3	-5.7	11.97
义马市	3.7	126.58	-7.61	10.0	-36.3	8.56
灵宝市	8.7	339.97	40.30	10.1	8.4	12.97
南阳市						
宛城区	5.6	158.50	-5.22	15.1	-6.6	42.96
卧龙区	8.3	393.18	16.31	17.6	-2.0	88.37
南召县	9.7	55.85	5.88	-9.8	29.5	19.25
方城县	8.1	68.85	8.64	16.8	11.6	21.98
西峡县	9.4	443.81	12.76	20.8	0.9	16.25
镇平县	9.2	113.64	7.73	15.5	79.1	9.47
内乡县	8.6	311.88	66.72	20.8	42.4	32.63
淅川县	8.5	111.67	8.10	22.1	136.7	49.32
社旗县	7.8	22.89	2.09	-32.9	167.3	27.71
唐河县	8.3	122.84	3.99	15.0	19.4	38.14
新野县	8.5	119.03	5.41	20.8	40.5	16.12
桐柏县	6.9	87.47	8.54	21.9	3.0	25.63
邓州市	7.3	223.22	24.02	5.3	-16.9	97.81

8-3 续表 3

县市区	工业增加值增速(%)	营业收入(亿元)	利润总额(亿元)	固定资产投资增速(%)	#房地产开发	建筑业总产值(亿元)
商丘市						
梁园区	8.3	291.93	13.81	7.6	7.4	216.68
睢阳区	8.3	273.62	12.79	9.6	16.8	71.43
民权县	9.0	497.43	36.08	12.6	13.4	72.33
睢县	8.6	226.50	23.58	12.0	-20.4	20.30
宁陵县	8.9	229.49	18.00	13.0	24.2	21.77
柘城县	9.1	265.13	35.42	11.7	-34.8	30.06
虞城县	8.5	450.21	34.57	12.6	-15.1	17.16
夏邑县	9.0	449.24	37.49	13.2	12.1	50.11
永城市	9.4	742.05	91.38	10.0	-20.7	93.08
信阳市						
浉河区	10.8	89.81	2.38	6.1	-6.2	110.09
平桥区	9.1	539.20	17.09	16.2	2.4	39.20
罗山县	9.3	141.24	16.14	-7.9	-41.0	93.02
光山县	9.3	62.18	5.59	12.5	-13.2	45.82
新县	6.1	81.76	10.48	13.8	-47.7	56.98
商城县	9.1	151.18	12.69	13.0	29.9	59.12
固始县	9.0	233.89	18.45	10.0	8.2	59.48
潢川县	8.3	203.44	16.38	11.5	-27.4	66.95
淮滨县	9.5	228.80	21.25	14.0	7.2	53.95
息县	-3.2	42.81	4.21	13.9	2.7	51.00
周口市						
川汇区	5.4	518.01	45.08	18.0	2.5	177.14
淮阳区	8.8	238.30	29.84	9.9	1.5	27.49
扶沟县	8.5	305.33	65.72	9.4	7.4	19.00
西华县	8.6	400.60	55.19	1.5	-24.0	36.26
商水县	8.4	263.19	53.15	4.3	50.7	48.03
沈丘县	8.6	408.31	50.27	9.5	12.3	17.13
郸城县	8.3	317.13	48.72	9.5	395.8	47.98
太康县	8.7	456.44	66.85	9.7	-11.8	132.06
鹿邑县	8.9	197.11	48.41	10.0	25.0	79.12
项城市	8.4	407.22	46.99	10.1	40.7	32.13
驻马店市						
驿城区	8.2	556.74	24.91	12.2	3.2	253.11
西平县	8.6	57.29	4.40	12.1	17.6	66.17
上蔡县	8.9	104.17	13.07	12.4	20.0	40.59
平舆县	8.7	147.16	19.21	12.1	21.3	92.59
正阳县	8.2	159.35	16.12	11.8	15.8	53.96
确山县	8.5	91.39	20.22	10.6	-9.3	150.61
泌阳县	8.1	129.85	14.56	12.3	13.1	54.65
汝南县	8.4	150.80	13.22	12.1	17.6	22.19
遂平县	8.5	114.60	9.15	12.1	3.7	41.92
新蔡县	9.2	118.49	6.05	10.0	18.9	61.78

8-4 各县(市、区)城镇就业人员和工资(2019年)

县市区	城镇单位年末就业人员(人)	城镇单位年平均就业人员(人)	城镇单位就业人员平均工资(元)	#在岗职工平均工资
郑州市				
中原区	141191	141554	91236	93251
二七区	142931	139899	83347	84835
管城区	100915	99271	85175	87119
金水区	368641	347465	87966	93888
上街区	23674	23423	74684	76836
惠济区	44894	44061	79607	80085
中牟县	45201	44626	81903	87997
巩义市	55455	55608	62399	63291
荥阳市	42603	44793	77847	78887
新密市	61175	59797	68261	69834
新郑市	81719	79784	78352	80985
登封市	56757	56132	56674	57837
开封市				
龙亭区	81460	80584	60154	61243
顺河区	42989	42393	64996	66097
鼓楼区	32437	32190	60061	63863
禹王台区	12146	12255	57043	57345
祥符区	48705	48482	54469	54564
杞县	40182	39345	54045	54011
通许县	30189	28592	54870	55112
尉氏县	29799	29646	59254	59187
兰考县	57281	55491	59289	59877
洛阳市				
老城区	13927	14025	76293	79887
西工区	75581	76023	91997	101193
瀍河区	17077	17213	91329	98288
涧西区	97586	97581	77457	85408
吉利区	17645	17592	62599	63949
洛龙区	90857	88887	87310	94067
孟津县	38107	37619	58539	61148
新安县	75365	74900	55127	56147
栾川县	27621	26908	60883	69736
嵩县	20516	20228	56555	62426
汝阳县	18861	18038	59590	62785
宜阳县	30962	30167	53342	56132
洛宁县	20091	20035	51238	53337
伊川县	39795	39211	52433	54060
偃师市	28758	28951	60442	61850
平顶山市				
新华区	140702	140881	71596	71911
卫东区	44267	43730	62418	62982
石龙区	6293	6323	48103	49012
湛河区	47544	48051	66658	74636
宝丰县	27775	26619	47667	48160
叶县	30413	28815	50017	50788
鲁山县	32055	31364	54294	54426
郏县	32210	31214	50688	51085
舞钢市	34955	34710	52449	53498
汝州市	63390	61111	51250	51816

8-4 续表 1

县市区	城镇单位年末就业人员(人)	城镇单位年平均就业人员(人)	城镇单位就业人员平均工资(元)	#在岗职工平均工资
安阳市				
文峰区	67887	68410	75967	81780
北关区	51114	48515	56959	58191
殷都区	47093	46824	65232	65628
龙安区	10794	10427	56064	57647
安阳县	22722	21408	62627	71708
汤阴县	30498	29599	52495	54888
滑县	63574	63816	57925	60187
内黄县	23883	23508	57515	59836
林州市	142494	140424	55724	58339
鹤壁市				
鹤山区	10042	9951	61359	62168
山城区	14244	14294	56216	56965
淇滨区	97425	97340	59395	63773
浚县	29882	29197	49169	50422
淇县	25299	25480	48977	50945
新乡市				
红旗区	95115	95159	71379	71625
卫滨区	24392	24456	61928	62550
凤泉区	7630	7502	49902	50075
牧野区	52401	47942	73688	76246
新乡县	41582	41103	52732	53304
获嘉县	19529	18946	49933	50661
原阳县	26988	26724	55817	56190
延津县	24891	24177	56674	57668
封丘县	34381	33918	58176	57973
长垣市	84471	79681	56875	57082
卫辉市	23176	22705	54761	56124
辉县市	41920	41558	51251	54789
焦作市				
解放区	40066	37932	67848	69484
中站区	26114	23104	59180	59287
马村区	10585	10614	61715	61904
山阳区	48747	44745	62496	64704
修武县	32865	32506	60204	60128
博爱县	19563	18606	51804	51908
武陟县	36038	34587	53567	54057
温县	30658	30458	53113	53500
沁阳市	35134	32851	58087	58603
孟州市	43485	43407	62096	63794

8-4 续表 2

县市区	城镇单位年末就业人员(人)	城镇单位年平均就业人员(人)	城镇单位就业人员平均工资(元)	#在岗职工平均工资
濮阳市				
华龙区	215188	213589	71759	75578
清丰县	25177	24525	61636	66838
南乐县	19004	18952	61426	64784
范县	19345	19329	63203	67015
台前县	15987	15905	51068	52438
濮阳县	44984	43831	56551	57800
许昌市				
魏都区	74895	69307	71972	74493
建安区	44315	44963	64710	64758
鄢陵县	32943	32744	58531	59635
襄城县	49446	49322	64964	66901
禹州市	57821	58046	58573	59704
长葛市	111047	109753	56241	56527
漯河市				
源汇区	53163	52319	56749	57379
郾城区	47616	47497	70558	69819
召陵区	70473	69096	63916	64104
舞阳县	46271	46543	53781	53825
临颍县	51367	51542	58278	58617
三门峡市				
湖滨区	55166	55628	77173	83074
陕州区	16933	16736	74771	75481
渑池县	17561	17024	71360	72163
卢氏县	13793	13603	57521	61212
义马市	35876	37460	55926	56002
灵宝市	43425	41636	51036	52782
南阳市				
宛城区	66021	65856	78485	80317
卧龙区	102971	101419	59917	60048
南召县	28419	27836	52713	53768
方城县	42354	41826	58361	59009
西峡县	37086	36773	52820	53366
镇平县	55753	55211	51571	51865
内乡县	42834	41377	50215	51108
淅川县	47344	46131	55993	56464
社旗县	27665	27335	43287	44456
唐河县	45167	44419	53722	54154
新野县	34115	33836	44530	44820
桐柏县	29021	28510	46478	46541
邓州市	64171	62078	53134	54199

8-4 续表 3

县市区	城镇单位 年末就业人员 (人)	城镇单位 年平均就业人员 (人)	城镇单位 就业人员平均工资 (元)	#在岗职工 平均工资
商丘市				
梁园区	102468	96806	53138	53185
睢阳区	60860	59573	84556	84785
民权县	95126	93955	62369	62469
睢县	65711	64021	58676	58764
宁陵县	43034	42660	56224	56442
柘城县	50993	49189	53522	53492
虞城县	82592	74823	54910	55296
夏邑县	89527	87107	56210	56421
永城市	91988	91002	57520	57942
信阳市				
浉河区	79747	79219	63881	65169
平桥区	108662	108160	63464	64227
罗山县	26814	26514	59188	60911
光山县	30964	30599	58099	58667
新县	27550	27143	59529	59914
商城县	31297	31008	57628	57980
固始县	80207	77831	64332	64708
潢川县	48746	47290	50747	50787
淮滨县	44960	45684	57104	57221
息县	46874	45532	51191	51191
周口市				
川汇区	112856	112224	70104	70772
淮阳区	37853	36646	45756	45902
扶沟县	55471	54220	46380	46473
西华县	37666	36827	55846	55947
商水县	87452	85873	50841	50861
沈丘县	71550	69662	50155	50312
郸城县	38704	38506	53478	53439
太康县	70321	69895	64697	64741
鹿邑县	58330	57608	55003	54997
项城市	65682	61722	57087	57236
驻马店市				
驿城区	190521	184009	66227	67563
西平县	43573	42686	53966	54123
上蔡县	45193	43939	54137	54395
平舆县	54763	50732	58407	58530
正阳县	36381	35726	58770	58751
确山县	34127	33401	56519	57943
泌阳县	55699	54991	54144	54175
汝南县	37741	36155	46730	46747
遂平县	42683	42223	56390	56702
新蔡县	49901	47168	53183	53240

8-5 各县(市、区)城乡居民收入和社会消费品零售总额(2019年)

县市区	居民人均可支配收入(元)	农村居民人均可支配收入(元)	城镇居民人均可支配收入(元)	社会消费品零售总额(亿元)
郑州市				
中原区	41203	25056	43747	455.13
二七区	42353	26531	45133	523.50
管城区	40113	28322	42756	1128.31
金水区	46839	28224	49601	1411.18
上街区	45178	24091	48608	40.74
惠济区	33638	27597	36479	233.65
中牟县	26474	21310	33135	349.95
巩义市	30467	25076	35577	287.37
荥阳市	28997	22360	35757	166.98
新密市	29192	22434	35680	197.87
新郑市	29910	23503	35991	365.66
登封市	27422	20217	34750	164.10
开封市				
龙亭区	28519	16641	33922	159.85
顺河区	29117	15726	32465	67.09
鼓楼区	32997	16807	34836	138.02
禹王台区	27489	15987	31833	58.07
祥符区	18483	14265	27037	82.73
杞县	18485	14995	25657	115.12
通许县	19056	15537	26678	88.46
尉氏县	19900	15355	28973	120.81
兰考县	18228	13126	27231	200.47
洛阳市				
老城区	35982	16562	38934	68.94
西工区	41843	18847	44999	300.95
瀍河区	37649	18737	40194	107.86
涧西区	39009	22229	40558	311.32
吉利区	35191	18082	44518	18.22
洛龙区	31218	16841	39801	289.54
孟津县	22904	15120	32732	98.04
新安县	26048	17543	37561	114.94
栾川县	22468	13116	34230	105.91
嵩县	19122	13113	31963	124.03
汝阳县	17876	12229	29620	105.48
宜阳县	18849	12440	31668	142.90
洛宁县	17952	12150	31023	78.95
伊川县	23101	15941	33761	153.35
偃师市	28315	21299	34586	150.37
平顶山市				
新华区	37401	18948	38252	139.83
卫东区	37659	19977	38178	166.04
石龙区	25451	16950	27839	5.39
湛河区	34254	19709	38213	87.07
宝丰县	23691	17323	34205	81.34
叶县	19913	13477	33148	92.04
鲁山县	17280	10409	31600	73.85
郏县	20022	13151	31861	78.13
舞钢市	25904	15901	34635	50.69
汝州市	23677	18571	30903	258.88

8-5 续表 1

县市区	居民人均可支配收入(元)	农村居民人均可支配收入(元)	城镇居民人均可支配收入(元)	社会消费品零售总额(亿元)
安阳市				
文峰区	34741	21029	39709	157.79
北关区	32131	21389	35452	99.54
殷都区	31639	20876	38837	89.89
龙安区	26723	18243	34319	48.79
安阳县	22304	18052	30851	65.39
汤阴县	21734	16054	29738	43.31
滑县	17313	13076	28178	172.12
内黄县	16193	13384	24432	61.19
林州市	27122	21845	33117	162.09
鹤壁市				
鹤山区	28986	16994	31323	18.13
山城区	31036	18012	33191	49.68
淇滨区	31541	16668	37985	91.95
浚县	21228	18781	27112	98.48
淇县	24630	18710	30714	41.03
新乡市				
红旗区	34769	18633	36458	167.75
卫滨区	36168		36168	129.37
凤泉区	25122	16778	32238	11.37
牧野区	35644	20060	37131	71.53
新乡县	26455	20145	32927	51.50
获嘉县	19963	16349	25220	66.73
原阳县	17972	14277	26271	77.43
延津县	20137	16743	26970	55.04
封丘县	17212	12575	26813	56.17
长垣市	25124	21610	29981	32.93
卫辉市	20732	16607	26879	95.68
辉县市	24209	17605	33146	180.65
焦作市				
解放区	36594		36594	114.03
中站区	25671	18114	30752	32.65
马村区	25363	18049	30438	27.62
山阳区	36505		36505	136.97
修武县	25110	18491	32985	62.73
博爱县	25611	18571	33008	86.93
武陟县	24643	19289	33107	135.28
温县	25264	19414	32645	98.46
沁阳市	27786	20506	33612	126.30
孟州市	26287	20359	33510	99.24

8–5 续表 2

县市区	居民人均可支配收入(元)	农村居民人均可支配收入(元)	城镇居民人均可支配收入(元)	社会消费品零售总额(亿元)
濮阳市				
华龙区	34475	16916	36647	313.74
清丰县	18551	15764	26972	64.17
南乐县	18329	14772	27228	61.24
范县	14966	11277	24399	75.63
台前县	14213	10677	23420	46.80
濮阳县	20296	14576	30289	127.50
许昌市				
魏都区	36392		36392	362.96
建安区	23731	18662	32448	154.07
鄢陵县	23588	18712	31986	118.10
襄城县	22142	17482	30391	121.37
禹州市	25780	19220	34757	287.42
长葛市	25573	18916	32647	227.72
漯河市				
源汇区	30878	20539	37483	180.99
郾城区	27992	19901	36002	169.38
召陵区	26104	19289	33945	114.11
舞阳县	17213	11427	25477	96.28
临颍县	22496	17667	29075	112.56
三门峡市				
湖滨区	31634	16944	33509	121.24
陕州区	21003	14197	30715	57.57
渑池县	24707	17605	34083	59.25
卢氏县	16503	10719	28696	47.32
义马市	30946	19556	31349	44.58
灵宝市	23732	18007	32536	171.86
南阳市				
宛城区	28808	17170	37380	254.36
卧龙区	28982	17024	37706	507.59
南召县	18528	12774	29491	93.94
方城县	19837	14314	31045	156.59
西峡县	25367	17876	34919	64.84
镇平县	21181	15778	31124	194.86
内乡县	21127	15119	31783	94.67
淅川县	20630	13338	33230	115.68
社旗县	18321	13006	28300	78.41
唐河县	21165	15239	31324	160.21
新野县	22743	17590	32095	96.47
桐柏县	19780	12811	30159	61.74
邓州市	22070	16673	31315	197.82

8-5 续表 3

县市区	居民人均可支配收入(元)	农村居民人均可支配收入(元)	城镇居民人均可支配收入(元)	社会消费品零售总额(亿元)
商丘市				
梁园区	23430	13028	33727	380.87
睢阳区	21285	12896	32932	228.22
民权县	17929	12120	29536	106.05
睢县	17950	12115	29794	106.32
宁陵县	16417	12043	26088	72.55
柘城县	17622	12410	28215	117.59
虞城县	18637	12648	30442	122.29
夏邑县	19425	12594	31919	123.34
永城市	23755	15880	34400	223.52
信阳市				
浉河区	26964	17056	32640	210.01
平桥区	24080	15035	32443	166.49
罗山县	19765	13811	29531	85.48
光山县	19560	14134	29333	105.26
新县	20669	14077	29267	59.89
商城县	19165	13577	29344	78.51
固始县	20495	15048	29505	203.87
潢川县	21917	15223	29837	120.11
淮滨县	18400	12803	28754	81.13
息县	18502	12863	29157	103.46
周口市				
川汇区	24547	16446	30344	238.22
淮阳区	17095	11425	27616	157.25
扶沟县	17444	12452	26553	89.11
西华县	17155	11732	27169	139.70
商水县	16846	11777	27425	104.27
沈丘县	17626	11999	27950	142.13
郸城县	17884	12432	28098	141.15
太康县	17323	12479	26967	237.78
鹿邑县	20118	14454	29292	236.09
项城市	20280	13655	29050	193.92
驻马店市				
驿城区	26103	13316	33807	282.41
西平县	18510	13954	27556	64.51
上蔡县	17856	12690	28718	112.45
平舆县	18929	13224	29503	72.39
正阳县	16478	12728	25831	72.80
确山县	18702	12786	28674	46.02
泌阳县	18767	13031	29436	89.57
汝南县	17460	13157	26242	61.87
遂平县	19503	13712	29174	72.10
新蔡县	17582	13392	27118	148.25

8-6 各县(市)农业生产条件(2019年)

县 市	农用机械总动力(万千瓦)	农 村用电量(万千瓦时)	化肥施用折纯量(吨)	农 药使用量(吨)	农用塑料薄膜使用量(吨)
郑州市					
中牟县	67.53	30047.29	34241	901	2704
巩义市	50.29	203338.66	23693	138	106
荥阳市	45.77	31634.90	26218	553	453
新密市	93.88	46210.26	25908	265	685
新郑市	63.35	42098.14	29395	399	386
登封市	68.78	47562.59	23607	244	135
开封市					
杞县	160.09	21751.82	69399	954	3566
通许县	77.39	4876.74	35810	1034	2083
尉氏县	122.01	35756.43	48825	842	2270
兰考县	75.79	27111.29	72210	592	1710
洛阳市					
孟津县	45.44	22242.88	19592	390	376
新安县	49.33	6944.64	21025	480	551
栾川县	33.34	33453.26	5631	69	78
嵩县	60.46	13536.88	23100	396	251
汝阳县	48.22	19316.83	16206	472	527
宜阳县	65.57	22577.21	46022	904	827
洛宁县	39.47	8354.85	22319	436	476
伊川县	77.30	36008.85	24516	299	489
偃师市	91.49	28840.24	33111	388	159
平顶山市					
宝丰县	46.05	17534.29	48202	387	279
叶县	79.81	20612.64	90100	616	1006
鲁山县	39.37	30516.08	42307	425	355
郏县	40.05	13252.46	40159	588	589
舞钢市	28.71	5458.85	14443	551	253
汝州市	152.83	32604.77	92057	664	673
安阳市					
安阳县	56.79	19926.67	38666	809	24
汤阴县	56.85	23496.46	41245	502	202
滑县	222.61	57077.46	206557	2066	4199
内黄县	76.56	41520.63	77023	1418	13567
林州市	44.24	66829.59	34393	264	48
鹤壁市					
浚县	150.89	7924.05	44869	585	866
淇县	33.53	7214.37	6435	225	34

8-6 续表 1

县 市	农用机械总动力(万千瓦)	农 村用电量(万千瓦时)	化肥施用折纯量(吨)	农 药使用量(吨)	农用塑料薄膜使用量(吨)
新乡市					
新乡县	51.72	190968.15	26270	538	35
获嘉县	57.37	19711.38	35315	434	94
原阳县	137.60	38086.54	39958	721	737
延津县	102.99	23366.36	123963	885	158
封丘县	128.58	12609.05	73708	2276	237
长垣市	102.91	54979.23	65272	994	747
卫辉市	72.00	25401.16	45465	680	303
辉县市	86.54	261950.45	79380	928	370
焦作市					
修武县	24.38	8503.38	13073	341	49
博爱县	21.31	11696.01	28000	423	607
武陟县	65.26	20280.63	52185	1268	329
温县	39.64	31164.16	22836	406	199
沁阳市	40.16	34502.10	29056	669	248
孟州市	35.66	34357.47	26657	439	658
濮阳市					
清丰县	77.99	17444.25	65442	590	394
南乐县	69.29	34366.86	54635	470	3094
范县	50.39	12949.66	29403	419	443
台前县	28.14	9728.86	11518	188	248
濮阳县	127.65	16792.53	99324	1272	579
许昌市					
鄢陵县	82.28	6823.07	26814	863	940
襄城县	69.07	14914.48	39689	476	667
禹州市	88.08	29007.05	44498	407	827
长葛市	57.95	29991.59	37529	605	472
漯河市					
舞阳县	60.77	13079.13	36375	657	384
临颍县	91.03	21330.86	47649	736	1156
三门峡市					
渑池县	32.80	5904.60	18150	271	824
卢氏县	18.11	3176.57	13396	205	841
义马市	1.20	2243.74	1006	21	80
灵宝市	39.38	12133.84	33611	1222	875
南阳市					
南召县	43.65	6644.99	13026	397	596
方城县	144.80	22604.39	61089	1375	3279
西峡县	15.53	26583.42	23718	309	1997

8-6 续表 2

县 市	农用机械总动力(万千瓦)	农 村用电量(万千瓦时)	化肥施用折纯量(吨)	农 药使用量(吨)	农用塑料薄膜使用量(吨)
镇平县	107.29	17283.91	41963	821	935
内乡县	81.31	22480.91	27472	461	788
淅川县	51.36	24028.42	41242	634	1139
社旗县	93.04	7190.45	64533	1353	1276
唐河县	249.28	31857.87	98036	2858	1914
新野县	178.76	22938.08	84765	2420	6726
桐柏县	86.94	7286.65	33818	348	676
邓州市	201.43	28271.50	172081	2637	3135
商丘市					
民权县	95.40	17538.46	43859	1323	2398
睢县	93.12	8236.16	53400	770	1112
宁陵县	64.50	21665.36	43780	1113	972
柘城县	85.24	26260.57	49290	620	230
虞城县	111.92	48609.52	157411	3161	2104
夏邑县	102.36	53724.88	111399	1534	2414
永城市	137.13	35180.92	170865	1751	1853
信阳市					
罗山县	84.77	10109.00	36361	657	812
光山县	48.74	27618.11	38677	579	422
新县	28.19	6689.00	10451	332	168
商城县	37.88	21597.11	18425	372	341
固始县	137.70	38340.99	113842	3823	4534
潢川县	59.43	21270.54	38448	395	1551
淮滨县	77.21	16356.64	49711	1289	2556
息县	120.15	18618.70	62362	1719	1137
周口市					
扶沟县	106.78	19196.82	62611	1725	3542
西华县	109.48	21525.46	116150	3520	977
商水县	95.23	20320.12	80882	957	2086
沈丘县	83.60	30377.59	107458	2117	2334
郸城县	113.73	32516.86	132898	1974	1690
太康县	171.00	19293.78	113516	2876	2934
鹿邑县	103.36	12652.68	96926	991	679
项城市	71.98	30750.28	44522	1400	1170
驻马店市					
西平县	122.11	37335.50	66012	318	1223
上蔡县	151.98	27825.70	97040	977	998
平舆县	166.93	8578.83	53808	487	920
正阳县	229.53	7133.13	119893	310	1051
确山县	102.83	17167.19	66588	935	2489
泌阳县	150.89	9871.98	62034	356	2249
汝南县	147.41	10063.21	85048	805	1200
遂平县	110.63	8076.05	59849	500	492
新蔡县	144.75	9729.84	79277	2421	1182

8-7 各县(市)主要农作物播种面积(2019年)

单位：千公顷

县 市	粮 食	#谷物			#豆类	棉 花	油 料
			#小麦	#玉米			
郑州市							
中牟县	28.43	26.65	12.47	14.19	0.72	0.51	8.68
巩义市	43.13	41.72	22.67	18.59	0.53	0.33	2.58
荥阳市	49.89	48.76	27.11	21.58	0.30		1.98
新密市	56.19	52.65	27.59	25.06	1.78	0.04	2.99
新郑市	47.80	46.12	24.58	21.53	0.78	0.01	5.74
登封市	51.09	47.19	24.89	22.29	1.91	0.27	2.03
开封市							
杞县	121.13	113.29	65.18	48.11	4.29	2.90	21.51
通许县	66.78	64.31	39.59	24.71	1.75	0.33	8.47
尉氏县	108.29	102.42	65.61	36.08	3.24	1.53	27.51
兰考县	100.73	96.83	59.33	37.31	1.57	1.05	16.68
洛阳市							
孟津县	51.46	46.69	26.57	18.04	0.72	0.31	2.15
新安县	46.90	41.71	21.48	19.47	2.54	0.06	3.34
栾川县	9.51	8.41	2.62	5.79	0.82	0.01	0.37
嵩县	47.49	39.35	20.11	18.98	3.46	0.31	4.55
汝阳县	43.26	37.72	19.89	17.12	1.74	0.21	4.12
宜阳县	89.05	75.29	42.97	28.12	7.73	1.17	17.45
洛宁县	61.96	48.55	30.33	15.41	9.72	0.05	2.38
伊川县	78.85	69.35	38.81	23.68	2.47	0.49	3.53
偃师市	40.42	39.15	21.50	17.21	0.78	0.10	0.88
平顶山市							
宝丰县	51.93	50.30	26.55	23.75	1.34	0.01	4.83
叶县	122.65	115.51	59.01	56.49	4.75	0.15	10.62
鲁山县	62.61	59.81	30.79	28.46	0.79		7.76
郏县	62.69	52.13	30.85	21.27	4.81	0.19	6.36
舞钢市	32.06	30.15	16.26	13.89	1.53		1.53
汝州市	94.81	91.96	47.93	43.48	0.95	0.27	6.24
安阳市							
安阳县	63.36	62.99	31.56	31.43	0.19	0.15	0.11
汤阴县	72.95	71.55	38.05	33.39	0.78	0.14	1.81
滑县	206.53	205.17	120.80	84.16	0.52	0.44	25.14
内黄县	96.34	94.93	63.07	31.84	0.25	0.09	22.09
林州市	58.16	50.24	17.56	29.25	2.30	0.55	3.48
鹤壁市							
浚县	99.99	99.63	55.42	44.13	0.13	0.10	12.83
淇县	41.63	41.03	20.55	20.45		0.04	0.40

8-7 续表 1

单位：千公顷

县 市	粮 食	#谷物	#小麦	#玉米	#豆类	棉 花	油 料
新乡市							
新乡县	39.01	35.68	20.66	14.90	3.31	0.04	2.70
获嘉县	55.11	49.93	26.73	18.12	5.16	0.03	0.03
原阳县	140.53	138.37	71.14	54.32	1.33	0.25	11.18
延津县	81.42	79.58	55.37	24.20	0.16		30.75
封丘县	113.69	110.04	65.44	44.55	1.30	0.45	14.38
长垣市	106.67	103.69	56.00	45.46	2.60	0.30	9.41
卫辉市	66.17	65.79	32.71	32.91	0.17		3.02
辉县市	95.20	94.09	48.65	45.13	0.26		6.47
焦作市							
修武县	30.44	14.79	15.18	14.72	0.35	0.01	0.26
博爱县	27.76	13.32	13.50	13.27	0.71		0.57
武陟县	70.51	30.62	37.88	26.47	1.45	0.03	9.38
温县	39.65	17.07	21.98	17.07	0.12	0.06	3.60
沁阳市	45.58	20.95	23.06	20.92	1.21	0.00	1.27
孟州市	36.48	13.91	22.28	13.88	0.12	0.05	9.76
濮阳市							
清丰县	152.23	141.94	83.53	49.03	9.61	0.01	11.13
南乐县	83.46	79.92	50.97	28.95	0.55	0.01	1.69
范县	67.89	65.89	36.27	29.38	0.75	0.07	1.06
台前县	62.15	55.00	29.48	11.69	6.87	0.07	0.76
濮阳县	38.07	31.73	18.87	12.86	5.17	0.78	4.46
许昌市							
鄢陵县	76.71	73.59	42.67	30.92	2.68	0.08	1.38
襄城县	90.33	61.78	45.09	16.29	14.11	0.25	3.87
禹州市	97.71	87.56	47.85	39.70	2.18	0.09	5.14
长葛市	80.13	76.76	40.31	36.45	3.02		2.72
漯河市							
舞阳县	80.52	72.18	42.04	30.14	7.06	0.06	9.00
临颍县	76.23	56.79	41.22	15.56	16.39	0.14	1.23
三门峡市							
渑池县	42.57	32.73	21.35	10.43	7.22	0.08	6.40
卢氏县	31.63	25.73	13.70	11.94	5.00		0.33
义马市	2.23	2.01	0.99	1.00	0.09		0.19
灵宝市	53.34	45.63	24.81	20.82	6.01	1.05	3.34
南阳市							
南召县	28.55	25.67	8.36	10.08	1.54		10.83
方城县	161.31	148.31	82.37	65.69	10.54	0.41	56.58
西峡县	24.70	22.30	10.85	11.13	1.14		2.85

8-7 续表 2

单位：千公顷

县 市	粮 食	#谷物	#小麦	#玉米	#豆类	棉 花	油 料
镇平县	98.45	95.52	52.56	42.36	1.58		22.50
内乡县	72.85	70.15	34.78	34.73	0.31	0.03	19.73
淅川县	64.12	59.22	34.57	21.10	3.02	0.39	39.83
社旗县	125.20	115.93	63.99	51.94	6.18	0.21	25.90
唐河县	231.16	216.75	142.58	68.23	7.64	0.10	54.12
新野县	80.50	76.97	52.95	23.26	2.58		32.36
桐柏县	46.86	44.63	16.55	11.09	1.61		19.79
邓州市	217.07	205.02	138.18	58.55	9.94	0.51	61.72
商丘市							
民权县	107.88	104.66	68.00	36.66	1.91	0.34	19.83
睢县	101.89	97.89	57.38	40.51	2.41	0.25	11.64
宁陵县	76.12	72.77	48.13	24.63	1.68		22.24
柘城县	117.13	114.79	65.99	48.81	1.61	0.41	2.07
虞城县	146.53	145.20	77.13	68.07	0.74	1.74	10.54
夏邑县	157.92	153.56	81.88	71.68	2.34	0.32	4.33
永城市	209.20	170.67	112.00	58.33	38.87	0.12	1.88
信阳市							
罗山县	95.53	93.65	28.39	0.05	0.89	0.03	18.16
光山县	68.88	67.35	14.47		0.99	0.35	30.77
新县	14.35	13.74	1.26	0.01	0.09	0.02	12.88
商城县	41.83	40.63	8.41	0.03	0.81	0.06	10.46
固始县	152.00		37.33	3.31	0.15	0.07	19.43
潢川县	98.39	98.07	37.05	0.05	0.13		11.21
淮滨县	100.71	97.69	55.40	2.73	1.11	0.08	18.26
息县	162.41	159.97	92.86	12.01	1.27	0.15	15.42
周口市							
扶沟县	104.69	91.19	64.84	26.20	13.20	0.45	7.63
西华县	131.65	119.18	73.73	45.45	11.35	0.26	8.45
商水县	161.21	141.01	80.05	60.88	16.96	0.37	11.43
沈丘县	136.86	125.62	72.85	52.77	7.18	0.02	9.88
郸城县	177.37	153.69	89.06	64.63	12.28	0.21	6.76
太康县	198.00	186.65	109.31	77.34	8.83	0.78	6.62
鹿邑县	143.07	127.27	72.87	54.41	14.75	0.09	5.80
项城市	138.52	119.33	75.57	43.76	17.12	0.35	10.44
驻马店市							
西平县	141.36	140.96	72.15	68.81	0.27		7.90
上蔡县	168.72	159.95	98.62	61.17	7.72	0.19	26.56
平舆县	132.32	124.12	80.77	43.35	6.00		25.95
正阳县	158.41	155.14	130.32	6.65	1.60		107.45
确山县	97.32	92.26	56.42	31.59	1.85		39.56
泌阳县	124.93	118.93	74.89	41.40	1.17		51.27
汝南县	128.49	123.94	86.60	37.32	3.43		49.39
遂平县	101.94	99.45	54.12	45.33	1.34	0.01	11.84
新蔡县	152.27	148.75	86.80	59.46	2.29	0.24	27.36

8-8 各县(市)主要农作物产量(2019年)

县 市	粮食产量(万吨)	#谷物	#小麦	#玉米	#豆类	棉花产量(吨)	油料产量(吨)	园林水果产量(吨)
郑州市								
中牟县	17.61	16.55	7.75	8.80	0.19	566	42212	18331
巩义市	16.98	16.37	8.37	7.86	0.11	309	5422	29146
荥阳市	28.09	27.32	15.40	11.88	0.04		5828	67785
新密市	22.20	20.80	11.71	9.10	0.25	25	8393	19734
新郑市	26.53	25.79	13.95	11.84	0.21	12	20117	78033
登封市	20.11	17.64	8.53	9.11	0.32	303	4738	21462
开封市								
杞县	71.66	68.48	41.96	26.53	1.06	4072	119845	22404
通许县	40.78	40.12	25.77	14.35	0.20	511	39158	109731
尉氏县	64.46	62.13	41.56	20.08	0.59	2065	129361	77053
兰考县	57.60	55.28	35.42	19.65	0.48	2009	79274	137549
洛阳市								
孟津县	25.44	22.48	13.18	8.56	0.11	287	10993	69471
新安县	21.92	19.06	9.77	9.11	0.57	196	8912	56298
栾川县	4.16	3.85	1.05	2.80	0.16	8	710	6705
嵩县	19.28	15.77	8.01	7.68	0.55	330	9730	72469
汝阳县	18.22	15.29	7.89	7.01	0.43	421	11604	13589
宜阳县	39.95	36.55	18.32	17.02	2.01	1429	73068	182058
洛宁县	27.70	22.19	13.00	7.63	2.58	35	4349	345093
伊川县	40.15	34.19	18.63	12.64	0.44	527	8567	10888
偃师市	25.06	24.55	12.56	11.91	0.14	150	2090	70131
平顶山市								
宝丰县	28.17	27.66	15.45	12.21	0.36	21	14773	10263
叶县	70.29	67.60	35.23	32.37	1.37	146	39723	49392
鲁山县	23.99	22.71	12.10	10.33	0.19	1	20350	90556
郏县	35.75	31.12	18.28	12.84	1.30	220	23405	12651
舞钢市	17.66	17.01	9.44	7.57	0.45		4994	11496
汝州市	46.17	44.83	24.68	20.03	0.28	295	19987	43581
安阳市								
安阳县	42.96	42.62	21.70	20.92	0.06	160	420	4078
汤阴县	47.38	46.68	24.55	22.09	0.25	190	7274	40718
滑县	161.52	160.57	93.42	67.02	0.13	563	116005	161021
内黄县	63.69	62.54	41.57	20.97	0.07	146	103849	253717
林州市	24.50	21.16	7.88	12.48	0.41	692	4799	19799
鹤壁市								
浚县	75.98	75.76	42.08	33.66	0.04	229	42070	24222
淇县	29.79	28.89	15.07	13.80		69	908	7665

8-8 续表 1

县 市	粮食产量（万吨）	#谷物	#小麦	#玉米	#豆类	棉花产量（吨）	油料产量（吨）	园林水果产量（吨）
新乡市								
新乡县	27.90	26.87	15.36	11.41	1.02	36	10388	4380
获嘉县	38.19	36.01	19.18	12.56	2.07	28	143	13011
原阳县	89.58	88.26	47.10	33.54	0.42	194	46881	29283
延津县	53.07	51.97	38.42	13.55	0.06		148337	24660
封丘县	75.20	71.71	48.11	23.57	0.34	535	65547	29632
长垣市	75.86	74.75	43.18	30.50	0.81	354	38025	15812
卫辉市	42.20	41.88	22.57	19.20	0.05		11002	74318
辉县市	61.68	61.34	32.80	28.49	0.06		19561	53411
焦作市								
修武县	22.23	10.65	11.39	10.60	0.10	8	921	9254
博爱县	20.76	9.70	10.65	9.68	0.21		1289	15800
武陟县	54.13	23.06	30.25	19.45	0.45	42	53304	33487
温县	31.77	13.26	18.05	13.26	0.04	58	20186	23731
沁阳市	34.20	15.47	17.98	15.45	0.41	14	5278	31541
孟州市	27.32	10.13	17.05	10.12	0.03	124	49849	23475
濮阳市								
清丰县	100.88	96.68	57.48	31.16	2.81	14	43429	11992
南乐县	60.49	57.88	38.14	19.74	0.24	8	7913	153700
范县	50.33	48.51	28.33	20.17	0.26	69	4688	8824
台前县	40.59	38.73	19.95	8.54	1.68	199	3122	8966
濮阳县	22.68	21.05	13.02	8.03	1.29	995	18932	64089
许昌市								
鄢陵县	56.12	54.97	33.46	21.51	1.00	75	6966	5107
襄城县	59.26	46.59	33.92	12.44	4.10	251	13325	19873
禹州市	56.39	51.58	29.38	22.21	0.39	74	12978	19855
长葛市	57.68	56.37	31.44	24.93	1.05		9580	4604
漯河市								
舞阳县	56.84	54.11	31.56	22.55	1.89	56	37627	18362
临颍县	51.67	45.02	31.60	13.42	4.56	161	4562	3754
三门峡市								
渑池县	18.11	14.81	9.15	5.34	1.35	96	17358	205665
卢氏县	13.03	11.01	5.57	5.42	1.44		968	89251
义马市	0.98	0.89	0.43	0.45	0.02		538	835
灵宝市	23.18	20.77	11.27	9.50	1.40	1016	7407	1634373
南阳市								
南召县	15.23	13.44	3.63	4.10	0.37		58233	13804
方城县	73.01	68.92	40.39	28.46	1.21	579	292323	114393
西峡县	10.34	9.31	3.66	5.39	0.15		8900	602681

8-8 续表 2

县 市	粮食产量（万吨）	#谷物	#小麦	#玉米	#豆类	棉花产量（吨）	油料产量（吨）	园林水果产量（吨）
镇平县	52.60	51.46	28.44	22.71	0.28		82658	10183
内乡县	39.58	37.58	19.91	17.31	0.03	38	85925	56236
淅川县	29.49	26.81	16.15	7.82	0.41	579	117786	70419
社旗县	65.57	61.49	30.98	30.51	1.03	267	136088	19292
唐河县	135.00	128.71	98.17	26.82	0.94	255	220110	68181
新野县	53.33	52.00	37.16	14.60	0.55		176665	14387
桐柏县	24.82	24.36	7.13	4.11	0.11		71278	18465
邓州市	122.48	118.41	82.85	30.62	2.66	499	288854	39182
商丘市								
民权县	73.33	71.70	49.07	22.63	0.50	443	100509	187108
睢县	68.54	67.01	41.57	25.44	0.78	327	59725	32402
宁陵县	51.87	50.67	35.02	15.65	0.51		114892	296009
柘城县	80.84	79.60	49.19	30.40	0.64	531	9238	17284
虞城县	100.12	99.27	56.81	42.45	0.16	2254	52864	577684
夏邑县	107.23	105.74	60.85	44.89	0.47	421	20555	306623
永城市	134.46	124.51	83.16	41.35	9.95	315	7907	272559
信阳市								
罗山县	70.52	69.91	11.81	0.03	0.08	31	50902	7833
光山县	54.25	53.86	6.00		0.09	373	77198	36829
新县	11.39	11.10	0.42	0.01	0.01	21	27982	3305
商城县	28.96	28.68	3.33	0.02	0.07	89	32274	7708
固始县	111.67		17.11	2.01	0.03	70	62454	14902
潢川县	68.50	68.38	15.88	0.03	0.01		32968	3580
淮滨县	57.49	56.33	28.17	1.68	0.11	85	63533	35692
息县	96.84	96.08	49.55	7.80	0.12	162	49722	20606
周口市								
扶沟县	68.89	64.94	48.78	16.02	3.76	480	40795	25456
西华县	85.70	82.79	55.60	27.20	2.21	284	44824	177309
商水县	109.98	102.33	60.36	41.93	5.43	480	32017	51146
沈丘县	93.93	89.26	54.79	34.48	2.28	30	42769	110629
郸城县	114.06	105.72	67.16	38.56	2.38	341	32402	18982
太康县	132.12	128.22	82.41	45.81	2.52	1485	44967	42779
鹿邑县	96.30	92.50	54.00	37.30	3.90	140	20703	12382
项城市	91.85	86.98	56.82	30.17	3.31	593	24563	47820
驻马店市								
西平县	97.29	97.16	54.11	43.05	0.04		37756	17810
上蔡县	110.83	108.41	72.54	35.79	1.78	240	95608	8969
平舆县	87.50	86.05	59.10	26.95	0.84		65930	5853
正阳县	95.34	94.17	78.19	3.50	0.21		485379	14037
确山县	57.15	54.47	35.56	15.84	0.29		189190	8037
泌阳县	70.93	68.18	44.99	21.75	0.23		217499	53394
汝南县	83.70	82.28	61.44	20.82	0.65		246468	9023
遂平县	64.56	63.57	38.80	24.77	0.25	17	47343	25639
新蔡县	94.08	93.28	57.98	33.90	0.25	194	96972	20531

8-9 各县(市)畜牧业生产情况(2019年)

县 市	猪出栏头数(万头)	牛出栏头数(万头)	羊出栏只数(万只)	猪肉产量(万吨)	禽蛋产量(万吨)	猪年末头数(万头)	牛年末头数(万头)	羊年末只数(万只)
郑州市								
中牟县	2.36	0.13	0.75	0.18	0.06	0.46	0.64	0.77
巩义市	24.84	0.30	4.65	1.86	0.77	13.35	0.52	3.68
荥阳市	8.07	0.92	3.42	0.65	2.29	3.58	0.99	3.25
新密市	12.06	0.22	3.25	0.92	2.48	10.25	0.24	5.04
新郑市	17.44	0.71	3.83	1.37	2.62	3.68	0.77	2.97
登封市	17.90	0.55	7.04	1.39	1.99	14.95	0.59	8.42
开封市								
杞县	74.14	5.58	37.38	5.53	8.50	66.23	8.14	35.76
通许县	54.04	0.48	24.17	3.99	2.57	33.69	2.74	24.59
尉氏县	78.76	4.58	46.59	5.96	6.48	43.21	13.04	45.44
兰考县	25.55	1.74	38.96	2.00	8.39	14.64	2.65	30.44
洛阳市								
孟津县	15.86	0.87	4.50	1.34	1.14	10.81	2.58	8.11
新安县	13.99	0.70	9.29	1.16	1.32	11.76	1.50	8.93
栾川县	3.63	0.56	2.04	0.31	0.90	4.87	0.30	1.51
嵩县	10.98	3.32	16.84	0.93	2.08	9.57	5.64	12.47
汝阳县	10.93	0.84	7.07	0.82	2.05	11.19	1.01	7.88
宜阳县	23.59	1.39	13.46	1.83	1.30	15.26	2.27	16.11
洛宁县	8.37	5.77	14.48	0.65	1.54	9.02	8.82	9.16
伊川县	21.52	2.03	5.32	1.58	1.87	21.41	4.71	8.69
偃师市	0.44	0.05	0.15	0.03	1.29	0.18	0.09	0.14
平顶山市								
宝丰县	28.06	0.71	7.63	2.18	0.89	22.15	1.81	7.69
叶县	91.30	4.01	69.62	6.88	3.57	56.05	2.83	37.95
鲁山县	18.10	1.69	17.56	1.41	2.27	12.50	2.28	14.48
郏县	19.79	2.98	17.44	1.54	1.24	8.92	3.67	10.24
舞钢市	19.53	0.32	7.52	1.52	0.97	13.90	0.59	8.91
汝州市	62.60	3.70	20.67	4.72	5.31	53.01	5.77	36.01
安阳市								
安阳县	9.45	0.08	2.04	0.88	0.73	4.78	0.14	2.10
汤阴县	28.22	0.63	10.95	2.59	2.48	8.94	0.62	5.14
滑县	37.25	0.96	23.76	2.91	5.60	30.12	2.03	15.60
内黄县	35.27	0.68	24.97	3.29	5.12	16.22	0.95	22.36
林州市	45.04	0.13	5.28	3.45	1.11	30.48	0.31	5.26
鹤壁市								
浚县	50.00	0.86	16.89	3.83	4.18	26.87	1.09	20.16
淇县	39.80	0.12	2.13	3.17	3.37	23.31	0.66	3.66

8-9 续表 1

县 市	猪出栏头数(万头)	牛出栏头数(万头)	羊出栏只数(万只)	猪肉产量(万吨)	禽蛋产量(万吨)	猪年末头数(万头)	牛年末头数(万头)	羊年末只数(万只)
新乡市								
新乡县	7.75	0.47	2.84	0.60	1.44	2.08	0.84	2.98
获嘉县	21.48	0.17	3.07	1.60	1.97	8.05	0.39	3.20
原阳县	36.13	0.97	20.74	2.74	3.76	10.41	4.60	12.82
延津县	20.04	0.74	8.20	1.48	1.32	11.73	1.48	3.94
封丘县	59.30	2.48	20.52	4.41	4.78	32.77	3.83	12.87
长垣市	22.29	0.79	10.67	1.76	2.96	14.71	0.97	5.96
卫辉市	49.92	0.70	10.96	3.73	4.20	15.07	1.55	14.08
辉县市	74.14	1.70	8.70	5.54	7.46	29.47	3.16	6.49
焦作市								
修武县	15.77	1.04	2.53	1.16	1.39	9.95	0.96	2.92
博爱县	11.51	0.51	2.38	0.88	1.14	7.29	0.92	2.62
武陟县	25.41	1.98	10.57	1.97	4.05	5.27	1.34	6.76
温县	10.95	0.53	3.70	0.84	2.04	4.85	0.66	4.41
沁阳市	14.45	0.87	5.45	1.11	1.04	10.09	1.02	4.71
孟州市	19.61	0.64	4.35	1.53	1.42	4.58	0.95	4.14
濮阳市								
清丰县	27.76	0.14	8.74	2.13	1.58	12.85	0.17	5.10
南乐县	24.98	1.56	8.53	2.03	9.44	10.09	0.43	5.09
范县	11.17	0.70	24.30	0.87	3.48	6.84	0.96	11.34
台前县	4.74	0.62	4.72	0.37	1.39	5.74	0.87	4.42
濮阳县	31.68	0.97	63.50	2.44	9.23	40.56	1.76	38.66
许昌市								
鄢陵县	51.80	0.48	9.24	3.88	2.36	35.40	0.20	5.58
襄城县	39.83	3.59	19.41	2.99	3.22	26.86	5.80	16.92
禹州市	51.28	1.47	31.45	3.82	0.77	41.65	1.43	21.44
长葛市	54.57	1.02	13.25	4.10	5.29	30.11	1.28	9.55
漯河市								
舞阳县	54.45	0.56	13.82	4.07	2.20	38.14	0.44	9.83
临颍县	58.74	0.38	4.54	4.35	4.57	40.42	0.64	4.23
三门峡市								
渑池县	21.59	2.68	15.91	1.76	1.70	18.11	5.63	12.38
卢氏县	6.37	1.19	4.31	0.52	0.53	3.52	3.83	5.02
义马市	5.90	0.03	0.82	0.48	0.05	5.54	0.04	0.61
灵宝市	22.87	1.76	10.30	1.86	1.22	22.05	4.88	12.91
南阳市								
南召县	7.18	0.60	14.48	0.57	1.27	5.31	1.48	10.91
方城县	60.05	3.82	26.99	4.52	2.41	43.66	4.99	29.09
西峡县	11.18	1.41	23.85	0.88	0.86	6.34	2.46	14.02

8-9 续表 2

县 市	猪出栏头数(万头)	牛出栏头数(万头)	羊出栏只数(万只)	猪肉产量(万吨)	禽蛋产量(万吨)	猪年末头数(万头)	牛年末头数(万头)	羊年末只数(万只)
镇平县	14.03	0.98	17.51	1.11	2.65	11.74	2.78	17.36
内乡县	91.90	4.84	62.95	6.96	2.06	68.07	7.67	41.88
淅川县	8.52	1.51	20.33	0.68	0.95	6.12	2.38	11.22
社旗县	53.24	5.27	17.49	4.02	1.81	48.43	7.54	20.91
唐河县	81.69	11.69	37.88	6.15	5.06	76.87	16.40	38.18
新野县	18.24	6.66	23.36	1.46	2.65	14.98	11.56	19.84
桐柏县	11.59	1.72	13.14	0.92	1.26	5.79	3.28	11.24
邓州市	93.99	10.38	64.24	7.07	6.28	91.92	17.17	44.05
商丘市								
民权县	21.39	4.63	57.39	1.74	5.28	20.05	5.72	54.65
睢县	37.70	1.26	25.56	2.84	5.71	22.22	1.26	14.05
宁陵县	55.26	0.96	23.23	4.17	2.69	51.78	2.00	16.01
柘城县	35.26	4.05	46.12	2.67	4.76	25.55	3.81	37.59
虞城县	18.06	5.10	43.53	1.52	8.29	17.28	15.05	33.48
夏邑县	59.33	2.80	34.88	4.51	5.97	40.57	3.45	42.70
永城市	41.70	2.13	76.71	3.26	12.52	36.11	2.19	48.15
信阳市								
罗山县	30.95	0.27	3.72	2.37	2.43	29.77	0.92	4.38
光山县	8.40	0.35	2.16	0.65	1.94	10.43	1.03	3.79
新县	2.98	0.83	2.54	0.23	0.69	3.61	1.33	4.33
商城县	7.87	0.29	4.26	0.60	1.37	3.61	0.53	4.53
固始县	69.04	1.65	38.89	5.27	12.50	42.04	1.09	31.04
潢川县	52.45	0.87	5.20	3.98	8.50	23.93	1.32	3.67
淮滨县	9.63	1.12	13.26	0.74	4.35	11.52	1.78	9.81
息县	22.80	1.87	7.00	1.74	2.40	27.83	3.34	7.18
周口市								
扶沟县	47.02	0.93	9.46	3.43	2.94	43.35	1.04	12.63
西华县	73.06	1.13	28.91	5.53	6.34	50.35	2.70	38.59
商水县	55.50	1.37	43.79	4.21	5.93	54.70	2.93	26.67
沈丘县	57.68	2.05	69.06	4.42	6.18	42.72	4.08	62.05
郸城县	48.60	2.75	37.84	3.54	7.00	46.21	5.54	43.16
太康县	75.45	2.33	66.89	5.70	6.00	64.94	4.07	35.46
鹿邑县	63.83	0.86	21.80	4.82	4.27	51.59	1.05	17.83
项城市	47.01	2.66	18.67	3.43	4.87	44.76	4.56	23.73
驻马店市								
西平县	94.47	0.94	18.68	7.20	5.43	59.15	1.28	13.65
上蔡县	62.23	2.34	17.66	4.67	3.11	50.24	3.06	13.84
平舆县	48.73	1.42	25.78	3.66	2.61	37.45	2.58	18.70
正阳县	112.08	0.84	4.74	8.65	2.95	73.03	2.51	3.51
确山县	50.08	4.88	37.27	3.78	2.51	43.16	9.77	31.38
泌阳县	78.63	25.88	29.34	6.21	2.76	42.39	40.82	30.76
汝南县	62.59	3.28	38.01	4.71	2.94	46.75	4.25	22.45
遂平县	69.85	1.54	12.83	5.28	4.33	47.79	1.84	9.20
新蔡县	60.04	3.85	29.07	4.56	3.15	50.79	3.85	19.49

8-10 各县(市)义务教育主要指标(2019年)

县 市	校 数 (所)			在校学生数 (人)			专任教师数(人)		
	合计	小学	初中	合计	小学	初中	合计	小学	初中
郑州市									
中牟县	178	139	39	165251	118471	46780	8093	4845	3248
巩义市	98	70	28	79562	55385	24177	5813	3091	2722
荥阳市	79	57	22	75007	51085	23922	4842	2849	1993
新密市	148	114	34	101113	69329	31784	6543	3944	2599
新郑市	166	128	38	167192	118493	48699	6934	3852	3082
登封市	143	92	51	163891	89997	73894	8487	3174	5313
开封市									
杞县	194	145	49	143886	100617	43269	8814	5170	3644
通许县	98	70	28	83371	59086	24285	4717	2794	1923
尉氏县	204	167	37	139377	98993	40384	6768	4007	2761
兰考县	255	202	53	122794	87325	35469	7362	4576	2786
洛阳市									
孟津县	83	62	21	46835	30418	16417	3287	1636	1651
新安县	142	117	25	58174	38258	19916	3272	1694	1578
栾川县	57	40	17	44553	31023	13530	2515	1343	1172
嵩县	126	106	20	82205	54213	27992	4112	2336	1776
汝阳县	83	59	24	76290	52655	23635	4103	2300	1803
宜阳县	98	62	36	78266	52057	26209	4986	2714	2272
洛宁县	97	61	36	55542	36563	18979	3713	1895	1818
伊川县	164	118	46	125595	87882	37713	7319	4225	3094
偃师市	74	45	29	56186	38644	17542	4604	2352	2252
平顶山市									
宝丰县	139	118	21	84957	56391	28566	4099	2489	1610
叶县	186	161	25	113488	79721	33767	7007	4297	2710
鲁山县	279	236	43	156086	97245	58841	7638	4701	2937
郏县	129	104	25	85737	56912	28825	5540	3251	2289
舞钢市	56	43	13	42667	31135	11532	2224	1407	817
汝州市	443	385	58	178206	125601	52605	8623	4982	3641
安阳市									
安阳县	182	157	25	68965	44871	24094	3174	1898	1276
汤阴县	157	132	25	78024	52425	25599	3974	2228	1746
滑县	343	292	51	220560	160772	59788	10292	6704	3588
内黄县	235	197	38	122558	82303	40255	6094	3517	2577
林州市	240	193	47	158573	109502	49071	7218	3789	3429
鹤壁市									
浚县	195	171	24	92577	65355	27222	4949	3263	1686
淇县	81	67	14	38540	27187	11353	2160	1119	1041

8-10 续表 1

县 市	校 数 (所)			在校学生数 (人)			专任教师数(人)		
	合计	小学	初中	合计	小学	初中	合计	小学	初中
新乡市									
新乡县	95	73	22	50576	34130	16446	3135	1605	1530
获嘉县	132	104	28	58392	39977	18415	3346	1722	1624
原阳县	226	178	48	111372	76009	35363	6443	4002	2441
延津县	155	118	37	74643	47475	27168	4719	2272	2447
封丘县	230	179	51	113242	77238	36004	7316	4126	3190
长垣市	264	227	37	149103	99986	49117	7526	4609	2917
卫辉市	134	105	29	84034	54389	29645	4575	2824	1751
辉县市	183	144	39	146637	98039	48598	5423	2477	2946
焦作市									
修武县	70	54	16	28728	19975	8753	2303	1421	882
博爱县	67	46	21	44667	32012	12655	3006	1354	1652
武陟县	164	133	31	82130	60105	22025	5375	3216	2159
温县	99	76	23	45063	31450	13613	2979	1830	1149
沁阳市	113	85	28	53249	35866	17383	3461	1960	1501
孟州市	63	42	21	29854	21562	8292	2239	1211	1028
濮阳市									
清丰县	171	149	22	85754	62664	23090	5612	3747	1865
南乐县	150	129	21	82694	60503	22191	5490	3620	1870
范县	133	113	20	72377	49852	22525	3977	2607	1370
台前县	105	91	14	58128	42569	15559	3458	2012	1446
濮阳县	246	217	29	144451	110074	34377	9216	6558	2658
许昌市									
鄢陵县	164	140	24	87579	60013	27566	5655	3673	1982
襄城县	185	160	25	112128	73348	38780	7061	4606	2455
禹州市	302	227	75	158134	106878	51256	10035	4985	5050
长葛市	164	130	34	99690	67767	31923	6458	3443	3015
漯河市									
舞阳县	157	136	21	57966	40251	17715	3537	1973	1564
临颍县	206	169	37	76752	51073	25679	5128	2361	2767
三门峡市									
渑池县	68	44	24	45858	31063	14795	3336	1604	1732
卢氏县	60	33	27	37699	23123	14576	2668	1380	1288
义马市	16	10	6	11875	9219	2656	1171	661	510
灵宝市	119	92	27	74010	52577	21433	5663	3317	2346
南阳市									
南召县	94	59	35	98375	68241	30134	5802	3305	2497
方城县	277	234	43	179269	119125	60144	9404	5348	4056
西峡县	116	85	31	68542	44947	23595	4409	2661	1748

8-10 续表 2

县 市	校 数 (所)			在校学生数 (人)			专任教师数(人)		
	合计	小学	初中	合计	小学	初中	合计	小学	初中
镇平县	192	155	37	144103	101093	43010	9001	5557	3444
内乡县	145	121	24	105819	68407	37412	5806	3250	2556
淅川县	136	112	24	93936	61294	32642	6655	3505	3150
社旗县	126	96	30	103283	71025	32258	6229	3687	2542
唐河县	268	222	46	191014	136180	54834	11133	6651	4482
新野县	121	96	25	122945	82722	40223	7025	4401	2624
桐柏县	72	47	25	73312	45696	27616	4913	2688	2225
邓州市	363	298	65	254889	172489	82400	13781	7685	6096
商丘市									
民权县	198	146	52	114525	81602	32923	7324	3978	3346
睢县	301	244	57	106076	73442	32634	6259	3501	2758
宁陵县	169	139	30	84956	62421	22535	5393	3596	1797
柘城县	207	145	62	114523	79514	35009	9708	6039	3669
虞城县	320	273	47	166860	116165	50695	10561	6350	4211
夏邑县	319	279	40	133418	97161	36257	9408	6224	3184
永城市	367	308	59	233318	155427	77891	11113	6940	4173
信阳市									
罗山县	159	132	27	91011	58165	32846	5631	3582	2049
光山县	197	153	44	103049	64683	38366	7485	4151	3334
新县	53	31	22	40423	24924	15499	3051	1465	1586
商城县	126	95	31	77485	47795	29690	5908	3569	2339
固始县	234	179	55	188272	121422	66850	12280	7472	4808
潢川县	130	100	30	91008	61490	29518	5424	3259	2165
淮滨县	111	84	27	92922	62196	30726	6115	3890	2225
息县	178	140	38	130635	85943	44692	8467	5058	3409
周口市									
扶沟县	136	111	25	78657	51735	26922	5898	3264	2634
西华县	185	153	32	95615	66249	29366	6931	4036	2895
商水县	250	193	57	141798	94803	46995	10013	5709	4304
沈丘县	264	200	64	150487	103280	47207	11615	6895	4720
郸城县	396	338	58	192358	125935	66423	11886	7862	4024
太康县	329	265	64	188635	130635	58000	11418	7159	4259
鹿邑县	255	200	55	140860	99919	40941	10121	6038	4083
项城市	218	162	56	156998	108202	48796	10704	5849	4855
驻马店市									
西平县	220	191	29	75742	53920	21822	5749	3442	2307
上蔡县	439	387	52	181734	119028	62706	11351	6980	4371
平舆县	137	108	29	134217	96123	38094	7026	4592	2434
正阳县	238	208	30	122110	85492	36618	7329	4330	2999
确山县	153	132	21	69954	46604	23350	4861	3123	1738
泌阳县	177	146	31	131535	89499	42036	8028	4725	3303
汝南县	188	164	24	93224	64704	28520	6287	4082	2205
遂平县	167	148	19	70539	49816	20723	4692	2890	1802
新蔡县	295	247	48	148025	101670	46355	8341	5395	2946

8-11 各县(市)卫生主要指标(2019年)

县 市	卫生机构床位数(张)	卫生技术人员(人)	执业医师(人)	助理医师(人)	注册护士(人)
郑州市					
中牟县	3519	4028	1232	413	1707
巩义市	3989	5402	1682	438	2336
荥阳市	2879	3974	1130	387	1658
新密市	5458	4768	1419	302	2275
新郑市	6377	7006	2122	608	3022
登封市	5278	4844	1508	502	2043
开封市					
杞县	3820	4141	1057	820	1424
通许县	2624	2863	738	394	1182
尉氏县	4863	4164	1148	621	1747
兰考县	6003	6023	1510	677	2185
洛阳市					
孟津县	1923	2190	656	277	771
新安县	2512	2306	675	217	949
栾川县	2120	1917	539	171	831
嵩县	3722	2849	822	397	1145
汝阳县	2292	2127	585	186	878
宜阳县	4570	3566	835	490	1367
洛宁县	3113	1988	538	275	786
伊川县	4528	4854	1266	710	2275
偃师市	3748	3401	1090	465	1353
平顶山市					
宝丰县	2600	2786	776	428	1009
叶县	2997	3112	747	611	965
鲁山县	4097	3294	832	392	1318
郏县	3298	3534	953	442	1359
舞钢市	1655	1723	528	116	732
汝州市	6743	6158	1622	655	2262
安阳市					
安阳县	1103	1266	415	372	299
汤阴县	1720	2191	624	530	559
滑县	6717	6302	1673	1030	2575
内黄县	3698	3218	853	539	1065
林州市	4818	4214	1285	719	1379
鹤壁市					
浚县	2579	1897	629	428	479
淇县	2142	2076	582	158	931

8-11 续表 1

县 市	卫生机构床位数(张)	卫生技术人员(人)	执业医师(人)	助理医师(人)	注册护士(人)
新乡市					
新乡县	1266	1430	400	278	515
获嘉县	2676	2095	638	191	756
原阳县	3480	3669	970	544	1547
延津县	2721	2075	534	298	818
封丘县	3912	2976	762	396	1143
长垣市	4419	5160	1557	745	2060
卫辉市	4982	4827	1477	331	2293
辉县市	3349	3320	985	512	1194
焦作市					
修武县	1564	1502	469	286	495
博爱县	2388	1570	524	310	425
武陟县	3497	3153	875	503	1241
温县	2202	2078	597	173	770
沁阳市	1733	2264	716	252	819
孟州市	2130	2119	631	215	867
濮阳市					
清丰县	3137	2399	625	272	856
南乐县	2652	1786	437	273	687
范县	1919	1901	474	204	650
台前县	2218	2096	482	344	901
濮阳县	5930	4615	1230	1086	1519
许昌市					
鄢陵县	3311	2916	785	447	1114
襄城县	3675	3223	799	361	1267
禹州市	5235	5721	1664	689	2241
长葛市	2540	3387	958	423	1266
漯河市					
舞阳县	2763	2499	653	248	981
临颍县	3200	3158	823	300	1392
三门峡市					
渑池县	2171	1914	513	191	727
卢氏县	2113	1734	447	240	680
义马市	1757	1536	444	83	757
灵宝市	2866	3634	1206	502	1343
南阳市					
南召县	2927	3175	687	429	1261
方城县	4786	3054	781	415	1065
西峡县	2991	2224	871	112	990

8-11 续表 2

县 市	卫生机构床位数(张)	卫生技术人员(人)	执业医师(人)	助理医师(人)	注册护士(人)
镇平县	3731	2709	632	525	810
内乡县	3568	2834	707	455	995
淅川县	2659	2723	743	249	970
社旗县	2560	2517	695	445	908
唐河县	4871	4572	1109	528	1875
新野县	3117	2734	660	397	1025
桐柏县	2389	2143	463	227	798
邓州市	8249	5766	1408	583	2386
商丘市					
民权县	4334	3085	788	465	1108
睢县	4337	4580	914	434	1832
宁陵县	2187	3468	708	504	999
柘城县	5109	5064	1251	813	1987
虞城县	3782	4465	1044	998	1207
夏邑县	4303	4251	1029	558	1748
永城市	7472	6840	1568	793	2535
信阳市					
罗山县	2700	2391	703	227	1021
光山县	3362	2739	775	313	1005
新县	1053	1214	315	116	449
商城县	2649	2398	753	341	928
固始县	7246	5784	1547	631	2232
潢川县	2889	2360	696	560	807
淮滨县	2624	2272	620	321	863
息县	3320	3167	781	371	1228
周口市					
扶沟县	3485	3324	754	481	1259
西华县	3512	3437	766	430	1208
商水县	4368	4119	1109	715	1518
沈丘县	4760	4443	1158	773	1352
郸城县	4822	5663	1312	646	2268
太康县	7872	5470	1271	860	2144
鹿邑县	5563	4804	1106	969	1748
项城市	3678	3157	741	372	1229
驻马店市					
西平县	3531	3377	843	453	1324
上蔡县	6385	4522	1195	496	1803
平舆县	5870	4453	1042	512	2049
正阳县	3108	2730	793	343	1036
确山县	2635	2355	531	231	1144
泌阳县	4249	3051	792	448	1110
汝南县	2426	2812	774	359	1126
遂平县	2967	2606	685	276	1047
新蔡县	4081	4149	1007	673	1444

8-12 各县(市)社会保险和低保参保人数(2019年)

单位：人

县 市	城镇职工基本养老保险参保人数	城乡居民基本养老保险参保人数	基本医疗保险参保人数	城乡居民基本医疗保险参保人数	城镇居民最低生活保障人数	农村居民最低生活保障人数
郑州市						
中牟县	118756	266630	540319	470712	200	2605
巩义市	128726	408330	738198	661132	706	11199
荥阳市	91387	328758	628003	564886	426	6766
新密市	105675	421563	761039	678304	420	6286
新郑市	115811	333847	643836	564511	1489	7003
登封市	78969	378734	679369	605447	133	6132
开封市						
杞县	15580	595027	889487	858112	2017	49592
通许县	27807	334366	611756	587338	2717	23844
尉氏县	89600	644060	803141	770337	1508	20182
兰考县	82000	523561	835281	790281	2458	22518
洛阳市						
孟津县	19448	276644	445109	406240	1177	6477
新安县	70471	292024	514068	467348	19030	176190
栾川县	25498	207850	331865	294162	372	7174
嵩县	38642	338639	582702	550834	1337	21037
汝阳县	24500	268297	481044	460383	1872	11297
宜阳县	48024	410000	707308	653963	2117	34316
洛宁县	18168	257024	460187	409697	969	12777
伊川县	54661	445144	803380	760217	3892	31481
偃师市	61514	338196	585108	540446	1230	9716
平顶山市						
宝丰县	27211	308171	507024	472579	2151	11621
叶县	62849	481000	734768	699140	3850	23106
鲁山县	39594	502422	896115	852086	3735	21707
郏县	38482	340800	584654	556874	3779	15771
舞钢市	72778	146100	294905	264523	1010	6008
汝州市	79760	645370	1026065	972424	3733	37720
安阳市						
安阳县	30074	328347	523985	497156	43	8237
汤阴县	40060	289360	468478	434656	1867	6294
滑县	99931	800751	1354551	1295973	1274	37853
内黄县	40215	476000	795327	765544	422	12139
林州市	100424	601530	1005558	946278	1270	16116
鹤壁市						
浚县	46736	310831	646361	614854	1108	14162
淇县	40161	108048	269082	247447	939	7414

8-12 续表 1

单位：人

县　市	城镇职工基本养老保险参保人数	城乡居民基本养老保险参保人数	基本医疗保险参保人数	城乡居民基本医疗保险参保人数	城镇居民最低生活保障人数	农村居民最低生活保障人数
新乡市						
新乡县	69970	161993	342600	300739	286	5564
获嘉县	31817	231048	393177	362797	574	8022
原阳县	29946	266487	657839	473170	1509	17854
延津县	43746	255448	450914	415455	697	16556
封丘县	55872	489566	730803	697800	1641	25136
长垣市	41831	237720	473686	406153	2650	8863
卫辉市	89165	489395	805855	753452	433	15281
辉县市	70917	492800	867525	824190	5518	23482
焦作市						
修武县	19448	124206	234608	210911	226	3566
博爱县	42124	184603	338991	335250	1436	9370
武陟县	34490	355093	649797	605104	1427	14908
温县	32364	250387	427240	394267	1208	7781
沁阳市	43345	263412	466592	421000	2415	13059
孟州市	36489	220220	363572	327593	1546	10250
濮阳市						
清丰县	12270	381423	686598	650877	1105	16769
南乐县	28911	314094	533619	509442	893	10450
范县	25366	305098	527730	507630	1596	20075
台前县	12790	184880	376776	362029	336	12705
濮阳县	46998	648009	1115774	1068754	3226	63614
许昌市						
鄢陵县	9917	415510	631170	630240	6025	7655
襄城县	49935	503080	789855	753766	391	12020
禹州市	92676	714190	1165747	1081996	6654	24158
长葛市	49151	414384	694899	638584	1157	8405
漯河市						
舞阳县	34329	315300	528302	494095	551	9427
临颍县	12510	376608	645000	592700	617	16548
三门峡市						
渑池县	66070	162820	328793	274657	1251	8426
卢氏县	33421	212313	359818	338232	859	22273
义马市	38881	28356	90825	78236	4648	
灵宝市	80042	430581	717170	662691	974	15563
南阳市						
南召县	21166	324000	618345	586337	3983	36460
方城县	33191	579400	1066960	1005383	3736	60814
西峡县	77062	213631	469332	414610	943	11330

8-12 续表 2

单位：人

县　市	城镇职工基本养老保险参保人数	城乡居民基本养老保险参保人数	基本医疗保险参保人数	城乡居民基本医疗保险参保人数	城镇居民最低生活保障人数	农村居民最低生活保障人数
镇平县	48922	594873	959058	907452	3710	56878
内乡县	48505	362075	629100	618562	1944	19319
淅川县	46150	318900	647860	606000	2221	40825
社旗县	65489	342654	659254	617528	10295	38674
唐河县	91147	724252	1219814	1157841	4183	55218
新野县	70112	427000	725215	678198	3091	19785
桐柏县	26099	229909	429138	395609	1696	20107
邓州市	79288	931200	1564867	1564866	1840	49153
商丘市						
民权县	29287	501000	906875	869206	651	15450
睢县	59369	472400	819927	785240	1222	22905
宁陵县	26351	325293	628475	603468	2246	35017
柘城县	57000	480000	950600	919000	10742	53965
虞城县	554839	438860	1070988	1068750	3958	44583
夏邑县	23001	736314	1140517	1100772	4134	45534
永城市	63890	883000	1378030	1371175	4548	44954
信阳市						
罗山县	43695	395000	696125	663113	10524	32143
光山县	42176	437773	834682	796254	2060	24103
新县	31428	192300	343082	319007	7268	18746
商城县	59652	410531	709586	677050	3930	25669
固始县	85175	964265	1586028	1515028	17602	61825
潢川县	29300	423200	850891	806230	5329	30843
淮滨县	36795	367652	671466	645666	5739	26899
息县	25600	642313	1104352	948916	9658	57772
周口市						
扶沟县	53776	417106	691228	651698	6294	23430
西华县	37949	440990	877506	836149	5542	34082
商水县	64250	592490	1115116	1073606	6480	48289
沈丘县	59917	725154	1220789	1171789	3350	31040
郸城县	68740	690634	1377289	1337758	3983	48923
太康县	78225	792207	1449054	1397521	5568	48669
鹿邑县	85775	1116356	1123856	779636	9668	52763
项城市	99497	689567	1131836	1088797	2662	16671
驻马店市						
西平县	52104	512310	764902	723869	2919	21309
上蔡县	42312	774326	1199183	1156042	7111	65531
平舆县	28574	555782	959387	923776	13000	38266
正阳县	40500	479800	734000	730000	5511	24950
确山县	37220	292757	504694	473905	2268	14093
泌阳县	40704	528000	763692	732733	621	27951
汝南县	57605	517000	756855	718387	2671	21446
遂平县	14491	324000	511041	471345	1260	10605
新蔡县	58579	567040	1117865	1083548	10721	43329

九 城市经济

资料整理：洪曼绮

9-1 城市社会经济主要指标

本表价值量指标均按当年价格计算。

指　　标	2018年	2019年
生产总值(亿元)	16835.87	21092.05
第一产业	493.14	547.83
第二产业	7062.68	8659.77
第三产业	9280.05	11884.45
一般公共预算收入(亿元)	2002.13	2141.45
一般公共预算支出(亿元)	3441.20	3851.12
限额以上批发零售业商品销售总额(亿元)	10096.84	12082.05
当年实际使用外资金额(万美元)	1145730.00	967396.00
金融机构住户存款余额(亿元)	15498.32	17450.12
在校学生数(万人)		
普通中学	168.56	174.90
普通小学	243.63	254.54

9-2 省辖市市区社会

本表价值量指标均按当年价格计算。

指　标	郑　州	开　封	洛　阳	平顶山	安　阳	鹤　壁
年底(末)户籍人口(万人)	397.20	171.80	209.20	111.06	119.29	65.46
城镇单位从业人员期末人数(万人)	154.95	21.77	38.32	27.49	20.93	12.17
行政区域土地面积(平方公里)	1010	1816	879	443	637	679
#建成区面积	581	177	218	73	88	64
生产总值(亿元)	7973	895	2184	868	898	457
#第二产业	2892.54	319.41	924.30	460.58	463.69	270.15
第三产业	5060.70	506.59	1241.47	401.84	418.79	173.50
一般公共收入(亿元)	929.72	76.32	207.78	85.98	86.07	50.52
一般公共支出(亿元)	1442.01	181.66	306.74	148.51	162.37	85.71
当年实际使用外资金额(万美元)	329013	44194	176913	17693	27083	61645
金融机构住户存款余额(亿元)	5860.61	829.59	1875.00	899.48	693.87	288.15
在岗职工工资总额(亿元)	1343.22	113.43	278.27	183.87	131.00	65.82
在校学生数(万人)						
中等职业学校	23.38	2.37	6.15	3.36	2.07	1.68
普通中学	31.84	12.06	12.47	6.88	11.37	5.45
小学	51.94	15.85	18.89	10.20	18.27	6.70

经济主要指标(2019年)

新　乡	焦　作	濮　阳	许　昌	漯　河	三门峡	南　阳	商　丘	信　阳	周　口	驻马店
110.01	98.28	74.72	134.57	134.94	63.05	203.78	189.10	157.60	64.21	85.69
18.39	18.71	21.51	17.24	17.13	9.88	25.49	16.33	17.78	11.29	19.05
432	578	330	1099	1020	1948	2135	1797	3604		1365
126	117	64	124		61	160	145	103	78	95
962	743	624	806	965	531	981	646	706	317	536
446.97	314.69	254.66	437.75	432.19	235.63	300.71	256.29	270.92	145.98	233.33
508.80	420.56	344.80	344.65	469.40	265.87	622.46	316.03	353.84	163.74	271.42
69.59	72.76	55.86	91.23	66.64	54.01	76.56	69.69	51.84	37.76	59.15
146.46	133.11	112.80	158.43	135.33	111.56	173.60	162.67	148.31	108.53	133.32
48319	21479	23072	29674	68321	51514	16747	13655	9798	17445	10831
716.54	573.97	603.80	662.92	568.02	381.77	1025.78	763.10	778.49	384.15	544.87
114.66	109.90	136.38	117.37	98.80	68.56	159.75	95.46	96.51	76.29	115.02
3.59	1.39	2.29	1.39	2.40	0.77	4.25	2.30	1.75	2.59	2.04
7.85	5.32	11.32	8.07	8.42	3.38	17.71	10.91	10.00	4.30	7.55
11.23	7.51	11.00	12.01	11.81	4.80	25.22	18.22	14.25	6.40	10.24

9-3 城市建设基本情况

指　　标	2005年	2010年	2015年	2018年	2019年
城市个数(个)	38	38	38	38	39
城区面积(平方公里)		4101	4810	5132	5364
建成区面积(平方公里)	1572	2014	2503	2797	2944
年底供水综合生产能力(万立方米/日)	1027	1010	1121	1167	1281
全年供水总量(万立方米)	183436	179122	196709	216305	221104
#生活用水量		76986	87545	118543	123427
平均每人每天生活用水量(升)	147.1	109.1	111.0	134.8	133.9
用水普及率(%)	91.9	91.0	93.1	96.7	97.4
公共交通标准运营车辆(标台)	12514	18912	27355	37833	39149
出租汽车数(辆)			61555	63398	62552
煤气家庭用量(万立方米)	12735	15420	1553	23	27
天然气家庭用量(万立方米)	18649	48243	109376	157916	216812
液化石油气家庭用量(吨)	198629	201931	179752	174613	151749
燃气普及率(%)		73.4	86.0	96.3	97.1
集中供热面积(万平方米)	5361	10737	22375	43421	51600
道路长度(千米)	7090	9413	12318	14538	15766
道路面积(万平方米)	15653	21767	29915	36673	39506
排水管道长度(千米)	10201	14733	20467	25027	27932
建成区绿化覆盖面积(公顷)	50822	73652	94345	121864	120799
建成区绿化覆盖率(%)	32.3	36.5	37.7	40.0	41.0
公园个数(个)	272	262	327	443	523
公园绿地面积(公顷)		18361	25201	31934	35361
人均公园绿地面积(平方米)		8.7	10.2	12.7	13.6
生活垃圾清运量(万吨)	754	694	892	1019	1134
生活垃圾无害化处理率(%)	58.1	82.5	96.0	99.7	99.7
城市污水排放量(亿吨)		14.74	19.47	20.04	20.73
城市污水处理量(亿吨)		12.91	18.22	19.49	20.25
城市污水处理厂集中处理率(%)			93.1	97.3	97.7

9-4 城市市政公用设施水平情况(2019年)

市	人口密度(人/平方公里)	人均日生活用水量(升)	用水普及率(%)	燃气普及率(%)	建成区供水管道密度(公里/平方公里)	人均城市道路面积(平方米)	建成区排水管道密度(公里/平方公里)	污水处理率(%)
全省	**4850**	**133.88**	**97.4**	**97.1**	**8.76**	**15.19**	**8.73**	**97.7**
郑州市	8793	147.91	100.0	95.5	8.94	9.39	7.97	98.1
巩义市	10283	97.54	89.4	97.8	5.39	11.20	7.25	100.0
荥阳市	2176	170.90	96.7	95.0	8.89	19.35	8.71	96.6
新密市	2723	112.96	99.7	98.3	8.63	16.75	4.99	99.8
新郑市	7904	165.21	90.7	100.0	10.57	16.15	7.43	96.9
登封市	3296	112.50	85.0	96.2	4.93	19.47	5.16	98.8
开封市	5332	144.88	97.1	99.4	14.29	20.63	8.07	95.9
洛阳市	7206	135.61	94.1	99.9	7.91	13.01	6.80	99.6
偃师市	9057	135.89	97.0	81.1	9.81	14.57	8.67	98.0
平顶山市	3495	136.27	98.8	98.4	14.60	16.47	8.37	98.3
舞钢市	1817	116.85	98.9	97.3	6.52	20.22	13.52	91.3
汝州市	3004	126.64	62.3	72.2	8.13	15.31	8.21	99.8
安阳市	5000	206.54	100.0	99.3	9.75	19.49	14.88	98.0
林州市	5689	141.93	100.0	99.0	10.48	15.34	9.74	95.2
鹤壁市	3760	84.26	98.3	98.8	9.45	20.69	8.75	96.1
新乡市	5647	148.20	100.0	99.4	7.20	15.39	6.81	96.3
长垣市	7447	75.75	98.4	97.1	10.96	21.15	13.98	99.7
卫辉市	3593	192.86	99.3	90.0	7.42	12.11	5.82	89.9
辉县市	1947	187.93	99.1	99.3	17.81	12.89	12.60	93.0
焦作市	5779	132.04	99.8	98.2	8.99	17.48	9.92	99.0
沁阳市	4112	75.03	85.4	93.1	8.86	28.34	11.92	95.0
孟州市	1353	91.32	97.3	94.5	12.80	26.97	19.05	96.1
濮阳市	4014	186.15	98.4	98.6	14.38	16.08	11.43	96.2
许昌市	3046	129.99	96.8	98.9	5.10	34.09	7.59	98.0
禹州市	8312	108.35	94.2	100.0	6.82	16.13	8.73	99.7
长葛市	2631	116.96	95.0	98.6	4.35	21.58	10.54	96.0
漯河市	5799	128.42	99.8	100.0	9.92	18.30	14.43	98.1
三门峡市	6699	108.50	98.2	98.3	4.89	13.62	4.80	97.6
义马市	1515	69.55	99.6	92.9	7.50	18.38	7.25	94.5
灵宝市	6428	109.13	99.8	90.7	4.74	16.04	7.53	94.0
南阳市	2504	89.73	98.2	100.0	2.98	14.29	9.29	99.7
邓州市	9813	95.42	93.5	91.2	17.99	17.51	15.10	97.5
商丘市	9367	98.49	99.3	98.8	8.76	13.50	7.25	98.6
永城市	5868	117.78	99.6	96.0	7.21	17.77	11.54	96.4
信阳市	2441	94.85	98.0	96.3	12.60	14.83	3.41	97.1
周口市	4463	163.92	99.2	98.6	5.26	21.97	9.87	96.8
项城市	5117	97.87	96.7	93.5	10.22	17.76	13.01	93.5
驻马店市	2786	178.63	94.1	98.0	6.27	23.39	10.06	98.8
济源市	3974	149.05	100.0	100.0	9.53	19.76	8.81	98.9

9-4 续表

市	人均公园绿地面积(平方米)	建成区绿化覆盖率(%)	建成区绿地率(%)	生活垃圾无害化处理率(%)	建成区面积(平方公里)
全省	**13.6**	**41.0**	**36.2**	**99.7**	**2944**
郑州市	14.5	41.1	36.1	100.0	581
巩义市	15.0	40.2	36.6	100.0	36
荥阳市	12.8	31.7	28.5	100.0	38
新密市	11.2	36.9	33.0	100.0	32
新郑市	13.9	37.1	32.1	100.0	34
登封市	13.7	41.6	37.1	100.0	30
开封市	12.2	40.9	36.1	100.0	138
洛阳市	11.9	40.2	33.4	96.7	256
偃师市	10.6	40.2	37.1	100.0	21
平顶山市	13.1	41.6	38.0	100.0	73
舞钢市	12.4	41.4	36.9	100.0	17
汝州市	14.2	41.9	36.0	100.0	42
安阳市	12.1	41.9	36.5	100.0	88
林州市	11.8	40.0	35.7	100.0	25
鹤壁市	14.8	43.2	37.3	100.0	64
新乡市	12.0	40.1	38.0	100.0	126
长垣市	12.1	41.0	37.1	100.0	42
卫辉市	9.5	35.9	30.4	100.0	23
辉县市	9.6	37.5	33.2	100.0	22
焦作市	15.1	42.0	36.6	100.0	113
沁阳市	9.5	36.4	31.1	100.0	21
孟州市	11.2	39.5	34.7	100.0	17
濮阳市	14.8	40.6	36.2	100.0	64
许昌市	15.8	41.5	36.4	100.0	112
禹州市	10.9	39.8	34.4	100.0	47
长葛市	15.0	39.7	34.2	100.0	28
漯河市	15.6	42.3	37.5	100.0	68
三门峡市	13.1	36.8	33.5	99.1	61
义马市	20.0	41.0	35.7	100.0	19
灵宝市	11.6	39.4	35.0	100.0	23
南阳市	14.3	42.3	38.1	98.6	160
邓州市	10.2	40.5	38.6	100.0	38
商丘市	14.4	47.1	42.1	98.5	69
永城市	14.8	42.0	36.9	100.0	49
信阳市	14.1	44.6	38.0	100.0	103
周口市	13.9	39.0	34.0	100.0	78
项城市	12.0	38.4	34.7	100.0	37
驻马店市	15.3	45.1	39.3	100.0	95
济源市	13.0	42.1	37.8	100.0	55

9-5 城市供、排水情况(2019年)

市	综合生产能力(万立方米/日)	供水管道长度(公里)	供水总量(万立方米)	居民家庭用水	用水人口(万人)	污水排放量(万立方米)
全省	**1282**	**27811**	**221104**	**95183**	**2533**	**207300**
郑州市	207	5258	45647	24195	670	44310
巩义市	7	192	1936	731	33	1363
荥阳市	4	379	2252	1012	19	2236
新密市	7	274	1475	876	21	1340
新郑市	16	401	1768	1073	25	1506
登封市	4	241	1169	475	16	980
开封市	64	1974	11862	4046	100	11198
洛阳市	103	2021	17450	7135	225	17401
偃师市	4	208	1292	815	18	1136
平顶山市	70	1245	10919	4449	90	14029
舞钢市	7	148	1393	447	12	975
汝州市	19	339	1978	1088	26	1799
安阳市	90	858	10585	4376	77	8236
林州市	12	283	1470	1002	22	1202
鹤壁市	33	606	5085	1482	48	4184
新乡市	51	924	10242	4277	79	9013
长垣市	7	463	1929	715	32	1524
卫辉市	15	192	2111	914	16	1515
辉县市	15	464	2466	976	22	2283
焦作市	90	1160	8397	3272	81	8359
沁阳市	8	191	602	267	12	600
孟州市	5	238	885	394	15	797
濮阳市	49	920	7579	3201	61	6316
许昌市	34	571	5111	2653	56	4542
禹州市	14	353	2472	1549	41	1860
长葛市	16	218	1872	549	19	1685
漯河市	42	679	6523	2029	62	6500
三门峡市	20	314	3254	1582	48	3580
义马市	15	156	1748	297	17	1442
灵宝市	11	163	2364	597	19	2105
南阳市	68	1394	10477	3838	158	9711
邓州市	15	684	2379	1080	37	2141
商丘市	41	672	6773	3310	96	6150
永城市	13	351	3257	1656	48	2755
信阳市	26	1301	4678	2149	62	4218
周口市	24	408	5599	1875	44	5346
项城市	9	411	2865	925	30	2260
驻马店市	24	608	7454	2386	48	7302
济源市	26	550	3785	1489	31	3402

9-6 城市天然气、石油液化气供应情况(2019年)

市	天然气					液化气		
	供气管道长度(公里)	供气总量合计(万立方米)	#居民家庭	用气人口(万人)	天然气汽车加气站(座)	供气总量合计(吨)	#居民家庭	用气人口(万人)
全省	**29203.85**	**601761**	**216813**	**2106.66**	**196**	**176726**	**151749**	**417.98**
郑州市	6182.92	163175	43206	559.69	14	12552	7012	80.55
巩义市	779.60	20653	1800	30.20	2	5850	3100	6.00
荥阳市	240.62	3489	2977	15.00	2	3100	2600	4.10
新密市	424.39	6752	2528	19.00	2	650	646	1.94
新郑市	259.84	10680	2822	21.11	3	3742	2000	6.00
登封市	454.00	8214	672	12.64	3	5005	5000	6.00
开封市	1662.94	18516	6148	90.88	20	26650	25600	10.95
洛阳市	637.36	62395	34971	216.50	15	14892	14880	22.10
偃师市	42.73	1486	1292	11.42	1	1021	1016	4.00
平顶山市	520.99	14928	7897	89.43	10			
舞钢市	93.78	961	681	12.02	2			
汝州市	384.95	3418	1483	27.60		2000	1200	2.00
安阳市	1950.10	48569	12306	71.64	3	5710	2504	4.32
林州市	581.19	3489	2921	19.51	1	811	808	1.89
鹤壁市	548.44	7800	5500	46.00	7	1000	995	2.47
新乡市	2182.38	25784	12664	76.56	7	1280	1180	2.03
长垣市	317.00	3134	2592	26.38	3	2560	2555	4.70
卫辉市	198.67	2928	1390	13.30	4	1065	1060	1.25
辉县市	207.25	7120	3220	17.43	3	1020	1010	5.10
焦作市	1786.64	27395	6895	79.46				
沁阳市	470.00	3548	993	10.87	1	1440	550	2.15
孟州市	190.00	2160	1646	14.50	1			
濮阳市	465.18	8452	5087	60.79	21			
许昌市	531.26	14131	7973	55.23	9	8470	3832	2.00
禹州市	184.10	12600	3082	22.96	2	5055	5015	20.48
长葛市	350.00	20801	1205	8.10	1	6800	6200	11.50
漯河市	379.70	3855	2623	36.00	4	7765	7751	25.95
三门峡市	286.29	12892	1052	29.37	2	3449	3161	18.70
义马市	126.50	876	350	11.98		1240	1228	3.78
灵宝市	259.24	2662	571	13.80		680	650	3.10
南阳市	2226.50	12761	8725	127.44	17	10873	10848	32.96
邓州市	104.53	605	524	8.24	4	5029	4920	27.54
商丘市	860.89	12089	6038	57.55	2	13005	13000	37.73
永城市	285.99	3339	1346	28.40	8	4030	3810	17.37
信阳市	817.19	16752	5791	43.19	15	8680	6780	17.82
周口市	848.19	8333	5896	29.97	3	4600	4600	14.05
项城市	270.35	2080	1450	19.70	1	2310	2280	9.00
驻马店市	735.50	7510	4572	42.08		3959	3959	8.45
济源市	356.65	15430	3924	30.72	3	433		

9-7 城市道路、园林和绿化情况(2019年)

市	道路长度(公里)	道路面积(万平方米)	道路照明灯盏数(盏)	绿化覆盖面积(公顷)	#建成区	园林绿地面积(公顷)	公园绿地面积(公顷)	公园个数(个)
全省	**15766.52**	**39506**	**1038579**	**131448**	**120800**	**115269**	**35362**	**523**
郑州市	2273.77	6297	110977	26795	23839	23194	9704	181
巩义市	144.00	414	17287	1468	1433	1337	554	3
荥阳市	171.59	389	11800	1226	1220	1095	257	4
新密市	131.15	357	14871	1172	1171	1055	238	5
新郑市	139.93	438	9103	1266	1265	1104	377	13
登封市	179.54	377	11109	1435	1257	1200	265	9
开封市	755.97	2115	42666	6790	5653	5709	1251	14
洛阳市	952.00	3107	82595	10269	10261	8534	2836	20
偃师市	141.43	277	16052	846	843	786	201	5
平顶山市	408.21	1497	65866	3307	3055	2993	1186	16
舞钢市	129.16	250	3351	738	696	655	154	2
汝州市	273.70	628	9548	1759	1744	1501	583	12
安阳市	597.21	1491	39265	3752	3687	3238	925	12
林州市	173.11	332	28710	1088	1008	941	255	2
鹤壁市	462.80	1015	22254	2845	2771	2507	727	10
新乡市	562.88	1217	33983	5069	5067	4803	950	17
长垣市	350.42	677	17149	1798	1727	1573	387	9
卫辉市	97.50	196	8095	833	823	707	154	2
辉县市	128.55	292	9254	851	840	752	217	10
焦作市	593.56	1415	26363	4763	4759	4144	1218	16
沁阳市	185.18	396	8654	781	765	668	133	5
孟州市	119.00	414	12140	665	664	587	172	2
濮阳市	430.54	991	34400	2689	2598	2522	913	10
许昌市	592.01	1973	47505	4753	4652	4233	911	9
禹州市	366.42	701	25194	2099	1849	1711	472	4
长葛市	198.58	429	10377	1112	1096	956	298	3
漯河市	543.20	1134	29568	3123	2894	2589	965	13
三门峡市	321.27	666	32089	2316	2252	2106	640	7
义马市	142.70	312	4770	796	765	685	339	4
灵宝市	102.37	299	6443	921	905	813	217	1
南阳市	1320.19	2293	38359	9100	6758	8423	2289	16
邓州市	262.32	687	22368	1820	1540	1648	400	6
商丘市	502.06	1302	49966	3300	3250	2921	1393	42
永城市	355.73	848	15099	2169	2043	1889	708	10
信阳市	433.72	939	28681	5893	4607	5111	896	6
周口市	311.45	981	36991	3631	3025	3418	620	8
项城市	287.37	545	8388	1484	1405	1294	367	3
驻马店市	381.13	1206	24512	4300	4288	3740	786	4
济源市	244.80	613	22777	2429	2329	2126	402	8

9-8 城市市容环境卫生情况(2019年)

市	排水管道长度(公里)	污水处理总量(万立方米)	道路清扫保洁面积(万平方米)	生活垃圾		公共厕所(座)	市容环卫专用车辆设备总数(辆)
				清运量(万吨)	无害化处理量(万吨)		
全省	**27933**	**202547**	**42347**	**1135**	**1131**	**10675**	**18258**
郑州市	4790	43447	6297	269	269	1903	7694
巩义市	270	1363	568	10	10	52	122
荥阳市	403	2159	489	16	16	60	134
新密市	162	1338	498	13	13	125	150
新郑市	270	1459	603	8	8	158	219
登封市	252	968	438	17	17	79	61
开封市	1152	10739	1949	44	44	932	599
洛阳市	2436	17322	3124	70	68	884	1073
偃师市	182	1112	402	8	8	60	44
平顶山市	710	13794	1186	36	36	400	555
舞钢市	227	890	195	5	5	78	58
汝州市	366	1796	725	14	14	82	177
安阳市	1310	8074	1491	33	33	466	654
林州市	267	1145	464	14	14	97	75
鹤壁市	621	4018	959	22	22	168	308
新乡市	1061	8679	1741	52	52	542	702
长垣市	600	1518	1008	21	21	55	100
卫辉市	143	1362	279	7	7	6	157
辉县市	282	2123	419	26	26	54	97
焦作市	1124	8275	1671	29	29	175	286
沁阳市	250	570	383	7	7	43	96
孟州市	339	766	367	5	5	34	36
濮阳市	761	6076	1387	33	33	154	259
许昌市	1015	4453	1784	36	36	447	464
禹州市	517	1855	630	13	13	80	114
长葛市	291	1617	475	8	8	57	50
漯河市	1017	6375	1400	27	27	387	158
三门峡市	293	3494	462	16	16	212	99
义马市	135	1363	249	6	6	54	63
灵宝市	181	1979	441	9	9	65	64
南阳市	1571	9650	2256	57	56	652	716
邓州市	574	2086	641	13	13	148	151
商丘市	579	6063	1950	43	42	610	1393
永城市	627	2655	799	17	17	131	89
信阳市	357	4095	895	42	42	367	252
周口市	778	5175	779	21	21	228	264
项城市	532	2114	549	11	11	92	60
驻马店市	957	7214	1805	37	37	427	510
济源市	529	3365	589	19	19	111	155

主要统计指标解释

城区面积 包括：市本级(1)街道办事处所辖地域；(2)城市公共设施、居住设施和市政公用设施等连接到的其他镇（乡）地域；(3) 常住人口在3000人以上独立的工矿区、开发区、科研单位、大专院校等特殊区域。

建成区面积 城市行政区内实际已成片开发建设、市政公用设施和公共设施基本具备的区域。对核心城市，它包括集中连片的部分以及分散的若干个已经成片建设起来，市政公用设施和公共设施基本具备的地区；对一城多镇来说，它包括由几个连片开发建设起来的，市政公用设施和公共设施基本具备的地区组成。因此建成区范围，一般是指建成区外轮廓线所能包括的地区，也就是这个城市实际建设用地所达到的范围。

供水总量 指报告期供水企业（单位）供出的全部水量。包括有效供水量和漏损水量。

有效供水量指水厂将水供出厂外后，各类用户实际使用到的水量。包括售水量和免费供水量。

城市燃气 指符合《城镇燃气设计规范》的规定，供城市生产和生活作燃料使用的天然气、人工煤气和液化石油气等气体能源的统称。

供气总量 指报告期燃气企业（单位）向用户供应的燃气数量。包括销售量和损失量

集中供热面积 指从一个或多个热源通过热网向城市的热用户供给生产和生活热能，供热企业（单位）向城市各类房屋建筑物、构筑物及其附属设施供热的全部建筑面积。

道路长度 指道路长度和与道路相通的桥梁、隧道的长度，按车行道中心线计算。

道路面积 指道路实际铺装面积和与道路相通的广场、桥梁、隧道的铺装面积（统计时，将人行道面积单独统计）。

人行道面积按道路两侧面积相加计算，包括步行街和广场，不含人车混行的道路。

排水管道长度 指所有排水总管、干管、支管、检查井及连接井进出口等长度之和。计算时应按单管计算，即在同一条街道上如有两条或两条以上并排的排水管道时，应按每条排水管道的长度相加计算。

污水排放总量 指生活污水、工业废水的排放总量，包括从排水管道和排水沟（渠）排出的污水量。

污水处理量 指污水处理厂（或污水处理装置）实际处理的污水量。包括物理处理量、生物处理量和化学处理量。

其中处理本市（县）外，指污水处理厂作为区域设施，不仅处理本市（县）的污水，还处理本市（县）以外其他市、县或乡镇等的污水。这部分污水处理量单独统计，并在计算本市（县）的污水处理率时扣除。

公园绿地面积 城市中向公众开放的、以游憩为主要功能，有一定的游憩设施和服务设施，同时兼有健全生态、美化景观、防灾减灾等综合作用的绿化用地。它是城市建设用地、城市绿地系统和城市市政公用设施的重要组成部分。

生活垃圾清运量 指报告期内收集和运送到各生活垃圾处理厂(场)和生活垃圾最终消纳点的生活垃圾数量。生活垃圾指城市日常生活或为城市日常生活提供服务的活动中产生的固体废物以及法律行政规定的视为城市生活垃圾的固体废物。包括：居民生活垃圾、商业垃圾、集市贸易市场垃圾、街道清扫垃圾、公共场所垃圾和机关、学校、厂矿等单位的生活垃圾。

生活垃圾处理量 指报告期内简易处理场和各种生活垃圾无害化处理场（厂）处理生活垃圾总量。生活垃圾简易处理量指生活垃圾简易处理场所处理的生活垃圾总量。生活垃圾无害化处理量指生活垃圾无害化处理场（厂）所处理的生活垃圾总量。

全国及分省（区、市）指标

资料整理：各有关处

10-1 全国及各省区市生产总值(2019年)

地 区	生产总值(亿元)	第一产业	第二产业	第三产业	生产总值增速(%)	第一产业	第二产业	第三产业
全 国	**990865.10**	**70466.70**	**386165.30**	**534233.10**	**6.1**	**3.1**	**5.7**	**6.9**
北 京	35371.28	113.69	5715.06	29542.53	6.1	-2.5	4.5	6.4
天 津	14104.28	185.23	4969.18	8949.87	4.8	0.2	3.2	5.9
河 北	35104.52	3518.44	13597.26	17988.82	6.8	1.6	4.9	9.4
山 西	17026.68	824.72	7453.09	8748.87	6.2	2.1	5.7	7.0
内蒙古	17212.53	1863.19	6818.88	8530.46	5.2	2.4	5.7	5.4
辽 宁	24909.45	2177.77	9531.24	13200.44	5.5	3.5	5.7	5.6
吉 林	11726.82	1287.32	4134.82	6304.68	3.0	2.5	2.6	3.3
黑龙江	13612.68	3182.45	3615.21	6815.02	4.2	2.4	2.7	5.9
上 海	38155.32	103.88	10299.16	27752.28	6.0	-5.0	0.5	8.2
江 苏	99631.52	4296.28	44270.51	51064.73	6.1	1.3	5.9	6.6
浙 江	62351.74	2097.38	26566.60	33687.76	6.8	2.0	5.9	7.8
安 徽	37113.98	2915.70	15337.90	18860.38	7.5	3.2	8.0	7.7
福 建	42395.00	2596.23	20581.74	19217.03	7.6	3.5	8.3	7.3
江 西	24757.50	2057.56	10939.83	11760.11	8.0	3.0	8.0	9.0
山 东	71067.53	5116.44	28310.92	37640.17	5.5	1.1	2.6	8.7
河 南	**54259.20**	**4635.40**	**23605.79**	**26018.01**	**7.0**	**2.3**	**7.5**	**7.4**
湖 北	45828.31	3809.09	19098.62	22920.60	7.5	3.2	8.0	7.8
湖 南	39752.12	3646.95	14946.98	21158.19	7.6	3.2	7.8	8.1
广 东	107671.07	4351.26	43546.43	59773.38	6.2	4.1	4.7	7.5
广 西	21237.14	3387.74	7077.43	10771.97	6.0	5.6	5.7	6.2
海 南	5308.93	1080.36	1099.03	3129.54	5.8	2.5	4.1	7.5
重 庆	23605.77	1551.42	9496.84	12557.51	6.3	3.6	6.4	6.4
四 川	46615.82	4807.23	17365.33	24443.26	7.5	2.8	7.5	8.5
贵 州	16769.34	2280.56	6058.45	8430.33	8.3	5.7	9.8	7.8
云 南	23223.75	3037.62	7961.58	12224.55	8.1	5.5	8.6	8.3
西 藏	1697.82	138.19	635.62	924.01	8.1	4.6	7.0	9.2
陕 西	25793.17	1990.93	11980.75	11821.49	6.0	4.4	5.7	6.5
甘 肃	8718.30	1050.48	2862.42	4805.40	6.2	5.8	4.7	7.2
青 海	2965.95	301.90	1159.75	1504.30	6.3	4.6	6.3	6.5
宁 夏	3748.48	279.93	1584.72	1883.83	6.5	3.2	6.7	6.8
新 疆	13597.11	1781.75	4795.50	7019.86	6.2	5.3	3.7	8.1
河南居全国位次	**5**	**3**	**5**	**7**	**10**	**23**	**8**	**16**

注：生产总值按当年价格计算。生产总值指数按可比价格计算。

10-2 全国及各省区市主要农产品产量(2019年)

单位：万吨

地 区	粮 食	棉 花	油 料	水果	肉类	奶类	禽蛋
全 国	**66384.34**	**588.90**	**3492.98**	**27400.84**	**7758.78**	**3297.60**	**3308.98**
北 京	28.76		0.31	59.90	5.14	26.41	9.62
天 津	223.25	1.81	0.41	57.43	30.43	47.37	19.36
河 北	3739.24	22.74	119.54	1391.48	433.40	433.81	385.90
山 西	1361.80	0.30	13.70	862.67	91.02	92.29	111.40
内蒙古	3652.54	0.01	228.68	280.41	264.56	582.92	58.10
辽 宁	2429.95		97.67	820.70	367.89	134.74	307.90
吉 林	3877.93		81.78	153.95	243.22	39.97	121.53
黑龙江	7503.01		11.54	164.96	237.10	467.02	114.25
上 海	95.89	0.01	0.81	48.07	10.82	29.74	2.89
江 苏	3706.20	1.57	94.32	983.60	274.53	62.36	212.30
浙 江	592.15	0.81	31.93	744.11	94.27	15.52	33.57
安 徽	4054.00	5.55	161.38	706.32	402.83	33.76	168.70
福 建	493.90		22.03	727.21	255.15	14.99	48.58
江 西	2157.45	6.57	120.78	693.27	299.79	7.28	57.17
山 东	5357.00	19.60	288.95	2840.24	704.02	234.49	450.13
河 南	**6695.36**	**2.71**	**645.45**	**2589.66**	**560.42**	**208.55**	**442.42**
湖 北	2724.98	14.36	313.95	1010.23	349.20	13.38	178.75
湖 南	2974.84	8.18	239.20	1061.99	459.42	6.30	114.70
广 东	1240.80		110.22	1768.62	412.12	13.94	41.48
广 西	1332.00	0.11	71.63	2472.13	380.04	8.71	25.09
海 南	144.96		8.69	456.15	67.06	0.23	4.75
重 庆	1075.15		65.19	476.39	163.81	4.19	43.52
四 川	3498.50	0.28	367.35	1136.70	559.53	66.77	161.70
贵 州	1051.24	0.04	103.01	441.98	205.87	5.29	22.95
云 南	1870.03		62.51	860.32	405.87	66.74	35.80
西 藏	103.92		5.71	2.38	28.38	48.16	0.54
陕 西	1231.13	0.76	60.10	2012.79	109.53	159.66	64.11
甘 肃	1162.58	3.27	63.18	710.09	101.67	44.71	15.10
青 海	105.54		28.88	3.69	37.41	35.45	2.34
宁 夏	373.15		7.66	258.64	33.53	183.44	13.86
新 疆	1527.07	500.20	66.41	1604.75	170.75	209.43	40.46
河南居全国位次	**2**	**9**	**1**	**2**	**2**	**6**	**2**

10-3 全国及各省区市分城乡居民消费、商品零售、农资价格指数(2019年)

(上年=100)

地 区	居民消费价格总指数			商品零售价格总指数			农业生产资料价格指数
	全省(区、市)	城市	农村	全省(区、市)	城市	农村	
全 国	**102.90**	**102.80**	**103.22**	**101.99**	**101.92**	**102.49**	**104.57**
北 京	102.29	102.29		100.47	100.47		
天 津	102.68	102.68		101.72	101.72		
河 北	102.95	102.80	103.24	101.81	101.68	102.21	103.11
山 西	102.72	102.61	102.99	101.76	101.61	102.44	104.75
内蒙古	102.39	102.26	102.79	101.49	101.41	102.06	102.02
辽 宁	102.36	102.33	102.56	101.67	101.62	102.16	103.58
吉 林	102.99	102.81	103.44	102.13	102.13	102.15	108.26
黑龙江	102.80	102.66	103.18	102.09	102.07	102.22	105.61
上 海	102.45	102.45		100.42	100.42		
江 苏	103.13	103.05	103.39	102.64	102.55	103.44	104.20
浙 江	102.88	102.80	103.17	102.53	102.53	102.54	102.88
安 徽	102.74	102.71	102.80	101.85	101.82	102.01	102.32
福 建	102.64	102.62	102.69	101.86	101.84	101.99	102.19
江 西	102.85	102.86	102.82	101.88	101.99	101.37	105.49
山 东	103.21	103.06	103.64	102.21	102.03	102.92	107.58
河 南	**103.01**	**102.94**	**103.13**	**102.44**	**102.49**	**102.21**	**103.79**
湖 北	103.09	103.04	103.22	102.57	102.56	102.61	102.96
湖 南	102.92	102.83	103.10	102.25	102.23	102.44	102.49
广 东	103.38	103.14	104.63	101.41	101.28	102.34	104.09
广 西	103.72	103.53	104.08	103.17	103.13	103.50	104.62
海 南	103.42	103.22	104.04	102.51	102.38	103.38	104.28
重 庆	102.69	102.69		101.58	101.58		
四 川	103.20	103.13	103.32	102.65	102.55	103.09	108.96
贵 州	102.39	102.24	102.64	101.70	101.66	101.91	103.24
云 南	102.53	102.43	102.72	101.53	101.45	102.05	103.86
西 藏	102.34	102.39	102.30	101.98	102.01	101.80	100.20
陕 西	102.88	102.88	102.86	102.37	102.37	102.38	103.29
甘 肃	102.31	102.24	102.44	101.88	102.02	101.31	101.07
青 海	102.45	102.43	102.49	102.03	101.92	102.77	103.48
宁 夏	102.06	102.03	102.15	101.15	101.15	101.09	103.99
新 疆	101.94	101.87	102.09	101.31	101.27	101.69	102.58
河南居全国位次	**8**	**8**	**12**	**7**	**3**	**13**	**13**

10−3 续表

(上年=100)

地区	居民消费价格总指数	食品烟酒	衣着	居住	生活用品及服务	交通和通信	教育文化和娱乐	医疗保健	其他用品及服务
全国	**102.90**	**107.00**	**101.58**	**101.36**	**100.86**	**98.32**	**102.23**	**102.41**	**103.44**
北京	102.29	105.22	101.92	101.35	99.70	97.22	100.99	108.36	103.20
天津	102.68	104.64	102.14	102.36	100.86	99.27	104.23	100.87	105.02
河北	102.95	105.91	101.24	101.65	101.22	97.86	103.43	104.43	104.61
山西	102.72	106.27	101.08	101.72	100.36	98.75	102.86	101.83	102.54
内蒙古	102.39	105.38	101.76	101.76	100.82	98.83	101.19	101.67	102.49
辽宁	102.36	106.06	101.85	100.70	100.67	98.15	101.70	101.62	102.78
吉林	102.99	107.46	102.09	102.27	101.50	96.56	102.08	101.65	103.61
黑龙江	102.80	107.38	100.90	99.55	100.32	99.33	103.53	101.96	102.94
上海	102.45	105.03	103.19	101.89	100.89	97.77	101.24	103.28	103.35
江苏	103.13	107.06	102.77	101.87	102.30	98.95	102.65	101.02	104.16
浙江	102.88	106.17	101.76	100.65	101.82	99.00	103.70	104.77	103.19
安徽	102.74	107.07	102.06	100.80	101.31	97.54	102.23	101.50	103.00
福建	102.64	107.31	102.73	100.46	100.65	97.77	101.39	101.38	103.13
江西	102.85	107.77	100.85	101.01	100.25	97.84	102.42	101.02	102.87
山东	103.21	107.93	101.16	102.16	100.87	97.79	102.46	101.99	104.10
河南	**103.01**	**107.39**	**100.72**	**100.83**	**100.63**	**98.99**	**102.71**	**101.89**	**105.24**
湖北	103.09	106.98	101.63	101.90	100.36	99.34	102.49	101.81	102.61
湖南	102.92	107.32	101.08	101.47	100.47	98.62	101.95	101.40	102.55
广东	103.38	108.13	102.05	100.84	100.58	98.34	102.17	103.91	103.49
广西	103.72	109.53	101.68	101.72	101.09	98.14	102.13	101.80	103.02
海南	103.42	108.12	102.10	101.08	100.97	99.11	101.40	101.49	104.06
重庆	102.69	106.79	100.20	101.98	100.61	98.56	101.86	100.69	102.79
四川	103.20	108.87	101.22	101.46	100.20	97.07	100.76	102.76	103.20
贵州	102.39	106.37	100.15	101.14	100.06	98.54	100.60	102.95	101.88
云南	102.53	106.65	99.95	101.51	100.64	98.16	101.86	101.95	102.32
西藏	102.34	103.35	104.03	101.88	103.68	98.73	100.23	103.02	102.74
陕西	102.88	105.64	102.09	102.40	101.28	98.80	102.84	101.41	104.00
甘肃	102.31	105.35	100.69	101.73	100.76	98.98	100.67	102.05	102.83
青海	102.45	105.28	100.45	100.75	100.46	98.83	103.68	102.14	103.49
宁夏	102.06	104.84	100.44	101.05	99.97	98.12	100.34	104.03	103.88
新疆	101.94	104.94	99.93	101.65	101.33	98.20	100.80	101.05	103.19
河南居全国位次	**8**	**8**	**24**	**24**	**17**	**5**	**8**	**15**	**1**

10－4　全国及各省区市主要价格指数(2019年)

(上年=100)

地　区	固定资产投资价格指数	工业生产者出厂价格指数	工业生产者购进价格指数
全　国	**102.6**	**99.7**	**99.3**
北　京	102.1	99.6	99.6
天　津	101.7	99.3	98.8
河　北	103.0	100.2	102.1
山　西	104.0	99.7	101.1
内蒙古	101.7	102.1	101.1
辽　宁	103.1	99.5	100.8
吉　林	102.6	98.9	99.2
黑龙江	100.8	98.2	100.3
上　海	101.4	98.8	98.7
江　苏	101.3	98.9	97.2
浙　江	102.1	98.9	97.1
安　徽	102.3	100.3	99.9
福　建	101.5	100.6	99.0
江　西	102.4	98.9	98.2
山　东	102.8	99.7	99.2
河　南	**103.2**	**100.2**	**101.2**
湖　北	104.0	100.2	99.3
湖　南	101.7	99.6	100.2
广　东	104.2	100.2	99.2
广　西	102.4	99.3	99.5
海　南	103.3	97.4	103.1
重　庆	103.4	99.8	100.1
四　川	101.6	100.4	100.6
贵　州	102.3	99.8	99.4
云　南	102.3	100.0	99.0
西　藏		98.9	
陕　西	102.6	100.8	100.3
甘　肃	102.6	98.3	99.0
青　海	102.5	98.5	98.2
宁　夏	102.0	99.4	97.5
新　疆	102.8	98.5	100.0
河南居全国位次	**6**	**6**	**3**

10-5 全国及各省区市分月

(上年同期=100)

地　区	全年	1月	2月	3月	4月	5月
全　国	**99.7**	**100.1**	**100.1**	**100.4**	**100.9**	**100.6**
北　京	99.6	99.0	98.8	99.1	99.9	100.2
天　津	99.3	98.8	100.2	101.1	101.1	100.5
河　北	100.2	100.0	100.6	100.6	102.3	101.9
山　西	99.7	101.8	101.4	101.1	101.7	102.7
内蒙古	102.1	100.6	100.6	101.6	102.9	103.4
辽　宁	99.5	99.3	99.4	99.7	101.0	101.1
吉　林	98.9	99.6	99.1	99.5	99.2	98.8
黑龙江	98.2	98.8	99.6	102.9	102.6	101.2
上　海	98.8	98.9	98.8	99.0	99.6	99.5
江　苏	98.9	99.7	99.6	99.7	100.0	99.7
浙　江	98.9	99.9	99.6	99.9	100.5	100.0
安　徽	100.3	99.9	99.8	100.4	100.8	101.0
福　建	100.6	101.6	101.5	101.4	102.2	101.8
江　西	98.9	98.3	98.9	99.6	100.1	99.6
山　东	99.7	100.0	100.1	100.3	100.7	100.4
河　南	**100.2**	**100.0**	**99.9**	**100.2**	**100.7**	**100.8**
湖　北	100.2	100.9	100.7	100.9	101.3	101.0
湖　南	99.6	100.5	100.4	100.4	100.6	100.2
广　东	100.2	101.0	100.8	101.0	101.3	101.0
广　西	99.3	99.1	99.1	99.4	100.6	100.2
海　南	97.4	99.7	98.4	100.5	100.9	99.9
重　庆	99.8	101.0	100.6	100.6	100.7	100.5
四　川	100.4	100.6	100.5	100.7	101.2	101.0
贵　州	99.8	100.7	100.4	100.0	100.5	100.7
云　南	100.0	99.9	99.8	100.3	101.3	101.3
西　藏	98.9	97.3	97.6	96.4	97.7	98.7
陕　西	100.8	101.7	101.8	103.1	103.9	104.0
甘　肃	98.3	98.0	98.5	100.7	101.5	100.2
青　海	98.5	97.9	97.4	99.0	99.6	100.1
宁　夏	99.4	100.5	101.0	101.6	101.7	100.4
新　疆	98.5	99.3	99.5	103.4	102.7	102.2
河南居全国位次	**6**					

工业生产者出厂价格指数(2019年)

6月	7月	8月	9月	10月	11月	12月
100.0	**99.7**	**99.2**	**98.8**	**98.4**	**98.6**	**99.5**
100.1	100.0	99.4	99.3	99.8	99.8	100.1
99.2	99.0	98.3	97.6	96.7	98.2	101.3
100.9	101.5	100.4	98.3	98.0	98.3	100.2
101.5	99.9	99.2	98.0	96.8	96.1	96.9
103.2	102.8	102.2	101.7	101.4	101.8	102.8
100.5	99.8	99.7	98.5	98.1	98.1	99.6
98.4	98.4	98.6	98.6	98.4	98.8	99.7
97.5	96.0	95.8	94.1	93.1	96.2	101.3
98.8	98.8	98.6	98.5	98.0	98.1	98.8
99.0	98.9	98.5	98.2	97.8	97.8	98.3
99.2	99.0	98.2	97.7	97.5	97.5	98.2
100.8	100.9	100.4	100.0	99.8	99.8	100.7
101.5	100.7	99.7	99.6	99.0	98.7	99.5
99.0	98.9	98.5	98.3	98.4	98.6	99.0
99.7	99.6	99.4	99.0	98.5	98.8	99.6
100.3	**100.3**	**100.3**	**99.7**	**99.7**	**99.8**	**100.1**
100.5	100.2	100.0	99.5	99.0	99.2	99.7
99.6	99.4	99.0	98.8	98.7	98.7	99.3
101.0	100.1	99.2	99.4	99.1	98.9	99.5
99.5	99.4	98.7	98.1	98.2	98.6	100.2
97.6	97.9	95.2	93.6	92.8	94.9	97.8
100.1	99.5	99.1	98.8	98.7	98.7	98.8
100.7	100.5	99.8	100.0	99.9	99.8	99.9
100.2	100.0	99.5	99.2	99.3	98.7	98.4
100.8	100.3	99.8	99.1	98.6	98.7	99.7
99.1	99.9	99.8	100.5	99.4	100.4	100.6
101.9	100.3	100.0	98.4	98.0	97.9	99.7
97.8	96.6	96.6	96.5	95.4	96.6	101.3
99.0	98.3	98.8	97.5	96.9	97.6	99.8
100.3	100.2	99.1	97.5	96.7	96.4	98.1
99.4	97.8	96.9	94.6	92.2	94.8	99.9

10-6 全国及各省区市分月

(上年同期=100)

地 区	全年	1月	2月	3月	4月	5月
全 国	**99.3**	**100.2**	**99.9**	**100.2**	**100.4**	**100.2**
北 京	99.6	100.0	99.9	100.3	100.1	100.1
天 津	98.8	99.9	99.8	100.1	100.6	100.9
河 北	102.1	100.4	100.5	101.6	102.6	103.5
山 西	101.1	102.7	102.0	101.8	102.1	102.8
内蒙古	101.1	101.1	100.6	100.3	100.3	100.6
辽 宁	100.8	101.0	100.8	101.3	101.5	102.1
吉 林	99.2	99.3	99.4	100.1	99.6	99.5
黑龙江	100.3	99.7	100.6	103.4	103.7	102.4
上 海	98.7	99.4	99.6	100.2	100.6	100.4
江 苏	97.2	99.0	98.5	98.8	98.9	98.3
浙 江	97.1	99.0	98.5	98.9	99.2	98.4
安 徽	99.9	100.7	100.6	100.2	101.0	100.8
福 建	99.0	100.1	100.0	99.9	100.0	99.7
江 西	98.2	99.5	99.1	99.3	99.4	98.7
山 东	99.2	100.0	99.9	100.0	100.1	100.0
河 南	**101.2**	**101.0**	**100.7**	**101.1**	**101.6**	**101.2**
湖 北	99.3	100.3	99.6	100.1	100.9	100.3
湖 南	100.2	100.7	100.5	100.8	100.9	100.7
广 东	99.2	100.2	100.1	100.2	100.3	100.3
广 西	99.5	100.8	100.5	100.4	100.5	100.5
海 南	103.1	107.4	104.2	106.8	108.4	106.8
重 庆	100.1	101.0	100.8	100.6	100.3	100.0
四 川	100.6	101.5	101.1	101.0	101.4	101.4
贵 州	99.4	101.7	101.7	100.8	100.9	100.2
云 南	99.0	100.8	100.9	100.5	100.4	100.0
西 藏						
陕 西	100.3	101.4	101.2	101.9	101.0	101.0
甘 肃	99.0	100.2	100.6	102.8	102.2	101.2
青 海	98.2	97.8	98.6	98.3	98.1	97.5
宁 夏	97.5	101.0	100.4	100.9	99.9	99.5
新 疆	100.0	101.4	100.9	101.8	103.1	101.8
河南居全国位次	**3**					

工业生产者购进价格指数(2019年)

6月	7月	8月	9月	10月	11月	12月
99.7	**99.4**	**98.7**	**98.3**	**97.9**	**97.8**	**98.7**
100.1	99.3	99.1	99.1	99.0	99.0	99.2
99.5	98.3	97.7	96.9	96.5	96.3	98.8
103.6	105.3	103.7	102.1	101.3	99.8	101.4
102.0	101.6	100.6	100.5	99.7	98.9	98.6
100.6	101.6	101.3	101.6	101.1	102.1	101.9
101.4	101.1	101.0	100.1	99.4	99.3	100.3
99.0	98.7	98.5	98.3	98.3	99.1	100.4
100.3	99.3	98.7	97.7	96.6	98.5	103.3
99.5	98.7	97.9	97.5	96.8	95.6	97.9
97.4	97.0	96.2	95.7	95.2	95.4	96.6
97.2	96.5	95.9	95.3	95.0	95.1	96.5
100.3	100.0	99.4	99.2	98.9	98.9	99.0
99.7	98.7	97.9	97.7	97.6	97.8	98.8
98.9	98.5	97.7	97.6	96.6	95.9	96.9
99.6	99.4	98.8	98.4	98.0	97.9	98.4
101.7	**101.9**	**101.2**	**100.7**	**100.7**	**101.4**	**101.2**
99.5	99.1	98.5	98.4	97.9	98.2	99.3
100.5	100.6	99.9	99.7	99.4	99.2	99.8
99.8	99.2	98.0	98.3	98.0	97.6	97.9
99.9	99.4	99.1	98.7	98.0	97.8	98.4
106.0	104.0	101.5	99.5	98.4	97.5	98.4
100.1	100.1	99.9	99.8	99.8	99.6	99.7
100.8	100.3	100.3	100.2	99.8	99.6	99.3
100.6	99.5	98.9	97.9	97.3	96.9	97.0
99.9	99.6	98.3	97.3	96.8	96.4	96.9
100.6	99.8	99.9	99.3	99.0	98.8	99.5
100.2	98.7	97.8	95.5	94.3	95.4	99.5
98.3	98.6	99.2	98.1	97.4	97.2	99.6
99.2	96.9	96.3	94.7	93.4	92.9	95.5
101.2	100.2	99.4	98.2	96.3	96.9	98.6

10-7　全国70个大中城市商品住宅销售价格指数(2019年)

(上年=100)

地　区	新建商品住宅销售价格指数	二手住宅交易价格指数
北　京	104.0	99.4
天　津	101.7	102.5
石家庄	115.5	103.9
太　原	109.7	107.2
呼和浩特	120.3	119.0
沈　阳	110.9	109.7
大　连	111.6	107.5
长　春	110.6	109.2
哈尔滨	112.8	110.3
上　海	102.0	99.7
南　京	104.0	103.3
杭　州	107.3	103.4
宁　波	107.6	105.3
合　肥	106.1	103.8
福　州	108.6	101.2
厦　门	101.8	101.4
南　昌	108.0	107.0
济　南	111.1	106.0
青　岛	110.2	102.4
郑　州	**106.8**	**99.5**
武　汉	113.5	104.0
长　沙	107.5	103.1
广　州	109.9	99.1
深　圳	101.4	103.8
南　宁	111.4	111.4
海　口	112.8	103.8
重　庆	110.9	106.3
成　都	113.1	104.5
贵　阳	116.5	107.1
昆　明	114.3	111.9
西　安	121.1	108.8
兰　州	108.4	109.8
西　宁	113.8	112.2
银　川	109.8	106.8
乌鲁木齐	105.8	107.4

注：各地年度数据是根据国家各月反馈数据进行简单平均计算得出。新建商品住宅不包含保障性住房。

10-7 续表

(上年=100)

地　　区	新建商品住宅销售价格指数	二手住宅交易价格指数
唐　　山	112.6	111.8
秦 皇 岛	117.5	111.4
包　　头	108.7	106.9
丹　　东	112.6	108.0
锦　　州	112.1	106.1
吉　　林	112.8	108.5
牡 丹 江	110.7	103.8
无　　锡	108.0	106.3
扬　　州	112.4	107.6
徐　　州	115.7	107.4
温　　州	103.0	102.1
金　　华	106.4	102.6
蚌　　埠	107.0	106.6
安　　庆	107.9	102.7
泉　　州	101.8	101.2
九　　江	109.7	107.0
赣　　州	105.6	107.1
烟　　台	112.2	110.1
济　　宁	113.1	113.7
洛　　阳	**114.5**	**110.1**
平 顶 山	**109.1**	**107.9**
宜　　昌	108.4	104.1
襄　　阳	113.4	109.9
岳　　阳	103.2	103.1
常　　德	109.8	104.0
惠　　州	103.2	104.8
湛　　江	107.1	100.9
韶　　关	103.7	105.8
桂　　林	109.5	106.9
北　　海	111.4	106.6
三　　亚	108.1	108.0
泸　　州	107.1	104.8
南　　充	108.9	104.4
遵　　义	110.4	104.7
大　　理	120.5	116.5

10-8　全国及各省区市固定资产投资价格指数(2019年)

(上年＝100)

地　区	固定资产投资价格指数	建筑安装工程	设备、工器具	其它费用
全　国	**102.6**	**102.8**	**100.1**	**103.5**
北　京	102.1	101.0	100.0	103.8
天　津	101.7	102.6	99.8	101.4
河　北	103.0	103.1	100.6	107.0
山　西	104.0	104.6	100.9	104.3
内蒙古	101.7	101.4	100.6	104.9
辽　宁	103.1	101.7	100.6	109.6
吉　林	102.6	102.4	100.7	105.6
黑龙江	100.8	100.6	100.3	103.4
上　海	101.4	102.3	100.5	100.5
江　苏	101.3	102.3	99.4	100.8
浙　江	102.1	102.8	100.0	101.9
安　徽	102.3	102.7	100.1	102.3
福　建	101.5	102.0	100.9	100.2
江　西	102.4	102.6	99.5	104.4
山　东	102.8	102.9	99.9	106.3
河　南	**103.2**	**103.8**	**100.4**	**102.8**
湖　北	104.0	104.4	100.5	105.7
湖　南	101.7	101.5	100.4	104.7
广　东	104.2	104.3	100.3	106.3
广　西	102.4	102.4	100.6	103.1
海　南	103.3	103.9	100.1	102.9
重　庆	103.4	103.5	100.1	104.5
四　川	101.6	102.0	100.3	100.2
贵　州	102.3	102.0	100.4	104.5
云　南	102.3	102.6	100.4	100.8
西　藏				
陕　西	102.6	102.8	100.1	103.5
甘　肃	102.6	103.0	99.4	102.0
青　海	102.5	102.9	100.4	102.2
宁　夏	102.0	101.9	100.0	106.1
新　疆	102.8	103.0	101.1	103.7
河南居全国位次	**6**			

10—9 全国及各省区市城乡居民人均可支配收入和消费支出(2019年)

单位：元

地区	全体居民		城镇常住居民		农村常住居民	
	可支配收入	人均消费支出	可支配收入	人均消费支出	可支配收入	人均消费支出
全国	**30733**	**21559**	**42359**	**28063**	**16021**	**13328**
北京	67756	43038	73849	46358	28928	21881
天津	42404	31854	46119	34811	24804	17843
河北	25665	17987	35738	23483	15373	12372
山西	23828	15863	33262	21159	12902	9728
内蒙古	30555	20743	40782	25383	15283	13816
辽宁	31820	22203	39777	27355	16108	12030
吉林	24563	18075	32299	23394	14936	11457
黑龙江	24254	18111	30945	22165	14982	12495
上海	69442	45605	73615	48272	33195	22449
江苏	41400	26697	51056	31329	22675	17716
浙江	49899	32026	60182	37508	29876	21352
安徽	26415	19137	37540	23782	15416	14546
福建	35616	25314	45620	30946	19568	16281
江西	26262	17650	36546	22714	15796	12497
山东	31597	20427	42329	26731	17775	12309
河南	**23903**	**16332**	**34201**	**21972**	**15164**	**11546**
湖北	28319	21567	37601	26422	16391	15328
湖南	27680	20479	39842	26924	15395	13969
广东	39014	28995	48118	34424	18818	16949
广西	23328	16418	34745	21591	13676	12045
海南	26679	19555	36017	25317	15113	12418
重庆	28920	20774	37939	25785	15133	13112
四川	24703	19338	36154	25367	14670	14056
贵州	20397	14780	34404	21402	10756	10222
云南	22082	15780	36238	23455	11902	10260
西藏	19501	13029	37410	25637	12951	8418
陕西	24666	17465	36098	23514	12326	10935
甘肃	19139	15879	32323	24454	9629	9694
青海	22618	17545	33830	23799	11499	11343
宁夏	24412	18297	34328	24161	12858	11465
新疆	23103	17397	34664	25594	13122	10318

《河南调查年鉴-2020》只读光盘介绍

《河南调查年鉴-2020》只读光盘是一张信息高度密集的资料载体。该光盘全面反映河南省经济社会发展情况的抽样调查资料，收录了全省和市、县（区）2019 年经济和社会发展有关方面大量的调查统计数据，以及历史重要年份的全省主要调查统计数据。

光盘的主要内容分为 10 个部分，即 1.综合；2.农业；3.畜牧业；4.消费价格；5.生产价格；6.农产品价格；7.人民生活；8. 县域经济；9. 城市经济；10. 全国及分省（区、市）指标。主要篇末附有《主要统计指标解释》。

《河南调查年鉴-2020》光盘（CD-ROM）操作简便、功能实用，浏览时可实现各部分内容之间的切换，并附有 Html 文件。